Amtshaftungsansprüche bei insolvenzgerichtlichen Pflichtverletzungen

Schriftenreihe des Centrum
für Deutsches & Europäisches
Insolvenzrecht

Herausgegeben von Stefan Smid, Silke Wehdeking
und Mark Zeuner

Band 12

PL ACADEMIC RESEARCH

Johannes Knop

Amtshaftungsansprüche bei insolvenzgerichtlichen Pflichtverletzungen

PL ACADEMIC RESEARCH

Bibliografische Information der Deutschen Nationalbibliothek
Die Deutsche Nationalbibliothek verzeichnet diese Publikation in der Deutschen Nationalbibliografie; detaillierte bibliografische Daten sind im Internet über http://dnb.d-nb.de abrufbar.

Zugl.: Kiel, Univ., Diss., 2014

Gedruckt auf alterungsbeständigem, säurefreiem Papier.

D 8
ISSN 2194-4881
ISBN 978-3-631-66413-1 (Print)
E-ISBN 978-3-653-05555-9 (E-Book)
DOI 10.3726/978-3-653-05555-9

PL Academic Research ist ein Imprint der Peter Lang GmbH.

Peter Lang – Frankfurt am Main · Bern · Bruxelles · New York · Oxford · Warszawa · Wien

Diese Publikation wurde begutachtet.

www.peterlang.com

Meinen Eltern

Vorwort

Die vorliegende Arbeit entstand zwischen Frühjahr 2011 und Herbst 2013 und wurde im Frühjahr 2014 zur Begutachtung an der Rechtswissenschaftlichen Fakultät der Christian-Albrechts-Universität zu Kiel eingereicht.

Die Literatur und Rechtsprechung entsprechen dem jeweils angegebenen Stand. Für die Drucklegung wurde die gesamte Arbeit noch einmal redigiert und die Literatur wurde, sofern es mir möglich war, auf den aktuellen Stand gebracht. Berücksichtigt wurden dabei nur Erscheinungen bis Frühjahr 2015.

Die Arbeit beschäftigt sich ausführlich mit den verschiedenen Amtspflichten des Insolvenzgerichts. Dabei waren die Änderungen durch das ESUG bei der Bearbeitung von großer Bedeutung.

Die Arbeit wurde begonnen, als das ESUG noch als Referentenentwurf vorlag und wurde erst nach seinem Inkrafttreten beendet. Das Thema hat dadurch aber nicht an Aktualität eingebüßt. Denn das Hauptaugenmerk bei dieser Arbeit liegt auf einer umfassenden Betrachtung der möglichen Amtshaftungsansprüche.

Dabei ist anzumerken, dass dem Thema der Amtshaftung bei insolvenzgerichtlichen Pflichtverletzungen in der Literatur neuerdings mehr Aufmerksamkeit gewidmet wird. In den aktuellen Auflagen der meisten Kommentare zur Insolvenzordnung wird sich nun auch diesem Thema zugewandt.

Mein Dank gilt an erster Stelle meinem Doktorvater Herrn Prof. Dr. iur. Stefan Smid, der mich zur Bearbeitung dieses Themas ermutigt hat. Er stand mir stets mit Anregungen zur Seite und förderte diese Arbeit durch konstruktive Gespräche.

Dankbar bin ich auch dafür, dass ich während meines Promotionsstudiums mehrfach an dem „Kieler Symposium für Insolvenzrecht" teilnehmen durfte. Herr Prof. Dr. iur. Stefan Smid eröffnet jungen Doktoranden damit die Möglichkeit, schon während des Anfertigens der Dissertation Einblicke in die insolvenzrechtliche Praxis zu erlangen und Kontakte zu Praktikern zu knüpfen.

Herrn Prof. em. Dr. iur. Werner Schubert gilt mein Dank für die zügige Erstellung des Zweitgutachtens und die darin enthaltene konstruktive Kritik, die noch Eingang in diese Arbeit gefunden hat.

Von ganzem Herzen danke ich außerdem meinen Eltern, ohne die eine Realisierung dieser Arbeit nicht möglich gewesen wäre.

Darüber hinaus gilt mein Dank auch meiner Freundin Frau Sarah Olivia Seip und Herrn Prof. em. Dr. iur. Peter Selmer, die diese Arbeit Korrektur gelesen haben, Herrn Dr. iur. Fiete Kalscheuer, der mir bei der Vorbereitung des Rigorosums zur Seite stand und Herrn Rechtsanwalt Rolf Weidmann, der mir stets ein anregender Gesprächspartner war und mein Interesse am Insolvenzrecht nachhaltig geweckt hat.

Kiel, im Mai 2015 Johannes Knop

Inhaltsverzeichnis

Abkürzungsverzeichnis

a. A.	andere Ansicht
a. a. O.	am angegebenen Ort
Abs.	Absatz
a. F. / aF	alte Fassung
AEUV	Vertrag über die Arbeitsweise der europäischen Union
AG	Amtsgericht
AktG	Aktiengesetz
Allg. VerwR	Allgemeines Verwaltungsrecht
ALR	Preußisches Allgemeines Landrecht
Amtl. Begr.	Amtliche Begründung
Anm.	Anmerkung
AnwBl.	Anwaltsblatt
AöR	Archiv des öffentlichen Rechts
Art.	Artikel
AS	Amtliche Sammlung (Schweiz)
AV. d. JM.	Allgemeinverfügung des Justizministers
BaFin	Bundesanstalt für Finanzdienstleistungsaufsicht
BAK	Bundesanstalt für Kreditwesen
BAKinso e. V.	Bundesarbeitskreis Insolvenzgerichte e. V.
BayOLG	Bayrisches Oberstes Landesgericht
BayVBl.	Bayrische Verwaltungsblätter
BB	Betriebsberater
BBG	Bundesbeamtengesetz
BBl.	Bundesblatt (Schweiz)
BDR	Bund Deutscher Rechtspfleger
BeamtStG	Beamtenstatusgesetz
Beschl.-Empf.	Beschlussempfehlung
BGB	Bürgerliches Gesetzbuch
BGBl.	Bundesgesetzblatt
BGH	Bundesgerichtshof
BGHR	BGH-Rechtsprechung
BGHZ	Entscheidungen des Bundesgerichtshofs in Zivilsachen
BK	Berliner Kommentar
BMJ	Bundesministerium für Justiz
BRAO	Bundesrechtsanwaltsordnung

BRD	Bundesrepublik Deutschland
BR-Drucks.	Bundesratsdrucksache
BT-Drucks.	Bundestagsdrucksache
BV	Bundesverfassung (der Schweiz)
BVerfG	Bundesverfassungsgericht
BVerfGE	Entscheidungen des Bundesverfassungsgerichts
BVerfGG	Bundesverfassungsgerichtsgesetz
BVerwG	Bundesverwaltungsgericht
BVerwGE	Entscheidungen des Bundesverwaltungsgerichts
bzgl.	bezüglich
bzw.	beziehungsweise
d. h.	das heißt
DAV	Deutscher Anwaltverein
DB	Der Betrieb
DDR	Deutsche Demokratische Republik
DIAI	Deutsches Institut für angewandtes Insolvenzrecht
DJ	Deutsche Justiz
DJZ	Deutsche Juristenzeitung
DÖV	Die Öffentliche Verwaltung
DR	Deutsches Recht
DRiG	Deutsches Richtergesetz
DZWIR	Deutsche Zeitschrift für Wirtschafts- und Insolvenzrecht
E-ALR	Einleitung zum Preußischen Allgemeinen Landrecht
EGBGB	Einführungsgesetz zum Bürgerlichen Gesetzbuch
EGGVG	Einführungsgesetz zum Gerichtsverfassungsgesetz
EGInsO	Einführungsgesetz zur Insolvenzordnung
ESUG	Gesetz zur weiteren Erleichterung der Sanierung von Unternehmen
EuGH	Europäischer Gerichtshof
EuInsVO	Europäische Insolvenzverordnung
f./ff.	folgende
FinDAG	Finanzdienstleistungsaufsichtsgesetz
FK	Frankfurter Kommentar zur Insolvenzordnung
Fn.	Fußnote
FS	Festschrift
GAVI	Gesetz zur Verbesserung und Vereinfachung der Aufsicht in Insolvenzverfahren
GesO	Gesamtvollstreckungsordnung
GG	Grundgesetz

GS Schl.-H.	Sammlung des schleswig-holsteinischen Landesrechts
GVBl.	Gesetzesverordnungsblatt
GVG	Gerichtsverfassungsgesetz
HGB	Handelsgesetzbuch
HK	Hamburger Kommentar zur Insolvenzordnung
h. L.	herrschende Lehre
h. M.	herrschende Meinung
HRR	Höchstrichterliche Rechtsprechung
Hs.	Halbsatz
i. S.	im Sinne
i. V. m.	in Verbindung mit
IDW	Institut der Wirtschaftsprüfer
InsO	Insolvenzordnung
InsStatG	Insolvenzstatistikgesetz
InsVV	Insolvenzrechtliche Vergütungsverordnung
JA	Juristische Arbeitsblätter
JMBl.	Justiz-Ministerial-Blatt für die preußische Gesetzgebung und Rechtspflege
Jura	Jura: juristische Ausbildung
JuS	Juristische Schulung
JW	Juristische Wochenschrift
JZ	Juristenzeitung
KO	Konkursordnung
KredReorgG	Kreditinstitute-Reorganisationsgesetz
KS-InsO	Kölner Schrift zur Insolvenzordnung
KTS	Konkurs, Treuhand, Sanierung: KTS, Zeitschrift für Insolvenzrecht
KuT	Konkurs- und Treuhandwesen: Monatsschrift für Wirtschaft und Recht
KWG	Kreditwesengesetz
LG	Landgericht
LRiG S-A	Landesrichtergesetz Sachsen-Anhalt
LSZ	Leonhardt/Smid/Zeuner
m. w. N.	mit weiteren Nachweisen
MDR	Monatsschrift für deutsches Recht
MüKo	Münchener Kommentar
n. F.	neue Fassung
NJW	Neue juristische Wochenschrift
NJW-RR	Neue juristische Wochenschrift Rechtsprechungs-Report

NVwZ	Neue Zeitschrift für Verwaltungsrecht
NZI	Neue Zeitschrift für das Recht der Insolvenz und Sanierung
OLG	Oberlandesgericht
OLG-NL	OLG-Rechtsprechung neue Länder
OR	Obligationenrecht (der Schweiz)
OVG	Oberverwaltungsgericht
OWiG	Ordnungswidrigkeitengesetz
PrStHG	Gesetz über die Haftung des Staates und anderer Verbände für Amtspflichtverletzungen von Beamten bei Ausübung der öffentlichen Gewalt
RBHaftG	Gesetz über die Haftung des Reichs für seine Beamten
RegBegr.	Regierungsbegründung
RegE	Regierungsentwurf
RG	Reichsgericht
RGRK	Das Bürgerliche Gesetzbuch mit besonderer Berücksichtigung der Rechtsprechung des Reichsgerichts und des Bundesgerichtshofes
RGZ	Entscheidungen des Reichsgerichts in Zivilsachen
Rn.	Randnummer
Rpfleger	Der Deutsche Rechtspfleger
RPflG	Rechtspflegergesetz
S.	Seite / Satz
SchKG	Bundesgesetz über Schuldbetreibung und Konkurs (Schweiz)
SMG	Schuldrechtsmodernisierungsgesetz
sog.	sogenannt
StGB	Strafgesetzbuch
StHG	Staatshaftungsgesetz
VersR	Versicherungsrecht
VerwArch	Verwaltungsarchiv
VG	(schweizerisches) Bundesgesetzes vom 14. März 1958 über die Verantwortlichkeit des Bundes sowie seiner Behördemitglieder und Beamten (Verantwortlichkeitsgesetz)
vgl.	vergleiche
VglO	Vergleichsordnung
VID	Verband Insolvenzverwalter Deutschlands e.V.
Vorb.	Vorbemerkung

Vorb. vor	Vorbemerkung vor
Vorbem.	Vorbemerkung
Vorb v	Vorbemerkung vor
VwGO	Verwaltungsgerichtsordnung
VwVfG	Verwaltungsverfahrensgesetz
WM	Wertpapiermitteilungen
WPg	Die Wirtschaftsprüfung
WPO	Wirtschaftsprüferordnung
WRV	Weimarer Reichsverfassung
z. B.	zum Beispiel
ZInsO	Zeitschrift für das gesamte Insolvenzrecht
ZIP	Zeitschrift für Wirtschaftsrecht
ZPO	Zivilprozessordnung
ZVI	Zeitschrift für Verbraucher- und Privat-Insolvenzrecht

Literaturverzeichnis

Andres, Dirk/Leithaus, Rolf: Insolvenzordnung (InsO). Kommentar, 3. Auflage, München 2014 (zitiert: Andres/Leithaus-*Bearbeiter*)

Baade, Rudolf: „Zur Auswahl der Konkurs- und Vergleichsverwalter" in: KTS 1959, S. 40–42 (zitiert: *Baade*, KTS 1959)

Bachof, Otto: „Beurteilungsspielraum, Ermessen und unbestimmter Rechtsbegriff im Verwaltungsrecht" in: JZ 1955, S. 97–102 (zitiert: *Bachof*, JZ 1955)

Bähre, Inge Lore/Schneider, Manfred: KWG-Kommentar, 3. Auflage, München 1986 (zitiert: *Bähre/Schneider*)

BAKinso e. V.: „Insolvenzverwalterauswahl im Wandel" in: ZInsO 2008, S. 1260–1261 (zitiert: BAKinso e. V., ZInsO 2008)

BAKinso e. V.: „Insolvenzgerichte stärken – Qualität im Insolvenzverfahren verbessern – Kontrolle garantieren" in: ZInsO 2007, S. 489–490 (zitiert: BAKinso e. V., ZInsO 2007)

Balz, Manfred/Landfermann, Hans-Georg: Die neuen Insolvenzgesetze, 2. Auflage, Düsseldorf 1999 (zitiert: *Balz/Landfermann*)

Bamberger, Heinz Georg/Roth, Herbert: Beck'scher Online-Kommentar BGB. Stand: 1.2.2015, Edition: 34, München (zitiert: Bamberger/Roth-*Bearbeiter*)

Beck, Matthias: „Die Reform des Insolvenzrechts in Deutschland – Resümee" in: WPg Sonderheft 2011, S. 43–45 (zitiert: *Beck*, WPg Sonderheft 2011)

Beck, Siegfried/Deprè, Peter: Praxis der Insolvenz Ein Handbuch für die Beteiligten und ihre Berater, 2. Auflage, München 2010 (zitiert: Beck/Deprè-*Bearbeiter*)

Becker, Christoph: Insolvenzrecht, 3. Auflage, Köln 2010 (zitiert: *Becker*)

Bender, Bernd: Staatshaftungsrecht, 2. Auflage, Karlsruhe 1974 (zitiert: *Bender*)

Bender, Bernd: Staatshaftungsrecht, 3. Auflage, Heidelberg, Karlsruhe 1981 (zitiert: *Bender*, 3. Auflage)

Berner, Wilhelm: „Zur Änderung der Konkursordnung Beitrag zur Verbesserung der Konkursordnung auf dem Gebiet der Rechnungsprüfung und der Vergütungsfestsetzungen" in: DJ 1938, S. 107–112 (zitiert: *Berner*, DJ 1938)

Bettermann, Karl August: „Rechtgrund und Rechtsnatur der Staatshaftung" in: DÖV 1954, S. 299–305 (zitiert: *Bettermann*, DÖV 1954)

Bettermann, Karl August: „Vom Sinn der Amtshaftung" in: JZ 1961, S. 482–483 (zitiert: *Bettermann*, JZ 1961)

Bettermann, Karl August/Nipperdey, Hans Carl/Scheuner, Ulrich: Die Grundrechte Handbuch der Theorie und Praxis der Grundrechte Dritter Band 2.

Halbband Rechtspflege und Grundrechtsschutz, 2. Auflage, Berlin 1972 (zitiert: *Bettermann*, GR III/ 2)

Binz, Fritz/Hess, Harald: Der Insolvenzverwalter Rechtsstellung – Aufgaben – Haftung Heidelberg 2004 (zitiert: *Binz/Hess*)

Blersch, Jürgen/Goetsch, Hans-W./Haas, Ulrich: Berliner Kommentar Insolvenzrecht, Band II - §§ 148–359, Stand: November 2014, Köln 2014 (zitiert: BK-InsO-*Bearbeiter*)

Bork, Reinhard: Einführung in das Insolvenzrecht, 7. Auflage, Tübingen 2014 (zitiert: *Bork*)

Bork, Reinhard/Koschmieder, Kurt-Dieter: Fachanwaltshandbuch Insolvenzrecht, Stand: 12. Lieferung, Mai 2011, Köln 2011 (zitiert: Bork/Koschmieder-*Bearbeiter*)

Braun, Eberhard: Insolvenzordnung (InsO). Kommentar, 5. Auflage, München 2012 (zitiert: Braun-*Bearbeiter*, 5. Auflage)

Braun, Eberhard: Insolvenzordnung (InsO). Kommentar, 6. Auflage, München 2014 (zitiert: Braun-*Bearbeiter*)

Brehm, Robert: „Nochmals: Haftungsbeschränkung durch gemeindliche Satzung – BGHZ 61, 7“ in: JuS 1975, S. 90–91 (zitiert: *Brehm*, JuS 1975)

Breuer, Marten: Staatshaftung für judikatives Unrecht Eine Untersuchung zum deutschen Recht, zum Europa- und Völkerrecht Tübingen 2011 (zitiert: *Breuer*)

Brox, Hans/Walker, Wolf-Dietrich: Allgemeiner Teil des BGB, 37. Auflage, München 2013 (zitiert: *Brox/Walker*)

Büchting, Hans-Ulrich/Heussen, Benno: Beck'sches Rechtsanwaltshandbuch, 10. Auflage, München 2011 (zitiert: Büchting/Heussen-*Bearbeiter*)

Clausen, Hinrich (Bundesvorsitzender): „Vollübertragung des Insolvenzverfahrens auf den Rechtspfleger“ Schreiben des BDR (Bund Deutscher Rechtspfleger) v. 8.4.2001 an das BMJ in: ZInsO 2001, S. 1097–1098 (zitiert: Schreiben des BDR v. 8.4.2001, ZInsO 2001)

Dagtoglou, Prodromos: Die Staatshaftung Eine Kommentierung des Art. 34 GG, Hamburg 1971 (zitiert: *Dagtoglou*)

Das Bundesministerium der Justiz (BMJ): „Schlussrechnungsprüfung durch die Insolvenzgerichte“ abrufbar unter: http://www.vid.de/images/stories/pdf_stellungnahmen-vid/16_schlussrechnungspruefung_durch_die_insolvenzgerichte_dr._ johannes_holzer_01.03.07.pdf (zitiert: Anfrage des BMJ vom 1.3.2007 an den VID, Verband Insolvenzverwalter Deutschlands e.V.)

Das Bürgerliche Gesetzbuch mit besonderer Berücksichtigung der Rechtsprechung des Reichsgerichts und des Bundesgerichtshofes, Band II, 6. Teil, §§ 832–853, 12. Auflage, Berlin 1989 (zitiert: RGRK-*Bearbeiter*)

Deckenbrock, Christian/Fleckner, Andreas M.: „Berufsgerichtliche Verfahren gegen mehrfach qualifizierte Berufsträger – Insolvenzverwaltung durch Wirtschaftsprüfer“ in: NJW 2005, S. 1165–1168 (zitiert: *Deckenbrock/Fleckner*, NJW 2005)

Desch, Wolfram: „Schutzschirmverfahren nach dem RegE-ESUG in der Praxis“ in: BB 2011, S. 841–846 (zitiert: *Desch*, BB 2011)

Di Fabio, Udo: „Die Ermessensreduzierung – Fallgruppen, Systemüberlegungen und Prüfprogramm –“ in: VerwArch 1995, S. 214–234 (zitiert: *Di Fabio*, VerwArch 1995)

Die Richter des Bundesgerichtshofs: BGHR BGH-Rechtsprechung Zivilsachen BGB 16, Köln, Berlin, Bonn, München 1987 (Grundwerk) (zitiert: BGHR BGB)

Dubischar, Roland: Prozesse, die Geschichte machten Drittes Kapitel „Herstatt: Wie der Riesenverlust einer Bank doch nicht zum volkswirtschaftlichen und politischen Großschaden wurde“ München, 1997 (zitiert: *Dubischar*)

Eickmann, Dieter/Flessner, Axel/und andere: Heidelberger Kommentar zur Insolvenzordnung, 4. Auflage, Heidelberg 2006 (zitiert: Eickmann-*Bearbeiter*)

Engelhardt, Hanns: „Staatshaftung, Primärrechtsschutz, Verjährung“ in: VersR 1989, S. 1221–1226 (zitiert: *Engelhardt*, VersR 1989)

Fehling, Michael/Kastner, Berthold: Verwaltungsrecht VwVfG – VwGO – Nebengesetze, Handkommentar, 3. Auflage, Baden-Baden 2013 (zitiert: Fehling/Kastner-*Bearbeiter*)

Fetzer, Rhona: Die Haftung des Staates für legislatives Unrecht, Berlin 1994 (zitiert: *Fetzer*)

Frege, Michael C./Keller, Ulrich/Riedel, Ernst: Handbuch der Rechtspraxis, Band 3, Insolvenzrecht, 7. Auflage, München 2008 (zitiert: *Frege/Keller/Riedel*)

Frind, Frank: „Insolvenzverwaltung als private Dienstleistung?“ in: ZInsO 2008, S. 1248–1252 (zitiert: *Frind*, ZInsO 2008)

Frind, Frank: „Unabhängigkeit – kein Wert mehr an sich? Die Auswahl und berufliche Stellung des Insolvenzverwalters nach den neuen Regelungsentwürfen zur Änderung der InsO“ in: NZI 2010, S. 705–709 (zitiert: *Frind*, NZI 2010)

Frowein, Jochen: „Staatshaftung gegenüber Ausländern – A. Die Rechtsgrundlagen“ in: JZ 1964, S. 358–362 (zitiert: *Frowein*, JZ 1964)

Frowein, Jochen: „Staatshaftung gegenüber Ausländern – B. Verfassungsrechtliche Würdigung“ in: JZ 1964, S. 409–413 (zitiert: *Frowein*, JZ 1964)

Gaier, Reinhard: „Verfassungsrechtliche Aspekte der Auswahl und der Abwahl des Insolvenzverwalters“ in: ZInsO 2006, S. 1177–1183 (zitiert: *Gaier*, ZInsO 2006)

Gogger, Martin: Insolvenzgläubigerhandbuch Optimale Rechtsdurchsetzung bei Insolvenz des Schuldners, 3. Auflage, München 2011 (zitiert: Gogger-*Bearbeiter*)

Gottwald, Peter: Insolvenzrechts-Handbuch, 5. Auflage, München 2015 (zitiert: Gottwald-*Bearbeiter*)

Graeber, Thorsten: „Die Unabhängigkeit des Insolvenzverwalters gegenüber Gläubigern und Schuldner – Eine „fundamentale" Anforderung an Verwalter fremden Vermögens" in: NZI 2002, S. 345–351 (zitiert: *Graeber*, NZI 2002)

Graeber, Thorsten: „Auswahl und Bestellung des Insolvenzverwalters" in: DZWIR 2005, S. 177–189 (zitiert: *Graeber*, DZWIR 2005)

Graf-Schlicker, Marie Luise: InsO. Kommentar zur Insolvenzordnung, 1. Auflage, Köln 2007 (zitiert: Graf-Schlicker-*Bearbeiter*, 1. Auflage)

Graf-Schlicker, Marie Luise: InsO. Kommentar zur Insolvenzordnung, 4. Auflage, Köln 2014 (zitiert: Graf-Schlicker-*Bearbeiter*)

Graf-Schlicker, Marie Luise: „Die Auswahl des Insolvenzverwalters im Lichte der Dienstleistungsrichtlinie" in: Kölner Schrift zur Insolvenzordnung, S. 235–244, 3. Auflage, Münster 2009 (zitiert: *Graf-Schlicker*, KS-InsO, 3. Auflage)

Haarmeyer, Hans/Mock, Sebastian: Insolvenzrechtliche Vergütung (InsVV), 5. Auflage, München 2014 (zitiert: *Haarmeyer/Mock*)

Haarmeyer, Hans/Wutzke, Wolfgang/Förster, Karsten: Handbuch zur Insolvenzordnung InsO / EGInsO, 3. Auflage, München 2001 (zitiert: *Haarmeyer/Wutzke/Förster*, Kap.)

Haarmeyer, Hans/Wutzke, Wolfgang/Förster, Karsten: Insolvenzrechtliche Vergütung (InsVV), 4. Auflage, München 2007 (zitiert: *Haarmeyer/Wutzke/Förster*, InsVV)

Haarmeyer, Hans/Frind, Frank: Insolvenzrecht Stuttgart 2011 (zitiert: *Haarmeyer/Frind*)

Hahn, Carl: Die gesammelten Materialien zu den Reichsjustizgesetzen Vierter Band Materialien zu der Konkursordnung und dem Einführungsgesetz vom 10. Februar 1877, Berlin 1898 (Nachdruck) (zitiert: *Hahn*)

Happe, Eike: Die Rechtsnatur des Insolvenzplans Köln, Berlin, München 2004 (zitiert: *Happe*)

Hartstang, Gerhard: Anmerkung zu BGH, Urt. v. 10.5.1953 – III ZR 45/53 (KG) in: NJW 1955, S. 99 (zitiert: *Hartstang*, NJW 1955)

Häsemeyer, Ludwig: Insolvenzrecht, 4. Auflage, Köln, München 2007 (zitiert: *Häsemeyer*)

Hess, Harald: Insolvenzrecht Großkommentar in drei Bänden, Band I, Kommentar §§ 1–112 InsO, Heidelberg 2007 (zitiert: Hess-*Bearbeiter*)

Hess, Harald: Kommentar zur Konkursordnung, 6. Auflage, Neuwied, Kriftel, 1998 (zitiert: Hess-*Bearbeiter*, KO)

Hess, Harald/Binz, Fritz/Wienberg, Rüdiger: Gesamtvollstreckungsordnung Kommentar zum Konkursrecht für die Länder Brandenburg, Mecklenburg-Vorpommern, Sachsen, Sachsen-Anhalt und Thüringen, 4. Auflage, Neuwied, Kriftel 1998 (zitiert: *Hess/Binz/Wienberg*, GesO)

Hess, Harald/Weis, Michaela/Wienberg, Rüdiger: InsO. Kommentar zur Insolvenzordnung mit EGInsO, Band 1, Insolvenzordnung, 2. Auflage, Heidelberg 2001 (zitiert: Hess/Weis/Wienberg-*Bearbeiter*)

Heyer, Hans-Ulrich: „Zwischenruf: Stärkung des Gläubigereinflusses versus Qualitätsdiskussion – wohin führt das ESUG?“ in: ZIP 2011, S. 557–558 (zitiert: *Heyer*, ZIP 2011)

Heyrath, Michael: „Die Prüfung der Schlussrechnung (Teil 1)“ in: ZInsO 2005, S. 1092–1097 (zitiert: *Heyrath*, ZInsO 2005)

Hoffmann, Helmut: „Rechtsmittel im Insolvenzrecht unter besonderer Berücksichtigung des Verbraucherinsolvenzverfahrens“ in: NZI 1999, S. 425–433 (zitiert: *Hoffmann*, NZI 1999)

Holzer, Johannes: Entscheidungsträger im Insolvenzverfahren Zusammenarbeit zwischen Richter, Rechtspfleger und Insolvenzverwalter, 3. Auflage, Köln 2004 (zitiert: *Holzer*)

Holzer, Johannes/Kleine-Cosack, Michael/Prütting, Hans: Die Bestellung des Insolvenzverwalters, 1. Auflage, Köln 2001 (zitiert: *Holzer/Kleine-Cosack/Prütting*)

Ipsen, Jörn: Allgemeines Verwaltungsrecht, 8. Auflage, München 2012 (zitiert: *Ipsen*, Allg. VerwR)

J. von Staudingers Kommentar zum Bürgerlichen Gesetzbuch mit Einführungsgesetz und Nebengesetzen: Buch 2 – Recht der Schuldverhältnisse, §§ 839, 839a, (Unerlaubte Handlungen 4 – Amtshaftungsrecht), Berlin 2013 (zitiert: Staudinger-*Bearbeiter*)

Jaeger, Carl: Das Bundesgesetz betreffend Schuldbetreibung und Konkurs, Band 1, 3. Auflage, Zürich 1911 (zitiert: *C. Jaeger*)

Jaeger, Ernst: Insolvenzordnung, Großkommentar, Band 1 §§ 1–55, 1. Auflage, Berlin 2004 (zitiert: Jaeger-*Bearbeiter*, InsO)

Jaeger, Ernst: Insolvenzordnung, Großkommentar, Band 2 §§ 56–102, 1. Auflage, Berlin 2007 (zitiert: Jaeger-*Bearbeiter*, InsO)

Jaeger, Ernst: Kommentar zur Konkursordnung und den Einführungsgesetzen, Zweiter Band (KO §§ 47–244, Einführungsgesetze, Richtlinien, Nachtrag und Sachregister), 6./7. Auflage, Berlin, Leipzig 1936 (zitiert: *Jaeger*, 6./7. Auflage, KO)

Jaeger, Ernst: Konkursordnung mit Einführungsgesetzen, Zweiter Band, 1. Halbband, §§ 71–206 KO, 8. Auflage, Berlin, New York 1973 (zitiert: Jaeger-*Bearbeiter*, 8. Auflage, KO)

Jaeger, Ernst: „Fünfzig Jahre Konkursordnung“ in: DJZ 1930, S. 33–40 (zitiert: *Jaeger*, DJZ 1930)

Jakobs, Horst Heinrich/Schubert, Werner: Die Beratung des Bürgerlichen Gesetzbuchs: in systematischer Zusammenstellung unveröffentlichter Quellen Recht der Schuldverhältnisse III, §§ 652–853, Berlin, New York 1983 (zitiert: Jakobs/Schubert-*Bearbeiter*)

Jarass, Hans D./Pieroth, Bodo: Grundgesetz für die Bundesrepublik Deutschland, Kommentar, 13. Auflage, München 2014 (zitiert: Jarass/Pieroth-*Bearbeiter*)

Justiz-Ministerial-Blatt für die preußische Gesetzgebung und Rechtspflege: „Auswahl und Beaufsichtigung der gerichtlich bestellten Vermögensverwalter. AV. d. JM. v. 25.6.1931 (I 838) – JMBl. S. 223–“, Berlin 1931, (zitiert: AV. d. JM. v. 25.6.1931, JMBl. S. 223)

Kammel, Volker/Staps, Christian: „Insolvenzverwalterauswahl und Eigenverwaltung im Diskussionsentwurf für ein Sanierungserleichterungsgesetz“ in: NZI 2010, S. 791–798 (zitiert: *Kammel/Staps*, NZI 2010)

Kaufmann, Otto K.: „Das Staatshaftungsrecht in der Schweiz“ in: Entwicklungen im Staatshaftungsrecht, S. 51–62, Passau 1982 (zitiert: *Kaufmann*)

Keller, Ulrich: „Wem nützen die geplanten Änderungen der Gerichtszuständigkeit durch das ESUG?“ in: NZI 2011, Heft 8, S. V–VI (zitiert: *Keller*, NZI 2011, Heft 8)

Kirchhof, Hans-Peter: „Rechtsprobleme bei der vorläufigen Insolvenzverwaltung – Zur Haftung des vorläufigen Insolvenzverwalters bei Unternehmensfortführung und zu Fragen der Masseschulden und Masseunzulänglichkeit“ in: ZInsO 1999, S. 365–369 (zitiert: *Kirchhof*, ZInsO 1999)

Kluth, Thomas: „Die freiberufliche Praxis „als solche“ in der Insolvenz – „viel Lärm um nichts“?“ in: NJW 2002, S. 186–188 (zitiert: *Kluth*, NJW 2002)

Kluth, Thomas: „Eigenverwaltung in der Insolvenz oder ein „Fall mit Sturz““ in: ZInsO 2002, S. 1001–1005 (zitiert: *Kluth*, ZInsO 2002)

Koch, Hans-Joachim: Unbestimmte Rechtsbegriffe und Ermessensermächtigungen im Verwaltungsrecht – Eine logische und semantische Studie zur Gesetzesbindung der Verwaltung, Frankfurt am Main, 1979 (zitiert: *Koch*)

Kopp, Ferdinand O.: „Thesen zum Staatshaftungsrecht in der Schweiz“ in: Entwicklungen im Staatshaftungsrecht, S. 63–68, Passau 1982 (zitiert: *Kopp*)

Kopp, Ferdinand O./Ramsauer, Ulrich: Verwaltungsverfahrensgesetz, Kommentar, 15. Auflage, München 2014 (zitiert: *Kopp/Ramsauer*)

Kreft, Gerhart: Heidelberger Kommentar, Insolvenzordnung, 6. Auflage, Heidelberg, München, Landsberg, Frechen, Hamburg 2011 (zitiert: Kreft-*Bearbeiter*, 6. Auflage)

Kreft, Gerhart: Heidelberger Kommentar, Insolvenzordnung, 7. Auflage, Heidelberg, München, Landsberg, Frechen, Hamburg 2014 (zitiert: Kreft-*Bearbeiter*)

Kübler, Bruno M./Prütting, Hanns: Das neue Insolvenzrecht, InsO/EGInsO, 2. Auflage, Köln 2000 (zitiert: *Kübler/Prütting*)

Kübler, Bruno/Prütting, Hanns/Bork, Reinhard: InsO. Kommentar zur Insolvenzordnung, Band 1, Stand: Februar 2015, 62. Ergänzungslieferung, Köln 2015 (zitiert: Kübler/Prütting/Bork-*Bearbeiter*)

Kübler, Bruno/Prütting, Hanns/Bork, Reinhard: InsO. Kommentar zur Insolvenzordnung, Band 3, Stand: April 2012, 48. Ergänzungslieferung, Köln 2012 (zitiert: Kübler/Prütting/Bork-*Bearbeiter*)

Kuhn, Georg/Uhlenbruck, Wilhelm: Konkursordnung, Kommentar, 11. Auflage, München 1994 (zitiert: *Kuhn/Uhlenbruck*)

Larenz, Karl/Canaris, Claus-Wilhelm: Methodenlehre der Rechtswissenschaft, 3. Auflage, Berlin, Heidelberg, New York 1995 (zitiert: *Larenz/Canaris*)

Leipold, Dieter: „Das Haftungsprivileg des Spruchrichters" in: JZ 1967, S. 737–741 (zitiert: *Leipold*, JZ 1967)

Leonhardt, Peter/Smid, Stefan/Zeuner, Mark: Insolvenzordnung (InsO). Kommentar, 3. Auflage, Stuttgart 2010 (zitiert: LSZ-*Bearbeiter*)

Levy, Leopold: „Die Aufsicht über den Konkursverwalter" in: KuT 1928, S. 149–150 (zitiert: *Levy*, KuT 1928)

Levy, Leopold: „Umschau" in: KuT 1931, S. 142–144 (zitiert: *Levy*, KuT 1931)

Mansel, Heinz-Peter: „Die Neuregelung des Verjährungsrechts" in: NJW 2002, S. 89–99 (zitiert: *Mansel*, NJW 2002)

Martens, Wolfgang: „Zum Rechtsanspruch auf polizeiliches Handeln" in: JuS 1962, S. 245–252 (zitiert: *Martens*, JuS 1962)

Maurer, Hartmut: Allgemeines Verwaltungsrecht, 18. Auflage, München 2011 (zitiert: *Maurer*, Allg. VerwR)

Maurer, Hartmut: Allgemeines Verwaltungsrecht, 10. Auflage, München 1995 (zitiert: *Maurer*, Allg. VerwR, 10. Auflage)

Maus, Karl Heinz: „Offenlegungspflichten des Insolvenzverwalters nach dem „Gesetz über elektronische Handelsregister und Genossenschaftsregister sowie das Unternehmensregister" (EHUG)" in: ZInsO 2008, S. 5–9 (zitiert: *Maus*, ZInsO 2008)

Mönning, Rolf-Dieter: „Die Auswahl des Verwalters als Problem Qualitätssicherung" in: Kölner Schrift zur Insolvenzordnung, S. 375–402, 2. Auflage, Herne/Berlin 2000 (zitiert: *Mönning*, KS-InsO, 2. Auflage, S. 375)

Münchener Kommentar zum Bürgerlichen Gesetzbuch: Band 5 Schuldrecht – Besonderer Teil III §§ 705–853, 5. Auflage, München 2009 (zitiert: MüKo-BGB-*Bearbeiter*, 5. Auflage)

Münchener Kommentar zum Bürgerlichen Gesetzbuch: Band 5 Schuldrecht – Besonderer Teil III §§ 705–853, 6. Auflage, München 2013 (zitiert: MüKo-BGB-*Bearbeiter*)

Münchener Kommentar zur Insolvenzordnung: Band 1, §§ 1–102, InsVV, 2. Auflage, München 2007 (zitiert: MüKo-InsO-*Bearbeiter*, 2. Auflage)

Münchener Kommentar zur Insolvenzordnung: Band 1, §§ 1–79, InsVV, 3. Auflage, München 2013 (zitiert: MüKo-InsO-*Bearbeiter*)

Münchener Kommentar zur Insolvenzordnung: Band 2, §§ 103–269, 2. Auflage, München 2008 (zitiert: MüKo-InsO-*Bearbeiter*, 2. Auflage)

Münchener Kommentar zur Insolvenzordnung: Band 3, §§ 270–359, 2. Auflage, München 2008 (zitiert: MüKo-InsO-*Bearbeiter*, 2. Auflage)

Münchener Kommentar zur Insolvenzordnung: Band 3, §§ 217–359, Art. 103a–110 EGInsO, 3. Auflage, München 2014 (zitiert: MüKo-InsO-*Bearbeiter*)

Naumann, Dieter: „Die Aufsicht des Insolvenzgerichts über den Insolvenzverwalter" in: Kölner Schrift zur Insolvenzordnung, S. 431–451, 2. Auflage, Herne/Berlin 2000 (zitiert: *Naumann*, KS-InsO, 2. Auflage, S. 431)

Nerlich, Jörg/Römermann, Volker: Insolvenzordnung (InsO). Kommentar, Stand: August 2014, 27. Ergänzungslieferung, München 2015 (zitiert: Nerlich/Römermann-*Bearbeiter*)

Obermayer, Klaus/Funke-Kaiser, Michael: Kommentar zum Verwaltungsverfahrensgesetz, 4. Auflage, Köln 2014 (zitiert: Obermayer/Funke-Kaiser-*Bearbeiter*)

Oetker, Friedrich: Konkursrechtliche Grundbegriffe, Band I – Die Gläubiger, Stuttgart 1891 (zitiert: *Oetker*)

Ossenbühl, Fritz: „Zur Bedeutung von Verfahrensmängeln im Atomrecht" in: NJW 1981, S. 375–378 (zitiert: *Ossenbühl*, NJW 1981)

Ossenbühl, Fritz: „Die Bindung der Verwaltung an die höchstrichterliche Rechtsprechung" in: AöR 1967, S. 478–495 (zitiert: *Ossenbühl*, AöR 1967)

Ossenbühl, Fritz/Cornils, Matthias: Staatshaftungsrecht, 6. Auflage, München 2013 (zitiert: *Ossenbühl/Cornils*)

Palandt, Otto: Bürgerliches Gesetzbuch, 74. Auflage, München 2015 (zitiert: Palandt-*Bearbeiter*)

Pape, Gerhard: „Ungeschriebene Kompetenzen der Gläubigerversammlung versus Verantwortlichkeit des Insolvenzverwalters" in: NZI 2006, S. 65–72 (zitiert: *Pape*, NZI 2006)

Pape, Gerhard: „Aktuelle Probleme des Insolvenzeröffnungsverfahrens nach Inkrafttreten der InsO" in: DB 1999, S. 1539–1545 (zitiert: *Pape*, DB 1999)

Pape, Irmtraut: „Auswirkungen der ZPO-Reform auf das insolvenzrechtliche Beschwerdeverfahren" in: NZI 2001, S. 516–520 (zitiert: *I. Pape*, NZI 2001)

Papier, Hans-Jürgen: Die Forderungsverletzung im öffentlichen Recht Dissertation, Berlin 1970 (zitiert: *Papier*)

Papke, Horst: „Das Bild des Vergleichsverwalters" in: E. Pougin/ K. v. Wysocki, Wirtschaftsprüfer im Dienst der Wirtschaft, 1968 (zitiert: *Papke*)

Paulsen, Knud A.: Die Auswahl und Bestellung des Insolvenzverwalters im Spannungsverhältnis zwischen richterlichem Ermessen, Gläubigerautonomie und Eilbedürftigkeit - §§ 56, 57 InsO, ein Sanierungsfall? Dissertation, Köln 2006 (zitiert: *Paulsen*)

Pieroth, Bodo/Schlink, Bernhard/Kingreen, Thorsten/Poscher, Ralf: Grundrechte, Staatsrecht II, 30. Auflage, Heidelberg 2014 (zitiert: *Pieroth/Schlink*)

Pluta, Michael: „Der Insolvenzverwalter auf dem Prüfstand" abrufbar unter: http://www.compliancemagazin.de/compliancefachbeitraege/hintergrund/pluta240908.html (24.9.2008) (zitiert: *Pluta*, Der Insolvenzverwalter auf dem Prüfstand)

Prütting, Hanns: „Aktuelle Fragen der Rechtsmittel im Insolvenzrecht" in: NZI 2000, S. 145–148 (zitiert: *Prütting*, NZI 2000)

Prütting, Hans/Wegen, Gerhard/Weinreich, Gerd: BGB, Kommentar, 9. Auflage, Köln 2014 (zitiert: Prütting/Wegen/Weinreich-*Bearbeiter*)

Rechel, Hans-Peter: Die Aufsicht des Insolvenzgerichts über den Insolvenzverwalter „Aufsicht" als Erkenntnisprozess – „Aufsichtsmaßnahme" als Vollzug, Berlin 2009 (zitiert: *Rechel*)

Richter, Bernd/Pluta, Maximilian: „Bescheinigung zum Schutzschirmverfahren gemäß § 270 b InsO nach IDW ES 9 im Praxistest" in: BB 2012, S. 1591–1595 (zitiert: *Richter/Pluta*, BB 2012)

Römermann, Volker: „Die Zukunft der Insolvenzverwalterbestellung" in: ZInsO 2004, S. 937–943 (zitiert: *Römermann*, ZInsO 2004)

Römermann, Volker: „Die Bestellung des Insolvenzverwalters" in: NJW 2002, S. 3729–3733 (zitiert: *Römermann*, NJW 2002)

Sabel, Oliver/Wimmer, Klaus: „Die Auswirkungen der europäischen Dienstleistungsrichtlinie auf Auswahl und Bestellung des Insolvenzverwalters" in: ZIP 2008, S. 2097–2107 (zitiert: *Sabel/Wimmer*, ZIP 2008)

Scheuner, Ulrich: „Probleme der staatlichen Schadenshaftung nach deutschem Recht" in: DÖV 1955, S. 545–550 (zitiert: *Scheuner*, DÖV 1955)

Schiessler, Wolfram: Der Insolvenzplan, Bielefeld 1997 (zitiert: *Schiessler*)

Schlick, Wolfgang/Rinne, Eberhard: „Die Rechtsprechung des BGH zum Staatshaftungsrecht (Teil 2)" in: NVwZ 1997, S. 1171–1182 (zitiert: *Schlick/Rinne*, NVwZ 1997)

Schmidt, Andreas: Hamburger Kommentar zum Insolvenzrecht, 5. Auflage, Köln 2015 (zitiert: HK-*Bearbeiter*)

Schmidt-Bleibtreu, Bruno: GG, Kommentar zum Grundgesetz, 13. Auflage, Köln 2014 (zitiert: Schmidt-Bleibtreu-*Bearbeiter*)

Schoch, Friedrich: „Amtshaftung" in: Jura 1988, S. 585–594 (zitiert: *Schoch*, Jura 1988)

Schubert, Werner/Glöckner, Hans Peter: Nachschlagewerk des Reichsgerichts Bürgerliches Gesetzbuch, Band 7, 2, §§ 826–853, Goldbach 1999 (zitiert: Nachschlagewerk des Reichsgerichts, Nr.)

Schwarze, Jürgen: „Haftungsbeschränkung durch gemeindliche Satzung – BGHZ 61,7" in: JuS 1974, S. 640–644 (zitiert: *Schwarze*, JuS 1974)

Schwarzer, Ursula: „Mehr Henker als Helfer" abrufbar unter: http://www.manager-magazin.de/magazin/artikel/0,2828,599652,00.html (25.2.2009) (zitiert: *Schwarzer*)

Siemon, Klaus: „Ein Verlust der richterlichen Entscheidungsfreiheit des Insolvenzrichters und der Unabhängigkeit des Insolvenzverwalters verstößt gegen Art. 14 GG" in: ZInsO 2011, S. 381–386 (zitiert: *Siemon*, ZInsO 2011)

Siemon, Klaus: „Die Verwalterbestellung 2010 – Der falsche Weg" in: ZInsO 2010, S. 401–412 (zitiert: *Siemon*, ZInsO 2010)

Smid, Stefan: „Zum prozeßrechtlichen Grund des Haftungsausschlusses nach § 839 Abs. 2 S. 1 BGB" in: Jura 1990, S. 225–231 (zitiert: *Smid*, Jura 1990)

Smid, Stefan: Gesamtvollstreckungsordnung, Kommentar, Das Insolvenzrecht der fünf neuen Bundesländer und Ostberlins, 3. Auflage, Baden-Baden 1996/1997 (zitiert: Smid-*Bearbeiter*)

Smid, Stefan: Praxishandbuch Insolvenzrecht, 5. Auflage, Berlin 2007 (zitiert: *Smid*, Praxishandbuch)

Smid, Stefan: „Auswahl und Bestellung des Insolvenzverwalters durch das Insolvenzgericht als Rechtsfrage betrachtet" in: DZWIR 2001, S. 485–497 (zitiert: *Smid*, DZWIR 2001)

Smid, Stefan: Grundzüge des Insolvenzrechts, 4. Auflage, München 2002 (zitiert: *Smid*, Grundzüge des Insolvenzrechts)

Smid, Stefan: Insolvenzordnung (InsO) mit Insolvenzrechtlicher Vergütungsverordnung (InsVV), Kommentar, 1. Auflage, Stuttgart, Berlin, Köln 1999 (zitiert: Smid-*Bearbeiter*, 1. Auflage)

Smid, Stefan: Insolvenzordnung (InsO) mit Insolvenzrechtlicher Vergütungsverordnung (InsVV), Kommentar, 2. Auflage, Stuttgart, Berlin, Köln 2001 (zitiert: Smid-*Bearbeiter*, 2. Auflage)

Smid, Stefan: „Auf der „Spanischen Straße" in das Labyrinth des Konkurses" in: Haftung und Insolvenz – Festschrift für Gero Fischer zum 65. Geburtstag, München 2008, S. 489–507 (zitiert: *Smid*, FS-Fischer)

Smid, Stefan: „Rechtsschutz gegen Insolvenzrichter“ in: DZWIR 2004, S. 359–367 (zitiert: *Smid*, DZWIR 2004)

Smid, Stefan: „Richtlinie 2006/123/EG über Dienstleistungen im Binnenmarkt vom 12.12.2006 ohne Auswirkungen auf die Regelung von Vorauswahl und Auswahl des Insolvenzverwalters im deutschen Insolvenzrecht“ in: ZInsO 2009, S. 113–116 (zitiert: *Smid*, ZInsO 2009)

Smid, Stefan: „Stärkung des Gläubigereinflusses und die Bestellung des Insolvenzverwalters im Spiegel der mit dem RegE des ESUG vorgesehenen Neuregelungen“ in: WPg Sonderheft 2011, S. 8–13 (zitiert: *Smid*, WPg Sonderheft 2011)

Smid, Stefan: „Bankenhaftung aus der Führung von offenen Treuhandkonten und Anderkonten bei treuwidrigen Verfügungen des Insolvenzverwalters“ in: ZIP 2006, S. 1973–1981 (zitiert: *Smid*, ZIP 2006)

Smid, Stefan: „Die gerichtliche Bestätigung des Insolvenzplans trotz Versagung seiner Annahme durch Abstimmungsgruppen von Gläubigern“ in: Recht und Pluralismus – Hans-Martin Pawlowski zum 65. Geburtstag, Berlin 1997, S. 387–441 (zitiert: *Smid*, FS-Pawlowski)

Smid, Stefan: „Sanierungsverfahren nach neuem Insolvenzrecht“ in: WM 1998, S. 2489–2515 (zitiert: *Smid*, WM 1998)

Smid, Stefan/Rattunde, Rolf: Der Insolvenzplan, 2. Auflage, Stuttgart 2005 (zitiert: *Smid/Rattunde*, InsPlan, 2. Auflage)

Smid, Stefan/Rattunde, Rolf/Martini, Torsten: Der Insolvenzplan, 3. Auflage, Stuttgart 2012 (zitiert: *Smid/Rattunde/Martini*)

Soergel, Hans Theodor: Bürgerliches Gesetzbuch, Band 12, Schuldrecht 10, §§ 823–853, ProdHG, UmweltHG, 13. Auflage, Stuttgart 2005 (zitiert: Soergel-*Bearbeiter*)

Soergel, Hans Theodor: Bürgerliches Gesetzbuch, Band 5/1, Schuldrecht IV/1 (§§ 705–822), 12. Auflage, Stuttgart 2007 (zitiert: Soergel-*Bearbeiter*)

Solmecke, Henrik: „Sind weitere Reformen erforderlich? – Diskussionsergebnisse“ in: WPg 2011, S. 41–42 (zitiert: *Solmecke*, WPg 2011)

Stangl, Josef: „Die Subsidiaritätsklausel des § 839 I 2 BGB in der Rechtsprechung des Bundesgerichtshofes“ in: JA 1995, S. 572–575 (zitiert: *Stangl*, JA 1995)

Stapper, Florian: „Neue Anforderungen an den Insolvenzverwalter“ in: NJW 1999, S. 3441–3444 (zitiert: *Stapper*, NJW 1999)

Stapper, Florian: „Das neue Profil des Insolvenzverwalters“ in: Festschrift für Wilhelm Nordemann, Baden-Baden 1999, S. 259–267 (zitiert: *Stapper*, FS-Nordemann)

Stein, Christoph/Itzel, Peter/Schwall, Karin: Praxishandbuch des Amts- und Staatshaftungsrechts, 2. Auflage, Berlin, Heidelberg 2012 (zitiert: *Stein/Itzel/Schwall*)

Steinwachs, Torsten: „Die Wahl des vorläufigen Insolvenzverwalters durch den (vorläufigen) vorläufigen Gläubigerausschuss nach dem „ESUG““ in: ZInsO 2011, S. 410–412 (zitiert: *Steinwachs*, ZInsO 2011)

Stelkens, Paul/Bonk, Joachim/Sachs, Michael: Verwaltungsverfahrensgesetz, Kommentar, 8. Auflage, München 2014 (zitiert: Stelkens/Bonk/Sachs-*Bearbeiter*)

Strohal, Emil: Planck's Kommentar zum Bürgerlichen Gesetzbuch nebst Einführungsgesetz, II. Band 2. Hälfte, Recht der Schuldverhältnisse (Besonderer Teil), 4. Auflage, Berlin, Leipzig 1928 (zitiert: Planck-*Bearbeiter*)

Stuth, Sabine: Staatshaftung oder Entschädigung? Rechtsstrukturen der Schadensverteilung zwischen Staat und Bürgern, Baden-Baden 1990 (zitiert: *Stuth*)

Uhlenbruck, Wilhelm: „Aus- und Abwahl des Insolvenzverwalters – Eine Schicksalsfrage der Insolvenzrechtsreform“ in: KTS 1989, S. 229–252 (zitiert: *Uhlenbruck*, KTS 1989)

Uhlenbruck, Wilhelm: Insolvenzordnung, Kommentar, 13. Auflage, München 2010 (zitiert: Uhlenbruck-*Bearbeiter*)

Uhlenbruck, Wilhelm: „Die Prüfung der Rechnungslegung des Konkursverwalters“ in: ZIP 1982, S. 125–135 (zitiert: *Uhlenbruck*, ZIP 1982)

Uhlenbruck, Wilhelm: Das neue Insolvenzrecht Insolvenzordnung und Einführungsgesetz nebst Materialien, Herne, Berlin 1994 (zitiert: *Uhlenbruck*)

Uhlenbruck, Wilhelm: „Zur Vorauswahl und Bestellung des Insolvenzverwalters“ in: NZI 2006, S. 489–494 (zitiert: *Uhlenbruck*, NZI 2006)

Uhlenbruck, Wilhelm: „Zur Forderung des Bundes Deutscher Rechtspfleger auf Vollübertragung des gerichtlichen Insolvenzverfahrens auf den Rechtspfleger“ in: ZInsO 2001, S. 1129–1133 (zitiert: *Uhlenbruck*, ZInsO 2001)

Uhlenbruck, Wilhelm: „Die juristische Person als Insolvenzverwalter nach dem Entwurf einer Insolvenzordnung (InsO)“ in: AnwBl. 1993, S. 453–458 (zitiert: *Uhlenbruck*, AnwBl. 1993)

Uhlenbruck, Wilhelm: „Das Bild des Insolvenzverwalters – Der Versuch einer Orientierung im Widerstreit vielfältiger Interessen“ in: KTS 1998, S. 1–29 (zitiert: *Uhlenbruck*, KTS 1998)

Uhlenbruck, Wilhelm: „Qualitätssicherung auch für Insolvenzrichter?“ in: ZInsO 2008, S. 396–402 (zitiert: *Uhlenbruck*, ZInsO 2008)

Uhlenbruck, Wilhelm/Delhaes, Karl: Handbuch der Rechtspraxis, Band 3, Konkurs- und Vergleichsverfahren, 5. Auflage, München 1990 (zitiert: Uhlenbruck/K. Delhaes)

„Uhlenbruck-Kommission“: „Empfehlungen der „Uhlenbruck-Kommission“ zur Auswahl und Bestellung von InsolvenzverwalterInnen sowie Transparenz, Aufsicht und Kontrolle im Insolvenzverfahren“ in: ZIP 2007, S. 1432–1436 (zitiert: „Uhlenbruck-Kommission“, ZIP 2007)

„Uhlenbruck-Kommission“: „Zusammenfassung der Empfehlungen der Kommission zur Vorauswahl und Bestellung von InsolvenzverwalterInnen sowie Transparenz, Aufsicht und Kontrolle im Insolvenzverfahren („Uhlenbruck-Kommission“)“ in: ZInsO 2007, S. 760–764 (zitiert: „Uhlenbruck-Kommission“, ZInsO 2007)

Vallender, Heinz: „Eigenverwaltung im Spannungsfeld zwischen Schuldner- und Gläubigerautonomie“ in: WM 1998, S. 2129–2139 (zitiert: *Vallender*, WM 1998)

von Mangoldt, Hermann/Klein, Friedrich: Das Bonner Grundgesetz, Band II, 2. Auflage, Berlin 1966 (zitiert: *v. Mangoldt/Klein*, 2. Auflage)

Weitnauer, Hermann: „§ 823 II BGB und die Schuldtheorie“ in: JZ 1963, S. 631–632 (zitiert: *Weitnauer*, JZ 1963)

Weitzmann, Jörn: „Rechnungslegung und Schlussrechnungsprüfung“ in: ZInsO 2007, S. 449–455 (zitiert: *Weitzmann*, ZInsO 2007)

Westermann, Harm Peter: Erman Bürgerliches Gesetzbuch, Band II, 14. Auflage, Köln 2014 (zitiert: Erman-*Bearbeiter*)

Wimmer, Klaus: FK-InsO, Frankfurter Kommentar zur Insolvenzordnung, 6. Auflage, Köln 2011 (zitiert: FK-*Bearbeiter*, 6. Auflage)

Wimmer, Klaus: FK-InsO, Frankfurter Kommentar zur Insolvenzordnung, 8. Auflage, Köln 2015 (zitiert: FK-*Bearbeiter*)

Wimmer, Klaus/Dauernheim, Jörg/Wagner, Martin/Weidekind, Sabine-Sofie: Handbuch des Fachanwalts Insolvenzrecht, 1. Auflage, Neuwied, Kriftel 2002 (zitiert: Wimmer-*Bearbeiter*)

Wurm, Michael: „Drittgerichtetheit und Schutzzweck der Amtspflicht als Voraussetzungen für die Amtshaftung“ in: JA 1992, S. 1–10 (zitiert: *Wurm*, JA 1992)

Zimniok, Klaus: „Die Verfassungsmäßigkeit der Amtshaftungsnormen der Länder“ in: DÖV 1953, S. 296–300 (zitiert: *Zimniok*, DÖV 1953)

1. Teil: Einführung

A. Einleitung

Schon das Reichsgericht stellte in seiner Entscheidung vom 20.12.1904 fest, dass grundsätzlich ein Amtshaftungsanspruch bei einer Aufsichtspflichtverletzung des Konkursgerichts und eine Schadensersatzpflicht gegenüber den Gläubigern bestehen können.[1] Das Problem der „Amtshaftung bei insolvenzgerichtlichen Pflichtverletzungen" ist als Staatshaftung im engeren Sinne aber bisher nur selten in Erscheinung getreten. Dies mag daran liegen, dass eine Haftung des Insolvenzgerichts nur in Betracht kommt, wenn der Geschädigte nicht auf andere Weise Ersatz erlangen kann. Vor allem aufgrund dieser Einschränkung hat die Amtshaftung des Insolvenzgerichts bisher nur eine untergeordnete Rolle gespielt.[2]

In jüngster Vergangenheit waren aber sowohl in der Fachpresse[3] als auch in der Tagespresse[4] Artikel über Insolvenzverwalter zu lesen, die sich vermutlich an der Masse bereichern wollten oder dies auch getan haben und die aufgrund dieser Tatsache aus ihrer Stellung als Insolvenzverwalter entlassen wurden bzw. gegen die strafrechtlich ermittelt wurde.

Außerdem gab es schon in der Vergangenheit Fälle, in denen das Insolvenzgericht sich in einer Art „Grauzone" bewegt hat und sich so in besonderer Weise Amtshaftungsansprüchen ausgesetzt hat. So geschehen zum Beispiel im Fall der „Herstatt-Bank" im Jahre 1974.[5]

Darüber hinaus gab es in der jüngeren Vergangenheit auch Berichte über Insolvenzrichter, die strafrechtlich in Erscheinung getreten sind, da sich ihre Bestellpraxis bezüglich der Insolvenzverwalter nicht im legalen Rahmen bewegte.[6]

Dies hat breit gefächerte Diskussionen angeregt. Dabei liegen die Schwerpunkte darauf, wie mehr Transparenz im Insolvenzverfahren gewährleistet werden kann

1 RG, Urteil v. 20.12.1904, Nachschlagewerk des Reichsgerichts, Nr. 30.

2 Jaeger-*Gerhardt*, § 56 InsO, Rn. 74.

3 INDat Report 03/2003, S. 6f.; INDat Report 07/2002, S. 5; INDat Report 06/2003, S. 5.

4 Der Spiegel 30/2003, S. 64; *Schwarzer*, 1. Teil „Mehr Henker als Helfer".

5 Vgl. dazu *Dubischar*, S. 54ff. Richter im Verfahren über die „Herstatt-Bank" war Dr. Wilhelm Uhlenbruck.

6 *Schwarzer*, 5. Teil „Möglichkeiten der Kontrolle sind begrenzt", 6. Teil „Ruf nach Transparenz findet wenig Widerhall".

und wie die insolvenzgerichtliche Aufsicht und auch die Verwalterauswahl verbessert werden können.[7]

Hinzu kamen in jüngster Zeit Diskussionen rund um das Thema „Finanzmarktkrise". Sie hatten viele einschneidende Gesetzesinitiativen und -änderungen zur Folge. Mit dem Finanzmarkstabilisierungsgesetz und dem Gesetz zur Reorganisation von Kreditinstituten seien nur zwei genannt. Eine besondere Bedeutung kommt darüber hinaus dem Gesetz zur weiteren Erleichterung der Sanierung von Unternehmen (kurz: ESUG) zu. Es ist in weiten Teilen am 1. März 2012 in Kraft getreten. Es enthält weitreichende Änderungen der Insolvenzordnung. Es ändert und erweitert die Pflichten des Insolvenzgerichts, schränkt seine Rechte mancherorts aber auch ein.

Problematisch an den Vorkommnissen der letzten Zeit ist, dass nicht eindeutig geklärt ist, welche Folgen etwaige Pflichtverletzungen des Insolvenzgerichts mit sich bringen. Gerade an diesem Punkt stellt sich die Frage nach eventuellen Amtshaftungsansprüchen gemäß § 839 I BGB i. V. m. Art. 34 S. 1 GG gegen das Insolvenzgericht und wie man diese durchsetzen kann.

Dabei knüpft die folgende Betrachtung in mancherlei Hinsicht an die Arbeit „Die Aufsicht des Insolvenzgerichts über den Insolvenzverwalter" von Hans-Peter Rechel an. *Rechel* bearbeitet darin bereits viele Problempunkte der insolvenzgerichtlichen Pflichten, wie zum Beispiel die Vorauswahl und die Auswahl des Insolvenzverwalters sowie die Aufsicht über den Insolvenzverwalter. Diese Arbeit greift auch die zuvor genannten Problempunkte auf, beleuchtet darüber hinaus aber noch weitere Pflichten des Insolvenzgerichts, und versucht, ein umfassendes Bild über die Pflichten des Insolvenzgerichts zu erstellen. Dabei ist der Ausgangspunkt der Betrachtung immer eine etwaige Amtspflichtverletzung des Insolvenzgerichts und ein damit korrespondierender Amtshaftungsanspruch nach § 839 I BGB i. V. m. Art. 34 S. 1 GG. Ferner wird auf die Amtshaftung im Allgemeinen samt ihrer Entwicklungsgeschichte und ihrer Tatbestandsvoraussetzungen in gebotener Länge eingegangen. Dabei dienten die Werke „Staatshaftungsrecht" von *Ossenbühl* (jetzt *Ossenbühl* und *Cornils*) und „Staatshaftungsrecht" (2. Auflage) von *Bender* sowie die Kommentierung des § 839 BGB von *Papier* im Münchener Kommentar zum Bürgerlichen Gesetzbuch und die Kommentierung des § 839 BGB von *Wöstmann* in J. von Staudingers Kommentar zum Bürgerlichen Gesetzbuch in großem Maße.

---

7 Dies sieht man deutlich an der Gesetzesinitiative des Bundesrates in Bezug auf das GAVI, die kurz nach Bekanntwerden des „Mühl-Falles" stattgefunden hat; vgl. BR-Drucks. 566/07.

B. Entstehung und Systematik der Staatshaftung

Unter dem Begriff Staatshaftung wird geläufig die Haftung für hoheitliches Handeln verstanden.[8] Definiert wird das Staatshaftungsrecht als Inbegriff der geschriebenen und ungeschriebenen Normen, die die Restitutions- und Kompensationspflichten der öffentlichen Hand bei rechtswidriger Ausübung öffentlicher Gewalt regeln.[9] Für das Gebiet der Staatshaftung ist eine Unterscheidung zwischen Entschädigung für rechtmäßiges hoheitliches Handeln (Enteignung, enteignender Eingriff, Aufopferung) und Entschädigung für rechtswidriges hoheitliches Handeln, wozu auch das Institut der Amtshaftung gezählt werden muss, wesentlich.[10] Allerdings haben sich bis heute die Grenzen zwischen den rechtswidrigen und den rechtmäßigen hoheitlichen Eingriffen, die zu einer Entschädigungspflicht des Staates führen, immer mehr verwischt.[11] Zum Staatshaftungsrecht gehören nämlich ebenfalls die richterrechtlich ausgebildeten Rechtsinstitute des enteignungsgleichen und aufopferungsgleichen Eingriffs sowie der Folgenbeseitigungsanspruch und der sozialrechtliche Herstellungsanspruch.[12]

Darüber hinaus existiert bzw. existierte auch ein Staatshaftungsgesetz im deutschen Recht. Das Staatshaftungsgesetz der BRD vom 26. Juni 1981 wurde vom BVerfG zwar für nichtig erklärt[13], aber in den neuen Bundesländern gilt das Staatshaftungsgesetz der DDR von 1969 teilweise als Landesrecht fort.[14]

Aufgrund dessen ist vorliegend von einem umfassenden Begriff der Staatshaftung auszugehen.[15]

Die Normen, die die Grundlage des Staatshaftungsrecht bilden, sind die §§ 74, 75 der Einleitung zum Preußischen Allgemeinen Landrecht, Art. 14 und 34 GG und § 839 BGB.[16]

So werden die Rechtsinstitute des enteignungsgleichen und aufopferungsgleichen Eingriffs beide über den gewohnheitsrechtlich anerkannten Aufopferungsanspruch gemäß §§ 74, 75 E-ALR reguliert.[17]

---

8 *Ossenbühl/Cornils*, S. 1; *Bettermann*, DÖV 1954, 299 (299); *Stuth*, S. 9.

9 *Ossenbühl/Cornils*, S. 1; MüKo-BGB-*Papier*, § 839, Rn. 2; *Bender*, Rn. 1.

10 MüKo-BGB-*Papier*, § 839, Rn. 1.

11 *Ossenbühl/Cornils*, S. 1.

12 MüKo-BGB-*Papier*, § 839, Rn. 3.

13 Vgl. BVerfGE 61, 149 (151).

14 MüKo-BGB-*Papier*, § 839, Rn. 3.

15 *Ossenbühl/Cornils*, S. 2.

16 *Stuth*, S. 9.

17 MüKo-BGB-*Papier*, § 839, Rn. 56f.

Der Unterschied zwischen der Amtshaftung und der unmittelbaren Staatshaftung als solchen liegt in der Struktur und Konstruktion beider Ansprüche.[18]

Entscheidend ist dieser Unterschied bei der Frage, wie es zu behandeln ist, wenn einem Bürger durch behördliches Handeln ein Schaden entsteht und er dafür Ersatz erlangen möchte.

In solch einem Schadensfall sind grundsätzlich drei Möglichkeiten zur Erlangung eines Schadensersatzes denkbar.

Der geschädigte Bürger könnte direkt den Schädiger in Anspruch nehmen (Eigenhaftung). Die Tradition der Eigenhaftung des Beamten geht in Deutschland bis in das 18. Jahrhundert zurück.

So war in den §§ 88, 89 II. Teil 10. Titel ALR festgeschrieben:

„Wer ein Amt übernimmt, muß auf die pflichtgemäße Führung desselben die genaueste Aufmerksamkeit wenden" (§ 88). „Jedes dabei begangene Versehen, welches bei gehöriger Aufmerksamkeit und nach Kenntnissen, die bei der Verwaltung des Amtes erforderlich werden, hätte vermieden werden können und sollen, muß er vertreten" (§ 89).[19]

Die daraus folgende Eigenhaftung des Beamten wird mit der sogenannten „Mandatstheorie" begründet. Nach ihr erteilt der Dienstherr dem Beamten nur einen Auftrag (Mandat) für rechtmäßiges Handeln. Dagegen verstoße er, wenn er einem Dritten schuldhaft, also vorsätzlich oder aber auch fahrlässig, einen Schaden zufügt.[20]

Diese Haftungstheorie musste sich aber der Kritik aussetzen, dass für den Erfüllungsgehilfen nach § 278 BGB und den Verrichtungsgehilfen nach § 831 BGB eine Haftung des Geschäftsherrn eintrete.[21] Der Staat würde sich demgegenüber aus der Verantwortung stehlen, obwohl sie sogar in doppelter Hinsicht begründet wäre. Erstens dadurch, dass eine öffentliche Aufgabe erfüllt wird, zweitens dadurch, dass er den Beamten angestellt hat und ihn mit der Erfüllung öffentlicher Aufgaben betraut hat.[22] Das Haftungsrisiko würde vollständig auf den Beamten abgewälzt, was ihn in seiner Amtsführung nachhaltig beeinträchtigen könnte, wenn er ständig das Damoklesschwert einer möglichen Haftung über sich schweben sehen müsse. Außerdem steht dem Bürger in der Person des Beamten nicht unbedingt ein liquider Schuldner zur Verfügung.[23]

---

18 MüKo-BGB-*Papier*, § 839, Rn. 8.

19 *Ipsen*, Allg. VerwR, Rn. 1245f.

20 *Ipsen*, Allg. VerwR, Rn. 1247; *Ossenbühl/Cornils*, S. 8.

21 *Ipsen*, Allg. VerwR, Rn. 1248.

22 *Ipsen*, Allg. VerwR, Rn. 1249.

23 *Ipsen*, Allg. VerwR, Rn. 1249; vgl. dazu auch *Maurer*, Allg. VerwR, § 26, Rn. 5.

Ferner käme die Möglichkeit in Betracht, dass der Geschädigte sich unmittelbar an den Verwaltungsträger wendet, bei dem der Bedienstete angestellt ist (Staatshaftung/Verbandshaftung). Der Staat muss sich das Fehlverhalten seiner Beamten unmittelbar zurechnen lassen und haftet allein und ausschließlich für den eingetretenen Schaden.[24]

Die Mandatstheorie wurde schon im Laufe des vorigen Jahrhunderts als unhaltbare Theorie verworfen. Ihr waren vor allem die Rechtsgrundsätze über die Deliktsfähigkeit juristischer Personen des Privatrechts entgegen zu halten. Im BGB wurde allerdings nur die Organhaftung für den privatrechtlichen Funktionsbereich der öffentlichen Hand durch die Normen der §§ 31, 89 BGB als unmittelbare Staatshaftung eingeführt. Für den hoheitsrechtlichen Tätigkeitskreis blieb es im BGB bei der überholten deliktischen Haftung des Beamten selbst.[25] Dies rührte aus kompetenzrechtlichen Überlegungen. Denn die Regelungszuständigkeit bezüglich des öffentlichen Rechts unterfiel den damaligen Einzelstaaten und eine Reichszuständigkeit für die Einführung der Staatshaftung wurde als zweifelhaft erachtet.[26]

Doch gab es auch noch im 20. Jahrhundert sowohl auf dem Gebiet der BRD als auch auf dem Gebiet der DDR Bestrebungen, eine unmittelbare Staatshaftung einzuführen.

Gemäß des § 1 I des Staatshaftungsgesetzes (StHG) der BRD vom 26. Juni 1981 musste der Träger der öffentlichen Gewalt einem anderen für den Schaden nach dem StHG haften, der dadurch entstanden ist, dass die öffentliche Gewalt eine Pflicht des öffentlichen Rechts, die ihr einem anderen gegenüber obliegt, verletzt.

Das Handeln des Beamten wurde dadurch anonymisiert und der abstrakten öffentlichen Gewalt zugeordnet. Dafür musste der jeweilige Verwaltungsträger, also die juristische Person des öffentlichen Rechts, einstehen.

Es wurde eine unmittelbare Staatshaftung geschaffen. Der Geschädigte hatte nur einen Anspruchsgegner und eine Haftung des Beamten war ausdrücklich ausgeschlossen (vgl. § 1 III StHG).[27]

Allerdings ist dieses Haftungsmodell nicht von entscheidender Bedeutung, da das Staatshaftungsgesetz der BRD vom 26. Juni 1981 – wie bereits erwähnt – vom BVerfG für nichtig erklärt wurde.[28] In der ehemaligen DDR gab es eine unmittelbare und verschuldensunabhängige Staatshaftung.[29] In den neuen Bundesländern gilt das Staatshaftungsgesetz der DDR von 1969 aufgrund des Einigungsvertrages als Landesrecht fort.[30] Das Staatshaftungsgesetz der DDR blieb für alle haftungsrelevanten Handlungen

24 *Ossenbühl/Cornils*, S. 8; *Maurer*, Allg. VerwR, § 26, Rn. 1.

25 MüKo-BGB-*Papier*, § 839, Rn. 6.

26 Vgl. Jakobs/Schubert-*Jakobs*, §§ 839, 841, S. 1020; MüKo-BGB-*Papier*, § 839, Rn. 6.

27 *Ipsen*, Allg. VerwR, Rn. 1250f.

28 Vgl. BVerfGE 61, 149 (151).

29 *Ossenbühl/Cornils*, S. 555.

30 MüKo-BGB-*Papier*, § 839, Rn. 3; *Ossenbühl/Cornils*, S. 555.

bis einschließlich 2. Oktober 1990, also für sogenannte „Altfälle", anwendbar.[31] Für die heutigen Fälle von Amts- und Staatshaftung gilt das Staatshaftungsgesetz der DDR in den neuen Bundesländern in modifizierter Art.[32] Da es als Landesrecht fort gilt, steht es grundsätzlich in Konkurrenz zu den bundesrechtlich geregelten Amtshaftungsansprüchen.[33] Für das Handeln von Bundesbehörden gilt dieses Gesetz aufgrund einer mangelnden Gesetzgebungskompetenz der Länder nicht.[34]

Die Fortgeltung des Staatshaftungsgesetzes der DDR in einem Teil der neuen Bundesländer könnte allerdings durchaus auch von Bedeutung für Amtshaftungsansprüche bei insolvenzgerichtlichen Pflichtverletzungen sein. Denn gemäß § 2 I InsO sind die Amtsgerichte, in dessen Bezirk ein Landgericht seinen Sitz hat, als Insolvenzgericht für den Bezirk dieses Landgerichts ausschließlich für die Insolvenzverfahren zuständig. Bei den Insolvenzrichtern handelt es sich als Amtsrichter um Richter im Landesdienst. Sie werden entsprechend den Landesbeamten behandelt.[35] Dies könnte zu einer haftungsrechtlichen Konkurrenz von Landes- mit Bundesrecht führen. Zu verorten wäre dieses Problem als Frage der Konkurrenz jedoch eher unter dem Gesichtspunkt der Subsidiarität nach § 839 I 2 BGB.[36]

Es darf an dieser Stelle allerdings nicht vergessen werden, dass es sich bei Art. 34 GG und bei § 839 BGB um Bundesrecht handelt. Gemäß Art. 31 GG bricht Bundesrecht Landesrecht. Sollte also eine haftungsrechtliche Norm im Landesrecht zwar fortwirken aber im Widerspruch zum Bundesrecht stehen, so genießt das Bundesrecht Geltungsvorrang.

In Berlin[37] und Sachsen[38] ist das Staatshaftungsgesetz der DDR inzwischen aber auch als Landesrecht aufgehoben. Es gilt nur noch in Brandenburg und Thüringen.[39] Dies hat zur Folge, dass die haftungsrechtlich relevanten Fälle in der Praxis durch die bundeseinheitliche Regelung zur Amts- und Staatshaftung zu entscheiden sind.[40]

Als ein weiteres denkbares Haftungsmodell käme in Betracht, dass ein dem Geschädigten nach materiellem Recht zustehender Anspruch gegen den Bediensteten auf die Anstellungskörperschaft übergeleitet wird (Amtshaftung).[41] Die persönliche Haftung des Beamten bleibt bestehen, wird aber auf den Staat übertragen. Folge dieser Haftungsübernahme ist, dass der Staat anstelle des Beamten

---

31 *Stein/Itzel/Schwall*, Rn. 781; BGHZ 127, 57 (61).
32 *Stein/Itzel/Schwall*, Rn. 781.
33 *Stein/Itzel/Schwall*, Rn. 781; BGHZ 142, 259 (273ff.).
34 *Stein/Itzel/Schwall*, Rn. 781.
35 So zum Beispiel § 3 LRiG S-A.
36 Zum Gesichtspunkt der Subsidiarität später ausführlich.
37 Gesetz zur Aufhebung des Gesetzes zur Regelung der Staatshaftung in der Deutschen Demokratischen Republik, GVBl. 1995, S. 607.
38 Rechtsbereinigungsgesetz des Freistaates Sachsen, GVBl. 1998, S. 151.
39 *Ossenbühl/Cornils*, S. 555.
40 *Stein/Itzel/Schwall*, Rn. 783.
41 *Ipsen*, Allg. VerwR, Rn. 1244.

den Schaden zu ersetzen hat. Im Gegensatz zur Staatshaftung handelt es sich nicht um eine unmittelbare bzw. originäre Haftung des Staates, sondern um eine mittelbare bzw. derivative.[42]

Mit dem Beamtenhaftungsgesetz vom 1. August 1909 wurde erstmals eine Haftung des Staates für das von seinen Amtsträgern in Ausübung ihres öffentlichen Amtes schuldhaft begangene Unrecht eingeführt.[43] Dabei wählte man für das Gesetz den konstruktiven Ansatz einer normativen schuldbefreienden Haftungsübernahme, da die Haftung des Staates mit einer Haftungsbefreiung des Amtsträgers einhergehen sollte.[44] Diese strukturelle bzw. konstruktive Besonderheit wurde in das Reichsbeamtenhaftungsgesetz vom 22. Mai 1910 für die Haftung des Reiches anstelle seiner Beamten übernommen.[45] Dieses Prinzip der Amtshaftung, welches durch den Schuldnerwechsel charakterisiert wird und nur zu einer mittelbaren Staatshaftung führt, hat durch Art. 131 WRV und Art. 34 GG bis heute zu einer Staatshaftung für alle Bundes- und Landesbeamten und Beamten sonstiger öffentlich-rechtlicher Körperschaften geführt.[46]

Die Amtshaftung stellt folglich eine Kombination aus Beamtenhaftung und Staatshaftung dar. Es müssen die Tatbestandsmerkmale des § 839 BGB erfüllt sein.[47] Durch Art. 34 S. 1 GG wird die Haftung auf den Staat und andere Verwaltungsträger verlagert.[48] Durch den § 839 BGB als haftungsbegründende Norm und den Art. 34 S. 1 GG als haftungsverlagernde Norm entsteht eine einheitliche Anspruchsgrundlage der Amtshaftung nach § 839 BGB i. V. m. Art. 34 S. 1 GG.[49]

Gründe für ein Verlangen nach einer Amtshaftung mit einhergehender Haftungsübernahme des Staates waren zum einen, dass der geschädigte Bürger auf einen leistungsfähigen Schuldner zurückgreifen können sollte, zum anderen sollten die Beamten durch das Risiko einer uneingeschränkten persönlichen Haftung nicht in ihrer Einsatzbereitschaft verhindert werden.[50]

---

42 *Ossenbühl/Cornils*, S. 8; *Maurer*, Allg. VerwR, § 26, Rn. 1.

43 MüKo-BGB-*Papier*, § 839, Rn. 7.

44 MüKo-BGB-*Papier*, § 839, Rn. 7.

45 MüKo-BGB-*Papier*, § 839, Rn. 7.

46 MüKo-BGB-*Papier*, § 839, Rn. 7; *Dagtoglou*, Art. 34 GG, Rn. 22ff.

47 *Maurer*, Allg. VerwR, § 26, Rn. 7; vgl. dazu *Ipsen*, Allg. VerwR, Rn. 1252. *Ipsen* schreibt, dass die Tatbestandsmerkmale des § 839 BGB „nur im Wesentlichen" erfüllt sein müssen. Dies ist unverständlich, da ein Anspruch aus § 839 BGB nur begründet sein kann, wenn alle Tatbestandsmerkmale erfüllt sind.

48 *Ipsen*, Allg. VerwR, Rn. 1252; BVerfGE 61, 149 (149).

49 *Maurer*, Allg. VerwR, § 26, Rn. 7ff.; MüKo-BGB-*Papier*, § 839, Rn. 13, 119; *Ossenbühl/Cornils*, S. 11.

50 *Maurer*, Allg. VerwR, § 26, Rn. 5.

Die Grundlage für die Staatshaftung ist unverändert das Rechtsstaatsprinzip. Die Staatshaftung nach Art. 34 GG ergänzt den Grundsatz der Gesetzmäßigkeit nach Art. 20 III GG und die Rechtsschutzgarantie nach Art. 19 IV GG.[51] Der Zweck, der dahinter steht, ist der, dass bei einer Rechtsverletzung durch die öffentliche Gewalt, die nicht mehr durch gerichtlichen Rechtsschutz aufgefangen werden kann, der entstandene Schaden durch Leistung von Schadensersatz ausgeglichen werden muss.[52]

Diese Handhabung muss vor allem deshalb gelten, weil der Staat seine Beamten anstellt und auswählt und sie zu beaufsichtigen hat. Der Staat gibt den Beamten durch die Anstellung überhaupt erst die Befugnisse zum hoheitlichen Handeln, aufgrund derer es zu dem schadenverursachenden Verhalten kommen kann.[53]

Obwohl die Gründe für eine Haftungsübernahme des Staates einleuchtend sind, ist nicht von der Hand zu weisen, dass die Konzeption der Amtshaftung aufgrund ihrer Entstehungsgeschichte strukturelle Unzulänglichkeiten aufweist und zu dogmatischen und rechtlichen Schwierigkeiten geführt hat.[54]

Diese Unzulänglichkeiten der mittelbaren Staatshaftung zeigen sich zum einen darin, dass durch die Übernahme einer Haftung nach § 839 BGB, die auf den Beamten zugeschnitten ist, es auf einmal zu einer Staatshaftung kommt, die nach den Kriterien der persönlichen Beamtenhaftung beurteilt wird. Diese Kriterien sind zum Beispiel das Verschuldensprinzip, die Subsidiaritätsklausel und die Tatsache, dass etwaiger Schadensersatz nur in Geld zu leisten ist.[55]

Erschwerend kommt hinzu, dass der Rechtschutz oft nur durch eine doppelte Inanspruchnahme der Gerichte geltend gemacht werden kann. Für die Feststellung der Amtspflichtverletzungen sind (oft) die Verwaltungsgerichte – eher seltener die Zivilgerichte – zuständig, für die Entscheidung über die Schadensersatzansprüche hingegen immer streitwertunabhängig die Zivilgerichte in Form des Landgerichts (vgl. § 71 II Nr. 2 GVG).[56]

Teilweise kommt es bei der mittelbaren Staatshaftung auch zu ungerechten und rechtspolitisch unvertretbaren Ergebnissen. Denn die Amtspflichten der Beamten sind mit den Rechtspflichten der juristischen Personen des öffentlichen Rechts, die ihnen vom Gesetz auferlegt sind, im Außenverhältnis weder identisch noch unbedingt inhaltsgleich.[57] Daraus ergibt sich, dass es zu Fällen kommen kann, in denen die Amtsausübung eines Beamten, die nicht amtspflichtwidrig ist und infolgedessen auch keine amtshaftungsrechtliche Verbindlichkeit hervorrufen kann, dennoch eine dem Staat obliegende Rechtspflicht gegenüber einem Dritten verletzt. Der umgekehrte Fall, dass eine Amtshandlung amtspflichtwidrig

---

51 *Maurer*, Allg. VerwR, § 26, Rn. 6.

52 *Maurer*, Allg. VerwR, § 26, Rn. 6.

53 *Maurer*, Allg. VerwR, § 26, Rn. 6.

54 *Ossenbühl/Cornils*, S. 11; MüKo-BGB-*Papier*, § 839, Rn. 9.

55 *Dagtoglou*, Art. 34 GG, Rn. 24.

56 Vgl. *Dagtoglou*, Art. 34 GG, Rn. 24.

57 *Papier*, S. 103.

ist, obwohl sie mit den rechtlichen Verpflichtungen des Staates gegenüber einem Dritten vereinbar ist, ist ebenso denkbar.[58] Das Verhalten des Beamten kann somit kurz gesagt rechtmäßig und amtspflichtwidrig bzw. rechtswidrig und amtspflichtgemäß sein.[59]

Zur Vermeidung der stärksten Mängel unter Wahrung der Grundstrukturen der Amtshaftung reicht jedoch eine teleologisch-systematische Norminterpretation des Art. 34 GG und des § 839 BGB.[60]

Die Amtspflichten der Beamten, an die das Amtshaftungsrecht nach seinem Wortlaut anknüpft, sind also identisch mit den Rechtspflichten der Träger öffentlicher Gewalt.[61] Die Amtspflichten bestimmen sich inhaltlich ausschließlich aus den Rechtspflichten des Staates. Infolgedessen decken sich Amtspflichtverstoß und Staatsunrecht gänzlich. Das Amtshaftungsrecht sanktioniert somit jedes schuldhaft begangene Staatsunrecht; eine Amtshaftung bei fehlender Rechtswidrigkeit, also bei bloßer Dienstpflichtwidrigkeit des Handels eines Beamten, kommt aber nicht in Betracht. Die Schuldübernahme nach § 839 BGB i. V. m. Art. 34 S. 1 GG stellt somit nur ein rein formales Kriterium ohne sachlich-realen Aussagegehalt dar.[62]

Im Ergebnis stellt die Amtshaftung nach § 839 BGB i. V. m. Art. 34 S. 1 GG eine praktikable und sachgerechte Lösung der Staatshaftung dar.

58 *Bender*, Rn. 492.

59 MüKo-BGB-*Papier*, § 839, Rn. 9f.

60 MüKo-BGB-*Papier*, § 839, Rn. 11.

61 MüKo-BGB-*Papier*, § 839, Rn. 12; Jarass/Pieroth-*Jarass*, Art. 34 GG, Rn. 11.

62 MüKo-BGB-*Papier*, § 839, Rn. 12.

2. Teil: Amtshaftung im engeren Sinne

A. Haftungsvoraussetzungen der Amtshaftung

Um einen Anspruch auf Amtshaftung zu begründen, müssen die Haftungsvoraussetzungen des § 839 BGB i. V. m. Art. 34 GG erfüllt sein.

Gemäß § 839 I BGB hat ein Beamter dem Dritten den Schaden zu ersetzen, der diesem daraus entstanden ist, dass der Beamte vorsätzlich oder fahrlässig die ihm dem Dritten gegenüber obliegende Amtspflicht verletzt. Fällt dem Beamten nur Fahrlässigkeit zur Last, so kann er nur dann in Anspruch genommen werden, wenn der Verletzte nicht auf andere Weise Ersatz erlangen kann.

Gemäß Art. 34 S. 1 GG trifft die Verantwortlichkeit grundsätzlich den Staat oder die Körperschaft, in deren Dienst derjenige steht, der in Ausübung eines ihm anvertrauten öffentlichen Amtes die ihm einem Dritten gegenüber obliegende Amtspflicht verletzt. Bei Vorsatz oder grober Fahrlässigkeit bleibt aber der Rückgriff vorbehalten.

I. Der Beamtenbegriff

Der § 839 I BGB setzt den Amtspflichtverstoß eines Beamten voraus; Art. 34 S. 1 GG begnügt sich mit Schädigungen, die durch eine Person, die ein öffentliches Amt im funktionellen Sinne innehat, begangen werden. Dies könnte zu unterschiedlichen Beamtenbegriffen im Haftungsrecht führen.[63]

Zu unterscheiden sind drei Beamtenbegriffe: Der staatsrechtliche, der haftungsrechtliche und der strafrechtliche Beamtenbegriff nach § 11 I Nr. 2 StGB.[64]

Der staatsrechtliche Beamtenbegriff (Statusbegriff) beschreibt nur diejenigen Beamten, die in einem öffentlich- rechtlichen Dienst- und Treueverhältnis zum Staat oder zu einer anderen juristischen Person des öffentlichen Rechts stehen. Beamter ist derjenige, der nach den geltenden Beamtengesetzen wirksam zum Beamten ernannt worden ist.[65] Nach dem haftungsrechtlichen Beamtenbegriff (Funktionsbegriff) ist derjenige, der hoheitlich tätig wird, Beamter.[66] Unter den hoheitlichen Tätigkeiten versteht man die gesetzgeberische, die richterliche und auf dem Gebiet der vollziehenden Gewalt jede Staatstätigkeit mit Ausnahme der bürgerlich-rechtlichen (fiskalischen).[67] Die weite Auslegung des haftungsrechtlichen

---

63 *Dagtoglou*, Art. 34 GG, Rn. 81; *Bender*, Rn. 423.

64 *Ossenbühl/Cornils*, S. 15f.

65 MüKo-BGB-*Papier*, § 839, Rn. 130; *Ossenbühl/Cornils*, S. 16.

66 *Ossenbühl/Cornils*, S. 15.

67 *Dagtoglou*, Art. 34 GG, Rn. 86; *Ossenbühl/Cornils*, S. 15.

Beamtenbegriffs hat seinen Sinn darin, dass es für die Frage der Haftung nicht auf die Rechtsstellung des handelnden Amtswalters, sondern nur auf die von ihm ausgeübten Funktionen ankommen kann. Dies ist auch sinnvoll, da im öffentlichen Dienst nicht nur Beamte nach dem Statusbegriff, sondern auch Angestellte und Arbeiter hoheitlich tätig werden.[68] Dies hat zur Folge, dass es auch zur Amtshaftung für das Handeln von Zivilpersonen kommen kann, wenn diesen hoheitsrechtliche Funktionen anvertraut worden sind, wie zum Beispiel bei Beliehenen oder Verwaltungshelfern.[69]

Entscheidend ist, dass die Amtshaftung keine Beamtenhaftung, sondern eine Haftung für die Amtswaltertätigkeit ist. Es kommt dabei, wie beschrieben, nicht auf den persönlichen Status einer Person, sondern allein auf dessen Funktion an. Das Verständnis des „öffentlichen Amtes" ist daher entscheidend für die Reichweite der Amtshaftung.[70]

II. Die Ausübung eines öffentlichen Amtes

Die Überleitungsnorm des Art. 34 S. 1 GG setzt allein das Tatbestandsmerkmal „öffentliches Amt" voraus. Es begrenzt den Anwendungsbereich der Staatshaftung kraft Amtshaftung auf die Ausübung öffentlicher Gewalt.[71] Dabei sind „öffentlich-rechtliche Tätigkeit" und „hoheitsrechtliche Tätigkeit" Synonyme für „Ausübung öffentlicher Gewalt".[72]

Der gesamte Bereich des hoheitlichen Handelns soll demnach in den Anwendungsbereich der Amtshaftung einbezogen werden, somit auch prinzipiell die Judikative.[73]

Die Amtspflichtverletzung in Ausübung eines öffentlichen Amtes bezieht die Ausübung des Richteramts mit ein.[74]

Fraglich ist an dieser Stelle, wie das Insolvenzgericht als solches aufgrund der bisher beschriebenen Grundsätze zu behandeln ist bzw. ob Amtspflichtverletzungen seinerseits unter den Voraussetzungen der Amtshaftung subsumiert werden können.

Zunächst bleibt festzustellen, dass es keine insolvenzrechtsspezifische Haftung des Insolvenzgerichts gibt. Eine solche stünde in Widerspruch zur Rechtsordnung und wäre systemwidrig. Die Staatshaftung bei Amtspflichtverletzungen des

---

68 *Ossenbühl/Cornils*, S. 16.
69 MüKo-BGB-*Papier*, § 839, Rn. 132ff.
70 *Ossenbühl/Cornils*, S. 14.
71 MüKo-BGB-*Papier*, § 839, Rn. 143.
72 MüKo-BGB-*Papier*, § 839, Rn. 143.
73 *Ossenbühl/Cornils*, S. 15.
74 OLG München, Beschluss v. 28.01.2011 – 1 W 94/11, BeckRS 2011, 02694.

Gerichts, die nicht nur Richter, sondern auch Rechtspfleger und andere Bedienstete umfasst, wird auch von der einheitliche Anspruchsgrundlage der Amtshaftung nach § 839 I BGB i. V. m. Art. 34 S. 1 GG erfasst. Zu Problemen bezüglich des Rechtswegs oder der Verfahrenszuständigkeit eines etwaigen Amtshaftungsanspruchs kommt es nicht, da ausnahmslos alle Amtshaftungsansprüche vor den ordentlichen Gerichten in der ausschließlichen sachlichen Zuständigkeit des Landgerichts gemäß Art. 34 S. 3 GG, § 71 II Nr. 2 GVG geltend zu machen sind.[75]

Wie zuvor bereits genannt, umfasst das Gericht nicht nur den Richter als Spruchkörper, sondern auch die Rechtspfleger und andere Bedienstete, die hoheitlich tätig werden.

Speziell im Insolvenzverfahren ergehen am Insolvenzgericht nicht nur Entscheidungen des Richters, sondern auch des Rechtspflegers.

Das Rechtspflegergesetz regelt abschließend die Funktion und die Stellung des Rechtspflegers. Gemäß § 1 RPflG nimmt der Rechtspfleger die ihm durch dieses Gesetz übertragenen Aufgaben der Rechtspflege wahr. Gemäß § 9 RPflG ist der Rechtspfleger sachlich unabhängig und nur an Recht und Gesetz gebunden. Er nimmt seine Aufgaben als „Gericht" wahr. Er fungiert jedoch nicht als Richter, da gemäß Art. 92 GG nur dem Richter die rechtsprechende Gewalt anvertraut ist.[76] Doch in den Aufgabenbereich des Rechtspflegers fällt auch die Ausübung der insolvenzgerichtlichen Aufsicht und somit die Ausübung eines öffentlichen Amtes im Sinne der Amtshaftung. Für diese Aufsichtstätigkeit ist der Rechtspfleger rein funktionell zuständig und die Aufsicht ist rein administrativer Natur.[77]

Gemäß § 1 DRiG ist die Ausübung der rechtsprechenden Gewalt Aufgabe des Richters. Das Insolvenzverfahren ist aber kein prozessuales Erkenntnisverfahren. Der Insolvenzrichter hat in seinem Aufgabenbereich nach § 18 RPflG keine Urteile zu fällen – er entscheidet durch Beschluss.[78] Das Insolvenzverfahren kennt nämlich nur Beschlüsse. Die §§ 300ff. ZPO finden über § 4 InsO keine so weitreichende Entsprechung, als dass das Insolvenzgericht Urteile fällen könnte.[79] Denn für ein Urteil ist es von entscheidender Bedeutung, dass es einen Rechtsstreit rechtskräftig beendet.[80] Das Insolvenzgericht erfüllt bei seiner Tätigkeit diese Voraussetzung allerdings nicht.[81] Das Insolvenzverfahren zielt nämlich nicht auf eine „Rechtsstreitentscheidung" ab.[82] Das Insolvenzverfahren ist ein Verfahren, dass sich nur mit der Art und Weise der Durchsetzung von Rechten befasst, über deren

75 Gottwald-*Klopp/Kluth/Pechartscheck*, § 23, Rn. 35.

76 BVerfG, NJW 2000, 1709 (1709).

77 *Rechel*, S. 402.

78 *Rechel*, S. 403; BGH, NJW 1959, 1085 (1085).

79 *Becker*, Rn. 523.

80 Vgl. dazu *Ossenbühl/Cornils*, S. 103.

81 BGH NJW 1959, 1085 (1085); Palandt-*Sprau*, § 839, Rn. 65.

82 Gottwald-*Klopp/Kluth/Pechartscheck*, § 23, Rn. 40.

Bestehen nach den Grundsätzen des materiellen Rechts nicht mehr zu entscheiden ist.[83] *Smid* führt dazu wie folgt aus: „Das Insolvenzverfahren hat eine nichtstreitige Struktur; es streiten nicht 2 Parteien über das zwischen ihnen ungewisse Recht, sondern es geht um die quotale, gleichmäßige Gläubigerbefriedigung."[84]

Es ist der Struktur des Insolvenzverfahrens geschuldet, dass das Insolvenzgericht durch Beschluss und nicht durch Urteil entscheidet; das Insolvenzgericht entscheidet nicht in der Sache.

Den Beschlüssen kommt keine materielle Rechtskraft zu.[85] Die Beschlüsse im Insolvenzverfahren entfalten im Gegensatz zu Urteilen nur formelle Rechtskraft, das heißt Endgültigkeit im laufenden Verfahrensgang.[86]

Der Insolvenzrichter hat vielmehr die Aufgabe, durch seine Handlungen einen Rahmen für die Vermögensverwertung zu schaffen und die Aufsicht über den Insolvenzverwalter zu gewährleisten.[87] Der Insolvenzrichter übt im Rahmen der Aufsicht somit ein öffentliches Amt aus und ist ein Beamter im Sinne der Amtshaftung.[88]

Folglich handelt es sich beim Tätigwerden des Insolvenzgerichts um die Ausübung eines öffentlichen Amtes.

III. Die Verletzung von Amtspflichten

Es müsste die Verletzung einer Amtspflicht vorliegen.

Diese Amtspflichtverletzung müsste derjenige, dem sie obliegt, auch in Ausübung seines öffentlichen Amtes begangen haben[89], nicht nur bei Gelegenheit[90], ansonsten wird sie dem Staat nicht gemäß Art. 34 S. 1 GG zugerechnet.[91]

Doch weder Art. 34 GG noch § 839 BGB nennen konkrete Amtspflichten, deren Verletzung einen Anspruch auf Amtshaftung begründen kann.

Eine Amtspflicht ist notwendige Voraussetzung der Amtshaftung. Ihren Ursprung kann die Amtspflicht in Rechtsquellen jeglicher Art haben. Sie kann aus dem Verfassungsrecht, Rechtsverordnungen, Satzungen, Gewohnheitsrecht oder auch aus Verwaltungsvorschriften entstammen. Regelmäßig kann die

---

83 BGHZ 36, 379 (382f.).
84 LSZ-*Smid*, § 178, Rn. 1.
85 BGH, NJW 1959, 1085 (1085); *Becker*, Rn. 527.
86 *Becker*, Rn. 526.
87 *Bork*, § 6, Rn. 47; *Rechel*, S. 403.
88 *Rechel*, S. 403.
89 *Ossenbühl/Cornils*, S. 14.
90 *Ipsen*, Allg. VerwR, Rn. 1263.
91 MüKo-BGB-*Papier*, § 839, Rn. 188.

Rechtsprechung die Amtspflichten auch noch genauer ausformen.[92] Nach § 132 IV GVG ist den obersten Bundesgerichten die Kompetenz zur Rechtsfortbildung gesetzlich zugesichert.

Aus der ständigen Rechtsprechung als solchen entstehen aber nicht per se Amtspflichten der Verwaltung. Dennoch kann es nicht von der Hand gewiesen werden, dass die Befolgung der höchstrichterlichen Rechtsprechung zwar keinem rechtlichen Gebot, aber einem gewissen Sachzwang entspricht.[93]

Innerhalb der Judikative gilt nichts anderes. In Deutschland kann jedes Gericht von eigenen Entscheidungen, aber auch von Entscheidungen anderer, auch höherer Gerichte abweichen. Die Rechtspflege ist durch die Unabhängigkeit der Richter gemäß Art. 97 GG konstitutionell uneinheitlich ausgestaltet.[94] Das Gericht ist nicht an vorherrschende Rechtsmeinungen oder eine gefestigte höchstrichterliche Rechtsprechung gebunden. Es darf nur nicht willkürlich oder vollkommen unvertretbar von ihr abweichen.[95] Dies gilt natürlich auch für das Insolvenzgericht.

Die Haftungsvoraussetzung „Amtspflicht" lässt sich nicht umfassend und allgemein erschöpfend erörtern. Die wichtigsten Amtspflichten, die durch Rechtsprechung und Lehre auf Grundlage des Verfassungsrechts, der Gesetze, der Verwaltungsvorschriften usw. ausgeformt und konkretisiert worden sind, sind die Amtspflicht zu rechtmäßigem Handeln, die Amtspflicht zu zuständigkeitsgemäßem und verfahrensgemäßem Handeln, die Amtspflicht zu fehlerfreier Ermessensausübung, die Amtspflicht zur Schonung unbeteiligter Dritter, die Amtspflicht zu verhältnismäßigem Verhalten, die Amtspflicht zur Erteilung richtiger Auskünfte, Belehrungen, Hinweise und Warnungen, die Amtspflicht zu rascher Sachentscheidung, die Amtspflicht zu konsequentem Handeln und die Amtspflicht zur Beachtung der höchstrichterlichen Rechtsprechung.[96]

Zusätzlich müssen aber noch die spezifisch insolvenzgerichtlichen Amtspflichten betrachtet und erläutern werden, deren Verletzungen zu einem etwaigen Amtshaftungsanspruch führen können. Ebenso müssen eventuelle Modifikationen der oben bereits genannten Amtspflichten für die Anwendung beim Insolvenzgericht berücksichtigt werden.

Dafür ist zunächst festzustellen, dass es an einem expliziten Pflichtenkanon des Insolvenzgerichts mangelt. Die Insolvenzordnung gibt zum jetzigen Zeitpunkt

92 *Ossenbühl/Cornils*, S. 44; *Dagtoglou*, Art. 34 GG, Rn. 111.

93 *Dagtoglou*, Art. 34 GG, Rn. 111, 187.

94 BVerfGE 78, 123 (126); Schmidt-Bleibtreu-*Hopfauf*, Vorb. v Art. 92 GG, Rn. 69.

95 Schmidt-Bleibtreu-*Hopfauf*, Vorb. v Art. 92 GG, Rn. 69; BVerfGE 87, 273 (278f.).

96 *Ossenbühl/Cornils*, S. 45–53.

keinen hinreichenden Aufschluss darüber, welche Pflichten dem Insolvenzgericht obliegen und wie sie zu befolgen sind bzw. eingehalten werden müssen.

Zu Amtspflichtverletzungen des Insolvenzgerichts kann es in allen Abschnitten des Insolvenzverfahrens kommen. Diese Pflichtverletzungen können bei drei Entscheidungsbereichen des Insolvenzgerichts begangen werden: bei den Grundentscheidungen, bei der Verletzung von Aufsichts-, Sicherungs- und Prüfungspflichten und bei Zwischenentscheidungen.[97]

1. Grundentscheidungen

So können im Einzelnen Fehler bei der Beschlussfassung über die Verfahrenseröffnung (§§ 26, 27 InsO), bei der Beschlussfassung über Aufhebungen und Einstellungen des Verfahrens (§§ 200 I, 207 I 1, 211 I, 212, 213, 258 InsO), bei der Zurückweisung, Bestätigung oder der Versagung der Bestätigung eines Insolvenzplans und der Aufhebung der Planüberwachung (§§ 231, 248, 249 S. 2, 250, 251, 268 InsO), bei Anordnung und Aufhebung der (vorläufigen) Eigenverwaltung des Schuldners (§§ 270, 270 a, 270 b, 272 InsO) und bei Ankündigung, Erteilung oder Versagung der Restschuldbefreiung des Schuldners und Widerruf (§§ 289 I, 290, 291 I, 296 I, 297, 300 I und II, 303 I InsO) gemacht werden.[98]

2. Aufsichts-, Sicherungs- und Prüfungspflichten

Ferner können Fehler im Eröffnungsverfahren[99] (§§ 5 I 1, 20, 21 InsO) gemacht werden, wie z.B. eine Nicht- bzw. Zuspät-Eröffnung, bei der Einberufung und Leitung der Gläubigerversammlung sowie bei der Prüfung und gegebenenfalls Aufhebung eines Beschlusses der Gläubigerversammlung (§§ 74, 75, 76 I, 78 I InsO), bei der Aufsicht über den Insolvenzverwalter und bei seiner Entlassung (§§ 58, 59 InsO) und bei der Einsetzung eines Gläubigerausschusses und der Entlassung eines Ausschussmitgliedes (§§ 67, 70 InsO).[100]

---

97 Einteilung übernommen von Gottwald-*Klopp/Kluth/Pechartscheck*, § 23, Rn. 36ff.

98 Gottwald-*Klopp/Kluth/Pechartscheck*, § 23, Rn. 37; durch das Gesetz zur Verkürzung des Restschuldbefreiungsverfahrens und zur Stärkung der Gläubigerrechte vom 15.07.2013 ist der § 291 InsO mit Wirkung vom 01.07.2014 weggefallen; vgl. BGBl. 2013, Teil 1, S. 2381.

99 MüKo-InsO-*Haarmeyer*, § 21, Rn. 42.

100 Gottwald-*Klopp/Kluth/Pechartscheck*, § 23, Rn. 38.

3. *Zwischenentscheidungen*

Des Weiteren können Fehler bei der Anordnung einer eidesstattlichen Versicherung des Schuldners, bei seiner Zwangsvorführung, bei einer Haftanordnung und bei einer Postsperre (§§ 98, 99 I InsO) gemacht werden, bei Entscheidungen über Einwendungen im Zusammenhang mit Vollstreckungsverboten und einer Herausgabevollstreckung des Verwalters aufgrund einer vollstreckbaren Ausfertigung des Eröffnungsbeschlusses (§§ 89 III, 148 II 2 InsO), bei der vorläufigen Untersagung von Rechtshandlungen und bei der Auflage einer Zustimmung (§§ 158 II 2, 161 S. 2, 163 I InsO), bei Entscheidungen über Einwendungen gegen das Verteilungsverzeichnis, bei der Zustimmung zur Schlussverteilung und bei Entscheidungen über Einwendungen gegen das Schlussverzeichnis sowie bei der Anordnung von Nachtragsverteilungen (§§ 194 I und II, 196 II, 197 III, 203, 211 III InsO) und bei der Aussetzung der Verwertung und Verteilung der Masse im Insolvenzplanverfahren (§ 233 InsO).[101]

4. *Stellungnahme*

Grob gegliedert bestehen Amtspflichten des Insolvenzgerichts bezüglich der verschiedenen Verfahrensabschnitte, insbesondere bezüglich der Eröffnung und Beendigung des Verfahrens sowie selbstverständlich auch bezüglich des eröffnetenVerfahrens.

Das Hauptaugenmerk wird im weiteren Verlauf der Arbeit auf die (Vor-)Auswahl und Überwachung des Insolvenzverwalters durch das Insolvenzgericht gerichtet sowie auf etwaige „Genehmigungen" des Insolvenzgerichts, zum Beispiel bezüglich eines Insolvenzplans oder der Eigenverwaltung und auf die Schlussrechnung und das Vergütungsverfahren.

IV. Die Drittbezogenheit der Amtspflicht

Die verletzte Amtspflicht müsste auch drittbezogen sein.

Denn um den Haftungstatbestand des § 839 I BGB zu erfüllen, genügt nicht jede Amtspflichtverletzung. Es muss eine Amtspflicht verletzt worden sein, die dem Beamten gegenüber einem Dritten obliegt.[102] Der Geschädigte kann aber auch nur dann einen Amtshaftungsanspruch geltend machen, wenn die verletzte Amtspflicht gerade bzw. zumindest auch ihm gegenüber besteht.[103] Es bedarf

101 Gottwald-*Klopp/Kluth/Pechartscheck*, § 23, Rn. 39.

102 MüKo-BGB-*Papier*, § 839, Rn. 227.

103 MüKo-BGB-*Papier*, § 839, Rn. 227; BGHZ 1, 388 (394f.).

einer besonderen Beziehung zwischen der verletzten Amtspflicht und dem geschädigten Dritten.[104]

Die gesetzliche Regelung des § 839 I BGB beruht genauso wie die Regelung des Art. 34 GG auf der Vorstellung eines Drei-Personen-Verhältnisses an dem der Beamte, sein Dienstherr und der Geschädigte beteiligt sind.[105] Dies dient der Klarstellung, dass nur die Verletzung solcher Amtspflichten, die dem Beamten nicht nur dem Dienstherrn, sondern auch dem Dritten gegenüber obliegen, eine Ersatzpflicht diesem gegenüber begründet.[106]

Die Drittbezogenheit der Amtspflicht ist ein Tatbestandsmerkmal des Amtshaftungsanspruch nach § 839 I BGB. Sie hat sowohl eine haftungsbegründende als auch eine haftungsbegrenzende Funktion. Die Drittbezogenheit ist haftungsbegründend, soweit sie klarstellt, welchem Geschädigten gegenüber die Verantwortlichkeit des Staates oder der haftpflichtigen Körperschaft eintritt. Haftungsbegrenzend wirkt die Drittbezogenheit insofern, als anderen Personen, die nicht „Dritter" im Sinne des § 839 I BGB sind, ein Ersatzanspruch versagt wird, auch wenn sich das pflichtwidrige Handeln des Amtsträgers für sie nachteilig ausgewirkt hat.[107]

Da sich staatliches Handeln auf nahezu alle Lebensbereiche auswirken kann, kommt es auch unweigerlich dazu, dass in den unterschiedlichsten Situationen Fehler begangen werden können, die sich in einer unüberschaubaren Fülle von gerichtlichen Entscheidungen zum Amtshaftungsrecht widerspiegeln.[108] Das Tatbestandsmerkmal der Drittbezogenheit folgt keiner starren Systematik, sondern erhält sich eine Elastizität und Flexibilität, die eine dem jeweiligen Lebenssachverhalt angepasste Lösung ermöglicht.[109]

Der BGH beschreibt in ständiger Rechtsprechung, wie *Papier* anmerkt, in den immer „gleich bleibenden und gleich lautenden Formulierungen"[110] die allgemeinen Anforderungen an die Drittbezogenheit der Amtspflichten wie folgt[111]:

„Die Drittbezogenheit der Amtspflicht, d.h. die Frage, ob der im Einzelfall Geschädigte zu dem Kreis der „Dritten" i. S. von § 839 Abs. 1 Satz 1 BGB gehört, beantwortet sich danach, ob die Amtspflicht – wenn auch nicht notwendig allein, so doch auch – den Zweck hat, das Interesse gerade dieses Geschädigten wahrzunehmen. Nur wenn sich aus den die Amtspflicht begründenden und sie umreißenden Bestimmungen sowie aus der besonderen Natur des Amtsgeschäfts ergibt, daß der Geschädigte zu dem Personenkreis gehört, dessen

---

104 MüKo-BGB-*Papier*, § 839, Rn. 227; BGHZ 56, 40 (45f.).
105 Staudinger-*Wöstmann*, § 839, Rn. 168.
106 Staudinger-*Wöstmann*, § 839, Rn. 168; Planck-*Greiff*, § 839 Anm. 1a.
107 Staudinger-*Wöstmann*, § 839, Rn. 169; *Wurm*, JA 1992, 1 (1).
108 Staudinger-*Wöstmann*, § 839, Rn. 169; *Wurm*, JA 1992, 1 (2).
109 Staudinger-*Wöstmann*, § 839, Rn. 169; *Wurm*, JA 1992, 1 (2).
110 MüKo-BGB-*Papier*, § 839, Rn. 230.
111 Staudinger-*Wöstmann*, § 839, Rn. 169; *Wurm*, JA 1992, 1 (2).

Belange nach dem Zweck und der rechtlichen Bestimmung des Amtsgeschäfts geschützt und gefördert werden sollen, besteht ihm gegenüber bei schuldhafter Pflichtverletzung eine Schadensersatzpflicht. Hingegen ist anderen Personen gegenüber, selbst wenn die Amtspflichtverletzung sich für sie mehr oder weniger nachteilig ausgewirkt hat, eine Ersatzpflicht nicht begründet. Es muss mithin eine besondere Beziehung zwischen der verletzten Amtspflicht und dem geschädigten „Dritten" bestehen."[112]

Der BGH zieht, wenn es notwendig ist, auch das Kriterium heran, ob bei der betreffenden Maßnahme „in qualifizierter und zugleich individualisierbarer Weise auf schutzwürdige Interessen eines erkennbar abgegrenzten Kreises Dritter Rücksicht zu nehmen ist".[113]

Bei den allgemeinen Anforderungen, die der BGH an den Kreis der geschützten Dritten stellt, zieht er das Kriterium des Schutzzweckes der Amtspflicht heran, um die Drittbezogenheit weiter zu konkretisieren.[114] Dem Schutzzweck der verletzten Amtspflicht kommt eine gewichtige Rolle zu, denn er dient der inhaltlichen Bestimmung und der sachlichen Begrenzung der Amtshaftung. Infolgedessen hat der Schutzzweck der Amtspflicht sich in der neueren Rechtsprechung des BGH weitgehend gegenüber der Drittbezogenheit emanzipiert.[115]

Im Ergebnis bedeutet das, dass der Geschädigte nicht nur zum Kreis der geschützten Dritten zählen muss, sondern dass sein geltend gemachter Schaden auch in den Schutzbereich der verletzten Amtspflicht fallen muss. Dies wird als „gespaltene" Drittbezogenheit bezeichnet.[116]

Zusammenfassend und zurückkommend zum Insolvenzrecht muss festgestellt werden, dass im Insolvenzverfahren sowohl der Schuldner als auch die Gläubiger und der Insolvenzverwalter als „Dritte" in Betracht kommen können.[117]

V. Verursachung eines Schadens

Es muss durch die Amtspflichtverletzung zu einem Vermögensschaden bei dem geschützten Dritten kommen.[118]

Dem Geschädigten obliegt die Pflicht darzulegen und zu beweisen, dass ihm durch die Amtspflichtverletzung ein Schaden entstanden ist. Dem Geschädigten

---

112 BGHZ 109, 163 (167f.); BGHZ 106, 323 (331); BGHZ 56, 40 (45f.).

113 Staudinger-*Wöstmann*, § 839, Rn. 169; BGHZ 106, 323 (332).

114 Staudinger-*Wöstmann*, § 839, Rn. 170; BGHZ 106, 323 (331); BGHZ 110, 1 (8f.); BGHZ 109, 163 (167f.).

115 Staudinger-*Wöstmann*, § 839, Rn. 170.

116 Staudinger-*Wöstmann*, § 839, Rn. 170.

117 MüKo-InsO-*Haarmeyer*, § 21, Rn. 42.

118 MüKo-BGB-*Papier*, § 839, Rn. 276.

kommen bei der Schadensbestimmung allerdings die Beweiserleichterungen nach § 287 ZPO zugute.[119]

VI. Haftungsausfüllende Kausalität

Die Amtspflichtverletzung müsste auch für den Eintritt des Vermögensschadens kausal geworden sein.[120]

Bei der haftungsbegründenden Kausalität geht es darum, ob zwischen dem Verhalten des Schädigers und der eingetretenen Rechtsgutverletzung ein Ursachenzusammenhang besteht.[121] Die haftungsausfüllende Kausalität beinhaltet den Ursachenzusammenhang zwischen dem Haftungsgrund und dem etwaigen Schaden.[122] Die Kausalität wird grundsätzlich im Schadensrecht anhand von Äquivalenz, Adäquanz und dem Schutzzweck der Norm bestimmt.[123]

1. Äquivalenz

Nach der Äquivalenztheorie sind alle Bedingungen gleichwertig. Kausal ist danach jedes Ereignis, das nicht hinweggedacht werden kann, ohne dass der Erfolg entfiele (conditio sine qua non).[124] Im bürgerlichen Recht setzt der Zurechnungszusammenhang voraus, dass das Verhalten des Schädigers conditio sine qua non für den eingetretenen Schaden ist.[125] Dies legt das Mindestmaß an Kausalität für die Haftungsbegründung und -ausfüllung fest.[126]

2. Adäquanz

Allein eine Zurechnung über die äquivalente Kausalität würde zu Problemen führen. Die conditio-sine-qua-non-Formel ist notwendig, aber für die Schadenszurechnung nicht allein ausreichend. Sie würde zu einer uneingeschränkten Ausweitung der Schadensersatzpflicht führen. Diese notwendige Einschränkung erhält die äquivalente Kausalität durch die adäquate Kausalität.[127]

---

119 MüKo-BGB-*Papier*, § 839, Rn. 276; BGH, NJW 1995, 2344 (2345).

120 Prütting/Wegen/Weinreich-*Kramarz*, § 839, Rn. 58; Erman-*T. Mayen*, § 839, Rn. 65.

121 Palandt-*Grüneberg*, Vorb v § 249, Rn. 24.

122 Palandt-*Grüneberg*, Vorb v § 249, Rn. 24.

123 Palandt-*Grüneberg*, Vorb v § 249, Rn. 25ff.

124 Palandt-*Grüneberg*, Vorb v § 249, Rn. 25.

125 Palandt-*Grüneberg*, Vorb v § 249, Rn. 25; BGHZ 2, 138 (141).

126 Palandt-*Grüneberg*, Vorb v § 249, Rn. 25.

127 Palandt-*Grüneberg*, Vorb v § 249, Rn. 25.

Nach der Adäquanztheorie muss ein Ereignis im Allgemeinen und nicht nur unter besonders eigenartigen, unwahrscheinlichen und nach dem gewöhnlichen Verlauf der Dinge außer Betracht zu lassenden Umständen geeignet sein, einen Erfolg der eingetretenen Art herbeizuführen.[128]

Die Adäquanz wird dabei auf der Grundlage aller zur Zeit des Eintritts der Begebenheit dem optimalen Beobachter erkennbaren Umstände und der dem Urheber der Bedingung noch darüber hinaus bekannten Umstände beurteilt.[129] Es kommt anders als beim Verschulden nicht auf die Einsicht und Voraussicht des Schädigers an.[130] Für eine entsprechende Beurteilung sind das gesamte zur Verfügung stehende Wissen und die ganze zur Verfügung stehende Erfahrung heranzuziehen.[131]

3. *Schutzzweck der Norm*

Als weiteres Kriterium für die Beurteilung der Kausalität bedarf es einer wertenden Ergänzung, denn die auf eine Wahrscheinlichkeitsbetrachtung ausgerichtete Adäquanztheorie ist nicht ausreichend. Deshalb kann eine Schadensersatzpflicht nur bestehen, wenn der Schaden nach seiner Art und Entstehungsweise unter den Schutzzweck der verletzten Norm fällt. Das heißt, es muss sich bei dem Schaden um einen Nachteil handeln, der aus dem Gefahrenbereich stammt, zu deren Abwendung die verletzte Norm erlassen worden ist.[132] Das Kriterium des Schutzzwecks der Norm ist für Schadensersatzansprüche jeglicher Art anerkannt[133], so also auch für den Anspruch aus § 839 BGB[134].

4. *Betrachtung der Kausalität im Speziellen bzgl. des Amtshaftungsanspruchs*

Beim Amtshaftungsanspruch muss allerdings auf Unterschiede und Besonderheiten zum „normalen" Deliktsrecht hingewiesen werden.

Bei der Anwendung des § 823 I BGB gibt es im Gegensatz zu § 839 BGB zwei Phasen des Kausalverlaufs. Die erste Phase gehört zur Tatbestandsseite der

---

128 BGHZ 7, 198 (204); BGHZ 57, 137 (141); Palandt-*Grüneberg*, Vorb v § 249, Rn. 26.
129 BGHZ 3, 261 (266f.).
130 Palandt-*Grüneberg*, Vorb v § 249, Rn. 27.
131 BGH, VersR 1972, 67 (69); Palandt-*Grüneberg*, Vorb v § 249, Rn. 27.
132 BGHZ 27, 137 (140); Palandt-*Grüneberg*, Vorb v § 249, Rn. 29.
133 Palandt-*Grüneberg*, Vorb v § 249, Rn. 30.
134 BGHZ 39, 358 (365); BGHZ 90, 310 (312).

Norm, die zweite Phase gehört zur Rechtsfolgenseite. Diese zweite Phase entspricht dem Kausalzusammenhang des § 839 BGB.[135]

Die erste Phase des Kausalverlaufs des § 823 I BGB ist die haftungsbegründende Kausalität. Diese Phase wird durch den Ursachenzusammenhang zwischen der Handlung und der Verletzung des Rechts bzw. Rechtsgutes bestimmt. Die zweite Phase ist die haftungsausfüllende Kausalität. Sie beinhaltet den Ursachenzusammenhang zwischen der Rechts- bzw. Rechtsgutverletzung und dem Schaden. Die Unterscheidung dieser beiden Phasen ist von immenser Bedeutung, da sich das Verschulden bei der Anwendung des § 823 I BGB auf die haftungsbegründende, aber nicht auf die haftungsausfüllende Kausalität beziehen muss.[136]

Die Norm des § 839 BGB kennt keine beschränkte haftungsbegründende Kausalität. Der § 839 BGB ist nämlich nicht auf die Verletzung bestimmter Rechte und Rechtsgüter beschränkt.[137] Eine haftungsbegründende Kausalität zwischen Verletzungshandlung und Rechts- bzw. Rechtsgutverletzung muss im Rahmen des § 839 BGB nicht geprüft werden.[138] Der § 839 BGB schützt das Vermögen als Ganzes.[139] Allerdings schützt § 839 BGB nicht gegen jeden Vermögensschaden. Einschränkungen können sich aus dem Schutzzweck der Amtspflicht ergeben.[140] Gemäß § 839 I 1 BGB muss sich das Verschulden des Beamten nicht auf die Kausalität zwischen der Amtspflichtverletzung und dem Schadenseintritt beziehen.[141]

Für die Kausalität zwischen Amtspflichtverletzung und Schadenseintritt gilt auch das Kriterium des adäquaten Kausalzusammenhangs. Der auf der Amtspflichtverletzung beruhende Schaden ist dem Beamten und mittelbar nach Art. 34 GG dem Staat nur zuzurechnen, wenn die Amtspflichtverletzung die Wahrscheinlichkeit des Schadenseintritts wesentlich erhöht hat oder wenn der Beamte den Eintritt des Schadens erwartet oder gewollt hat.[142] Denkbar sind auch Fälle, in denen der Staat geltend macht, die Schäden wären auch bei ordnungsgemäßer Amtsausübung nicht ausgeblieben. Dabei ist allerdings danach zu fragen, ob die Behörde die zum selben Schaden führende Maßnahme nicht nur hätte fehlerfrei treffen können, sondern auch tatsächlich getroffen hätte. Grund für die Vornahme

---

135 *Bender*, Rn. 557.

136 *Bender*, Rn. 557.

137 *Bender*, Rn. 563; anderes kann sich im Einzelfall aus dem Schutzzweck der verletzten Amtspflicht ergeben, vgl. *Bender*, Rn. 563.

138 Soergel-*Vinke*, § 839, Rn. 175; *Schoch*, Jura 1988, 585 (592).

139 *Bender*, Rn. 563.

140 BGHZ 39, 358 (358f.).

141 *Bender*, Rn. 563.

142 *Bender*, Rn. 564; BGH, NJW 1965, 1524 (1525).

dieser Handlungen könnte zum Beispiel eine Rechtspflicht sein und nur, wenn die Handlung auch getroffen worden wäre, kann von „echtem" pflichtmäßigen Alternativverhalten gesprochen werden.

Nur dann kann der Staat dem Anspruch des Geschädigten etwas entgegenhalten. Jedoch nur, wenn der Schaden auch bei pflichtgemäßem Verhalten eingetreten wäre.[143] Im Falle einer gerichtlichen Entscheidung ist beim Vorliegen eines bestimmten Alternativverhaltens erheblich, wie das zuständige Gericht die hypothetische alternative Amtshandlung beurteilt hätte. Es kommt nicht darauf an, wie das Gericht tatsächlich entschieden hätte, sondern wie das Gericht richtigerweise hätte entscheiden müssen.[144]

Liegt eine pflichtwidrige hoheitliche Ermessensentscheidung vor, so ist nach der Rechtsprechung zu ermitteln, wie die vorherige bzw. sonstige Übung der Behörde aussieht und ob sie danach pflichtgemäß entschieden hätte. Die Behörde kann dem Amtshaftungsanspruch des Geschädigten nämlich entgegenhalten, dass derselbe Schaden auch entstanden wäre, wenn die korrekte Entscheidung mit an Sicherheit grenzender Wahrscheinlichkeit inhaltlich ebenso wie die fehlerhafte ausgefallen wäre. Der Schaden wäre folglich gleichwohl eingetreten. Außerdem ist darauf zu achten, ob der Ermessensfehler in einer sachwidrigen Abweichung von einer ständigen Übung liegt. Denn eine solche willkürliche Abweichung verstößt in der Regel gegen den allgemeinen Gleichheitssatz nach Art. 3 I GG und ist ermessensfehlerhaft.[145] Ist eine behördliche Übung (i. S. e. Verwaltungspraxis) nicht ermittelbar, nach der die Behörde eine pflichtgemäße Entscheidung getroffen hätte, die in Art und Inhalt der amtspflichtwidrigen entspricht, so kann der Ursachenzusammenhang und folglich ein Schaden nicht verneint werden.[146]

Liegt die Amtspflichtverletzung in einem Unterlassen, wird ein Amtshaftungsanspruch nur ausgelöst, wenn das amtspflichtgemäße Alternativverhalten den Schadenseintritt mit an Sicherheit grenzender Wahrscheinlichkeit verhindert hätte.[147]

Des Weiteren findet, wie zuvor schon festgestellt, auch das Kriterium des Schutzzwecks der Norm Anwendung auf § 839 BGB. Seine Wirkung besteht vor allem darin, dass durch den Schutzzweck eine Auslese unter den etwaigen

143 *Bender*, Rn. 565.

144 *Bender*, Rn. 565; BGHZ 36, 144 (146).

145 *Bender*, Rn. 566; zur ständigen Übung (bzw. Selbstbindung) vgl. ausführlich 2. Teil B. III. 3. a) aa) ff.

146 *Bender*, Rn. 566; BGH, NJW 1959, 1316 (1317).

147 *Bender*, Rn. 567; BGHZ 7, 198 (198).

Anspruchsberechtigten stattfindet und dementsprechend auch unter den ersatzfähigen Schäden.[148]

Es gibt noch eine weitere Möglichkeit, mit der der Staat sich gegen Amtshaftungsansprüche zur Wehr setzen kann bzw. Tatsachen, die der Staat einem eventuell bestehenden Amtshaftungsanspruch entgegenhalten kann. Dabei handelt es sich um eine sogenannte „Zwischenursache", die den Ursachenzusammenhang unterbrechen kann. Eine „Zwischenursache" liegt vor, wenn durch ein selbständiges und auf freiwilliger Basis beruhendes, nicht auf die Abwehr oder die Minderung des Schadens gerichtetes Verhalten des Verletzten oder eines Dritten die Kausalkette unterbrochen und die Kausalität somit ausgeschlossen wird.[149] Dies gilt allerdings nur, wenn die Verletzung der Amtspflicht für das Auftreten der „Zwischenursache" unerheblich gewesen ist.[150] Es geht dabei nicht um eine Unterbrechung der Äquivalenz oder ein Fehlen der Adäquanz, sondern darum, ob dem Beamten bei einer wertenden Betrachtung der Schaden nicht mehr zugerechnet werden kann.[151]

VII. Verschulden bzgl. der Amtspflichtverletzung

Des Weiteren muss die Pflichtverletzung auch verschuldet sein.[152]

Der § 839 I BGB setzt für die Beamtenhaftung voraus, dass der Beamte eine Amtspflicht vorsätzlich oder fahrlässig verletzt. Für die Amtshaftung des Staates aus Art. 34 GG gilt dieses Verschuldenserfordernis in gleicher Weise, weil diese die Erfüllung des Tatbestandes des § 839 BGB voraussetzt.[153] Das Verschulden kann sowohl in der Form des Vorsatzes als auch in der Form der Fahrlässigkeit vorliegen. Und dabei muss das Verschulden nur in Hinblick auf die Amtspflichtverletzung vorliegen, nicht aber auch in Hinblick auf den schädigenden Erfolg.[154]

1. Vorsatz

Vorsatz bezüglich einer Amtspflichtverletzung ist anzunehmen, wenn der Beamte die Amtshandlung willentlich und wissentlich, also in Kenntnis der die Amtspflichtwidrigkeit objektiv begründenden Tatsachen, vornimmt bzw. unterlässt.[155]

---

148 *Bender*, Rn. 568.

149 *Bender*, Rn. 570.

150 *Bender*, Rn. 570; BGHZ 12, 206 (211); BGHZ 17, 153 (159).

151 *Bender*, Rn. 570; vgl. beispielhaft BGHZ 58, 162 (165ff.).

152 *Rechel*, S. 410.

153 MüKo-BGB-*Papier*, § 839, Rn. 282; *Bender*, Rn. 572; *Ossenbühl/Cornils*, S. 74f.; *Dagtoglou*, Art. 34 GG, Rn. 173.

154 MüKo-BGB-*Papier*, § 839, Rn. 284; BGH, MDR 1981, 32 (32).

155 MüKo-BGB-*Papier*, § 839, Rn. 285; BGHZ 30, 374 (381); BGHZ 120, 176 (181).

Darüber hinaus gehört zum Begriff der vorsätzlichen Amtspflichtverletzung nicht nur die Kenntnis der Tatsachen, aus denen der Verstoß gegen die Amtspflicht objektiv resultiert, sondern auch das Bewusstsein der Rechts- oder Pflichtwidrigkeit.[156] Dies gehört zum Vorsatz im Sinne der Vorsatztheorie.[157] Im Gegensatz zu der im Strafrecht heute vorherrschenden Schuldtheorie führt nach der Vorsatztheorie ein Verbotsirrtum des Amtsträgers zum Vorsatzausschluss. Jedoch genügt es zur Bejahung des Vorsatzes und zur Verneinung des Verbotsirrtums, dass der Amtsträger bei seiner Handlung mit der Möglichkeit eines Pflichtverstoßes gerechnet und die Amtspflichtverletzung billigend in Kauf genommen hat (dolus eventualis).[158]

Der Vorsatz des Beamten muss sich grundsätzlich nicht auf den eingetretenen Schaden beziehen.[159] Anderes gilt hingegen für die Amtspflicht zur Schonung unbeteiligter Dritter. Diese Amtspflicht kann nur dann vorsätzlich verletzt werden, wenn der Beamte die von seiner Amtstätigkeit auf Dritte wirkenden schädigenden Beeinträchtigungen kennt.[160]

2. *Fahrlässigkeit*

Fahrlässigkeit bezüglich einer Amtspflichtverletzung liegt vor, wenn der Amtsträger die im jeweiligen amtlichen Verkehr erforderliche Sorgfalt außer Acht gelassen hat.[161] Im Amtshaftungsrecht ist der zivilrechtliche Fahrlässigkeitsbegriff nach § 276 BGB maßgebend.

Er ist abweichend von dem Fahrlässigkeitsbegriff des Strafrechts durch eine starke Objektivierung gekennzeichnet.[162] Nach dem Wortlaut des § 276 BGB ist auf die im Verkehr erforderliche, nicht aber auf die in der betreffenden Verwaltung übliche oder die nach dem Leistungsniveau des individuellen Beamten zu erwartende Sorgfalt abzustellen.[163] Der Sorgfaltsmaßstab ist ein objektiv-abstrakter, kein individuell-subjektiver. Der Sorgfaltsmaßstab ist auf die allgemeinen Verkehrsbedürfnisse ausgerichtet und orientiert sich daher an den Anforderungen, die von einem pflichtgetreuen Durchschnittsbeamten erwartet werden können.[164]

---

156 MüKo-BGB-*Papier*, § 839, Rn. 285; BGH, VersR 1966, 875 (875).

157 *Bender*, Rn. 582; *Weitnauer*, JZ 1963, 631 (632).

158 MüKo-BGB-*Papier*, § 839, Rn. 285; *Bender*, Rn. 580; vgl. BGHZ 30, 374 (381); BGHZ 34, 375 (381); BGHZ 120, 176 (181).

159 MüKo-BGB-*Papier*, § 839, Rn. 286.

160 MüKo-BGB-*Papier*, § 839, Rn. 286; *Bender*, Rn. 585; BGH, VersR 1973, 417 (419).

161 MüKo-BGB-*Papier*, § 839, Rn. 288; *Bender*, Rn. 586; *Dagtoglou*, Art. 34 GG, Rn. 181.

162 MüKo-BGB-*Papier*, § 839, Rn. 288.

163 MüKo-BGB-*Papier*, § 839, Rn. 288; BGH, NJW 1979, 2097 (2098); *Bender*, Rn. 587.

164 MüKo-BGB-*Papier*, § 839, Rn. 288; BGH, VersR 1959, 385 (385); RGZ 156, 34 (51).

Es kommt auf das Wissen und die Einsichten an, die für die Führung des übernommenen Amtes im Durchschnitt erforderlich sind. Jeder Beamte bedarf der für die Ausübung seines Amtes erforderlichen Rechts- und Verwaltungskenntnisse; besitzt er diese nicht, muss er sich diese Kenntnisse verschaffen.[165]

Eine unrichtige Gesetzesauslegung oder Rechtsanwendung ist unter Beachtung des objektivierten Fahrlässigkeitsmaßstabs schuldhaft, wenn sie gegen den klaren, bestimmten und eindeutigen Wortlaut einer Norm verstößt oder wenn die bei ihr aufgetretenen Zweifelsfragen durch die höchstrichterliche Rechtsprechung geklärt sind.[166] Eine solche Klärung kann schon durch eine einzige Entscheidung eines obersten Bundesgerichts bewirkt werden.[167] Der Beamte muss sich ausführlich über die Rechtslage in Kenntnis setzen,[168] darüber hinaus muss er auch die für sein Amt erforderlichen Rechts- und Verwaltungskenntnisse besitzen oder sich verschaffen.[169] Der Beamte handelt allerdings nicht fahrlässig, wenn seine objektiv unrichtige Normauslegung eine Vorschrift betrifft, deren Inhalt oder Wortlaut zweifelhaft sein kann und diese Zweifel durch eine höchstrichterliche Rechtsprechung noch nicht geklärt sind.[170] Gelangt der Beamte nach sorgfältiger Prüfung bei der Anwendung eines neuen Gesetzes zu einer rechtlich vertretbaren Auslegung, so kann ihm aus der Tatsache, dass seine Rechtsauffassung später von den Gerichten nicht gebilligt wird, kein Schuldvorwurf gemacht werden. Der Schuldvorwurf entfällt jedoch nur, wenn die vom Gericht als unzutreffend erkannte Rechtsmeinung nicht nur vertretbar, sondern zuvor aufgrund einer sorgfältigen rechtlichen und tatsächlichen Prüfung gewonnen worden ist.[171]

3. *Stellungnahme*

Zusammenfassend kann gesagt werden, dass die Fahrlässigkeit bzw. der Vorsatz beim Insolvenzgericht vorliegen muss, das heißt bei seinen „Beamten". Es muss der Vorsatz bzw. die Fahrlässigkeit also bei derjenigen Person vorliegen, der die Amtspflicht obliegt. Dies ist von den verschiedenen Verfahrensabschnitten und

165 MüKo-BGB-*Papier*, § 839, Rn. 288; BGHZ 106, 323 (329f.); BGHZ 117, 240 (249); vgl. dazu auch die durch das ESUG erfolgten Änderungen der §§ 22 VI GVG und 18 IV RPflG unter 2. Teil B. III. 10.

166 MüKo-BGB-*Papier*, § 839, Rn. 289; BGHZ 30, 19 (22); BGH, NJW 1963, 1453 (1454); vgl. zur unrichtigen Rechtsanwendung ausführlich *Dagtoglou*, Art. 34 GG, Rn. 183ff; vgl. zur Bindung an die höchstrichterliche Rechtsprechung ausführlich *Ossenbühl*, AöR 1967, S. 478ff.

167 OVG Münster, NJW 1979, 2061 (2063); BGH, NJW 1963, 1453 (1454).

168 MüKo-BGB-*Papier*, § 839, Rn. 289; OLG München, BB 1979, 1335 (1336); BGHZ 21, 359 (361).

169 MüKo-BGB-*Papier*, § 839, Rn. 289; BGH, NJW 1993, 3065 (3066).

170 MüKo-BGB-*Papier*, § 839, Rn. 289; BGHZ, 36, 144 (149) m. w. N.

171 MüKo-BGB-*Papier*, § 839, Rn. 289; BGHZ 119, 365 (369f.).

Verfahrensarten sowie von vielen anderen Faktoren abhängig. Der Vorsatz oder die Fahrlässigkeit kann also sowohl in der Person des Insolvenzrichters als auch in der des Rechtspflegers verwirklicht werden.

Darüber hinaus ist im Amtshaftungsrecht die Feststellung der konkreten Schuldform im Allgemeinen unerlässlich, weil davon die Anwendbarkeit bzw. Nichtanwendbarkeit der Subsidiaritätsklausel nach § 839 I 2 BGB, des Spruchrichterprivilegs nach § 839 II 1 BGB sowie die Möglichkeit eines etwaigen Regresses[172] des Staates gegen den Beamten abhängig sein kann.[173]

B. Insbesondere: Die Amtshaftung bei insolvenzgerichtlichen Pflichtverletzungen

Aufgrund der Tatsache, dass das Insolvenzgericht eine Vielzahl an Amtspflichten trifft, die im Rahmen einer einzelnen Monographie nur schwerlich vollumfänglich erörtert werden können, erscheint es logisch, sich auf die Amtspflichten zu beschränken, deren Verletzungen zu einem besonderes hohen Haftungsrisiko des Insolvenzgerichts führen können.

Dies ist zum einem die Pflicht einer (ermessens-)fehlerfreien Verwalterauswahl, zum zweiten die Aufsichtspflicht des Insolvenzgerichts über den Insolvenzverwalter, drittens die „Genehmigungspflichten" bezüglich eines möglichen Insolvenzplans und der Eigenverwaltung und viertens die Pflichten zur Schlussrechnungsprüfung und Vergütung.

Auf diese genannten Pflichten wird ausführlich eingegangen. Dabei werden die weiteren Tatbestandsmerkmale des Amtshaftungsanspruchs an jeder Pflicht einzeln erörtert, wobei die allgemeingültigen Tatbestandsmerkmale[174] auch im weiteren Verlauf für alle Pflichten des Insolvenzgerichts zusammen grundlegend erörtert werden.

I. Das Vorauswahlverfahren durch das Insolvenzgericht

In § 56 I InsO sind die Voraussetzungen für die Bestellung des Insolvenzverwalters geregelt und, obwohl die Auswahl des Insolvenzverwalters auch heute noch als „Schicksalsfrage"[175] betrachtet wird, gibt es bisher keine gesetzlichen

172 Vgl. Art. 34 S. 2 GG, § 75 Abs. 1 BBG, § 48 BeamtStG.

173 MüKo-BGB-*Papier*, § 839, Rn. 287; *Bender*, Rn. 584.

174 Das sind im Einzelnen die Haftungsbeschränkungen bzw. Haftungsausschlüsse (vgl. 2. Teil B. VI.) und die Verfahrensfragen (vgl. 2. Teil B. VII.).

175 *Jaeger*, 6./7. Auflage, § 78 KO, Anm. 7.

Vorgaben bzw. Kriterien, die bestimmen, auf welche Art und Weise die Verwalterauswahl vorzunehmen ist.[176] Nach der h. M. muss das Insolvenzgericht seine Ermessensentscheidung nicht begründen und in der gerichtlichen Praxis wird diese auch nicht begründet.[177] Infolgedessen ist nicht ersichtlich welche Überlegungen das Insolvenzgericht zur Bestellung des jeweiligen Verwalters bewogen haben.[178] Ferner kommt hinzu, dass die Insolvenzgerichte ihre Bestellpraxis häufig auf Listen stützen, auf denen als grundsätzlich geeignet erachtete Insolvenzverwalter „gelistet" sind. Diese werden bei den Gerichten geführt und sind nicht immer nachvollziehbar.[179] Der ungeregelte Zugang zur Tätigkeit als Insolvenzverwalter unter Bezugnahme auf die gerichtliche Bestellpraxis führt zu erheblichen Bedenken in Hinsicht auf Transparenz, Verfassungsmäßigkeit und gerichtlicher Kontrolle der Auswahlentscheidungen.[180]

Bei der folgenden Betrachtung wird eine Unterscheidung danach vorgenommen, ob es sich um eine Vorauswahl eines Verwalters oder eine Bestellung eines Verwalters für ein konkretes Verfahren handelt sowie ob eine Vorauswahlentscheidung auf der Grundlage von (offenen oder geschlossenen) Listen geschieht und welche Kriterien das Insolvenzgericht dafür zu Grunde legt.[181]

1. Das Vorauswahlverfahren

Bei den Insolvenzgerichten haben sich verschiedene Methoden zur Vorauswahl der Verwalter anhand von Listen entwickelt.[182] Diese sind vor dem gesetzlichen Gebot zu betrachten, dass als Insolvenzverwalter nur derjenige zu bestellen ist, der für das jeweilige Verfahren am geeignetsten ist.[183]

Die Aufnahme in eine Liste erfolgt in der Weise, dass derjenige, der in den Verwalterkreis des jeweiligen Insolvenzgerichts aufgenommen worden ist, in die entsprechende Liste mit Adresse und Telefon- und Faxnummer eingetragen wird. Manchmal wird dies nach außen kundgetan, indem ein Gerichts-Abholfach

---

176 *Holzer/Kleine-Cosack/Prütting*, S. 1.

177 *Paulsen*, S. 79; MüKo-InsO-*Graeber*, § 56, Rn. 136; *Mönning*, KS-InsO, 2. Auflage, S. 375, Rn. 40; OLG Koblenz, NZI 2005, 453 (453); a. A. Kübler/Prütting/Bork-*Lüke*, § 56, Rn. 63, 70; Hess/Weis/Wienberg-*Hess*, § 56, Rn. 8, 16.

178 *Paulsen*, S. 79; *Mönning*, KS-InsO, 2. Auflage, S. 375, Rn. 40.

179 *Paulsen*, S. 79.

180 *Paulsen*, S. 79f.

181 *Paulsen*, S. 80.

182 *Paulsen*, S. 80.

183 *Holzer/Kleine-Cosack/Prütting*, S. 32; Smid-*Rattunde*, § 8 GesO, Rn. 63.

eingerichtet wird. Bei anderen Gerichten wird eine jeweilige Eintragung in eine Liste nicht äußerlich erkennbar dokumentiert.[184]

Diese Listen können in die Kategorien „geschlossen" und „offen" unterteilt werden.[185]

a) Geschlossene Listen („closed shop")

Als sogenannte geschlossene Listen wurde die Praxis verschiedener Insolvenzgerichte bezeichnet, Verfahren nur an einen bestimmten Kreis von Verwaltern zu vergeben. Eine Neuaufnahme von potenziellen Verwaltern in die Liste wurde von den Gerichten mit dem Hinweis auf eine ausreichende Zahl an bewährten Verwaltern abgelehnt.[186]

Aufgrund der Verweigerung der Neuaufnahmen wurden die geschlossenen Listen auch als „closed shop" bezeichnet.[187] Die geschlossenen Listen standen nicht einmal Personen offen, die unter Anleitung eines erfahrenen, beim Gericht tätigen, Insolvenzverwalters längere Zeit geschult wurden und in dessen Kanzlei tätig waren („indirekter Eintritt").[188] Bei diesen geschlossenen Listen kam es nur zu kurzfristigen Öffnungen, und zwar auch nur dann, wenn ältere Verwalter aus der Liste ausschieden und durch Neuaufnahmen der Bestand gesichert werden sollte. So konnten auch langjährige Bewerbungen irgendwann einmal von Erfolg gekrönt sein.[189]

Gegenüber der Handhabung und der Existenz solcher geschlossener Listen bestanden schon längere Zeit verfassungsrechtliche Bedenken.[190]

Da die geschlossenen Listen den Bewerbern um das Amt des Insolvenzverwalters keine angemessene Chancengleichheit einräumten, erklärte das BVerfG die geschlossenen Listen in seinem Beschluss vom 23.5.2006 für verfassungswidrig.[191] Die geschlossenen Listen verstoßen gegen Art. 3 I GG, da eine Differenzierung nach dem Kriterium „bewährter Verwalter" nicht sachgerecht ist, zumal dem Bewerber gar keine Möglichkeit zur Bewährung gegeben wird.[192]

184 *Paulsen*, S. 80; *Holzer/Kleine-Cosack/Prütting*, S. 3.
185 Vgl. dazu *Paulsen*, S. 81f.
186 Eickmann-*Eickmann*, § 56, Rn. 20.
187 Kübler/Prütting/Bork-*Lüke*, § 56, Rn. 20.
188 *Holzer/Kleine-Cosack/Prütting*, S. 4; *Paulsen*, S. 81; *Holzer*, Rn. 218.
189 *Holzer/Kleine-Cosack/Prütting*, S. 4.
190 Vgl. BT-Drucks. 16/3227, S. 9, 18.
191 BVerfG, Beschluss v. 23.5.2006 – 1 BvR 2530/04, ZIP 2006, 1355 (1360).
192 Eickmann-*Eickmann*, § 56, Rn. 20.

b) Offene Listen

Aufgrund des Beschlusses des BVerfG vom 23.5.2006 haben die Insolvenzgerichte offene Listen zu führen.[193]

Die offenen Listen beinhalten nach einer Vorauswahl ebenfalls eine Auflistung von für die Übernahme einer Verwaltung in Frage kommenden Insolvenzverwaltern. Die Listen stehen einer maßvollen Erweiterung je nach Bedarf offen und verstehen sich folglich nicht als „closed shop".[194]

Die Auswahlkriterien[195] sind zuweilen sehr variabel. In Einzelfällen kann es sogar dazu kommen, dass die Gerichte Verwalter bestellen, die noch nicht bei ihnen tätig geworden sind, wenn die Art des Verfahrens aufgrund von Schwierigkeit und Umfang dazu Anlass gibt. Bei spektakulären Fällen kommt es sogar nicht selten zur Bestellung von überregional tätigen Insolvenzverwaltern.[196]

In diese offenen Listen sind alle Bewerber aufzunehmen, die die generelle, von einem konkreten Insolvenzverfahren unabhängige Eignung aufweisen.[197] In seiner Auswahl ist das Insolvenzgericht aufgrund der gesetzlichen Regelung durch die Listen nicht beschränkt.[198]

Die offenen Listen erlauben den Insolvenzgerichten im Gegensatz zu den geschlossenen Listen eine flexiblere und fallbezogene Verwalterauswahl. Infolgedessen verringert sich das Risiko einer fehlerhaften Auswahlentscheidung.[199]

c) Zuständigkeit für das Führen der Listen

Es stellt sich unweigerlich die Frage, wer für die Auswahlentscheidung über die Aufnahme in die Vorauswahllisten zuständig ist. Diese Frage ist nämlich keinesfalls zweifelsfrei geklärt. An einigen Gerichten ist es zur Gewohnheit geworden, dass der Richter die Entscheidung zwar formal erlässt, inhaltlich die Entscheidung hingegen auf einer Beurteilung des Rechtspflegers beruht. An größeren Gerichten kommt es auch vor, dass der Abteilungsleiter Auswahlentscheidungen für die gesamte Insolvenzabteilung vornimmt, die dann eine interne Bindungswirkung entfalten.[200]

---

193 BVerfG, Beschluss v. 23.5.2006 – 1 BvR 2530/04, ZIP 2006, 1355 (1360).

194 *Paulsen*, S. 81.

195 Zu den Auswahlkriterien später ausführlich.

196 *Holzer/Kleine-Cosack/Prütting*, S. 4; *Paulsen*, S. 81f.

197 BVerfG, Beschluss v. 23.5.2006 – 1 BvR 2530/04, ZIP 2006, 1355 (1360).

198 Kübler/Prütting/Bork-*Lüke*, § 56, Rn. 20.

199 *Paulsen*, S. 82; *Holzer/Kleine-Cosack/Prütting*, S. 4f.; *Haarmeyer/Wutzke/Förster*, Kap. 5, Rn. 9.

200 *Holzer/Kleine-Cosack/Prütting*, S. 5f.

Letztlich hängt die Auswahlentscheidung von individuellen Umständen oder auch vom Zufall der Geschäftsverteilung ab, wenn sich Richter und Rechtspfleger nicht über allgemein verbindliche Kriterien einigen.[201]

Im Vordergrund steht für die Auswahl in vielen Fällen die Person des jeweiligen Entscheidungsträgers – also der Insolvenzrichter oder der Rechtspfleger.[202]

Dieser Problemkreis hat seine Parallele in der Zuständigkeit für die Bestellung des Insolvenzverwalters im konkreten Verfahren.[203] Für einen etwaigen Amtshaftungsanspruch ist dies jedoch nicht von entscheidender Rolle, da sowohl der Insolvenzrichter als auch der Rechtspfleger Beamte im Sinne § 839 I BGB sind.

d) Das (Vor-)Auswahlverfahren in der Rechtsprechung des Bundesverfassungsgerichts

Die Bestellung des Insolvenzverwalters ist für diesen von existenzieller Natur. Dementsprechend ist schon die Auswahl des Insolvenzverwalters zunehmend von existenzieller Bedeutung für die Prätendenten um das Insolvenzverwalteramt geworden.[204] Dies ist vor allem darauf zurückzuführen, dass seit den 90er Jahren die Zahl der Bewerber für das Amt des Insolvenzverwalters stetig gestiegen ist, sich seit 2004 jedoch ein festzustellender Rückgang der eröffneten, massereichen und somit für den Verwalter lukrativen Unternehmensinsolvenzverfahren abzeichnet.[205] Aufgrund dessen hat der § 56 I InsO in der Vergangenheit große Bedeutung in Literatur und Rechtsprechung erlangt.[206]

Das BVerfG hat in zwei Grundsatzentscheidungen die Auswahl des Insolvenzverwalters gemäß § 56 I InsO als ein zweistufiges Auswahlverfahren ausgestaltet.[207] Diese Entscheidungen sind für die Insolvenzgerichte bei ihren künftigen Entscheidungen nach § 31 BVerfGG bindend.[208]

Dass es zu einer bzw. zwei Entscheidungen des BVerfG kam, war auch sachgerecht. *Gaier* weist mit Recht darauf hin, dass bis zu der Entscheidung des BVerfG

201 *Holzer/Kleine-Cosack/Prütting*, S. 6.

202 *Holzer/Kleine-Cosack/Prütting*, S. 6.

203 Vgl. zur Zuständigkeit im konkreten Verfahren 2. Teil B. II. 2.; ausführlicher zur Zuständigkeit für die Festlegung der Vorauswahlkriterien unter 2. Teil B. I. 1. e).

204 *Rechel*, S. 242.

205 *Rechel*, S. 242; S. 1 Fn. 4, 5.

206 *Rechel*, S. 242f.

207 BVerfG, Beschluss v. 3.8.2004 – 1 BvR 135/00, 1 BvR 1086/01, ZInsO 2004, 913 (913ff.); BVerfG, Beschluss v. 23.5.2006 – 1 BvR 2530/04, NZI 2006, 453 (453ff.).

208 Vgl. zur Bindungswirkung von Entscheidungen des BVerfG: BVerfG, NJW 1975, 1355 (1356).

am 3.8.2004 seit über 50 Jahren keine Entscheidung des BVerfG zur Auswahl des Konkursverwalters ergangen sei.[209]

In seiner ersten Grundsatzentscheidung vom 3.8.2004 hat das BVerfG festgestellt, dass es sich bei der Entscheidung des Insolvenzrichters über die Aufnahme eines Prätendenten in die Vorauswahlliste um öffentliche Gewalt im Sinne des Art. 19 IV GG handelt und nicht um eine Aufgabe der Rechtsprechung im Sinne des Art. 92 GG. Aufgrund dessen ist die Entscheidung des Insolvenzrichters auch nicht der gerichtlichen Kontrolle entzogen. Die Entscheidung des Insolvenzrichters im Vorauswahlverfahren ist kein Rechtsprechungsakt. Sie ist weder Rechtsprechung im materiellen Sinne noch erfüllt sie den funktionellen Rechtsprechungsbegriff, da der Richter zwar in richterlicher Unabhängigkeit tätig wird, aber nicht in seiner Funktion als Instanz der unbeteiligten Streitbeilegung. Das BVerfG hat an dieser Stelle offen gelassen, ob es sich bei der Insolvenzverwalterbestellung selbst um einen Rechtsprechungsakt handelt.[210] Dem Insolvenzrichter gibt das Vorauswahlverfahren die Möglichkeit, sich hinreichend über die Eignung eines Prätendenten zu informieren und erleichtert ihm so die für den Einzelfall gemäß § 56 I InsO zu treffende Auswahlentscheidung. Folgerichtig erhält der Prätendent durch die Aufnahme in die Vorauswahlliste die Chance, als Insolvenzverwalter in zukünftigen Verfahren berücksichtigt zu werden. Das Ergebnis der Vorauswahlentscheidung dient der Vorbereitung der Auswahlentscheidung im Einzelfall gemäß § 56 I InsO und hat somit einen erheblichen Einfluss auf die berufliche Betätigungsmöglichkeit des Bewerbers.[211]

Dem Insolvenzrichter steht bei der Insolvenzverwalterbestellung ein weites Auswahlermessen zu und er ist nur verpflichtet, eine geeignete Person zum Insolvenzverwalter zu ernennen. Doch in Anbetracht der Reichweite dieser Entscheidung für bestimmte Berufsangehörige kann diese nicht ohne eine Bindung an den allgemeinen Gleichheitssatz nach Art. 3 I GG erfolgen. Aufgrund der Komplementärfunktion des Verfahrensrechts bedarf es zur Verwirklichung der Grundrechte schon im Vorfeld einer angemessenen Verfahrensgestaltung. Folglich dient das Vorauswahlverfahren der Sicherstellung einer Chancengleichheit unter den Bewerbern und ermöglicht, dass ein jeder entsprechend seiner persönlichen Eignung nach § 56 I InsO willkürfrei in ein konkretes Auswahlverfahren

---

209 *Gaier*, ZInsO 2006, 1177 (1177).

210 BVerfG, Beschluss v. 3.8.2004 – 1 BvR 135/00, 1 BvR 1086/01 – ZInsO 2004, 913 (915).

211 BVerfG, Beschluss v. 23.5.2006 – 1 BvR 2530/04, NZI 2006, 453 (455) (Tz. 43); BVerfG, Beschluss v. 3.8.2004 – 1 BvR 135/00, 1 BvR 1086/01, ZInsO 2004, 913 (915f.); *Rechel*, S. 244.

einbezogen werden kann. Diese Chancengleichheit ist gerichtlich überprüfbar, da nur so die Beachtung subjektiver Rechte gewährleistet wird.[212]

Zu der Verfassungsmäßigkeit der von der Praxis verwandten Auswahlkriterien hatte sich das BVerfG bisher in drei Nichtannahmebeschlüssen geäußert.[213] So hat das BVerfG in seinem Beschluss vom 12.7.2006 entschieden, dass keine Verpflichtung zur gleichmäßigen Bestellung bzw. kein subjektives Recht auf Berücksichtigung besteht, aber das Gericht eine kurzfristige Erreichbarkeit und eine gewisse Ortsnähe voraussetzen darf.[214] Außerdem hat das BVerfG in einem weiteren Beschluss vom 12.7.2006 entschieden, dass das Streichen eines Bewerbers von der Vorauswahlliste, das sogenannte „Delisting", bei Zweifeln an der generellen Unabhängigkeit verfassungsrechtlich nicht zu beanstanden ist. Dies liegt vor allem an der besonderen Bedeutung des Kriteriums der Unabhängigkeit.[215] Des Weiteren entschied das BVerfG durch Beschluss vom 19.7.2006, dass die Chancengleichheit nicht verletzt ist, wenn die fachliche Eignung davon abhängig gemacht wird, dass praktische Erfahrungen durch Tätigkeiten im Insolvenzverfahren nachgewiesen sind.[216]

In der zweiten Grundsatzentscheidung des BVerfG vom 23.5.2006 hat dieses entschieden, dass auch die dem Insolvenzrichter gemäß § 18 I Nr. 1 RPflG vorbehaltene Bestellung des Insolvenzverwalters gemäß § 56 I InsO funktional vollziehende Gewalt im Sinne des Art. 19 IV GG und nicht Ausübung rechtsprechender Gewalt ist. Denn der Insolvenzrichter entscheidet keinen Rechtsstreit, sondern gestaltet selbst ein Rechtsverhältnis.[217] Der Insolvenzrichter ist im Rahmen der Ausübung seines Auswahlrechts nicht zur Vornahme einer Bestenauslese verpflichtet. Eine solche würde den Zielen des Insolvenzverfahrens und den Interessen der Verfahrensbeteiligten zuwiderlaufen. Vor allem ist eine Verzögerung des Verfahrens zu vermeiden.[218] Denn das Insolvenzverfahren ist stets eilbedürftig.[219] Aufgrund der Tatsache, dass regelmäßig mehrere geeignete Bewerber vorhanden

212 BVerfG, Beschluss v. 3.8.2004 – 1 BvR 135/00, 1 BvR 1086/01, ZInsO 2004, 913 (916).

213 Vgl. *Rechel*, S. 244.

214 BVerfG, Beschluss v. 12.7.2006 – 1 BvR 1469/05, ZInsO 2006, 1101 (1101f.).

215 BVerfG, Beschluss v. 12.7.2006 – 1 BvR 1493/05, ZInsO 2006, 1102 (1102f.).

216 BVerfG, Beschluss v. 19.7.2006 – 1 BvR 1351/06, ZInsO 2006, 869 (869f.).

217 BVerfG, Beschluss v. 23.5.2006 – 1 BvR 2530/04, NZI 2006, 453 (453) (Tz. 23ff.); *Rechel*, S. 244.

218 BVerfG, Beschluss v. 23.5.2006 – 1 BvR 2530/04, NZI 2006, 453 (455) (Tz. 41).

219 BVerfG, Beschluss v. 26.11.2009 – 1 BvR 339/09, ZInsO 2010, 34 (35); *Haarmeyer/Frind*, Rn. 41.

seien werden, ist dem Insolvenzrichter in § 56 I InsO ein Ermessen[220] bei der Auswahl des Verwalters eingeräumt. Dieses Ermessen dient einer Entscheidung, die die unterschiedlichen Interessen der Gläubiger und des Schuldners angemessen berücksichtigt. Entscheidet der Richter nach dieser Maßgabe im Rahmen seines Ermessens, liegt darin keine Verletzung des allgemeinen Gleichheitssatzes nach Art. 3 I GG gegenüber dem nicht berücksichtigten Prätendenten.[221] Auch kann sich der übergangene Prätendent nicht auf die Verletzung eines subjektiven Rechts auf Bestellung zum Insolvenzverwalter berufen, da § 56 I InsO kein subjektives Recht in dieser Hinsicht begründet.[222] Allerdings verfügt der übergangene Prätendent über ein subjektives Recht auf pflichtgemäße Ermessensausübung des Gerichts und für dieses Recht muss auch Rechtsschutz gewährleistet sein. Die Entscheidung des Insolvenzrichters infolge seines Auswahlermessens unterliegt aufgrund des Rechtsstaatsprinzips gemäß Art. 1 III GG der Bindung an die Grundrechte. Dabei ist der Gleichheitssatz nach Art. 3 I GG maßgebend. Die Auswahlentscheidung des Gerichts muss dem Bewerber eine willkürfreie und faire Chance auf Berücksichtigung bei der Auswahlentscheidung entsprechend seiner Eignung im Sinne des § 56 I InsO gewähren.[223] Um diesen Anforderungen gerecht zu werden, darf sich das allgemeine Vorauswahlverfahren, das dem konkreten Insolvenzverfahren vorausgeht, nicht nur auf das Erstellen einer Liste mit Namen und Anschriften interessierter Bewerber beschränken. Das Vorauswahlverfahren muss insbesondere auch die Erhebung, Verifizierung und Strukturierung der Daten gewährleisten. Denn diese Daten sollen nicht nur für die Eignung des jeweiligen Bewerbers im konkreten Verfahren maßgebend sein, sondern sie sollen dem Insolvenzrichter vor allem ermöglichen, eine sachgerechte Ermessensentscheidung bei der Auswahl des Verwalters aus dem Kreis der geeigneten Bewerber zu treffen.[224] Der multipolaren Konfliktlage, die darin besteht, dass das Interesse des Prätendenten auf Rechtsschutz gegen die insolvenzgerichtliche Auswahlentscheidung mit dem Interesse der Insolvenzgläubiger und des Insolvenzschuldners[225] an einem reibungslosen

220 Zum Ermessen des Insolvenzgerichts ausführlich später unter 2. Teil B. III. 2.

221 BVerfG, Beschluss v. 23.5.2006 – 1 BvR 2530/04, NZI 2006, 453 (454) (Tz. 32).

222 BVerfG, Beschluss v. 23.5.2006 – 1 BvR 2530/04, NZI 2006, 453 (454) (Tz. 29f.); BVerfG, Beschluss v. 12.7.2006 – 1 BvR 1469/05, ZInsO 2006, 1101 (1101) (Tz. 10).

223 BVerfG, Beschluss v. 23.5.2006 – 1 BvR 2530/04, NZI 2006, 453 (454) (Tz. 31); BVerfG, Beschluss v. 12.7.2006 – 1 BvR 1469/05, ZInsO 2006, 1101 (1101f.) (Tz. 10).

224 BVerfG, Beschluss v. 23.5.2006 – 1 BvR 2530/04, NZI 2006, 453 (455) (Tz. 44); MüKo-InsO-*Graeber*, § 56, Rn. 99a.

225 Das Interesse der Insolvenzgläubiger und des Insolvenzschuldners gründet sich auf Art. 14 GG; vgl. *Rechel*, S. 245; BVerfG, Beschluss v. 23.5.2006 – 1 BvR 2530/04, NZI 2006, 453 (457) (Tz. 56).

und zügigen Fortgang des Insolvenzverfahrens kollidiert, hilft das BVerfG ab, indem es eine Konkurrentenschutzklage und einen einstweiligen Rechtsschutz gegen die Insolvenzverwalterbestellung abgelehnt und ausgeschlossen hat.[226] Der unberücksichtigt gebliebene Prätendent wird auf die Feststellung der Rechtswidrigkeit der Insolvenzverwalterbestellung wegen fehlerhafter Ausübung des Auswahlermessens nach §§ 23 ff. EGGVG zur Vorbereitung und Geltendmachung von Amtshaftungsansprüchen gemäß § 839 I BGB i. V. m. Art. 34 S. 1 GG verwiesen.[227] Das BVerfG hält eine Beschränkung der Rechtsschutzmöglichkeiten des übergangenen Prätendenten aus zwei Gründen für vertretbar; zunächst aufgrund der Tatsache, dass der konkreten Auswahlentscheidung nach § 56 I InsO ein Vorauswahlverfahren vorangeht, das ausreichend Rechtsschutz gewährt und dem Insolvenzrichter genügend Informationen für eine pflichtgemäße Ausübung des Auswahlermessens gibt.[228] Der zweite Grund ist, dass die Ermessensausübung im Vorauswahlverfahren nach § 18 I Nr. 1 RPflG in den Verantwortungsbereich des Insolvenzrichters fällt, der sich durch seine persönliche und richterliche Unabhängigkeit und durch seine strikte Unterwerfung unter das Gesetz auszeichnet.[229]

e) Kriterien für die Aufnahme in die Vorauswahllisten

Es stellt sich direkt im Anschluss an die rechtliche Beurteilung des Vorauswahlverfahrens die Frage, nach welchen Kriterien die Aufnahme von Prätendenten in die Vorauswahllisten stattfindet und wer diese Kriterien festlegt.

Dafür kann neben der Zuständigkeit des Insolvenzrichters, der gemäß § 18 I Nr. 1 RPflG für das Eröffnungsverfahren bis zur Verwalterbestellung funktional zuständig ist, auch eine Zuständigkeit der Justizverwaltung erwogen werden.[230]

Schon das Reichsgericht hat in seiner Entscheidung vom 23.12.1932 festgestellt, dass der Richter nicht ohne Umstände in der Lage ist, sich ein Bild von der Zuverlässigkeit der von ihm mit der Wahrnehmung einer Vermögensverwaltung betrauten Personen zu machen.[231]

---

226 BVerfG, Beschluss v. 23.5.2006 – 1 BvR 2530/04, NZI 2006, 453 (456) (Tz. 48); 453 (457) (Tz. 56).

227 BVerfG, Beschluss v. 23.5.2006 – 1 BvR 2530/04, NZI 2006, 453 (457) (Tz. 57); *Rechel*, S. 245.

228 BVerfG, Beschluss v. 23.5.2006 – 1 BvR 2530/04, NZI 2006, 453 (455) (Tz. 43); *Rechel*, S. 245f.

229 BVerfG, Beschluss v. 23.5.2006 – 1 BvR 2530/04, NZI 2006, 453 (455) (Tz. 42); *Rechel*, S. 246.

230 *Rechel*, S. 251.

231 RG, Urteil v. 23.12.1932 – III. 143/32, KuT 1933, 40 (41).

Deshalb hat das Reichsgericht in seiner Entscheidung fragend bemerkt, ob es nicht Sache der Justizverwaltung sei, einen Kreis von Personen festzustellen, die nach seiner Auffassung ohne Bedenken mit dem Amt des Konkursverwalters betraut werden können.[232] Das OLG Düsseldorf hat in seiner Entscheidung vom 27.10.2006 sich der vom Reichsgericht aufgeworfenen Frage angenommen und dazu weitere Ausführungen gemacht. Das OLG Düsseldorf bemerkt, dass die Festlegung der Kriterien für die Aufnahme in eine Vorauswahlliste als Justizverwaltungsangelegenheit nicht den Insolvenzrichtern, sondern der Justizverwaltung obliegt. Dies gilt aber auch nur solange, wie der Gesetzgeber die Kriterien für die Aufnahme in eine Vorauswahlliste nicht selbst festgelegt hat. Die Justizverwaltung kann die Festlegung der Kriterien für die Aufnahme in die Vorauswahllisten sowie die Vorauswahl selbst an die Insolvenzrichter übertragen. Das führt aber nicht dazu, dass die Justizverwaltung aus ihrer Verantwortung entlassen wird; ganz im Gegenteil ist es weiterhin Aufgabe der Justizverwaltung, ein rechtmäßiges Verwaltungshandeln im Sinne einer sachgerechten und verfassungsrechtlich einwandfreien Vorauswahl sicherzustellen.[233]

Gegen eine solche Handhabung spricht jedoch die in § 18 I Nr. 1 RPflG normierte funktionale Zuständigkeit des Insolvenzrichters für die Bestellung des Insolvenzverwalters. Denn wenn der Insolvenzrichter seine Auswahlentscheidung gemäß § 56 I InsO nach pflichtgemäßem Ermessen treffen muss, dann folgt daraus auch seine Zuständigkeit, den in Frage kommenden Personenkreis zu definieren, aus dem seine Auswahlentscheidung getroffen wird.[234] Dies sah schon *Baade* so, der entgegen der Reichsgerichtentscheidung vom 23.12.1932 die Verwalterauswahl als Amtspflicht des Insolvenzrichters ansieht, die ihm nicht abgenommen werden kann; auch wenn er das Ziel, Amtspflichtverletzungen bei der Verwalterauswahl zu vermeiden, erkennt.[235] Das BVerfG teilt diese Auffassung und hatte schon in seiner Entscheidung vom 23.5.2006 beschlossen, dass die Bestimmung der geeigneten und rechtmäßigen Vorauswahlkriterien eine Frage des einfachen Rechts ist und infolgedessen den Insolvenzrichtern und den Fachgerichten als Rechtsmittelinstanz obliegt.[236]

Das OLG Düsseldorf kommt in zuvor genannter Entscheidung zu dem Ergebnis, die Insolvenzgerichte haben als Justizbehörden im funktionalen Sinn die Aufgabe, Auswahlkriterien

232 RG, Urteil v. 23.12.1932 – III. 143/32, KuT 1933, 40 (41); *Rechel*, S. 251.

233 OLG Düsseldorf, Beschluss v. 27.10.2006 – I-3 VA 9/06, ZInsO 2006, 1221 (1223f.); *Rechel*, S. 251.

234 *Rechel*, S. 252.

235 *Baade*, KTS 1959, 40 (41); vgl. *Rechel*, S. 252.

236 BVerfG, Beschluss v. 23.5.2006 – 1 BvR 2530/04, NZI 2006, 453 (455) (Tz. 45); *Rechel*, S. 252.

für ein sachgerechtes Auswahlermessen zu entwickeln.[237] *Uhlenbruck* merkt hierzu kritisch an, dass es für die praktische Handhabung katastrophal wäre, wenn jedes Fachgericht seine eigenen Zugangskriterien entwickeln würde. Seiner Meinung nach sei eine einheitliche Festlegung der Auswahl- und Zugangskriterien für alle Insolvenzgerichte besser. Dabei solle auch auf die Mitarbeit des DAV, VID, Gravenbrucher Kreises und unabhängiger Fachinstitute nicht verzichtet werden.[238]

Festzustellen bleibt, dass letztlich die besseren Argumente für die funktionale Zuständigkeit der Insolvenzrichter streiten. Diesen obliegt es schließlich, nach § 18 I Nr. 1 RPflG die Auswahlentscheidung gemäß § 56 I InsO zu treffen.[239]

Das von *Uhlenbruck* aufgeworfene Problem wird in den Ausführungen von *Rechel* noch deutlich vertieft. Dieser wirft die Frage auf, ob sich Insolvenzrichter bei Insolvenzgerichten mit mehreren Dezernaten auf eine einheitliche Vorauswahlliste verständigen müssen oder ob jeder Insolvenzrichter seine eigene Vorauswahlliste führen darf.[240] Da das BVerfG die Gewährleistung eines fairen Vorauswahlverfahrens und einer Chancengleichheit beim Zugang zum Amt des Insolvenzverwalters verlangt, ist es erforderlich, dass bei Gerichten mit mehreren Dezernaten nur eine einheitliche Liste geführt wird, auf deren Vorauswahlkriterien sich die Insolvenzrichter einigen müssen.[241]

Das BVerfG hat in seiner Entscheidung vom 23.5.2006 beschlossen, dass es die Aufgabe der Fachgerichte ist, die Kriterien für die sachgerechte Feststellung der Eignung eines Bewerbers sowie für eine sachgerechte Ausübung des Auswahlermessens zu entwickeln.[242] Das BVerfG führt in der genannten Entscheidung weiter aus, dass das Vorauswahlverfahren nicht einer Bestenauslese dienen soll.[243] Das Vorauswahlverfahren soll vielmehr mit Hinsicht auf die Eilbedürftigkeit des Insolvenzverfahrens und mit Hinsicht auf die spätere Auswahlentscheidung des Insolvenzgerichts so ablaufen, dass die Vorauswahllisten in sinnvoller Weise genutzt werden können und für die Bestellungsentscheidung im konkreten Fall eine hinreichend sichere Tatsachengrundlage darstellen.[244]

---

237 OLG Düsseldorf, Beschluss v. 27.10.2006 – I-3 VA 9/06, ZInsO 2006, 1221 (1224); *Uhlenbruck*, NZI 2006, 489 (493).

238 *Uhlenbruck*, NZI 2006, 489 (493).

239 *Rechel*, S. 252.

240 *Rechel*, S. 252.

241 *Rechel*, S. 252f.

242 BVerfG, Beschluss v. 23.5.2006 – 1 BvR 2530/04, NZI 2006, 453 (455) (Tz. 45).

243 BVerfG, Beschluss v. 23.5.2006 – 1 BvR 2530/04, NZI 2006, 453 (455) (Tz. 41); *Rechel*, S. 253; a. A. BAKinso e. V., dessen Meinung nach im Vorauswahlverfahren eine vorgezogene Bestenauslese stattfinden soll, ZInsO 2008, 1260 (1261).

244 BVerfG, Beschluss v. 23.5.2006 – 1 BvR 2530/04, NZI 2006, 453 (455) (Tz. 43); MüKo-InsO-*Graeber*, § 56, Rn. 99a.

Das Gesetz schreibt die Eignungskriterien eines Bewerbers für die Aufnahme in die Vorauswahlliste nicht vor. Dem einzelnen Richter bleibt es somit überlassen die konkreten Eignungskriterien, die ein Bewerber aus seiner Sicht erfüllen muss, festzulegen.[245]

Doch *Uhlenbruck* hält es für verfehlt, wenn jedes Fachgericht seine eigenen Zugangskriterien entwickeln würde. Da eine gesetzliche Regelung zum jetzigen Zeitpunkt nicht beabsichtigt ist[246], haben verschiedene Berufsverbände Kriterien für die Feststellung der Eignung eines Bewerbers aufgestellt, die den Fachgerichten als Entscheidungshilfe dienen können. Darunter befinden sich auch die Empfehlungen der sogenannten „Uhlenbruck-Kommission".[247]

Dabei handelt sich bei den Kriterien der „Uhlenbruck-Kommission" nur um Empfehlungen, die es selbstverständlich nicht ausschließen, dass die Insolvenzgerichte eigene, qualitätsbezogene Kriterien entwickeln und anwenden, die den Zweck haben, eine professionelle und qualitätssichernde Insolvenzverwaltung durch eine sachlich begründete Begrenzung der Vorauswahllisten zu gewährleisten.[248]

f) Einfluss der europäischen Dienstleistungsrichtlinie

Das Verfahren über die Aufnahme in die Vorauswahllisten wird zusätzlich durch die Umsetzung der Richtlinie 2006/123/EG des Europäischen Parlaments und Rates vom 12.12.2006 über Dienstleistungen im Binnenmarkt (Dienstleistungsrichtlinie) beeinflusst.[249]

Gemäß Art. 4 Nr. 1, 2 der Dienstleistungsrichtlinie ist diese zunächst nur bei grenzüberschreitenden Dienstleistungen und der Niederlassung natürlicher und juristischer Personen aus dem europäischen Ausland in Deutschland unmittelbar anwendbar.[250] Sie hat aber ebenfalls Bedeutung für die Regelung rein nationaler Sachverhalte. Denn der nationale Gesetzgeber kann Inländer anders behandeln als Ausländer und für Erstgenannte auch in berufsrechtlicher Hinsicht sogar strengere Zulassungsvoraussetzungen vorsehen. Dies wäre aber, unabhängig von

245 Uhlenbruck-*Uhlenbruck*, § 56, Rn. 28.

246 Vgl. Graf-Schlicker-*Graf-Schlicker*, 1. Auflage, § 56, Rn. 9; vgl. aber zu den Auswirkungen des ESUG auf die Vorauswahl unter 2. Teil B. I. 7.

247 Uhlenbruck-*Uhlenbruck*, § 56, Rn. 28; ein Auszug aus den Empfehlungen der „Uhlenbruck-Kommission" findet sich im Anhang unter Anlage 1; vgl. dazu auch Uhlenbruck-*Uhlenbruck*, § 56, Rn. 29.

248 Uhlenbruck-*Uhlenbruck*, § 56, Rn. 29.

249 Nerlich/Römermann-*Delhaes*, § 56, Rn. 12; Graf-Schlicker-*Graf-Schlicker*, § 56, Rn. 7ff.

250 Nerlich/Römermann-*Delhaes*, § 56, Rn. 12; Graf-Schlicker-*Graf-Schlicker*, § 56, Rn. 8.

einem Verstoß gegen Art. 3 I GG, nicht hinnehmbar. So würden die inländischen Insolvenzverwalter gegenüber den in Deutschland niedergelassenen ausländischen Insolvenzverwaltern dadurch benachteiligt werden, dass richtlinienwidrige Beschränkungen nur für sie gelten.[251] Zur Vermeidung einer Inländerdiskriminierung entsprechend Art. 3 I GG setzt die Umsetzung der Dienstleistungsrichtlinie zwangsläufig auch den Rechtsrahmen für die Berufszulassung und Berufsausübung aller in Deutschland zugelassenen Insolvenzverwalter.[252]

Da die Dienstleistungsrichtlinie nicht bis zum 28.12.2009 in nationales Recht umgesetzt wurde, ist sie gemäß ständiger Rechtsprechung des EuGH[253] von Amts wegen zu berücksichtigen.[254] Dies ist allerdings nur der Fall, wenn man davon ausgeht, dass der Insolvenzverwalter keine öffentliche Gewalt im Sinne von Art. 2 II i der Dienstleistungsrichtlinie ausübt und damit vom Anwendungsbereich der Richtlinie ausgenommen ist.[255] Allerdings hält *Delhaes* die Auswirkungen der Dienstleistungsrichtlinie auf die aktuelle Bestellpraxis für wenig gravierend.[256] Es erscheint nach Art. 14 Nr. 1 b der Dienstleistungsrichtlinie nicht zulässig, das von vielen Insolvenzgerichten vorausgesetzte Kriterium der Ortsnähe von den Prätendenten zu verlangen.[257] Darüber hinaus sei es nicht richtlinienkonform eine Zertifizierung, zum Beispiel nach DIN ISO 9001, als Voraussetzung für die Aufnahme in eine Vorauswahlliste zu verlangen. Der Art. 26 I der Dienstleistungsrichtlinie erkennt die Zertifizierung nämlich nicht als Kriterium der Berufszulassung an, sondern nur als Entscheidungshilfe auf freiwilliger Basis.[258] Eine weitaus größere Bedeutung kommt der Dienstleistungsrichtlinie allerdings in Bezug auf die zur Diskussion stehenden Modelle einer gesetzlichen Berufsregelung für Insolvenzverwalter zu.[259] Allerdings darf an dieser Stelle auch nicht unerwähnt bleiben, dass noch weitergehende Meinungen vertreten werden. *Smid* hält die Diskussion über die Auswirkungen der Dienstleistungsrichtlinie auf die Vorauswahl bzw.

---

251 *Graf-Schlicker*, KS-InsO, 3. Auflage, S. 235, Rn. 6; Nerlich/Römermann-*Delhaes*, § 56, Rn. 12; *Sabel/Wimmer*, ZIP 2008, 2097 (2102).

252 Nerlich/Römermann-*Delhaes*, § 56, Rn. 12; *Sabel/Wimmer*, ZIP 2008, 2097 (2102).

253 EuGH, NJW 1991, 3086 (3086); EuGH, NJW 2002, 125 (126).

254 Nerlich/Römermann-*Delhaes*, § 56, Rn. 12.

255 Nerlich/Römermann-*Delhaes*, § 56, Rn. 12; befürwortend *Frind*, ZInsO 2008, 1248 (1249ff.); ablehnend *Graf-Schlicker*, KS-InsO, 3. Auflage, S. 235, Rn. 10ff.

256 Nerlich/Römermann-*Delhaes*, § 56, Rn. 12.

257 Nerlich/Römermann-*Delhaes*, § 56, Rn. 12; *Graf-Schlicker*, KS-InsO, 3. Auflage, S. 235, Rn. 22.

258 Nerlich/Römermann-*Delhaes*, § 56, Rn. 12; *Sabel/Wimmer*, ZIP 2008, 2097 (2107).

259 Nerlich/Römermann-*Delhaes*, § 56, Rn. 12; vgl. dazu *Graf-Schlicker*, KS-InsO, 3. Auflage, S. 235, Rn. 24ff; Uhlenbruck-*Uhlenbruck*, § 56, Rn. 81.

die Verwalterauswahl für unnötig und deplatziert. Seiner Meinung nach sei die Art der Tätigkeit des Insolvenzverwalters unmittelbar von der Ausgestaltung des jeweiligen nationalen Insolvenzrechts abhängig, da die EuInsVO diese dem nationalen Gesetzgeber zugesprochen hat.[260] Infolgedessen kann die Dienstleistungsrichtlinie das nationale Insolvenzrecht nicht beeinflussen. Untermauert wird dies dadurch, dass es sich bei der Insolvenzverwaltung um einen verfahrensrechtlichen Vorgang handelt, der insolvenzrechtlichen Regelungen unterliegt, und nicht um ein einheitlich auftretendes abstraktes Berufsbild.[261]

Uhlenbruck geht nicht ganz so weit und sagt nur, dass es noch nicht feststehe, ob die Dienstleistungsrichtlinie überhaupt Auswirkungen auf die Auswahl und die Bestellung des Insolvenzverwalters habe.[262]

Zusammenfassend ist festzustellen, dass die Auswirkungen der Dienstleistungsrichtlinie zurzeit des jetzigen Sachstandes auf die (Vor-)Auswahl des Insolvenzverwalters nur eine untergeordnete Rolle spielen. Die Dienstleistungsrichtlinie kann zukünftig Anlass dazu geben, im Rahmen einer Berufsordnung für Insolvenzverwalter eine Regelung hinsichtlich der Niederlassungsfreiheit zu treffen und von dem Merkmal der Ortsnähe für Insolvenzverwalter abzurücken.[263] Des Weiteren darf bei der Dienstleistungsrichtlinie und der Reichweite ihrer Auswirkungen auch nicht vergessen werden, dass es zu Staatshaftungsansprüchen kommen kann, wenn ein Einzelner nach Ablauf der Umsetzungsfrist aufgrund fehlender oder mangelnder Umsetzung einen Nachteil erleidet.[264] Diesem Risiko ist durch das Gesetz zur Umsetzung der Dienstleistungsrichtlinie in der Justiz und Änderung weiterer Vorschriften vom 22.10.2010 Abhilfe geschaffen worden. Durch Art. 3 dieses Gesetzes wird nämlich der Art. 102a EGInsO eingefügt. Dieser lautet wie folgt: „Angehörige eines anderen Mitgliedstaates der Europäischen Union oder Vertragsstaates des Abkommens über den europäischen Wirtschaftsraum und Personen, die in einem dieser Staaten ihre berufliche Niederlassung haben, können das Verfahren zur Aufnahme in eine von dem Insolvenzgericht geführte Vorauswahlliste für Insolvenzverwalter über eine einheitliche Stelle nach den Vorschriften des Verwaltungsverfahrensgesetzes abwickeln. Über Anträge auf Aufnahme in eine Vorauswahlliste ist in diesen Fällen innerhalb einer Frist von drei Monaten zu entscheiden. § 42a Absatz 2 Satz 2 bis 4 des Verwaltungsverfahrensgesetzes gilt entsprechend."

260 *Smid*, ZInsO 2009, 113 (116); a. A. *Graf-Schlicker*, KS-InsO, 3. Auflage, S. 235, Rn. 14f.

261 *Smid*, ZInsO 2009, 113 (116); ausführlich *Smid*, ZInsO 2009, 113 (115).

262 Uhlenbruck-*Uhlenbruck*, § 56, Rn. 80.

263 Uhlenbruck-*Uhlenbruck*, § 56, Rn. 81.

264 *Smid*, ZInsO 2009, 113 (115).

g) Das Vorauswahlverfahren als antizipierte Aufsichtsmaßnahme

Das Vorauswahlverfahren hat den Zweck, den Insolvenzrichtern ausreichende und umfängliche Informationen über die grundsätzliche Eignung eines Prätendenten im Sinne des § 56 I InsO zu verschaffen. Durch die Festlegung von Kriterien der Vorauswahl wird die generelle Eignung der Prätendenten im Sinne des § 56 I InsO konkretisiert. Somit wird die Vorauswahl zu einer antizipierten Aufsicht über den Insolvenzverwalter, da ungeeignete Prätendenten für das Amt des Insolvenzverwalters a priori ausgeschlossen bleiben.[265]

Konkretisiert wird diese antizipierte Aufsicht durch die Festlegung der Vorauswahlkriterien, die sich an der vom Grundgesetz garantierten Berufsfreiheit nach Art. 12 GG und an dem allgemeiner Gleichheitssatz nach Art. 3 I GG messen lassen müssen. Sie müssen allen Bewerbern eine faire und gleiche Chance auf Aufnahme in die Vorauswahlliste bieten und dürfen selbst nicht willkürlich, also sachlich ungerechtfertigt, sein.[266]

h) Stellungnahme

Nachdem das Vorauswahlverfahren hinreichend erörtert und dargestellt wurde, kann an dieser Stelle verbindlich festgestellt werden, dass es sich bei der Vorauswahl des Insolvenzverwalters um eine Amtspflicht des Insolvenzgerichts handelt. Denn schließlich geht die Vorauswahl der Bestellung für ein konkretes Verfahren voraus. Die Auswahl und die Bestellung des Insolvenzverwalters im konkreten Verfahren stellen zweifelsohne Amtspflichten des Insolvenzgerichts dar.[267] Dies wird noch durch das Ergebnis *Rechels*[268] untermauert, der in der Vorauswahl eine antizipierte Aufsicht des Insolvenzgerichts sieht. Denn bei der Aufsichtspflicht handelt es sich um eine Amtspflicht.[269] Ferner muss der Insolvenzrichter seine Auswahlentscheidung gemäß § 56 I InsO nach pflichtgemäßem Ermessen treffen, woraus auch seine Zuständigkeit folgt, den in Frage kommenden Personenkreis zu definieren, aus dem seine Auswahlentscheidung getroffen wird.[270]

---

265 *Rechel*, S. 250.

266 *Rechel*, S. 253.

267 Vgl. 2. Teil B. II. 3. e).

268 Vgl. 2. Teil B. I. 1. g).

269 Vgl. zur Feststellung, dass es sich bei der Aufsichtspflicht um eine Amtspflicht handelt *Rechel*, S. 70; OLG Stuttgart, ZIP 2007, 1822 (1825); *Naumann*, KS-InsO, 2. Auflage, S. 431, Rn. 25; MüKo-InsO-*Haarmeyer*, § 22, Rn. 213; RGZ 154, 291 (296).

270 Vgl. 2. Teil B. I. 1. d).

2. *Verletzung der Vorauswahlpflicht im Sinne einer haftungsrechtlichen Amtspflichtverletzung*

Nachdem das Vorauswahlverfahren hinreichend erörtert und dargestellt wurde, dass es sich bei der gesetzeskonformen Vorauswahl um eine Amtspflicht des Insolvenzgerichts handelt, stellt sich die Frage, auf welche Art und Weise es zu einer amtshaftungsbegründenden Pflichtverletzung des Insolvenzgerichts in Hinblick auf das Vorauswahlverfahren kommen kann.

Das Insolvenzgericht kann eine Pflichtverletzung begehen, indem es einen ungeeigneten Prätendenten in die Vorauswahlliste aufnimmt oder einen geeigneten Prätendenten nicht in die Liste aufnimmt bzw. einen grundsätzlich geeigneten Prätendenten „de-listet“ oder einen grundsätzlich ungeeigneten Prätendenten nicht „de-listet“. Dabei steht aufgrund der Rechtsprechung des BVerfG außer Frage, dass nur die Verwendung von sogenannten „offenen Listen“ verfassungsgemäß ist.

Eine Pflichtverletzung des Insolvenzgerichts liegt nach dem jetzigen Sachstand immer dann vor, wenn das Insolvenzgericht das ihm eingeräumte Ermessen fehlerhaft gebraucht.[271] Des Weiteren kann es bei der Vorauswahl zu Pflichtverletzungen kommen, wenn die Vorauswahlentscheidung (dabei ist es gleichbedeutend, ob es sich um eine positive oder negative Bescheidung über die Aufnahme in eine Vorauswahlliste handelt) gegen die Berufsfreiheit nach Art. 12 GG oder gegen den allgemeinen Gleichheitssatz nach Art. 3 I GG verstößt. Dies beinhaltet selbstverständlich auch die Verfassungsmäßigkeit der Vorauswahlkriterien.

3. *Drittbezogenheit der Amtspflicht*

Die verletzte Amtspflicht müsste auch drittbezogen sein.[272]

Um den Haftungstatbestand des § 839 I BGB zu erfüllen, genügt nicht jede Amtspflichtverletzung. Es muss eine Amtspflicht verletzt worden sein, die dem Beamten gegenüber einem Dritten obliegt.[273] Der Geschädigte kann nur dann einen Amtshaftungsanspruch geltend machen, wenn die verletzte Amtspflicht gerade bzw. zumindest auch ihm gegenüber besteht.[274] Es bedarf einer besonderen Beziehung zwischen der verletzten Amtspflicht und dem geschädigten Dritten.[275]

---

271 Zu den verschiedenen Ermessensfehlern später unter 2. Teil B. III. 3. a) aa) ff.

272 Vgl. zur Drittbezogenheit 2. Teil A. IV.

273 MüKo-BGB-*Papier*, § 839, Rn. 227.

274 MüKo-BGB-*Papier*, § 839, Rn. 227; BGHZ 1, 388 (394f.).

275 MüKo-BGB-*Papier*, § 839, Rn. 227; BGHZ 56, 40 (45f.).

Im Insolvenzverfahren können sowohl der Schuldner als auch die Gläubiger und der Insolvenzverwalter als „Dritte" in Betracht kommen.[276]

Es ist aber fraglich und zugleich von großer Bedeutung, ob auch ein bei der Vorauswahl unberücksichtigter Prätendent „Dritter" im Sinne des Amtshaftungsanspruchs sein kann.[277]

Zunächst ist festzustellen, dass eine Person, die zum Kreis der durch eine Amtspflicht geschützten Dritten gehört, nicht in allen ihren Belangen als „Dritter" anzusehen ist. Die jeweilige Person ist nur soweit geschützt, wie die Schutzwirkung der verletzten Amtspflicht reicht. Der Schutzzweck der Amtspflicht entscheidet also darüber, ob eine Person zum Kreis der „Dritten" gehört und wie weit der Schutz bezüglich der Amtspflicht reicht. Die Amtspflichten können infolgedessen, je nach dem zu schützenden Interesse, ein und derselben Person gegenüber „aufgespalten" sein. Bestimmte Belange können vom Schutzzweck erfasst sein, andere hingegen nicht.[278]

Es kommt allein auf den Schutzzweck der Amtspflicht an; insofern ist es nicht erforderlich, dass der „Dritte" am Amtsgeschäft beteiligt ist.[279] Unter den Begriff „Dritte" fallen nicht nur die beim Amtsgeschäft unmittelbar Beteiligten, sondern alle Personen, deren Interesse nach der besonderen Natur des Amtsgeschäfts durch dieses berührt wird und in deren Rechtskreis dadurch eingegriffen werden kann; auch wenn sie durch die Amtsausübung nur mittelbar und unbeabsichtigt betroffen werden.[280]

Holzer, *Kleine-Cosack* und *Prütting* sind der Überzeugung der Schutzzweck der Amtspflicht sei im Einzelnen am Maßstab der Kasuistik der Rechtsprechung des BGH wie auch der InsO zu ermitteln.[281]

a) Schutzzweck der Amtspflicht zur Vorauswahl des Insolvenzverwalters

Es wurde bereits erörtert, dass es sich bei der Vorauswahl der Insolvenzverwalter durch das Insolvenzgericht um eine Amtspflicht des selbigen handelt. Die Vorauswahl dient dazu, der Eilbedürftigkeit des Insolvenzverfahrens gerecht zu werden und einen Kreis von generell geeigneten Verwaltern festzulegen. Der Schutzzweck dieser Amtspflicht ist zunächst einmal, einen reibungslosen Verfahrensverlauf zu

276 MüKo-InsO-*Haarmeyer*, § 21, Rn. 42.
277 Vgl. hierzu *Holzer/Kleine-Cosack/Prütting*, S. 58f.
278 MüKo-BGB-*Papier*, § 839, Rn. 235; BGHZ 90, 310 (312).
279 MüKo-BGB-*Papier*, § 839, Rn. 239.
280 BGHZ 20, 53 (56); RGZ 138, 309 (313).
281 *Holzer/Kleine-Cosack/Prütting*, S. 59.

gewährleisten. Dazu dient die Liste von generell geeigneten Verwaltern. Dementsprechend ist der „gelistete" Verwalter vom Schutzzweck der Vorauswahl erfasst. Darüber hinaus können durch den Schutz des Verfahrensablaufs auch der Schuldner und die Gläubiger vom Schutzzweck der Amtspflicht der Vorauswahl erfasst werden. Schließlich ist vor allem ihnen an einem reibungslosen Verfahrensablauf gelegen. Des Weiteren wird durch die zum jetzigen Zeitpunkt gängige und verfassungsrechtlich unbedenkliche Praxis der Vorauswahl auch die Berufsfreiheit (Art. 12 GG) der Prätendenten unmittelbar geschützt, da jedem Prätendenten das Recht auf Aufnahme in die Vorauswahlliste zusteht, sofern er die Vorauswahlkriterien des Insolvenzgerichts erfüllt. Dies ergibt sich aus der Bindung an den oben erörterten allgemeinen Gleichheitssatz nach Art. 3 I GG.[282]

Fraglich bleibt aber an dieser Stelle weiterhin, ob auch der nicht berücksichtigte Prätendent „Dritter" im haftungsrechtlichen Sinne ist und vom Schutzzweck der Amtspflicht zur Vorauswahl des Insolvenzverwalters erfasst wird.

Um noch einmal auf *Holzer, Kleine-Cosack* und *Prütting* einzugehen, die der Überzeugung sind, der Schutzzweck der Amtspflicht sei im Einzelnen am Maßstab der Kasuistik der Rechtsprechung des BGH wie auch der InsO zu ermitteln[283], muss festgestellt werden, dass es zwar keine breit gefächerte Rechtsprechung des BGH, sondern nur des BVerfG[284] zur Verwalter(vor-)auswahl gibt, diese aber nicht eindeutig den Schutzzweck des nicht berücksichtigten Prätendenten skizziert. Das BVerfG stellte in seiner Entscheidung vom 3.8.2004 allerdings fest, dass die Chancengleichheit der Prätendenten gerichtlich überprüfbar ist.[285] Somit genießt der nicht berücksichtigte Prätendent zumindest Rechtsschutz in Bezug auf seine Nichtberücksichtigung. Der Schutzzweck der Amtspflicht zur ermessensfehlerfreien Vorauswahl der Insolvenzverwalter durch das Insolvenzgericht muss somit auch den nicht berücksichtigten Prätendenten umfassen.

Darüber hinaus ist zu erwähnen, dass Amtshaftungsrechtsprechung in der Vergangenheit immer wieder Auslöser für eine Änderung der Rechtschutz verneinenden (Verwaltungs-) Rechtsprechung war. So wurde zum Beispiel das Recht auf polizeiliches Einschreiten erst nach der Bejahung von Amtshaftungsansprüchen von der Verwaltungsgerichtsbarkeit anerkannt.[286]

---

282 Vgl. ausführlich 2. Teil B. I. 1. d).

283 *Holzer/Kleine-Cosack/Prütting*, S. 59.

284 Vgl. ausführlich 2. Teil B. I. 1. d).

285 BVerfG, Beschluss v. 3.8.2004 – 1 BvR 135/00; 1 BvR 1086/01, ZInsO 2004, 913 (916).

286 *Holzer/Kleine-Cosack/Prütting*, S. 58; vgl. ausführlich *Martens* JuS 1962, 245 (245ff.).

b) Stellungnahme

Die Drittbezogenheit der Amtspflicht der Verwaltervorauswahl umfasst in ihrem Schutzzweck sowohl den „gelisteten" Verwalter, den Schuldner und die Gläubiger als auch den unberücksichtigt gebliebenen Prätendenten. Der berücksichtigte Prätendent, der also in die Vorauswahlliste aufgenommen worden ist, ist ohne Zweifel vom Schutzzweck der Amtspflicht erfasst, ohne dass dies einer tiefergehenden Erörterung bedarf. Eine ihn betreffende Verletzung der Amtspflicht, die etwaige Amtshaftungsansprüche nach sich zieht, liegt allerdings nicht so nahe und nachvollziehbar auf der Hand wie im Falle einer Nichtberücksichtigung.

4. Verursachung eines Schadens

Es muss durch die Amtspflichtverletzung zu einem Vermögensschaden bei dem geschützten Dritten kommen.[287]

Dem Geschädigten obliegt die Pflicht, darzulegen und zu beweisen, dass ihm durch die Amtspflichtverletzung ein Schaden entstanden ist. Dem Geschädigten kommen bei der Schadensbestimmung allerdings die Beweiserleichterungen nach § 287 ZPO zugute.[288]

Vorangehend müsste noch geklärt werden, wie genau es in einem fehlerhaften Vorauswahlverfahren durch das Insolvenzgericht zu Vermögensschäden kommen kann. Wie bereits festgestellt, sind Schuldner und Gläubiger sowie berücksichtigter und unberücksichtigter Prätendent vom Schutzzweck der Amtspflicht zur Vorauswahl erfasst.

Ein Vermögensschaden des Schuldners oder der Gläubiger ist z. B. denkbar, wenn es aufgrund der fehlerhaften Vorauswahl zu einer Masseschmälerung infolge einer Verfahrensverzögerung kommt. Denn das Interesse der Insolvenzgläubiger und des Insolvenzschuldners gründet sich auf Art. 14 I GG, der (ihnen) das Eigentum garantiert.[289] Ein solcher Vermögensschaden ist denkbar möglich.

Für einen in die Vorauswahlliste aufgenommenen Prätendenten, also einen berücksichtigten, sieht die Situation etwas anders aus. Auch er ist vom Schutzzweck der Amtspflicht erfasst. Fraglich erscheint aber, wie er, wenn er berücksichtigt wurde, aufgrund einer fehlerhaften Vorauswahl einen Vermögensschaden erleiden sollen könnte. Dabei kann es sich nur um einen denkbar möglichen Schaden

287 MüKo-BGB-*Papier*, § 839, Rn. 276.

288 MüKo-BGB-*Papier*, § 839, Rn. 276; BGH, NJW 1995, 2344 (2345).

289 Vgl. *Rechel*, S. 245.

handeln, der theoretischer Natur ist und in der Praxis bisher nicht in Erscheinung getreten ist und für diese keine Bedeutung hat.[290]

Das Hauptaugenmerk ist also auf einen etwaigen Vermögensschaden eines nicht berücksichtigten Prätendenten zu legen. Bei ihm kann durch eine fehlerhafte Vorauswahl in seine Berufsfreiheit nach Art. 12 GG[291] eingegriffen werden. Die fehlerhafte Vorauswahl kann zur Nicht-Bestellung in einem konkreten Verfahren führen und somit zu Vermögenseinbußen, die zweifelsohne einen Vermögensschaden darstellen. Einen Schaden im Rahmen der fehlerhaften Vorauswahl darzulegen bzw. konkret zu beziffern, erscheint allerdings fast unmöglich. Dies gilt trotz der Erleichterung des § 287 ZPO auch für das Gericht.

5. *Haftungsausfüllende Kausalität*

Die Amtspflichtverletzung, hier die fehlerhafte Vorauswahl durch das Insolvenzgericht, müsste auch für den Eintritt des Vermögensschadens kausal geworden sein.[292]

Beim Amtshaftungsanspruch gibt es allerdings Unterschiede und Besonderheiten im Vergleich zum „normalen" Deliktsrecht.

Die Norm des § 839 BGB kennt keine beschränkte haftungsbegründende Kausalität. Der § 839 BGB ist nämlich nicht auf die Verletzung bestimmter Rechte und Rechtsgüter beschränkt.[293]

Eine haftungsbegründende Kausalität zwischen Verletzungshandlung und Rechts- bzw. Rechtsgutverletzung muss im Rahmen des § 839 BGB nicht geprüft werden.[294] Der § 839 BGB schützt das Vermögen als Ganzes.[295] Allerdings schützt § 839 BGB nicht gegen jeden Vermögensschaden. Einschränkungen können sich aus dem Schutzzweck der Amtspflicht ergeben.[296] Gemäß § 839 I 1 BGB muss sich das Verschulden des Beamten nicht auf die Kausalität zwischen der Amtspflichtverletzung und dem Schadenseintritt beziehen.[297]

Für die Kausalität zwischen Amtspflichtverletzung und Schadenseintritt gilt auch das Kriterium des adäquaten Kausalzusammenhangs. Der auf der Amtspflichtverletzung

290 Gegenteilige Erkenntnisse zum Sachstand liegen nicht vor.

291 Dazu mehr unter 2. Teil B. III. 3. b).

292 Prütting/Wegen/Weinreich-*Kramarz*, § 839, Rn. 58; Erman-*T. Mayen*, § 839, Rn. 65; vgl. ausführlich zur Kausalität 2. Teil A. VI.

293 *Bender*, Rn. 563; anderes kann sich im Einzelfall aus dem Schutzzweck der verletzten Amtspflicht ergeben, vgl. *Bender*, Rn. 563.

294 Soergel-*Vinke*, § 839, Rn. 175; *Schoch*, Jura 1988, 585 (592).

295 *Bender*, Rn. 563.

296 BGHZ 39, 358 (358f.).

297 *Bender*, Rn. 563.

beruhende Schaden ist dem Beamten und mittelbar nach Art. 34 GG dem Staat nur zuzurechnen, wenn die Amtspflichtverletzung die Wahrscheinlichkeit des Schadenseintritts wesentlich erhöht hat oder wenn der Beamte den Eintritt des Schadens erwartet oder gewollt hat.[298] Denkbar sind auch Fälle, in denen der Staat geltend macht, die Schäden wären auch bei ordnungsgemäßer Amtsausübung nicht ausgeblieben. Dabei ist allerdings danach zu fragen, ob die Behörde die zum selben Schaden führende Maßnahme nicht nur hätte fehlerfrei treffen können, sondern auch tatsächlich getroffen hätte. Grund für die Vornahme dieser Handlungen könnte zum Beispiel eine Rechtspflicht sein und nur, wenn die Handlung auch getroffen worden wäre, kann von „echtem" pflichtmäßigen Alternativverhalten gesprochen werden. Nur dann kann der Staat dem Anspruch des Geschädigten etwas entgegenhalten. Aber natürlich nur, wenn der Schaden auch bei pflichtgemäßem Verhalten eingetreten wäre.[299]

Im Falle einer gerichtlichen Entscheidung ist beim Vorliegen eines bestimmten Alternativverhaltens erheblich, wie das zuständige Gericht die hypothetische alternative Amtshandlung beurteilt hätte. Es kommt nicht darauf an, wie das Gericht tatsächlich entschieden hätte, sondern wie das Gericht richtigerweise hätte entscheiden müssen.[300]

Liegt eine pflichtwidrige hoheitliche Ermessensentscheidung vor, so ist nach der Rechtsprechung zu ermitteln, wie die vorherige bzw. sonstige Übung der Behörde aussieht und ob sie danach pflichtgemäß entschieden hätte. Die Behörde kann dem Amtshaftungsanspruch des Geschädigten nämlich entgegenhalten, dass derselbe Schaden auch entstanden wäre, wenn die korrekte Entscheidung mit an Sicherheit grenzender Wahrscheinlichkeit inhaltlich ebenso wie die fehlerhafte ausgefallen wäre. Der Schaden wäre folglich gleichwohl eingetreten. Außerdem ist darauf zu achten, ob der Ermessensfehler in einer sachwidrigen Abweichung von einer ständigen Übung liegt. Denn eine solche willkürliche Abweichung verstößt in der Regel gegen den allgemeinen Gleichheitssatz nach Art. 3 I GG und ist ermessensfehlerhaft.[301] Ist keine behördliche Übung ermittelbar, nach der die Behörde eine pflichtgemäße Entscheidung getroffen hätte, die in Art und Inhalt der amtspflichtwidrigen entspricht, so kann der Ursachenzusammenhang und folglich ein Schaden nicht verneint werden.[302]

Liegt die Amtspflichtverletzung in einem Unterlassen, wird ein Amtshaftungsanspruch nur ausgelöst, wenn das amtspflichtgemäße Alternativverhalten den Schadenseintritt mit an Sicherheit grenzender Wahrscheinlichkeit verhindert hätte.[303]

Des Weiteren findet, wie schon festgestellt, auch das Kriterium des Schutzzwecks der Norm Anwendung auf § 839 BGB. Seine Wirkung besteht vor allem darin, dass durch

298 *Bender*, Rn. 564; BGH, NJW 1965, 1524 (1525).
299 *Bender*, Rn. 565.
300 *Bender*, Rn. 565; BGHZ 36, 144 (146).
301 *Bender*, Rn. 566; zur ständigen Übung (bzw. Selbstbindung) vgl. ausführlich 2. Teil B. III. 3. a) aa) ff.
302 *Bender*, Rn. 566; BGH, NJW 1959, 1316 (1317).
303 *Bender*, Rn. 567; BGHZ 7, 198 (198).

den Schutzzweck eine Auslese unter den etwaigen Anspruchsberechtigten stattfindet und dementsprechend auch unter den ersatzfähigen Schäden.[304]

Es gibt noch eine weitere Möglichkeit, mit der der Staat sich gegen Amtshaftungsansprüche zur Wehr setzen kann bzw. Tatsachen, die der Staat einem eventuell bestehenden Amtshaftungsanspruch entgegenhalten kann. Dabei handelt es sich um eine sogenannte „Zwischenursache“, die den Ursachenzusammenhang unterbrechen kann. Eine „Zwischenursache“ liegt vor, wenn durch ein selbständiges und auf freiwilliger Basis beruhendes, nicht auf die Abwehr oder die Minderung des Schadens gerichtetes Verhalten des Verletzten oder eines Dritten die Kausalkette unterbrochen und die Kausalität somit ausgeschlossen wird.[305] Dies gilt allerdings nur, wenn die Verletzung der Amtspflicht für das Auftreten der „Zwischenursache“ unerheblich gewesen ist.[306] Es geht dabei nicht um eine Unterbrechung der Äquivalenz oder ein Fehlen der Adäquanz, sondern darum, ob dem Beamten bei einer wertenden Betrachtung der Schaden nicht mehr zugerechnet werden kann.[307]

Zusammenfassend ist festzustellen, dass der Frage der Kausalität bei Amtshaftungsansprüchen, ebenso wie bei anderen Schadensersatzansprüchen, eine entscheidende Rolle zukommt.

Im Amtshaftungsrecht ist aus gegebenem Grund ein besonderes Augenmerk auf den Schutzzweck der verletzten Norm zu legen, da der Schutzzweck der verletzten Amtspflicht drittgerichtet sein muss und von Amtspflicht zu Amtspflicht in verschiedene Spektren aufgesplittert sein kann.

Im Fall einer fehlerhaften Vorauswahl stellt sich natürlich auch die Frage nach Äquivalenz, Adäquanz und Schutzzweck der Norm. Doch es lässt sich an dieser Stelle keine pauschale Antwort darauf geben, welche etwaigen speziellen Kausalitätsprobleme sich im konkreten Fall auftun könnten. Dafür ist die Kausalität von zu vielen einzelfallbezogenen Faktoren abhängig, sodass die Kausalität und ihre Probleme nur im Generellen beleuchtet werden können.

6. Verschulden bzgl. der Amtspflichtverletzung

Des Weiteren muss die Pflichtverletzung auch verschuldet sein.[308]

Der § 839 I BGB setzt für die Beamtenhaftung voraus, dass der Beamte eine Amtspflicht vorsätzlich oder fahrlässig verletzt hat. Für die Amtshaftung des Staates aus Art. 34 GG gilt dieses Verschuldenserfordernis in gleicher Weise, weil

304 *Bender*, Rn. 568.

305 *Bender*, Rn. 570.

306 *Bender*, Rn. 570; BGHZ 12, 206 (211); BGHZ 17, 153 (159).

307 *Bender*, Rn. 570; vgl. beispielhaft BGHZ 58, 162 (165ff.).

308 *Rechel*, S. 410; vgl. ausführlich zum Verschulden 2. Teil A. VII.

diese die Erfüllung des Tatbestandes des § 839 BGB voraussetzt.[309] Das Verschulden kann sowohl in der Form des Vorsatzes als auch in der Form der Fahrlässigkeit vorliegen. Dabei muss das Verschulden nur in Hinblick auf die Amtspflichtverletzung vorliegen, nicht aber auch in Hinblick auf den schädigenden Erfolg.[310]

Die Fahrlässigkeit bzw. der Vorsatz muss beim Insolvenzgericht vorliegen, das heißt bei seinen „Beamten". Es muss der Vorsatz bzw. die Fahrlässigkeit also bei derjenigen Person vorliegen, die die Vorauswahlentscheidung getroffen hat. Dies wird, wie bereits erwähnt, nicht einheitlich gehandhabt. Der Vorsatz oder die Fahrlässigkeit kann also sowohl in der Person des Insolvenzrichters als auch in der des Rechtspflegers verwirklicht werden.

Darüber hinaus ist im Amtshaftungsrecht die Feststellung der konkreten Schuldform im Allgemeinen unerlässlich, weil davon die Anwendbarkeit bzw. Nichtanwendbarkeit der Subsidiaritätsklausel nach § 839 I 2 BGB, des Spruchrichterprivilegs nach § 839 II 1 BGB sowie die Möglichkeit eines etwaigen Regresses[311] des Staates gegen den Beamten abhängig sein kann.[312]

Des Weiteren müsste aber noch auf die Besonderheiten eines etwaigen Verschuldens bei der Verwaltervorauswahl eingegangen werden. Doch auch hier, ebenso wie im Falle der Kausalität, gibt es eine Fülle von Möglichkeiten, den Vorsatz und die Fahrlässigkeit bei einer fehlerhaften Verwaltervorauswahl zu verwirklichen, sodass es an dieser Stelle bei einer generellen Darstellung des Verschuldens belassen werden muss.

7. *Auswirkungen des ESUG auf die Vorauswahl des Insolvenzverwalters*

An diesem Punkt der Betrachtungen zu der Verwaltervorauswahl stellt sich die Frage, welche Auswirkungen das ESUG auf die Vorauswahl des Insolvenzverwalters und damit einhergehend auch auf eventuelle Amtshaftungsansprüche wegen einer fehlerhaften Vorauswahl hat bzw. haben könnte.

Durch das ESUG wurden in der Insolvenzordnung einschneidende Veränderungen vorgenommen. So wurden zum Beispiel die Rechte eines vorläufigen Gläubigerausschusses gestärkt und die Verwalterauswahl grundlegend geändert. Außerdem war noch im Regierungsentwurf des ESUG eine Änderung der Gerichtszuständigkeit, die zu einer Konzentration der Insolvenzgerichte

309 MüKo-BGB-*Papier*, § 839, Rn. 282; *Bender*, Rn. 572; *Ossenbühl/Cornils*, S. 74f.; *Dagtoglou*, Art. 34 GG, Rn. 173.

310 MüKo-BGB-*Papier*, § 839, Rn. 284; BGH, MDR 1981, 32 (32).

311 Vgl. Art. 34 S. 2 GG, § 75 Abs. 1 BBG, § 48 BeamtStG.

312 MüKo-BGB-*Papier*, § 839, Rn. 287; *Bender*, Rn. 584.

führt, angedacht. Diese wurde aber durch den Rechtsausschuss des Bundestages verworfen.[313]

Bestimmungen, die in direkter Weise die Vorauswahl des Insolvenzverwalters betreffen, sind durch das ESUG nicht in die InsO aufgenommen worden.

Allerdings hätte die Änderung der Gerichtszuständigkeit in der InsO durch das ESUG durchaus mittelbar Auswirkungen auf die Vorauswahl des Insolvenzverwalters gehabt.

So hätte zum Beispiel die Änderung der Gerichtszuständigkeit in § 2 InsO nicht nur zur Folge gehabt, dass sich die Zahl der Insolvenzgerichte reduziert, sondern es wäre aufgrund dessen auch zu Auswirkungen auf die bei den Gerichten geführten Verwaltervorauswahllisten gekommen.

Keller stellt dazu fest, dass die Konzentration der Insolvenzgerichte die „einschneidendsten" Auswirkungen bei den Insolvenzverwaltern zeigen würde. Dabei gehe es gerade um die Insolvenzverwalter, die bei kleineren Gerichten gelistet sind, um dort kleinere und mittlere Verfahren zu übernehmen. Bei großen Insolvenzgerichten seien mitunter mehr als 150 Personen als Verwalter gelistet. Fielen nun die kleineren Gerichte weg, stünden die Chancen für die bei den wegfallenden Gerichten gelisteten Verwalter schlecht, bei einem großen Gericht bestellt zu werden, bei dem schon ausreichend große Listen zur Verfügung stehen. Die Konzentration der Insolvenzgerichte bevorteile so diejenigen, die bereits an großen Insolvenzgerichten gelistet waren und bestellt werden. Für die Verwalter der ehemals kleineren Gerichte stelle sich aufgrund der Neuregelung der Gerichtszuständigkeit die Frage nach ihrer Existenz und Daseinsberechtigung.[314]

So ist festzustellen, dass das ESUG Auswirkungen auf die Vorauswahl des Insolvenzverwalters hätte haben können bzw. noch haben kann. Durch die Änderungen des Regierungsentwurfs des ESUG durch den Rechtsausschuss des Bundestages kommt es aber nicht zu solch direkten Auswirkungen auf die Gerichtszuständigkeit in § 2 InsO. Der Rechtsausschuss erwog aber nur eine Streichung der Gerichtskonzentration, da er davon ausgeht, dass die Länder ihrer in § 2 InsO verankerten Verpflichtung zur Steigerung der Sachkompetenz der Insolvenzgerichte auch ohne die Streichung der Öffnungsklausel nachkommen werden.[315]

Folglich kann es in Zukunft noch zu Gerichtskonzentrationen kommen, mit denen auch Auswirkungen auf die Vorauswahl des Insolvenzverwalters verbunden sind.

---

313 Vgl. ausführlich zum RegE des ESUG unter http://www.bmj.de/SharedDocs/Downloads/DE/pdfs/RegE_ESUG_23022011.pdf?__blob=publicationFile; vgl. ausführlich zu den Änderungen des RegE des ESUG durch den Rechtsausschuss, BT-Drucks. 17/7511, S. 33.

314 *Keller*, NZI 2011, Heft 8, S. VI.

315 BT-Drucks. 17/7511, S. 33.

Allerdings lässt sich daraus nicht per se ein erhöhtes Risiko von Amtshaftungsansprüchen gegen die Insolvenzgerichte herleiten. Die Auswirkungen des ESUG auf die Vorauswahl der Insolvenzverwalter und etwaigen damit einhergehenden Amtshaftungsansprüchen erscheinen also als gering.

8. *Stellungnahme*

Der ungeregelte Zugang zur Tätigkeit als Insolvenzverwalter in Hinblick auf die gerichtliche Bestellpraxis führt immer noch zu erheblichen Bedenken hinsichtlich Transparenz, Verfassungsmäßigkeit und gerichtlicher Kontrolle der Auswahlentscheidung.[316] Das Vorauswahlverfahren der Insolvenzverwalter ist nur unzureichend gesetzlich geregelt.

Die sich bei den Gerichten entwickelte Methode zur Vorauswahl der Verwalter anhand von Listen hat sich zwar durchgesetzt, doch aufgrund des Beschlusses des BVerfG vom 23.5.2006 haben die Insolvenzgerichte offene Listen zu führen. Die sogenannten „closed shops" waren nicht verfassungsgemäß.[317] Folglich sind offene Listen zu führen, die den Insolvenzgerichten auch erlauben eine flexiblere und fallbezogene Verwalterauswahl zu treffen, wodurch sich auch das Risiko fehlerhafter Auswahlentscheidungen verringert.[318] Die Auswahl des Insolvenzverwalters ist für die Prätendenten um das Insolvenzverwalteramt in Zeiten rückläufiger lukrativer Unternehmensinsolvenzen von existenzieller Bedeutung. Der Vorauswahl kommt demnach (fast) dieselbe Bedeutung zu, denn das Vorauswahlverfahren gibt dem Insolvenzrichter die Möglichkeit, sich hinreichend über die Eignung eines Prätendenten zu informieren und erleichtert ihm so die für den Einzelfall gemäß § 56 I InsO zu treffende Auswahlentscheidung. Folgerichtig erhält der Prätendent durch die Aufnahme in die Vorauswahlliste die Chance, als Insolvenzverwalter in zukünftigen Verfahren berücksichtigt zu werden.[319] Um diesen Anforderungen gerecht zu werden, darf sich das allgemeine Vorauswahlverfahren, das dem konkreten Insolvenzverfahren vorausgeht, nicht nur auf das Erstellen einer Liste mit Namen und Anschriften interessierter Bewerber beschränken. Denn die Listen sollen dem Insolvenzrichter vor allem ermöglichen eine sachgerechte Ermessensentscheidung bei der Auswahl des Verwalters aus dem Kreis der geeigneten

---

316 *Paulsen*, S. 79f.; vgl. auch 2. Teil B. I.

317 Vgl. 2. Teil B. I. 1. a) und b).

318 Vgl. 2. Teil B. I. 1. b). Dies ist vor allem von Bedeutung für Amtshaftungsansprüche wegen einer etwaigen pflichtwidrigen Verwalterauswahl im konkreten Verfahren.

319 Vgl. 2. Teil B. I. 1. d).

Bewerber zu treffen.[320] Sie sollen in sinnvoller Weise genutzt werden können und für die Bestellungsentscheidung im konkreten Fall eine hinreichend sichere Tatsachengrundlage darstellen. Das Vorauswahlverfahren soll aber nicht der Bestenauslese dienen.[321]

Rechel geht in seiner Betrachtung der Vorauswahl richtigerweise noch weiter. Demnach hat das Vorauswahlverfahren den Zweck, den Insolvenzrichtern ausreichende und umfängliche Informationen über die grundsätzliche Eignung eines Prätendenten im Sinne des § 56 I InsO zu verschaffen. Durch die Festlegung von Kriterien der Vorauswahl wird die generelle Eignung der Prätendenten im Sinne des § 56 I InsO konkretisiert. Somit wird die Vorauswahl zu einer antizipierten Aufsicht über den Insolvenzverwalter, da ungeeignete Prätendenten für das Amt des Insolvenzverwalters a priori ausgeschlossen bleiben.[322] An der Qualität der Vorauswahl als Amtspflicht des Insolvenzgerichts bestehen aufgrund dessen auch keine Zweifel.[323]

Grundsätzlich liegt eine Verletzung der Vorauswahlpflicht nach dem jetzigen Sachstand immer dann vor, wenn das Insolvenzgericht das ihm eingeräumte Ermessen fehlerhaft gebraucht. Die Vorauswahlentscheidungen dürfen auch nicht gegen Art. 12 GG oder gegen Art. 3 I GG verstoßen. Ebenso müssen selbstverständlich auch die Vorauswahlkriterien verfassungsgemäß sein.[324]

Als „Dritte“ im Rahmen des § 839 I BGB kommen bei der Vorauswahl sowohl der „gelistete“ Verwalter als auch der Schuldner, die Gläubiger und der unberücksichtigt gebliebene Prätendent in Betracht.[325] Das Problem für die etwaigen Betroffenen besteht aber zu allererst – unabhängig von Fragen anderer Tatbestandsmerkmale – darin, dass dem Geschädigten die Pflicht obliegt, darzulegen und zu beweisen, dass ihm durch die Amtspflichtverletzung ein Schaden entstanden ist. Dem Geschädigten kommen zwar bei der Schadensbestimmung die Beweiserleichterungen nach § 287 ZPO zugute, doch bleibt es weiterhin fast unmöglich, den Schaden wirklich zu beziffern.[326] Dem Schuldner und den Gläubigern kann zum Beispiel ein Schaden entstehen, wenn ein ungeeigneter Verwalter aus der Vorauswahlliste gewählt wird. Doch wie sollen sie ihren Schaden, der durch eine „schlechte“ Verwaltung entstanden ist, beziffern? Wie soll ein unberücksichtigter

320 Vgl. 2. Teil B. I. 1. d).
321 Vgl. 2. Teil B. I. 1. d).
322 *Rechel*, S. 250; vgl. 2. Teil B. I. 1. g).
323 Vgl. 2. Teil B. I. 1. h).
324 Vgl. 2. Teil B. I. 2.
325 Vgl. dazu 2. Teil B. I. 3. b).
326 Vgl. 2. Teil B. I. 4.

Prätendent seinen etwaigen „Verdienstausfall" beziffern? Hätte er unter Umständen das Verfahren nicht vielleicht anders als der bestellte Verwalter geführt? Wird jemand gar nicht in die Liste aufgenommen, wo liegt dann sein Schaden? Könnte er nicht in der gleichen Zeit an einem anderen Gericht aufgenommen und eventuell bestellt werden?

Diese Fragen zeigen auch ohne eingehende Erörterung auf, dass ein großes Problem bei der Verletzung der Vorauswahlpflicht im Sinne einer antizipierten Aufsicht des Insolvenzgerichts die Darlegung und der Beweis des Schadens ist.

Ein Amtshaftungsanspruch wegen einer Pflichtverletzung bei der Vorauswahl des Verwalters ist also durchaus denkbar, wird aber in der Praxis wohl eher irrelevant bleiben.

Abschließend sei noch erwähnt, dass das ESUG keine großen Auswirkungen auf die Vorauswahl der Verwalter hat. Zu einer Gerichtskonzentration, die ein erhöhtes Haftungsrisiko dargestellen könnte, kam es – aus Sicht der Insolvenzgerichte – zum Glück nicht.[327]

II. Die Verwalterauswahl des Insolvenzgerichts im konkreten Verfahren

Dem Insolvenzgericht obliegt nicht nur die Aufsicht über den Insolvenzverwalter, sondern auch die Auswahl des Insolvenzverwalters. Somit kann es nicht nur zu einer Überwachungshaftung, sondern eventuell auch zu einer Auswahlhaftung kommen, wenn das Insolvenzgericht die „falsche" Person zum Insolvenzverwalter bestellt.

Dafür muss zunächst einmal festgestellt werden, ob es sich bei der Verwalterauswahl durch das Insolvenzgericht um eine Amtspflicht im Sinne des § 839 I BGB handelt.

Es wurde bereits festgestellt, dass es sich bei der Vorauswahl des Insolvenzverwalters um eine antizipierte insolvenzgerichtliche Aufsichtsmaßnahme und um eine Amtspflicht handelt. Folgerichtig muss es sich bei der Verwalterauswahl auch um eine Amtspflicht im Sinne des § 839 I BGB handeln, da es sich bei der insolvenzgerichtlichen Aufsicht zweifelsohne um eine Amtspflicht im Sinne des § 839 I BGB handelt.[328] Die Verwalterauswahl und -bestellung stellt sich nämlich als Vollzug der antizipierten insolvenzgerichtlichen Aufsichtsmaßnahme der Vorauswahl dar.[329]

---

327 Vgl. 2. Teil B. I. 7.

328 Vgl. dazu aber auch ausführlich unter 2. Teil B. III.

329 *Rechel*, S. 155, 242, 292ff.; vgl. 2. Teil B. II. 3. d).

Gerhardt schreibt dazu: „Den Beteiligten gegenüber obliegt dem Gericht die Amtspflicht, einen Verwalter zu ernennen, der den in § 56 genannten Kriterien genügt."[330] *Mönning* hat es auch kurz und knapp auf den Punkt gebracht. Er schreibt, ein Auswahlverschulden liege vor, wenn gleichwohl unerfahrene, über keine Referenzen verfügende Verwalter ohne die für die Wahrung ihrer gesetzlich geforderten Unabhängigkeit notwendigen finanziellen Absicherung und ohne entsprechende Organisationsstrukturen bestellt werden.[331]

Dabei soll es aber nicht belassen werden, daher wird im Folgenden näher auf die Verwalterauswahl eingegangen.

1. Die Verwalterauswahl als „Schicksalsfrage"

Auch heute noch gilt der von *Jaeger* zur Zeit der Konkursordnung geprägte Satz: „Die Auslese des Verwalters ist die Schicksalsfrage des Konkurses."[332]

Dies liegt daran, dass auch heute noch der Erfolg des Insolvenzverfahrens, insbesondere für die Insolvenzgläubiger, den Insolvenzschuldner und den Zweck des Verfahrens als solchen, maßgeblich davon abhängt, welches Geschick und welche Fähigkeiten der Verwalter aufweist.[333] Aufgrund dessen gehört die Bestellung des Insolvenzverwalters zu den schwierigsten Verfahrensentscheidungen des Insolvenzgerichts.[334] In der Begründung zur Konkursordnung steht: „Die Ernennung des Verwalters gewinnt an Wichtigkeit, je größer die Befugnisse sind und je unabhängiger die Stellung, welche das Gesetz demselben gewährt."[335] Aufgrund dieser weitreichenden Bedeutung der Verwalterauswahl hat der Gesetzgeber die Bestellung des Verwalters gemäß § 18 I Nr. 1 RPflG dem Aufgabenbereich des Insolvenzrichters zugewiesen.[336] Letztlich ist der Insolvenzverwalter das wichtigste Organ des Insolvenzverfahrens, obwohl die Gläubigerversammlung nach dem Gesetz alle wichtigen Entscheidungen zu treffen hat.[337] Gemäß § 56 I InsO ist eine für

330 Jaeger-*Gerhardt*, § 56 InsO, Rn. 74.

331 Nerlich/Römermann-*Mönning*, § 21, Rn. 249.

332 *Jaeger*, 6./7. Auflage, § 78 KO, Anm. 7; Uhlenbruck-*Uhlenbruck*, § 56, Rn. 1; *Uhlenbruck*, KTS 1989, 229 (229).

333 *Rechel*, S. 241; MüKo-InsO-*Graeber*, § 56, Rn. 1.

334 *Uhlenbruck*, NZI 2006, 489 (489); *Häsemeyer*, Vorb. Rn. 6.27 a; *Graeber*, NZI 2002, 345 (345); *Römermann*, NJW 2002, 3729 (3729); vgl. *Smid*, DZWIR 2001, 485 (485ff.); *Uhlenbruck*, KTS 1989, 229 (229ff.); *Römermann*, ZInsO 2004, 937 (937ff.).

335 *Uhlenbruck*, NZI 2006, 489 (489); *Uhlenbruck*, KTS 1989, 229 (229); vgl. *Hahn*, S. 277.

336 *Rechel*, S. 241.

337 Uhlenbruck-*Uhlenbruck*, § 56, Rn. 1.

den jeweiligen Einzelfall geeignete, insbesondere geschäftskundige und von den Gläubigern und dem Schuldner unabhängige natürliche Person zum Insolvenzverwalter zu bestellen.[338] *Rattunde* ist sogar der Auffassung, es solle der Geeignetste, nicht nur ein geeigneter Verwalter bestellt werden.[339] Dies steht aber nicht in Einklang mit der Entscheidung des BVerfG vom 23.5.2006. In dieser Entscheidung wurde festgestellt, dass die Verwalterauswahl keine Bestenauslese darstellt. Diese würde dem Zweck des Insolvenzverfahrens und der Erreichung seiner Ziele zuwider laufen, da das Insolvenzverfahren ein „Eilverfahren" darstellt.[340] *Uhlenbruck* bezeichnet die Auswahl eines Verwalters durch das Insolvenzgericht für diese als „Qual".[341] Über den Insolvenzverwalter führt *Uhlenbruck* weiter aus: „Nicht die Abwicklungstätigkeit als solche, sondern das Arbeiten in einem ständigen Interessenkonflikt macht das Amt des Insolvenzverwalters zu einem der schwierigsten, die die Rechtsordnung zu vergeben hat.[342] Das Schiff sicher durch die aufgepeitschten Wogen der Emotionen und Interessen sicher in ruhiges Fahrwasser zu bringen, setzt nicht nur wirtschaftliches Gespür und Rechtskenntnisse voraus, sondern auch menschliche Eigenschaften, die sich nur schwerlich erlernen lassen."[343] *Uhlenbrucks* Wortwahl lässt erahnen, welche Brisanz dem Thema „Verwalterauswahl" inne wohnt. Zumal die Verwalterauswahl für den Insolvenzrichter auch haftungsrechtliche Risiken darstellt.[344] Die richtige Verwalterauswahl erfordert einen erfahrenen Insolvenzrichter, der nicht nur Kenntnisse im Rechnungswesen, sondern auch über wirtschaftliches Verständnis verfügt. Nach Möglichkeit sollte er auch Fremdsprachenkenntnisse besitzen.[345]

Da es sich bei der Prüfung der Geeignetheit des Verwalters im Sinne des § 56 InsO um eine antizipierte Aufsichtsmaßnahme des Insolvenzgerichts handelt, muss im Weiteren auf die Auswahl genauer eingegangen werden.[346]

---

338 Uhlenbruck-*Uhlenbruck*, § 56, Rn. 1; dies gilt nicht für den Treuhänder der Wohlverhaltensperiode, § 292 III InsO, vgl. *Rechel*, S. 242, Fn. 1340.

339 Smid-*Rattunde*, § 8 GesO, Rn. 63.

340 BVerfG, Beschluss v. 23.5.2006 – 1 BvR 2530/04, NZI 2006, 453 (455) (Tz. 41).

341 *Uhlenbruck*, KTS 1998, 1 (2, 17).

342 *Papke*, S. 3 für den Vergleichsverwalter.

343 *Uhlenbruck*, KTS 1998, 1 (2).

344 Uhlenbruck-*Uhlenbruck*, § 56, Rn. 1; *Smid*, DZWIR 2001, 485 (486).

345 Uhlenbruck-*Uhlenbruck*, § 56, Rn. 1.

346 *Rechel*, S. 242.

2. *Die Regelungen für die Bestellung des Insolvenzverwalters durch das Insolvenzgericht*

Im Eröffnungsverfahren erfolgt die Bestellung des Insolvenzverwalters nach §§ 27 I, 56 InsO i. V. m. § 18 I Nr. 1 RPflG durch den funktionell zuständigen Richter des nach §§ 2 I, 3 InsO sachlich und örtlich zuständigen Insolvenzgerichts.[347]

Gemäß § 2 I InsO ist das Amtsgericht ausschließlich sachlich zuständig für die dem Insolvenzgericht zugewiesenen Aufgaben. Dabei ist das Amtsgericht, in dessen Bezirk auch ein Landgericht angesiedelt ist, für den gesamten Landgerichtsbezirk zuständig.[348] Die örtliche Zuständigkeit des Insolvenzgerichts ist in § 3 I InsO geregelt. Sie bestimmt sich nach dem allgemeinen Gerichtsstand des Schuldners gemäß der §§ 13–19 ZPO i. V. m. §§ 7–11 BGB, wenn der Schuldner keine selbständige Tätigkeit ausübt. Ansonsten wird auf den Ort abgestellt, an dem der Mittelpunkt der selbständigen wirtschaftlichen Tätigkeit des Schuldners verortet wird.[349] Die Bestimmung des wirtschaftlichen Mittelpunktes wird nach den Umständen des Einzelfalles vorgenommen. Indizien für die Bestimmung sind die Existenz eines Geschäftslokals, die Zuständigkeit des Finanzamts, öffentlich-rechtliche Gewerbeerlaubnisvorgänge und dergleichen mehr.[350]

Der Richter ist auch funktionell zuständig, wenn die Eigenverwaltung nach § 270 c InsO[351] mit der Bestellung eines Sachwalters angeordnet wird, und er war im vereinfachten Verfahren nach § 311 ff. InsO auch für die Bestellung eines Treuhänders zuständig.[352]

Die sachliche und funktionelle Zuständigkeit des Amtsgerichts für Insolvenzsachen ergab sich nach altem Recht aus den §§ 3, 71 I KO, dem § 2 I 1 VglO und dem § 1 II GesO. Diese wurden durch die nun geltende Insolvenzordnung abgelöst. Diese ausschließliche sachliche und funktionelle Zuständigkeit wollte der Gesetzgeber beibehalten. Denn seiner Meinung

---

347 *Paulsen*, S. 14.

348 *Paulsen*, S. 14.

349 *Paulsen*, S. 15; Uhlenbruck-*Pape*, § 3, Rn. 3f.; Kübler/Prütting/Bork-*Prütting*, § 3, Rn. 5,7.

350 Braun-*Kießner*, § 3, Rn. 7; *Paulsen*, S. 15.

351 Bis zur Umsetzung des ESUG war die Bestellung des Sachwalters in § 270 InsO geregelt.

352 Uhlenbruck-*Pape*, § 2, Rn. 3; Uhlenbruck-*Vallender*, § 313, Rn. 4, Braun-*Herzig*, 5. Auflage, § 27, Rn. 2. Durch das Gesetz zur Verkürzung des Restschuldbefreiungsverfahrens und zur Stärkung der Gläubigerrechte vom 15.07.2013 sind die §§ 312–314 InsO mit Wirkung vom 01.07.2014 weggefallen; vgl. BGBl. 2013, Teil 1, S. 2383. Seit dem werden auch im vereinfachten Verfahren Insolvenzverwalter anstelle des bisherigen Treuhänders bestellt; Braun-*Herzig*, § 27, Rn. 3.

nach sei eine Übertragung der Insolvenzsachen auf die Landgerichte aufgrund des Kollegialsystems einer zügigen Verfahrensabwicklung eher abträglich.[353]

a) Zuständigkeit des Richters

Der funktionellen Zuständigkeit des Insolvenzrichters obliegen alle Entscheidungen, die mit dem Eröffnungsantrag zusammenhängen. Das sind im Einzelnen die Prüfung, ob tatsächlich ein Eröffnungsgrund vorliegt, die Bestellung eines Sachverständigen gemäß § 5 I InsO, die Bestellung eines vorläufigen Insolvenzverwalters gemäß § 22 I InsO und mit Eröffnung des Verfahrens die Ernennung des Insolvenzverwalters nach § 27 I InsO mit der Maßgabe des § 56 InsO. Ferner kommen noch die Bestimmung eines Termins der ersten Gläubigerversammlung, des sogenannten Berichtstermins, der mit dem Prüfungstermin nach § 29 I Nr. 2, II InsO zusammengelegt werden kann sowie weitere Anordnungen und Maßnahmen, wie gemäß § 270 I, II InsO bei der Eigenverwaltung, wie das Vorverfahren in der Verbraucherinsolvenz gemäß §§ 306 bis 310 InsO, wie das Verfahren über den Schuldenbereinigungsplan, wie streitige Entscheidungen über die Schuldbefreiung gemäß § 289, 296ff. InsO und wie gegebenenfalls ein Widerruf gemäß § 303 InsO hinzu.[354]

b) Zuständigkeit des Rechtspflegers

Gemäß §§ 3 Nr. 2 e), 18 RPflG ist der Rechtspfleger im eröffneten Insolvenzverfahren in der Regel für die Wahrnehmung aller insolvenzgerichtlichen Aufgaben funktionell zuständig, für die nicht der Insolvenzrichter selbst funktionell zuständig ist. Dies gilt allerdings nur, wenn der Richter von seinem Evokationsrecht nach § 18 II 1 RPflG keinen Gebrauch gemacht hat.[355] Gemäß § 9 RPflG hat der Rechtspfleger seine Entscheidungen selbständig und sachlich unabhängig zu treffen. Der Richter ist nicht berechtigt, ihm bezüglich der Verfahrensabwicklung Weisungen zu erteilen.[356]

---

353 Kübler/Prütting/Bork-*Prütting*, § 2, Rn. 3; vgl. die Begründung RegE, BT-Drucks. 12/2443, S. 109f.

354 Uhlenbruck-*Pape*, § 2, Rn. 3; Braun-*Kießner*, 5. Auflage, § 2, Rn. 11; *Paulsen*, S. 18; vgl. für eine noch detailliertere Darstellung *Binz/Hess*, Rn. 38. Vgl. aufgrund der Änderungen durch das Gesetz zur Verkürzung des Restschuldbefreiungsverfahrens und zur Stärkung der Gläubigerrechte vom 15.07.2013 auch Braun-*Kießner*, § 2, Rn. 11.

355 *Paulsen*, S. 18.

356 Wimmer-*Hefermehl*, 1. Kap., Rn. 76; *Frege/Keller/Riedel*, Teil 1., Kapitel 5., Rn. 199; *Paulsen*, S. 18.

Der Rechtspfleger ist innerhalb des Insolvenzverfahrens zuständig für die Abhaltung und Leitung der Gläubigerversammlungen nach § 76 I InsO. Diese umfasst mindestens den Berichtstermin gemäß § 156 InsO, den allgemeinen Prüfungstermin gemäß § 176 InsO und der Schlusstermin gemäß § 197 InsO. Des Weiteren ist der Rechtspfleger zuständig für die Entlassung des Insolvenzverwalters und Neubestellung des von der Gläubigerversammlung nach § 57 InsO gewählten Insolvenzverwalters[357], die Ausübung der Aufsicht über den Insolvenzverwalter nach §§ 58, 59 InsO, die Androhung und Festsetzung von Zwangsgeld gegen den Verwalter sowie für seine Entlassung und die damit verbunden notwendige Ernennung eines neuen Insolvenzverwalters[358], die Einsetzung und Ernennung eines Sonderinsolvenzverwalters im Falle der Verhinderung oder Interessenkollision des Insolvenzverwalters[359], die Entscheidung über das Stimmrecht eines Gläubigers in der Gläubigerversammlung mangels Einigung der Beteiligten nach § 77 II 2 InsO, die Aufhebung eines Beschlusses der Gläubigerversammlung nach § 78 InsO, wenn dieser dem gemeinsamen Interesse der Gläubiger widerspricht, die Untersagung der Unternehmensstilllegung auf Antrag des Schuldners vor Abhaltung des Berichtstermins nach § 158 II 2 InsO, die Anordnung von Zwangsmaßnahmen gegen den Schuldner nach §§ 97, 98 InsO mit Ausnahme der Haftanordnung aufgrund des § 4 II Nr. 2 RPflG, die Anordnung der Postsperre nach § 99 InsO, die Fristsetzung nach § 173 II InsO zur Verwertung durch den Gläubiger im Verfahren der Verwertung beweglicher Massegegenstände nach §§ 166ff. InsO, die Aufforderung zur Anmeldung nachrangiger Forderungen nach § 174 III InsO, soweit dies nicht bereits im Eröffnungsbeschluss geschehen ist, die Bestimmung eines besonderen Prüfungstermins für verspätet angemeldete Forderungen nach § 177 I InsO, die Genehmigung der Schlussverteilung und Prüfung der Schlussrechnung des Verwalters nach §§ 196 II, 66 II InsO, die Aufnahme von Einwendungen gegen die Schlussrechnung im Rahmen des Schlusstermins nach § 197 InsO in das Protokoll sowie die Entscheidung über

357 Vgl. dazu bejahend MüKo-InsO-*Graeber*, § 57, Rn. 23; Kreft-*Riedel*, § 57, Rn. 12; Uhlenbruck-*Uhlenbruck*, § 57, Rn. 19; Braun-*Blümle*, § 57, Rn. 21; a. A. Nerlich/Römermann-*Delhaes*, § 57, Rn. 6; LG Hechingen, ZIP 2001, 1970 (1970).

358 Eine Zuständigkeit des Richters für die Entlassung des Insolvenzverwalters und die Ernennung eines neuen Insolvenzverwalters lässt sich keinesfalls mit einer erweiternden Auslegung des § 18 I Nr. 1 RPflG begründen, da diese Norm sich eindeutig auf das Eröffnungsverfahren beschränkt.

359 Ebenso wie im Falle der §§ 57 oder 59 InsO lässt sich für die Ernennung des Sonderinsolvenzverwalters aus der Systematik des § 18 I Nr. 1 RPflG keine Richterzuständigkeit begründen.

Einwendungen gegen das Schlussverzeichnis nach §§ 197 I Nr. 2, III; 194 InsO, die Aufhebung des Insolvenzverfahrens nach Vollzug der Schlussverteilung, die Anordnung einer Nachtragsverteilung in den Fällen des § 203 InsO und die Einstellung des Verfahrens in den Fällen der Masselosigkeit nach § 207 InsO und der Masseunzulänglichkeit nach §§ 208 ff. InsO.[360]

c) Abgrenzung der Zuständigkeiten

Die Abgrenzung der funktionellen Zuständigkeit des Insolvenzrichters von der des Rechtspflegers bei der Wahl bzw. Ernennung des Insolvenzverwalters ist nicht klar und eindeutig, wobei auf die Wahl bzw. Ernennung in den unterschiedlichen Verfahrensabschnitten abgestellt werden muss.

Der Bund Deutscher Rechtspfleger hat in einem Schreiben an das Bundesministerium der Justiz eine Änderung des Rechtspflegergesetzes gefordert mit dem Ziel, eine Vollübertragung des Insolvenzverfahrens auf den Rechtspfleger zu erreichen.[361] Dies hat wenig Anklang gefunden, da erhebliche verfassungsrechtliche und verfahrensrechtliche Bedenken bestehen und die Besorgnis besteht, es könne aufgrund einer Übertragung zu negativen Auswirkungen auf die Wirtschaft kommen.[362] *Uhlenbruck* schrieb wörtlich: „Würde man das gesamte Insolvenzverfahren auf den Rechtspfleger übertragen, wäre dies nicht nur ein Einbruch in den Kernbereich richterlicher Tätigkeit, sondern zugleich ein Rückschritt in die Zeiten eines *Salgado de Samoza*, der als königlicher Rat zu Valladolid mit seinem Werk „Labyrinthus creditorum Concurrentium ad litem per debitorem communem inter illos causatam“ im Jahre 1645 zu großen Ansehen gelangte, weil es eine verwaltungsmäßig geregelte Konkursabwicklung vorsah. Sollte der Rückschritt vollzogen werden, steht nichts mehr im Wege, das Verfahren den Gerichten ganz zu entziehen und bei den kommunalen Behörden anzusiedeln.“[363]

In § 18 I Nr. 1 RPflG ist nur eindeutig geregelt, dass das Verfahren bis zur Entscheidung über den Eröffnungsantrag samt dieser Entscheidung selbst und der Ernennung des Insolvenzverwalters durch das Insolvenzgericht gemäß § 27 I InsO unter Einhaltung der Maßgabe des § 56 InsO dem Insolvenzrichter vorbehalten ist.[364]

---

360 Ausführlich und mit einzelnen Nachweisen für das Voranstehende *Frege/Keller/Riedel*, Teil 1., Kapitel 5., Rn. 205–218.

361 Schreiben des BDR v. 8.4.2001, ZInsO 2001, 1097 (1098).

362 *Uhlenbruck*, ZInsO 2001, 1129 (1129ff.).

363 *Uhlenbruck*, ZInsO 2001, 1129 (1133); vgl. ausführlich zu *Salgado de Somoza Smid*, FS-Fischer, S. 492ff.

364 *Paulsen*, S. 19.

Es besteht Uneinigkeit in Rechtsprechung und Literatur darüber, ob nun der Insolvenzrichter oder der Rechtspfleger funktionell zuständig ist, wenn nach der Beendigung des Verfahrensabschnitts, zum Beispiel aufgrund eines fehlerhaften Eröffnungsbeschlusses oder einer späteren (Neu-)Wahl eines anderen Insolvenzverwalters nach § 57 InsO oder nach einer Entlassung des Insolvenzverwalters nach § 59 InsO eine erneute Bestellung eines Insolvenzverwalters erforderlich wird.[365] Was aber auf keinen Fall bei der Abgrenzung der Zuständigkeiten unberücksichtigt bleiben darf, ist das dem Insolvenzrichter gemäß § 18 II RPflG zustehende Evokationsrecht.[366]

Das Evokationsrecht gemäß § 18 II RPflG beinhaltet die Befugnis des Richters, sich das Insolvenzverfahren ganz oder teilweise vorzubehalten, wenn er dies für geboten erachtet. Hält er den Vorbehalt nicht mehr für erforderlich, kann er das Verfahren dem Rechtspfleger übertragen. Auch nach der Übertragung kann er das Verfahren wieder an sich ziehen, wenn und solange er dies für erforderlich hält.

In der Literatur und Rechtsprechung ist fraglich, wo die Grenzen des Evokationsrechts zu ziehen sind.[367]

d) Stellungnahme

Der Abgrenzung der funktionellen Zuständigkeit bei der Verwalterauswahl und Bestellung zwischen Insolvenzrichter und Rechtspfleger unter Beachtung der (fraglichen) Grenzen des Evokationsrechts nach § 18 II RPflG kommt an dieser Stelle für eine etwaige Amtshaftung keine entscheidende Rolle zu. Wie bereits erörtert, fallen sowohl Insolvenzrichter als auch Rechtspfleger unter den amtshaftungsrechtlichen Beamtenbegriff und ihre Tätigkeit unter das Tatbestandsmerkmal der „Ausübung eines öffentlichen Amtes". Ferner handelt es sich bei Entscheidungen des Insolvenzrichters auch nicht um Entscheidungen, die, ohne einen Vorgriff machen zu wollen[368], unter das Spruchrichterprivileg des § 839 II BGB fallen, da der Richter im Insolvenzverfahren nicht durch Urteil, sondern durch Beschluss entscheidet. Es kommt folgerichtig aus amtshaftungsrechtlicher Sicht nicht darauf an, wem die Auswahl und Bestellung des Insolvenzverwalters innerhalb der verschiedenen Verfahrensabschnitte zusteht.

---

365 *Paulsen*, S. 19f.

366 *Paulsen*, S. 19f.

367 Dazu ausführlich *Paulsen*, S. 23ff.

368 Zum Spruchrichterprivileg nach § 839 II BGB später ausführlich unter 2. Teil B. VI. 2.

3. *Die Bestellung des Verwalters gemäß § 56 InsO (Bestellung im konkreten Einzelfall)*

Gemäß § 27 I 1 InsO hat der Insolvenzrichter mit der Eröffnung des Insolvenzverfahrens einen Insolvenzverwalter zu bestellen, der den Kriterien des § 56 I InsO entspricht.[369] Nach der Judikatur des BVerfG hat das Insolvenzgericht dabei ein weites Auswahlermessen. Der jeweilige Prätendent hat infolgedessen keinen konkreten Anspruch auf Bestellung.[370] Der jeweilige Prätendent hat vielmehr nur einen Anspruch auf pflichtgemäße Ermessensausübung.[371]

a) Eignungskriterien nach § 56 InsO

Gemäß § 56 I InsO ist eine für den jeweiligen Einzelfall geeignete, insbesondere geschäftskundige und von den Gläubigern und dem Schuldner unabhängige natürliche Person zum Insolvenzverwalter zu bestellen, die aus dem Kreis aller zur Übernahme von Insolvenzverwaltungen bereiten Personen auszuwählen ist. Die Bereitschaft zur Übernahme von Insolvenzverwaltungen kann auf bestimmte Verfahren beschränkt werden.

Über diese Kriterien hinaus hat das Insolvenzgericht bei seiner Auswahlentscheidung vor allem die Ziele des Insolvenzverfahrens nach § 1 InsO zu berücksichtigen.[372]

Und selbstverständlich muss es sich beim Insolvenzverwalter um eine unbeschränkt geschäftsfähige Person handeln.[373]

aa) Natürliche Person

Es kann ausschließlich eine natürliche Person zum Insolvenzverwalter bestellt werden.[374] Das Amt des Insolvenzverwalters ist juristischen Personen verwehrt.[375]

---

369 *Rechel*, S. 292; zu den Änderungen durch das ESUG später ausführlich.

370 *Smid*, DZWIR 2004, 359 (360).

371 BVerfG, Beschluss v. 12.7.2006 – 1 BvR 1469/05, ZInsO 2006, 1101 (1101).

372 *Paulsen*, S. 33; Bork/Koschmieder-*Mönning*, Rn. 5.19; MüKo-InsO-*Graeber*, § 56, Rn. 12.

373 Nerlich/Römermann-*Delhaes*, § 56, Rn. 21; Kübler/Prütting/Bork-*Lüke*, § 56, Rn. 34; Bork/Koschmieder-*Mönning*, Rn. 5.17.

374 Nerlich/Römermann-*Delhaes*, § 56, Rn. 13.

375 Nerlich/Römermann-*Delhaes*, § 56, Rn. 13; zur Frage, warum keine juristische Person das Verwalteramt übernehmen kann, vgl. Kübler/Prütting/Bork-*Lüke*, § 56, Rn. 6 mit weiteren Nachweisen.

In § 65 I RegE-InsO war zunächst vorgesehen, dass auch juristische Personen das Amt des Insolvenzverwalters bekleiden können.[376] Das Amt des Insolvenzverwalters sollte auch Steuerberatungs-, Wirtschaftsprüfungs- oder Buchprüfungsgesellschaften offen stehen. Dieser Vorschlag setzte sich aber aus mehreren Gründen nicht durch. Ein Grund lag darin, dass der gesetzliche Vertreter der juristischen Person, der ihre Aufgaben wahrzunehmen hat und damit auch ihre Aufgaben als Verwalter zu erfüllen hätte, aufgrund von Regelungen im Gesellschaftsrecht ausgewechselt werden kann und dass dies mit den Grundsätzen der Insolvenzordnung über die Rechtsstellung des Verwalters unvereinbar wäre. Ein weiterer Grund gegen eine Bestellung von juristischen Personen zum Insolvenzverwalter waren unübersichtliche Haftungs- und Aufsichtsprobleme.[377] Es könnte in den Fällen, in denen eine persönliche Haftung fehlt, zu Nachteilen für die Beteiligten kommen.[378] Ferner ist das Amt des Insolvenzverwalters auch höchstpersönlich, was Einfluss auf die haftungsrechtlichen Folgen haben kann.[379]

Außerdem kann nur eine natürliche Person das persönliche Vertrauen des Gerichts genießen und lässt aufgrund dessen eine einigermaßen zuverlässige Prüfung der Qualitätskriterien im Einzelfall zu.[380]

bb) Geschäftskundigkeit

Gemäß § 56 I InsO muss der zu bestellende Insolvenzverwalter geschäftskundig sein. Gerade die Geschäftskunde des Insolvenzverwalters hat eine überragende Bedeutung, vor allem in Hinblick auf die Anforderungen, die die Insolvenzordnung an den Insolvenzverwalter stellt.[381] *Stapper* sieht die überragende Bedeutung der Geschäftskundigkeit auch durch die Einfügung des Wortes „insbesondere“ in § 56 I InsO bestätigt.[382]

Die Geschäftskundigkeit lässt sich als Fähigkeit, das Amt eines Insolvenzverwalters übernehmen zu können, definieren.[383]

376 *Uhlenbruck*, S. 362f.

377 *Uhlenbruck*, S. 363.

378 Nerlich/Römermann-*Delhaes*, § 56, Rn. 13; Uhlenbruck-*Uhlenbruck*, § 56, Rn. 11.

379 Uhlenbruck-*Uhlenbruck*, § 56, Rn. 11; ausführlich und mit weiteren Nachweisen Uhlenbruck-*Uhlenbruck*, § 56, Rn. 19; vgl. auch *Uhlenbruck*, AnwBl. 1993, 453 (456f.); zur Höchstpersönlichkeit des Verwalteramtes auch BVerfG, Beschluss v. 3.8.2009 – 1 BvR 369/08, ZInsO 2009, 1641 (1645).

380 Uhlenbruck-*Uhlenbruck*, § 56, Rn. 11.

381 MüKo-InsO-*Graeber*, § 56, Rn. 17.

382 *Stapper*, NJW 1999, 3441 (3442).

383 Bork/Koschmieder-*Mönning*, Rn. 5.18.

Der etwaige Insolvenzverwalter muss das notwendige insolvenzrechtliche Wissen vorweisen können.[384]

Die Vorbildung der zu bestellenden Person muss bereits dafür sprechen, dass diese den Anforderungen des Insolvenzverfahrens, welches durch rechtliche und wirtschaftliche Problemstellungen gekennzeichnet ist, nachkommen kann.[385] Daher kommen bestimmte Berufsgruppen für das Amt des Insolvenzverwalters eher in Betracht. Dazu zählen Juristen, Wirtschaftsprüfer, Kaufleute, Buchprüfer und Personen, die eine ähnliche Vorbildung genießen.[386] Die zu bestellenden Personen dürfen sich jedoch in Hinblick auf die Eignung nicht nur auf ihren berufsspezifischen Wissensbereich beschränken, sie müssen vielmehr Kenntnisse sowohl im rechtlichen als auch im wirtschaftlichen Bereich vorweisen können.[387]

Diese Kenntnisse müssen auch fortlaufend auf dem neuesten Stand gehalten werden.[388]

Doch neben den theoretischen Voraussetzungen ist es auch notwendig, dass die Person praktische Erfahrungen in der Insolvenzverwaltung vorweisen kann.[389]

Diese Erfahrungen können durch die Tätigkeit an anderen Insolvenzgerichten als Gutachter, vorläufiger Insolvenzverwalter und Insolvenzverwalter[390] oder durch das Begleiten und Lernen von einem erfahrenen Verwalter gesammelt werden, unter dessen Aufsicht auch die ersten selbständigen Erfahrungen gemacht werden können[391].

Zum Nachweis des nötigen insolvenzrechtlichen Wissens reicht die Berechtigung, die Bezeichnung „Fachanwalt für Insolvenzrecht" zu führen, allein nicht aus, da es bei den entsprechenden Personen zumeist an einer ausreichend praktischen Erfahrung fehlt.[392]

cc) Unabhängigkeit

Gemäß § 56 I InsO muss der Verwalter auch von den Gläubigern und dem Schuldner unabhängig sein. Dafür ist es entscheidend, dass er aus der Sicht der anderen

384 MüKo-InsO-*Graeber*, § 56, Rn. 17.

385 MüKo-InsO-*Graeber*, § 56, Rn. 18.

386 MüKo-InsO-*Graeber*, § 56, Rn. 18.

387 *Stapper*, FS-Nordemann, S. 261, 263; Kübler/Prütting/Bork-*Lüke*, § 56, Rn. 38; *Mönning*, KS-InsO, 2. Auflage, S. 375, Rn. 65.

388 *Kuhn/Uhlenbruck*, § 78, Rn. 2 „Geschäftskunde"; Kübler/Prütting/Bork-*Lüke*, § 56, Rn. 38; *Mönning*, KS-InsO, 2. Auflage, S. 375, Rn. 65.

389 LG Neuruppin, DZWIR 2006, 258 (258); *Graeber*, DZWIR 2005, 177 (185f., 188).

390 MüKo-InsO-*Graeber*, § 56, Rn. 19; vgl. *Uhlenbruck*, KTS 1998, 1 (10f.).

391 *Haarmeyer/Wutzke/Förster*, Kap. 5, Rn. 12.

392 MüKo-InsO-*Graeber*, § 56, Rn. 19; *Stapper*, NJW 1999, 3441 (3442f.).

Verfahrensbeteiligten nicht den Anschein einer Interessenkollision erweckt, die zur Besorgnis der Befangenheit Anlass geben könnte.[393] Befangenheit kann vorliegen, wenn der Prätendent bereits vor Beantragung des Insolvenzverfahrens für den Gemeinschuldner, dessen Gesellschafter, gesetzliche Vertreter oder nahe Angehörige tätig war.[394] Der Insolvenzverwalter hat sein Amt auch frei von sachfremden Einflüssen auszuüben.[395] Darüber hinaus hat er seine Aufgaben seiner neutralen Stellung entsprechend sachgerecht und unparteiisch zu erfüllen.[396]

Aber auch nicht jede Beziehung des Verwalters zu einem am Verfahren beteiligten Gläubiger ist dazu geeignet seine Unabhängigkeit als Verwalter zu gefährden. Es muss allerdings vom Verwalter erwartet werden können, dass er bestehende Beziehungen beim Gericht und gegenüber den Gläubigern offenlegt, damit diese über eine etwaige Interessenkollision entscheiden können und beurteilen, ob es sich nur um normale geschäftliche Kontakte oder um unweigerlich zu Konflikten führende Beziehungen handelt.[397] Um beim Kriterium der „Unabhängigkeit" für mehr Klarheit zu sorgen, hat der Gesetzgeber durch das ESUG den § 56 I InsO erweitert. Gemäß § 56 I 3 InsO wird die erforderliche Unabhängigkeit nicht schon dadurch ausgeschlossen, dass die Person des Verwalters vom Schuldner oder von einem Gläubiger vorgeschlagen worden ist (Nr. 1) oder den Schuldner vor dem Eröffnungsantrag in allgemeiner Form über den Ablauf eines Insolvenzverfahrens und dessen Folgen beraten hat (Nr. 2).

Dies soll dafür Sorge tragen, dass nicht bereits Zweifel an der Unabhängigkeit des Verwalters gerechtfertigt wären, nur weil dieser vom Schuldner oder Gläubiger vorgeschlagen worden ist. Denn ein solcher Vorschlag kann auch von Vorteil sein, da die Gläubiger und der Schuldner regelmäßig eine Person vorschlagen, die für das konkrete Verfahren besonders qualifiziert ist und spezielle Erfahrungen hat.[398]

Kommt es aber dazu, dass ein Verwalter bestehende Beziehungen zu Gläubigern oder Schuldnern verschweigt oder wahrheitswidrig behauptet solche Beziehungen bestünden nicht, so kann dies einen Entlassungsgrund nach § 59 InsO darstellen.[399]

---

393 Bork/Koschmieder-*Mönning*, Rn. 5.23.
394 *Mönning*, KS-InsO, 2. Auflage, S. 375, Rn. 62.
395 Bork/Koschmieder-*Mönning*, Rn. 5.23; *Mönning*, KS-InsO, 2. Auflage, S. 375, Rn. 62.
396 Bork/Koschmieder-*Mönning*, Rn. 5.23.
397 Bork/Koschmieder-*Mönning*, Rn. 5.23; *Mönning*, KS-InsO, 2. Auflage, S. 375, Rn. 62.
398 Bork/Koschmieder-*Mönning*, Rn. 5.24.
399 Bork/Koschmieder-*Mönning*, Rn. 5.25; LG Göttingen, NZI 2003, 499 (499).

dd) Geeignetheit für den jeweiligen Einzelfall

Den Kriterien des § 56 I InsO entsprechend muss der Verwalter bei einer Verwalterbestellung für den jeweiligen Einzelfall geeignet sein.

Das Insolvenzgericht hat folglich zu überprüfen, ob der zu bestellende Verwalter für das konkrete Verfahren die erforderlichen Fähigkeiten mitbringt. Dabei liegt das Hauptaugenmerk darauf, ob die jeweilige Person aufgrund seiner bisherigen Erfahrungen über die entsprechenden Qualifikationen verfügt, die je nach Unternehmen, Branche und aufgrund anderer Faktoren sehr unterschiedlich sein können.[400] Das heißt, der Insolvenzverwalter muss die Fähigkeiten mitbringen, das bestimmte Insolvenzverfahren pflichtgemäß und bestmöglich[401] abzuwickeln.[402] Von einer besonderen Eignung für den konkreten Einzelfall kann ausgegangen werden, wenn der jeweilige Verwalter bereits konkrete Erfahrungen in derjenigen Geschäftssparte hat. Dies kann zu einer beschleunigten Verfahrensabwicklung, leichteren Sanierungsversuchen und zu einer eventuellen Massemaximierung führen.[403]

Hinzu kommt noch das, was *Delhaes* als „Rahmenbedingungen" bezeichnet.

Der jeweilige Bewerber muss über ein Büro verfügen, welches die technischen Voraussetzungen für eine ordnungsgemäße Verfahrensabwicklung gewährleistet.[404] Ebenfalls muss die Büroorganisation in angemessenem Verhältnis zur Bedeutung des Verfahrens stehen.[405] Die Funktionsfähigkeit des Büros kann gegebenenfalls durch eine Zertifizierung nach DIN ISO 9001 nachgewiesen werden.[406] Dem Insolvenzverwalter muss auch qualifiziertes Personal zur Verfügung stehen.[407] Vom Verwalter ist eine gewisse Ortsnähe zu erwarten.[408] Die geforderte

---

400 Bork/Koschmieder-*Mönning*, Rn. 5.26; *Haarmeyer/Wutzke/Förster*, Kap. 5, Rn. 14.

401 Zur Frage, ob es sich bei der Verwalterauswahl wirklich um eine „Bestenauswahl" handelt, später ausführlich.

402 Nerlich/Römermann-*Delhaes*, § 56, Rn. 15.

403 Bork/Koschmieder-*Mönning*, Rn. 5.27.

404 Nerlich/Römermann-*Delhaes*, § 56, Rn. 14; MüKo-InsO-*Graeber*, § 56, Rn. 62.

405 Nerlich/Römermann-*Delhaes*, § 56, Rn. 14; MüKo-InsO-*Graeber*, § 56, Rn. 63; Smid-*Smid*, 2. Auflage, § 56, Rn. 13.

406 Nerlich/Römermann-*Delhaes*, § 56, Rn. 14; *Sabel/Wimmer*, ZIP 2008, 2097 (2099f.).

407 Nerlich/Römermann-*Delhaes*, § 56, Rn. 14; HK-*Frind*, § 56, Rn. 15; differenzierend MüKo-InsO-*Graeber*, § 56, Rn. 62.

408 Nerlich/Römermann-*Delhaes*, § 56, Rn. 14; BVerfG, ZIP 2009, 1722 (1722); OLG Schleswig, ZInsO 2005, 604 (604); MüKo-InsO-*Graeber*, § 56, Rn. 68ff.; HK-*Frind*, § 56, Rn. 14.

Ortsnähe liegt vor, wenn der Insolvenzverwalter mit seinem Insolvenzbüro bzw. mit einer Niederlassung im Gerichtsbezirk bzw. innerhalb eines Umkreises von 100 km vom Insolvenzgericht ansässig ist[409] oder dieser das Insolvenzgericht innerhalb einer relativ kurzen Fahrtdauer erreichen kann[410]. Ferner ist zum Schutz aller Verfahrensbeteiligten auch der Nachweis einer Vermögensschadenhaftpflichtversicherung des Insolvenzverwalters erforderlich.[411]

Außerdem muss der Insolvenzverwalter in spe die nötige Zeit zur Verfügung haben, die für die konkrete Abwicklung eines Insolvenzverfahrens aufzuwenden ist.[412] Im Verhaltenskodex der Mitglieder des Arbeitskreises der Insolvenzverwalter Deutschland e. V. ist eine Versicherung über die jeweilige Leistungsbereitschaft vorgesehen. Unter Punkt 4.1 heißt es dazu im Verhaltenskodex: „Der Insolvenzverwalter lehnt deshalb die Übernahme neuer Verfahren ab, wenn er durch laufende Verfahren oder in anderer Weise so stark belastet ist, dass die Abwicklung künftiger Verfahren durch ihn persönlich nicht mehr in dem erforderlichen Umfang gesichert ist.“[413]

b) Bestellungsurkunde

Gemäß § 56 II InsO erhält der Insolvenzverwalter eine Urkunde über seine Bestellung.

Die Bestellung erfolgt durch Beschluss. Regelmäßig wird es sich dabei um den Eröffnungsbeschluss des Verfahrens handeln. Des Weiteren wird der Eröffnungsbeschluss nach § 30 InsO öffentlich bekannt gemacht. Dies geschieht im Interesse des Rechtsverkehrs. Deshalb wird auch der Name des Insolvenzverwalters veröffentlicht. Die Bestellungsurkunde, die dem Verwalter übergeben wird, hat nur deklaratorische Wirkung und dient dem Verwalter als Legitimationsnachweis im Geschäftsverkehr.[414]

---

409 OLG Bamberg, ZIP 2008, 82 (82).

410 OLG Düsseldorf, NZI 2009, 248 (248) bejaht die Ortsnähe bei einer Fahrtzeit von 20–30 Minuten; OLG Hamm, NZI 2008, 493 (493) bejaht die Ortsnähe bei einer Fahrtzeit von bis zu 60 Minuten.

411 Nerlich/Römermann-*Delhaes*, § 56, Rn. 14; OLG Koblenz, ZInsO 2005, 1171 (1174).

412 Bork/Koschmieder-*Mönning*, Rn. 5.29.

413 Verhaltenskodex der Mitglieder des Arbeitskreises der Insolvenzverwalter Deutschland e.V., ZIP 2001, 2200 (2200).

414 Bork/Koschmieder-*Mönning*, Rn. 5.30; Nerlich/Römermann-*Delhaes*, § 56, Rn. 23.

c) *Annahme des Amtes*

Für den Beginn des Amtes des Insolvenzverwalters reicht nicht nur die Zustellung der Bestellungsurkunde. Der Verwalter muss das Amt vielmehr noch annehmen. Dies muss aber nicht ausdrücklich, sondern kann auch konkludent geschehen.[415]

Eine Annahme ist nötig, da der bestellte Verwalter nicht zur Amtsübernahme verpflichtet ist.[416]

d) *Die Bestellung des Verwalters als Vollzug der insolvenzgerichtlichen Aufsicht*

Mit der Bestellung des Insolvenzverwalters konkretisiert sich die Aufsichtstätigkeit des Insolvenzgerichts auf diese Person und seine Tätigkeiten bezüglich der Abwicklung des konkreten Insolvenzverfahrens. Der Auswahlentscheidung geht ein Erkenntnisprozess[417] des Insolvenzrichters hinsichtlich der Eignung des ausgewählten Verwalters gemäß § 56 I InsO voraus. Diese Auswahlentscheidung hat sogleich weiterreichende Folgen für den Verlauf des Verfahrens. Diese Entscheidung bestimmt nämlich sowohl, ob überhaupt eine allgemein und für das konkrete Verfahren geeignete Person zum Insolvenzverwalter bestellt worden ist, als auch die Intensität und das Maß der auszuübenden Aufsicht und infolgedessen auch das jeweilige Staatshaftungsrisiko.[418] Insoweit kann *Rechel* auch zugestimmt werden, wenn er schreibt: „Die Auswahl des Insolvenzverwalters ist nicht nur „die Schicksalsfrage des Konkurses“[419], sondern auch diejenige der insolvenzgerichtlichen Aufsicht (§ 58 InsO).“[420]

e) *Stellungnahme*

Zusammenfassend ist festzustellen, dass der Ermessensentscheidung des Insolvenzgerichts, unabhängig davon betrachtet, wer für die Bestellung des Verwalters nach den unterschiedlichen Ansichten in den unterschiedlichen Verfahrensabschnitten tatsächlich funktionell zuständig ist, ein erhebliches Gewicht zukommt und es sich bei der Verwalterauswahl zweifelsohne um eine Amtspflicht des Insolvenzgerichts handelt. Zugleich enthält diese Ermessensentscheidung in Hinsicht

---

415 Bork/Koschmieder-*Mönning*, Rn. 5.33.

416 Bork/Koschmieder-*Mönning*, Rn. 5.34; Kübler/Prütting/Bork-*Lüke*, § 56, Rn. 65.

417 Vgl. dazu ausführlich *Rechel*, S. 173ff.

418 *Rechel*, S. 292.

419 *Jaeger*, 6./7. Auflage, § 78 KO, Anm. 7.

420 *Rechel*, S. 292.

auf einen etwaigen Amtshaftungsanspruch ein großes Potenzial für Amtspflichtverletzungen.

Darüber hinaus ist bereits festgestellt worden, dass nicht nur der konkreten Einzelfallbestellung nach § 56 I InsO diese Bedeutung beigemessen werden muss, sondern im gleichen Maße der Vorauswahl des Insolvenzverwalters.

4. *Auswirkungen des ESUG auf die Auswahl des Insolvenzverwalters im konkreten Verfahren*

Durch das ESUG wurden vor allem Änderungen in der InsO vorgenommen. Diese Änderungen haben mitunter direkte Auswirkungen auf die Auswahl des Insolvenzverwalters im konkreten Verfahren. Die vorgenommenen Änderungen sind vielschichtiger Natur und von großer Bedeutung für den Ablauf kommender Insolvenzverfahren.

a) *Die Auswirkungen des ESUG auf das Kriterium der Unabhängigkeit*

An dieser Stelle muss zunächst auf die Auswirkungen des ESUG auf das Kriterium der Unabhängigkeit des Insolvenzverwalters eingegangen werden.

Denn wie bereits ausgeführt, ist nicht jede Beziehung zwischen Verwalter und Gläubiger bzw. Schuldner dazu geeignet, dem Verwalter die Unabhängigkeit abzusprechen.[421]

Durch das ESUG wurden in der InsO bestimmte Fälle, die gerade nicht zum Verlust der Unabhängigkeit führen, normiert. So wurde der § 56 I InsO wie folgt ergänzt: „Die erforderliche Unabhängigkeit wird nicht schon dadurch ausgeschlossen, dass die Person

1. vom Schuldner oder von einem Gläubiger vorgeschlagen worden ist,
2. den Schuldner vor dem Eröffnungsantrag in allgemeiner Form über den Ablauf eines Insolvenzverfahrens und dessen Folgen beraten hat.“[422]

Die Begründung des Regierungsentwurfs zum ESUG lautet wie folgt: „Mit der Neuregelung in Absatz 1 Satz 3 wird klargestellt, dass bestimmte Tatsachen nicht generell zu einem Ausschluss einer Person als Verwalter führen. Dies gilt sowohl, wenn die Gläubiger eine Person als vorläufigen Verwalter vorschlagen, als auch für einen Vorschlag des Schuldners (Nummer 1). Bisher ist ein solches Vorschlagsrecht des Schuldners oder der Gläubiger in der Insolvenzordnung nicht ausdrücklich vorgesehen, gleichwohl nicht untersagt. Durch

421 Vgl. 2. Teil B. II. 3. a) cc).
422 BGBl. 2011, Teil 1, S. 2583.

die neue Vorschrift wird geklärt, dass solche Vorschläge zur Person des Verwalters zulässig sind und den Vorgeschlagenen nicht per se für das Amt disqualifizieren. Die Klarstellung ist notwendig, da vereinzelt Gerichte einen Verwalter nur aufgrund des Vorschlags abgelehnt haben. Daneben begründet nicht jede Art von Kontakt vor dem Eröffnungsantrag zwischen dem Schuldner und dem vorgeschlagenen Verwalter Zweifel an dessen Unabhängigkeit (Nummer 2). Wenn sich ein Schuldner vor Stellung des Eröffnungsantrags an einen vor Ort ansässigen Verwalter wendet, um allgemeine Informationen über den Gang eines Insolvenzverfahrens, über dessen Auswirkungen auf die Befugnisse des Schuldners und über die Möglichkeiten der Sanierung im Insolvenzverfahren zu erlangen, und der Verwalter dann solche allgemeinen Auskünfte erteilt, disqualifiziert ihn dies allein nicht als künftigen Insolvenzverwalter."[423]

In beiden genannten Fällen bleiben konkrete andere Umstände zu berücksichtigen, die in der Person des Verwalters liegen und dessen Unabhängigkeit beeinträchtigen können. Es soll nur klar sein, dass ein Vorschlag nach § 56 I 3 Nr. 1 InsO weder dazu führen darf, dass der Vorgeschlagene generell zu bestellen ist, noch dazu, ihn generell als ungeeignet anzusehen. Die Eignung des Verwalters ist auch in den Fällen nach § 56 I 3 Nr. 2 InsO genau zu prüfen. Die in § 56 I 3 InsO genannten Umstände sollen künftig aber nicht zu einer pauschalen Ablehnung der betreffenden Person führen.[424]

Diese Änderung des § 56 I InsO dient der Stärkung der Gläubigerautonomie. Denn um der Gläubigerautonomie mehr Geltung zu verschaffen, muss auch die Einflussmöglichkeit der Gläubiger auf die Auswahl und Bestellung des Insolvenzverwalters erweitert werden.[425]

Doch es muss festgestellt werden, dass es sich bei den Änderungen in § 56 I 3 InsO nicht um grundlegend Neues handelt. Es handelt sich vielmehr um eine Normierung dessen, was schon seit längerem praktiziert wurde bzw. schon seit längerem im Rahmen des Möglichen für die Insolvenzgerichte lag.

Durch das ESUG wurden darüber hinaus noch weitere Änderungen des § 56 InsO vorgenommen.[426] Auch ihr Ursprung liegt in einer Stärkung der Gläubigerautonomie.[427]

423 RegE des ESUG, S. 38.

424 RegE des ESUG, S. 39. Der RegE des ESUG sah noch eine Nummer 3 in § 56 I 3 InsO vor. Davon hat der Rechtsausschuss allerdings Abstand genommen; vgl. BT-Drucks. 17/7511, S. 9.

425 RegE des ESUG, S. 38.

426 Vgl. zu den weiteren Änderungen des § 56 InsO RegE des ESUG, S. 6.

427 Vgl. RegE des ESUG, S. 38ff.

b) Die Auswirkung des ESUG auf die Auswahlentscheidung des Insolvenzgerichts unter Einbeziehung des vorläufigen Gläubigerausschusses nach § 22 a InsO

Durch das ESUG erfuhr die InsO weitere Änderungen, die direkten Einfluss auf die Auswahl des Insolvenzverwalters haben. So wurde neben der Änderung des § 56 InsO auch der § 56 a InsO in die InsO eingefügt.

Der neu eingeführte § 56 a InsO bezieht sich auf den durch das ESUG in der InsO neu normierten vorläufigen Gläubigerausschuss. Die Anordnung eines vorläufigen Gläubigerausschuss wurde in § 21 II 1 Nr. 1a InsO geregelt. Seine Bestellung ist in § 22 a InsO geregelt.[428]

Die Begründung des RegE für die Normierung der Einsetzung eines vorläufigen Gläubigerausschusses lautet wie folgt: „Die Einsetzung eines vorläufigen Gläubigerausschusses schon im Eröffnungsverfahren und die Beteiligung dieses Ausschusses vor den Entscheidungen des Gerichts soll in Zukunft das Mittel sein, um einen frühzeitigen Einfluss der Gläubiger auf die Auswahl des (vorläufigen) Insolvenzverwalters, auf die Anordnung der Eigenverwaltung und auf die Bestellung des (vorläufigen) Sachwalters sicherzustellen. Dabei geht es vor allem um die Fälle, in denen die Sanierung eines insolventen Unternehmens in Betracht kommt und die Erhaltung von Betriebsstätten und Arbeitsplätzen auf dem Spiel steht."[429]

Der neue § 22 a I InsO schreibt vor, dass bei Unternehmen ab einer bestimmten Größe ein solcher vorläufiger Gläubigerausschuss einzusetzen ist. Zur Bestimmung der notwendigen Größe dienen die in § 22 a I 1 Nr. 1–3 InsO genannten Werte. Der RegE des ESUG sah noch deutlich niedrigere Schwellenwerte vor als der heute gültige § 22 a I 1 InsO.[430] Der Rechtsauschuss hat die Schwellenwerte des § 22 a I 1 InsO den Werten aus § 267 I Nr. 1–3 HGB angepasst. Damit wurde der Kritik aus der Praxis Rechnung getragen, die es für den Großteil der zuvor erfassten Unternehmen für zu aufwändig hielt, regelmäßig einen vorläufigen Gläubigerausschuss einzusetzen. Es wurde befürchtet, nicht in allen Fällen die nötige Mitwirkung der Gläubiger sicherstellen zu können. Denn schon heute sei das Interesse der Gläubiger an vielen kleineren Insolvenzverfahren sehr gering.[431]

Nach dem RegE des ESUG soll der vorläufige Gläubigerausschuss für „Kleinstunternehmen" nicht vorgeschrieben werden; die Einsetzung liegt bei dieser Kategorie von Unternehmen weiterhin im Ermessen des Gerichts.[432]

---

428 Vgl. RegE des ESUG, S. 5.

429 Vgl. RegE des ESUG, S. 36.

430 Vgl. RegE des ESUG, S. 36 zur Begründung der Schwellenwerte.

431 BT-Drucks. 17/7511, S. 33f.

432 RegE des ESUG, S. 36.

So ist zusammenfassend festzustellen, dass die Normierung der Einsetzung eines vorläufigen Gläubigerausschusses große Auswirkungen auf die Auswahl des Insolvenzverwalters hat. Dabei ist aber eine Gesamtschau in Verbindung mit den §§ 56, 56 a InsO vorzunehmen.

Es ist hervorzuheben, dass das Ziel der Einsetzung eines vorläufigen Gläubigerausschusses die Stärkung der Gläubigerautonomie ist. Der Gläubigerausschuss legt die Kriterien für die Auswahl des Insolvenzverwalters bindend fest, selbst wenn das Gericht nicht den vorgeschlagenen, sondern einen anderen Insolvenzverwalter wählt, weil es den vorgeschlagenen für nicht geeignet hält. Somit steht zugleich fest, dass das ESUG auch direkte Auswirkungen auf das Kriterium der Geeignetheit im Einzelfall hat bzw. haben kann.

Da das ESUG der leichteren Sanierung von Unternehmen dient, stellt der § 22 a InsO auch bestimmte Anforderungen an das „Unternehmensprofil" der betreffenden Unternehmen. Der RegE des ESUG verdeutlicht, dass das ESUG keine „Kleinstunternehmen" im Auge hat.[433] Für diese bleibt die Einberufung eines vorläufigen Gläubigerausschusses aber durchaus möglich, da sie weiterhin im Ermessen des Insolvenzgerichts steht.[434]

c) Die Auswirkungen des ESUG auf die Bestellung des Verwalters als Vollzug der insolvenzgerichtlichen Aufsicht

Wie an anderer Stelle bereits erörtert, bezeichnet *Rechel* die Bestellung des Insolvenzverwalters als Vollzug der insolvenzgerichtlichen Aufsicht.[435]

Doch vor dem Hintergrund der Änderungen, die durch das ESUG in der InsO stattgefunden haben, muss überprüft werden, wie weit diese These aufrechterhalten werden kann bzw. wie stark das ESUG darauf Einfluss nimmt.

Die Änderungen des ESUG verfolgen den Zweck, die Gläubigerautonomie im Insolvenzverfahren weiter zu stärken.[436]

Rechel führt über den Aufsichtsvollzug in Hinblick auf die Bestellung des Insolvenzverwalters aus, dass sich die Aufsichtstätigkeit des Insolvenzgerichts auf die bestellte Person und seine Tätigkeiten bezüglich der Abwicklung des konkreten Insolvenzverfahrens konkretisiert. Der Auswahlentscheidung geht

433 Vgl. RegE des ESUG, S. 36f.

434 Vgl. RegE des ESUG, S. 36.

435 Vgl. 2. Teil B. II. 3. d); ausführlich *Rechel*, S. 292ff.

436 Vgl. RegE des ESUG, S. 25.

ein Erkenntnisprozess[437] des Insolvenzrichters hinsichtlich der Eignung des ausgewählten Verwalters gemäß § 56 I InsO voraus.[438]

Doch hinsichtlich dieses Erkenntnisprozesses kommt es zu Einschränkungen durch das ESUG. Denn das ESUG überträgt die Auswahl des Insolvenzverwalters grundsätzlich dem vorläufigen Gläubigerausschuss, soweit die Voraussetzungen für seine Einsetzung vorliegen bzw. das Insolvenzgericht von seinem Ermessen Gebrauch macht und einen vorläufigen Gläubigerausschuss einsetzt. So gesehen wird einerseits der Erkenntnisprozess des Insolvenzrichters eingeschränkt, andererseits wirkt das Ergebnis seines Erkenntnisprozesses aber noch schwerer und es müssen damit einhergehend auch strengere Anforderungen an diesen Erkenntnisprozess gestellt werden. Da die „Vorüberlegungen" bezüglich des Verwalters vom vorläufigen Gläubigerausschuss getätigt werden und der Insolvenzrichter gemäß § 56 a II InsO von einem einstimmigen Vorschlag des Gläubigerausschusses nur abweichen darf, wenn er den Verwalter für ungeeignet hält, muss der Insolvenzrichter bei seinem Erkenntnisprozess größte Sorgfalt walten lassen.

Denn diese Auswahlentscheidung hat sogleich weiterreichende Folgen für den Verlauf des Verfahrens. Diese Entscheidung bestimmt nämlich sowohl, ob überhaupt eine allgemein und für das konkrete Verfahren geeignete Person zum Insolvenzverwalter bestellt worden ist, als auch die Intensität und das Maß der auszuübenden Aufsicht und infolgedessen auch das jeweilige Staatshaftungsrisiko.[439]

Allerdings muss an dieser Stelle noch einmal eindeutig darauf hingewiesen werden, dass diese Ausführungen nur für die Verwalterauswahl gelten, die von den Änderungen des ESUG betroffen ist. Für das „normale" Insolvenzverfahren, das ohne die Einsetzung eines vorläufigen Gläubigerausschuss auskommt und durchgeführt wird, kann *Rechel* ohne weitere Hinzufügungen oder Einschränkungen zugestimmt werden.

Rechels Aussage „die Auswahl des Insolvenzverwalters ist nicht nur „die Schicksalsfrage des Konkurses"[440], sondern auch diejenige der insolvenzgerichtlichen Aufsicht (§ 58 InsO)"[441] behält auch im Verfahren mit vorläufigem Gläubigerausschuss weiterhin seine Gültigkeit. Denn auch wenn der vorläufige Gläubigerausschuss die Verwalterauswahl übernimmt, so muss doch das Insolvenzgericht im Rahmen seiner antizipierten Aufsichtstätigkeit seine Eignung überprüfen. Bezüglich des Erkenntnisprozesses und der antizipierten Aufsicht des Gerichts bleibt es

437 Vgl. dazu ausführlich *Rechel*, S. 173ff.
438 *Rechel*, S. 292.
439 *Rechel*, S. 292.
440 *Jaeger*, 6./7. Auflage, § 78 KO, Anm. 7.
441 *Rechel*, S. 292.

auch bei dem Bestehen eines vorläufigen Gläubigerausschusses bei dem von *Rechel* vertretenen Standpunkt.

d) *Äußerungen im Schrifttum zum ESUG*

Das ESUG ist schon vor seinem Inkrafttreten Inhalt vieler Publikationen gewesen. Dies verdeutlicht das Interesse, das vor allem den durch das ESUG eingeführten Änderungen in der InsO entgegengebracht wurde. Es darf aber an dieser Stelle auch nicht unerwähnt bleiben, dass es sich bei den Äußerungen zu den Änderungen des ESUG nicht nur um positive Resonanz handelt. Es ist vielmehr so, dass das ESUG schon vor seinem Inkrafttreten kritisiert wurde und weiterhin kritisiert wird.

Die Kritik am ESUG fußt auf verschiedenen Argumentationsstandpunkten und richtet sich gegen verschiedene durch das ESUG eingeführte Änderungen in der InsO.

So sieht *Siemon* in den Änderungen des § 56 InsO bzw. in der Einführung des § 56 a InsO zum Beispiel einen Verstoß gegen den Art. 14 GG[442], *Heyer* sieht die Qualität der Insolvenzverwaltung durch das ESUG in Gefahr[443], *Steinwachs* steht der Wahl des vorläufigen Insolvenzverwalters durch den vorläufigen Gläubigerausschuss kritisch gegenüber[444], um nur drei Kritiker und ihre Ansätze zu nennen.

Siemon beruft sich auf das BVerfG. Dieses hat in einer seiner Entscheidungen festgestellt, dass das Insolvenzverfahren in die Eigentumsrechte der Gläubiger eingreift, zugleich aber auch in die Eigentumsrechte des Schuldners. Das BVerfG spricht hier von einer multipolaren Konfliktlage. Die Eigentumsinteressen beider Seiten stehen nämlich unter dem Schutz des Art. 14 GG.[445] Zu § 56 InsO führte das BVerfG aus, dass er der sachdienlichen Durchführung des Insolvenzverfahrens und zugleich der Wahrung der Interessen der Gläubiger und des Schuldners dient.[446] Die Bestellung des Insolvenzverwalters greift in die multipolare Konfliktlage ein. Deshalb muss ihr eine Abwägung der Vor- und Nachteile für die verschiedenen betroffenen Rechtsgüter vorausgehen. Es muss im Ergebnis eine Abwägung

---

442 Dazu ausführlich *Siemon*, ZInsO 2011, 381 (381ff.).

443 Dazu ausführlich *Heyer*, ZIP 2011, 557 (557f.).

444 Dazu ausführlich *Steinwachs*, ZInsO 2011, 410 (410ff.).

445 *Siemon*, ZInsO 2011, 381 (382); BVerfG, Beschluss v. 23.5.2005 6 – 1 BvR 2530/04, ZInsO 2006, 765 (769) (Tz. 35+40).

446 *Siemon*, ZInsO 2011, 381 (382); BVerfG, Beschluss v. 23.5.2005 6 – 1 BvR 2530/04, ZInsO 2006, 765 (768) (Tz. 30).

der betroffenen Rechtsgüter im Rahmen der Bestellentscheidung erfolgen.[447] Außerdem merkt das BVerfG an, dass die Ausgestaltung des Verfahrensrechts beachten muss, dass die Bestellungsentscheidung den dargestellten Grundrechtseingriff vollzieht.[448]

Das ESUG änderte den § 56 InsO und führte § 56 a InsO neu ein und griff damit in das Tatbestandsmerkmal der Unabhängigkeit grundlegend ein.[449] Das Tatbestandsmerkmal der Unabhängigkeit hat in Deutschland aber eine lange Tradition.[450] Die Unabhängigkeit des Insolvenzverwalters sollte klarstellen, dass es im Insolvenzverfahren nicht auf die Verwirklichung der individuellen Gläubigerinteressen, sondern auf objektivierte Gläubigerinteressen ankommt. Das sind solche, die der Verwirklichung der Verfahrensziele aus den §§ 1, 156 und 157 InsO dienen.[451] *Siemon* spricht über die Neuregelung des Tatbestandsmerkmals der Unabhängigkeit als ein Paradigmenwechsel. Denn seiner Meinung nach ist ein Insolvenzverwalter, der auf Vorschlag eines individuellen Gläubigers ins Amt kommt, den individuellen Interessen dieses Gläubigers faktisch verpflichtet. Die Regelungen des ESUG erteilen einem Verfahren, das sich an den objektivierten Gläubigerinteressen orientiert damit eine Absage.[452] Die Einschränkung der Unabhängigkeit des Insolvenzverwalters ist abzulehnen.[453] Denn aufgrund der grundrechtsrelevanten multipolaren Konfliktlage der Bestellungsentscheidung ist eine Vorzuggabe einzelner individueller Gläubigerinteressen nicht möglich. Ferner stellt sich der Eingriff als unverhältnismäßig dar, da der Verlust der Unabhängigkeit des Verwalters zur Erreichung der angestrebten Ziele nicht geeignet ist.[454]

Darüber hinaus kritisiert *Siemon* die Einschränkung der Entscheidungsfreiheit der Insolvenzrichter. Der Insolvenzrichter sei an ein einstimmiges Votum eines vorläufigen Gläubigerausschusses gebunden und könne von einem einstimmigen Vorschlag nur abweichen, wenn die vorgeschlagene Person für die Übernahme dieses Amtes nicht geeignet sei. Ein entsprechender Entschluss muss nach § 27 II Nr. 5 InsO durch den Insolvenzrichter mit Gründen versehen werden. Des Weiteren ist das Insolvenzgericht bei der Auswahl des Insolvenzverwalters auch an die vom vorläufigen Gläubigerausschuss beschlossenen Anforderungen an die Person

---

447 *Siemon*, ZInsO 2010, 401 (407).
448 *Siemon*, ZInsO 2011, 381 (382).
449 Vgl. dazu 2. Teil B. II. 4. a).
450 Vgl. dazu ausführlich *Siemon*, ZInsO 2011, 381 (383f.).
451 *Siemon*, ZInsO 2011, 381 (382).
452 *Siemon*, ZInsO 2011, 381 (382).
453 *Siemon*, ZInsO 2011, 381 (384); *Frind*, NZI 2010, 705 (708).
454 *Siemon*, ZInsO 2011, 381 (384).

des Insolvenzverwalters gebunden.[455] Diese Regelung entzieht dem Insolvenzrichter seine Entscheidungsfreiheit fast gänzlich und überträgt ihm zugleich die Verantwortung für etwas, das er im Innenverhältnis nicht zu verantworten hat. Den Insolvenzrichter in einem solch hohen Maße an die Vorgaben des Gläubigerausschusses zu binden, der die unterschiedlichsten Individualinteressen verfolgen kann, stellt einen Verstoß gegen das Rechtsstaatsprinzip nach Art. 20 III GG dar. Der Insolvenzrichter kann den vorgeschlagenen Verwalter nämlich nur ablehnen, wenn er ungeeignet ist. Er kann aber einem von ihm als nicht unabhängig erkannten Verwalter die Bestellung nicht versagen. Der Richter ist zugleich aber für die Bestellung und die spätere Überwachung verantwortlich. Dies wiederum kann für den Richter nicht rechtsstaatskonform sein.[456] Dies kann den Insolvenzrichter auch in Situationen eines erhöhten Haftungsrisikos bringen, da er nach außen die Verantwortung für den Insolvenzverwalter trägt.[457]

Heyer sieht die Qualität der Insolvenzverwaltung in Gefahr. Er sieht in der Einrichtung eines vorläufigen Gläubigerausschusses die Gefahr einer Rückkehr zum „Wettlauf der Gläubiger".[458] Denn aufgrund von § 13 I 3 InsO ist der Schuldner verpflichtet bei einem Eigenantrag ein Verzeichnis der Gläubiger und ihrer Forderungen beizufügen. Wenn der Schuldner einen Geschäftsbetrieb hat, der nicht eingestellt ist, sollen[459] in dem Verzeichnis besonders kenntlich gemacht werden

1. die höchsten Forderungen,
2. die höchsten gesicherten Forderungen,
3. die Forderungen der Finanzverwaltung,
4. die Forderungen der Sozialversicherungsträger sowie
5. die Forderungen aus betrieblicher Altersversorgung.

Der Schuldner hat in diesem Fall auch Angaben zur Bilanzsumme, zu den Umsatzerlösen und zur durchschnittlichen Zahl der Arbeitnehmer des vorangegangenen Geschäftsjahres zu machen.

Dies korreliert mit der Einsetzung des vorläufigen Gläubigerausschusses nach § 22 a InsO. Denn *Siemon* merkte bereits kritisch an, dass in § 13 InsO die Gläubiger aufgeführt sind, die potenziell den vorläufigen Gläubigerausschuss bilden sollen. Die § 13 I 3 Nr. 1 und 2 InsO dürften in der Regel Kreditinstitute oder

455 *Siemon*, ZInsO 2011, 381 (384f.).
456 *Siemon*, ZInsO 2011, 381 (385).
457 *Siemon*, ZInsO 2011, 381 (386).
458 *Heyer*, ZIP 2011, 557 (558).
459 Der RegE des ESUG normierte noch „sind"; vgl. BT-Drucks. 17/7511, S. 6.

Unternehmen sein, die die Finanzierung des Schuldners sicherstellen. Die Nummern 3, 4 und 5 sind Gläubiger, die der Sphäre der Exekutive zuzuordnen sind. Das heißt im Ergebnis, dass Kreditinstitute und die öffentliche Gewalt den Insolvenzverwalter bestimmen sollen und dem Insolvenzrichter vorgeben, wen er zu bestellen hat.[460]

Doch die Gläubiger – und zwar alle – haben einen Anspruch darauf, dass ihre Interessen in der Krise des Schuldners bestmöglich beachtet und gewahrt werden. Dafür sind gute und qualifizierte Insolvenzverwalter notwendig. Gerade auf diesen Umstand erstreckt sich die von den Insolvenzgerichten erwartete Überwachung und Kontrolle.[461] Die Wahrung bestimmter Qualitätsmerkmale der Insolvenzverwalter ist aber nicht gewährleistet, wenn sich die Entscheidungskompetenzen in Richtung des vorläufigen Gläubigerausschusses verschieben. Denn durch eine Stärkung des Gläubigereinflusses wird auch deren Interessen ein höherer Stellenwert eingeräumt. Dies könnte dazu führen, dass der genehme „Hausverwalter" der entscheidenden (Groß-)Gläubiger den unabhängigen Insolvenzverwalter, der unter gerichtlicher Aufsicht steht, ablösen könnte. Dies würde dann zu Lasten der seit Jahren andauernden Qualitätsdiskussion gehen.[462]

Steinwachs übt Kritik an der Einsetzung eines vorläufigen Gläubigerausschusses in Hinblick auf mögliche Zeitverluste und eine mögliche Unverhältnismäßigkeit seiner Einsetzung.[463] Denn gemäß § 22 a III InsO ist der vorläufige Gläubigerausschuss nicht einzusetzen, wenn der Geschäftsbetrieb des Schuldners eingestellt ist, die Einsetzung des vorläufigen Gläubigerausschusses im Hinblick auf die zu erwartende Insolvenzmasse unverhältnismäßig ist oder die mit der Einsetzung verbundene Verzögerung zu einer nachteiligen Veränderung der Vermögenslage des Schuldners führt.

Das Hauptargument gegen eine zwingende Einsetzung des vorläufigen Gläubigerausschusses zur Auswahl des Insolvenzverwalters ist der Zeitfaktor. In vielen Verfahren würde es zu einem Zeitverlust bis zur endgültigen Bestellung des vorläufigen Verwalters kommen. Dies ist gerade in fortzuführenden Betrieben problematisch. Auf jeden Fall wird aber Zeit dadurch verloren gehen, dass sich der vorläufige Gläubigerausschuss erst konstituieren muss.[464] Der Bestellungsbeschluss muss den Mitgliedern des Gläubigerausschusses zugestellt werden und

460 *Siemon*, ZInsO 2011, 381 (385).

461 *Heyer*, ZIP 2011, 557 (558).

462 *Heyer*, ZIP 2011, 557 (558).

463 *Steinwachs*, ZInsO 2011, 410 (411).

464 *Steinwachs*, ZInsO 2011, 410 (411).

jedes Ausschussmitglied muss sein Amt explizit annehmen.[465] Weitere Verzögerungen können durch ein eventuelles „Poolen“ von Gläubigern im Ausschuss entstehen, das bekanntlich auch einige Zeit in Anspruch nimmt.[466]

Ein weiterer Kritikpunkt ist die eventuelle Unverhältnismäßigkeit der Einsetzung. Denn es scheint für das Insolvenzgericht kaum möglich, die Insolvenzmasse zu berechnen oder zu schätzen. Des Weiteren stellt sich die Frage, ab wann die Einsetzung unverhältnismäßig ist.[467] Außerdem weist *Steinwachs* darauf hin, dass das Insolvenzgericht nur beim Schuldnerantrag Angaben zur Gläubigerstruktur erhält; das heißt, dass es bei einem Gläubigerantrag bei der Bestellung nach § 56 I InsO bleibt, was widersprüchlich erscheint.[468]

Darüber hinaus birgt der § 22 a InsO auch ein großes Missbrauchspotenzial.[469]

Bei allen diesen negativen Äußerungen darf nicht verschwiegen werden, dass es im Schrifttum auch positive Resonanzen auf das ESUG gibt.

So sehen *Smid*[470] und *Beck*[471] das ESUG positiv. *Smid* vertritt die Ansicht, dass das ESUG das richtige Ziel verfolge, nämlich die Stärkung der Gläubigerautonomie. Im Insolvenzverfahren gehe es um die Rechte der Gläubiger und nicht um die Verfolgung öffentlicher Ordnungszwecke.[472] *Beck* teilt diese Meinung und hält das ESUG für zielgerichtet adressiert. Allerdings hält auch er es nicht für perfekt, sondern sieht noch Bedarf und Möglichkeiten der Nachbesserung.[473]

e) Stellungnahme

Zusammenfassend kann festgestellt werden, dass das ESUG mit seinen mit ihm einhergehenden Änderungen der InsO weitreichende Auswirkungen auf die Auswahl des Insolvenzverwalters im konkreten Verfahren hat bzw. haben kann.

Es ist zum jetzigen Zeitpunkt nach Inkrafttreten des ESUG noch nicht vollends absehbar, wie das ESUG in der Praxis umgesetzt und angenommen wird.

Aufgrund dessen sollte gerade der Entscheidung des AG Stendal vom 31.8.2012 Aufmerksamkeit geschenkt werden. Das AG Stendal hat einen Sachwalter in einem

---

465 *Steinwachs*, ZInsO 2011, 410 (411); Uhlenbruck-*Uhlenbruck*, § 67, Rn. 21; HK-*Frind*, § 67, Rn. 5,8.
466 *Steinwachs*, ZInsO 2011, 410 (411f.).
467 *Steinwachs*, ZInsO 2011, 410 (411).
468 *Steinwachs*, ZInsO 2011, 410 (411).
469 Vgl. dazu *Solmecke*, WPg Sonderheft 2011, 41 (42).
470 *Smid*, WPg Sonderheft 2011, 8 (8ff.).
471 *Beck*, WPg Sonderheft 2011, 43 (43ff.).
472 *Smid*, WPg Sonderheft 2011, 8 (13).
473 *Beck*, WPg Sonderheft 2011, 43 (45).

Eigenverwaltungsverfahren als ungeeignet abgelehnt. Es folgte damit nicht der Beschlussfassung des vorläufigen Gläubigerausschusses.[474] Dies zeigt, dass das ESUG in der Praxis durchaus Auswirkungen auf die Auswahl und die Bestellung eines Insolvenzverwalters haben kann. Denn die Bestellung des Sachwalters richtet sich gemäß § 274 I InsO nach den §§ 56ff. InsO.

Trotz der von Teilen des Schrifttums geäußerten Kritik an bestimmten Neuerungen durch das ESUG muss im Fall der vorliegend behandelten Thematik, nämlich der Erörterung von Amtshaftungsansprüchen bei etwaigen insolvenzgerichtlichen Pflichtverletzungen, differenziert auf das ESUG eingegangen werden.

Zunächst muss noch einmal eindringlich darauf hingewiesen werden, dass das ESUG, wie sein Name schon sagt, der Erleichterung der Sanierung von Unternehmen nützen soll. Bestimmte Neuerungen wie die Einsetzung eines vorläufigen Gläubigerausschusses, mit der weitreichende Einschnitte in die Auswahl des Insolvenzverwalters verbunden sind, stellen seit dem Inkrafttreten des ESUG schließlich auch nicht die Regel der Verwalterauswahl und Bestellung dar. Das resultiert daraus, dass der § 22 a InsO Anforderungen an den insolventen Schuldner beinhaltet, die nicht von jedem erfüllt werden können. Außerdem kann es noch einiger Zeit bedürfen, um abzusehen, wie die Insolvenzgerichte in der Praxis auf die Änderungen durch das ESUG eingehen bzw. sie anwenden werden.

Dies gilt ebenso für die Änderungen des § 56 InsO und die Einführung des § 56 a InsO in Hinblick auf ihre Auswirkungen auf die Auswahl des Verwalters im konkreten Verfahren. Zum Kriterium der Unabhängigkeit gilt das an anderer Stelle bereits Erörterte.[475] Darüber hinaus sei auch an dieser Stelle noch einmal darauf hingewiesen, dass der § 56 a InsO nur einschlägig ist, wenn es zur Einsetzung eines den Anforderungen des § 22 a InsO entsprechenden vorläufigen Gläubigerausschusses gekommen ist oder der Richter von seinem Ermessen zur Einsetzung eines vorläufigen Gläubigerausschusses Gebrauch gemacht hat. Außerdem ist § 56 a II InsO zu entnehmen, dass der Vorschlag des vorläufigen Gläubigerausschusses für einen Verwalter einstimmig sein muss.

Ferner kann der Insolvenzrichter unter bestimmten Umständen, die nicht immer klar nachzuvollziehen sind, von der Einsetzung eines vorläufigen Gläubigerausschusses absehen.[476]

Liegt dies alles im konkreten Verfahren nicht vor, so bleibt es also bei der Verwalterauswahl durch das Insolvenzgericht, welches nur zur Ausübung fehlerfreien Ermessens angehalten ist.

---

474 AG Stendal, ZIP 2012, 1875 (1875f.).

475 Vgl. dazu 2. Teil B. II. 4. a).

476 Vgl. dazu die Kritik im Schrifttum unter 2. Teil B. II. 4. d).

Es kommen folglich für das Insolvenzgericht neue Haftungsrisiken und Problemkreise ergänzend zu den alten, die schon vor dem Inkrafttreten des ESUG bestanden und weiter bestehen, hinzu.

5. *Verletzung der Auswahlpflicht im Sinne einer haftungsrechtlichen Amtspflichtverletzung*

Nachdem das Auswahlverfahren bezüglich des Insolvenzverwalters hinreichend erörtert und dargestellt wurde und feststeht, dass es sich bei der Auswahl des Insolvenzverwalters um eine Amtspflicht des Insolvenzgerichts handelt, muss an dieser Stelle ferner darauf eingegangen werden, auf welche Art und Weise es zu einer amtshaftungsbegründenden Pflichtverletzung des Insolvenzgerichts in Hinblick auf das Auswahlverfahren kommen kann.

Dabei muss zunächst zwischen dem „normalen" Insolvenzverfahren ohne Einsetzung eines vorläufigen Gläubigerausschusses und dem Verfahren mit Einsetzung eines vorläufigen Gläubigerausschusses unterschieden werden. Das ist dem Umstand zu schulden, dass verschiedene Konstellationen denkbar sind, in denen das Insolvenzgericht seine Auswahlpflicht verletzen könnte.

a) *Verletzung der Auswahlpflicht im „normalen" Insolvenzverfahren*

Auf den ersten Blick sind mehrere verschiedene Konstellationen möglich, in denen das Insolvenzgericht seine Auswahlpflicht im „normalen" Insolvenzverfahren ohne Einsetzung eines vorläufigen Gläubigerausschusses verletzen kann. Im Ergebnis kann das Insolvenzgericht eine Pflichtverletzung begehen, indem es einen ungeeigneten bzw. keinen geeigneten Verwalter für das jeweilige Verfahren bestellt oder auf andere Weise gegen die Maßgaben des § 56 I InsO verstößt, z. B. einen Verwalter als nicht unabhängig ablehnt, nur weil er vom Schuldner oder Gläubiger vorgeschlagen worden ist.

Eine Pflichtverletzung des Insolvenzgerichts liegt immer dann vor, wenn das Insolvenzgericht das ihm eingeräumte Ermessen fehlerhaft gebraucht.[477]

Des Weiteren kann es bei der Verwalterauswahl zu Pflichtverletzungen kommen, wenn die Auswahlentscheidung (dabei ist es gleichbedeutend, ob es sich um eine positive oder negative Bescheidung über die Bestellung zum Insolvenzverwalter handelt) gegen die Berufsfreiheit nach Art. 12 GG oder gegen den allgemeinen Gleichheitssatz nach Art. 3 I GG verstößt. Dies beinhaltet natürlich auch die Verfassungsmäßigkeit der Auswahlkriterien.

---

477 Zu den verschiedenen Ermessensfehlern später unter 2. Teil B. III. 3. a) aa) ff.

b) Verletzung der Auswahlpflicht im Verfahren mit Einsetzung eines vorläufigen Gläubigerausschusses

Es sind natürlich auch mehrere verschiedene Konstellationen möglich, in denen das Insolvenzgericht seine Auswahlpflicht im Insolvenzverfahren mit Einsetzung eines vorläufigen Gläubigerausschusses verletzen kann.

Dabei handelt es sich nicht immer direkt um eine konkrete Auswahlpflicht als solches, sondern vielmehr um Pflichten, die in direktem Zusammenhang mit der Auswahlpflicht stehen.

So begeht das Insolvenzgericht z. B. eine Pflichtverletzung, wenn es in fehlerhafter Weise von § 56 a InsO abweicht.

Gemäß § 56 a I InsO ist dem vorläufigen Gläubigerausschuss vor der Bestellung des Verwalters Gelegenheit zu geben, sich zu den Anforderungen, die an den Verwalter zu stellen sind und zur Person des Verwalters zu äußern, soweit dies nicht offensichtlich zu einer nachteiligen Veränderung der Vermögenslage des Schuldners führt. Gemäß § 56 a II InsO darf das Gericht von einem einstimmigen Vorschlag des vorläufigen Gläubigerausschusses zur Person des Verwalters nur abweichen, wenn die vorgeschlagene Person für die Übernahme des Amtes nicht geeignet ist. Das Gericht hat bei der Auswahl des Verwalters die vom vorläufigen Gläubigerausschuss beschlossenen Anforderungen an die Person des Verwalters zugrunde zu legen.

Gibt das Insolvenzgericht dem vorläufigen Gläubigerausschuss also entgegen der Bestimmung in § 56 a I InsO keine Gelegenheit zur Äußerung, obwohl dies nicht zu einer nachteiligen Veränderung der Vermögenslage des Schuldners führen würde, handelt das Insolvenzgericht fehlerhaft und verletzt folglich seine Auswahlpflicht.

Weicht das Insolvenzgericht in unbegründeter Weise von einem einstimmigen Vorschlag des vorläufigen Gläubigerausschusses ab, so verletzt das Insolvenzgericht ebenso seine Auswahlpflicht. Bestellt das Insolvenzgericht dann auch noch einen anderen Insolvenzverwalter und hat dabei die vom vorläufigen Gläubigerausschuss beschlossenen Anforderungen an die Person des Verwalters nicht zugrunde gelegt, dann verletzt das Insolvenzgericht seine Auswahlpflicht ein weiteres Mal.

Es ist auch abermals darauf hinzuweisen, dass eine Pflichtverletzung des Insolvenzgerichts immer dann vorliegt, wenn das Insolvenzgericht das ihm eingeräumte Ermessen fehlerhaft gebraucht.[478]

---

478 Zu den verschiedenen Ermessensfehlern später unter 2. Teil B. III. 3. a) aa) ff.

c) Stellungnahme

Zusammenfassend muss festgestellt werden, dass eine abschließende Aufzählung verschiedener Konstellationen der Auswahlpflichtverletzung weder nötig noch möglich ist. Durch das Verfahren unter Einbeziehung eines vorläufigen Gläubigerausschusses kann es nicht nur zu direkten Auswahlpflichtverletzungen, sondern auch zu Verletzungen solcher Pflichten kommen, die einen eher vorbereitenden Charakter für die Auswahlpflicht als solche haben, wie z. B. das Recht des vorläufigen Gläubigerausschusses sich gemäß § 56 a I InsO zu äußern.

Abschließend kann für die Auswahlpflicht im „normalen" Insolvenzverfahren und im Verfahren unter Einbeziehung eines vorläufigen Gläubigerausschusses nur verallgemeinernd gesagt werden, dass eine Pflichtverletzung des Insolvenzgerichts immer dann vorliegt, wenn das Insolvenzgericht das ihm eingeräumte Ermessen fehlerhaft gebraucht.[479]

6. Drittbezogenheit der Amtspflicht

Die verletzte Amtspflicht müsste auch drittbezogen sein.[480]

Um den Haftungstatbestand des § 839 I BGB zu erfüllen, genügt nicht jede Amtspflichtverletzung. Es muss eine Amtspflicht verletzt worden sein, die dem Beamten gegenüber einem Dritten obliegt.[481] Der Geschädigte kann einen Amtshaftungsanspruch nur dann geltend machen, wenn die verletzte Amtspflicht gerade bzw. zumindest auch ihm gegenüber besteht.[482] Es bedarf einer besonderen Beziehung zwischen der verletzten Amtspflicht und dem geschädigten Dritten.[483]

Wie schon bei der Drittbezogenheit der Vorauswahlpflicht erwähnt, können im Insolvenzverfahren sowohl der Schuldner als auch die Gläubiger und der Insolvenzverwalter als „Dritte" in Betracht kommen.[484]

Auch an dieser Stelle ist zunächst darauf hinzuweisen, dass eine Person, die zum Kreis der durch eine Amtspflicht geschützten Dritten gehört, nicht in allen ihren Belangen als „Dritter" anzusehen ist. Sie ist soweit geschützt, wie die Schutzwirkung der verletzten Amtspflicht reicht. Der Schutzzweck der Amtspflicht entscheidet also darüber, ob eine Person zum Kreis der „Dritten" gehört und wie weit der Schutz bezüglich der Amtspflicht reicht. Das umfasst auch, welche Interessen bzw. Belange dieser Person geschützt werden

479 Zu den verschiedenen Ermessensfehlern später unter 2. Teil B. III. 3. a) aa) ff.
480 Vgl. zur Drittbezogenheit 2. Teil A. IV.
481 MüKo-BGB-*Papier*, § 839, Rn. 227.
482 MüKo-BGB-*Papier*, § 839, Rn. 227; BGHZ 1, 388 (394f.).
483 MüKo-BGB-*Papier*, § 839, Rn. 227; BGHZ 56, 40 (45f.).
484 MüKo-InsO-*Haarmeyer*, § 21, Rn. 42.

sollen. Die Amtspflichten können folglich, je nach dem zu schützenden Interesse, ein und derselben Person gegenüber „aufgespalten" sein. Bestimmte Belange können also vom Schutzzweck erfasst sein, andere hingegen nicht.[485]

Es kommt allein auf den Schutzzweck der Amtspflicht an; insofern ist es nicht erforderlich, dass der „Dritte" am Amtsgeschäft beteiligt ist.[486] Unter den Begriff „Dritte" fallen nicht nur die beim Amtsgeschäft unmittelbar Beteiligten, sondern alle Personen, deren Interessen nach der besonderen Natur des Amtsgeschäfts durch dieses berührt werden und in deren Rechtskreis dadurch eingegriffen werden kann, auch wenn sie durch die Amtsausübung nur mittelbar und unbeabsichtigt betroffen sind.[487]

Auch an dieser Stelle gilt die von *Holzer*, *Kleine-Cosack* und *Prütting* vertretene Überzeugung, der Schutzzweck der Amtspflicht sei im Einzelnen am Maßstab der Kasuistik der Rechtsprechung des BGH wie auch der InsO zu ermitteln.[488]

a) Schutzzweck der Amtspflicht zur Auswahl des Insolvenzverwalters

Es wurde bereits erörtert, dass es sich bei der Auswahl der Insolvenzverwalter durch das Insolvenzgericht um eine Amtspflicht handelt. Des Weiteren wurde festgestellt, dass bei einem Insolvenzverfahren unter Einbeziehung eines vorläufigen Gläubigerausschusses die Auswahlpflicht des Insolvenzgericht modifiziert – zum Teil wird das Insolvenzgericht in seinen grundsätzlichen Befugnissen beschnitten, andererseits eröffnen sich dem Insolvenzgericht dadurch neue Pflichten – worden ist.

Die Auswahl des Insolvenzverwalters dient allem voran einer geordneten und reibungslosen Verfahrensabwicklung, unabhängig davon, ob der Verwalter vom Insolvenzgericht oder dem vorläufigen Gläubigerausschuss ausgewählt wird. Damit einhergehend ist die Auswahl des „richtigen" Insolvenzverwalters maßgebend für die Verwirklichung der in den §§ 1, 156 und 157 InsO statuierten Verfahrensziele.

Dies ist also vorliegend der Schutzzweck der Auswahlpflicht.

Durch den Schutz des Verfahrensablaufs können der Schuldner und die Gläubiger vom Schutzzweck der Amtspflicht der Verwalterauswahl erfasst werden. Schließlich ist vor allem ihnen an einem reibungslosen Verfahrensablauf und an der Verwirklichung der Verfahrensziele der §§ 1, 156 und 157 InsO gelegen.

485 MüKo-BGB-*Papier*, § 839, Rn. 235; BGHZ 90, 310 (312).

486 MüKo-BGB-*Papier*, § 839, Rn. 239.

487 BGHZ 20, 53 (56); RGZ 138, 309 (313).

488 *Holzer/Kleine-Cosack/Prütting*, S. 59.

Der bestellte Insolvenzverwalter ist natürlich ebenfalls vom Schutzzweck der Auswahlpflicht erfasst; er ist unmittelbar von der Auswahl betroffen.

In Hinblick auf die Berufsfreiheit nach Art. 12 GG und die Bindung an den allgemeinen Gleichheitssatz nach Art. 3 I GG stellt sich auch die Frage, inwieweit der nicht bestellte Verwalter vom Schutzzweck der Auswahlpflicht betroffen ist. Darüber hinaus taucht genau an dieser Stelle das Problem auf, wie der Umstand zu behandeln ist, wenn der Verwalter vom vorläufigen Gläubigerausschuss gewählt bzw. nicht gewählt wird. Inwieweit kann der vorläufige Gläubigerausschuss in die Berufsfreiheit eingreifen und inwieweit ist er an den allgemeinen Gleichheitsgrundsatz gebunden? Kritiker des ESUG sehen schon in der Auswahl durch den vorläufigen Gläubigerausschuss generell eine Verletzung der Grundrechte in Hinblick auf Art. 14 GG.[489] Das BVerfG merkt in einer seiner Entscheidungen an, dass die Ausgestaltung des Verfahrensrechts beachten muss, dass die Bestellungsentscheidung einen Grundrechtseingriff vollzieht.[490]

Dies führt unweigerlich wieder zurück zu *Holzer*, *Kleine-Cosack* und *Prütting*, die der Überzeugung sind, der Schutzzweck der Amtspflicht sei im Einzelnen am Maßstab der Kasuistik der Rechtsprechung des BGH wie auch der InsO zu ermitteln.[491]

Für die vorliegende Amtspflicht im Sinne der Auswahlpflicht des Insolvenzverwalters ist festzustellen, dass es zwar keine breit gefächerte Rechtsprechung des BGH, aber des BVerfG[492] zur Verwalter(vor-)auswahl gibt. Diese umreißt allerdings nicht eindeutig den Schutzzweck bezüglich des nicht berücksichtigten Verwalters. Das BVerfG stellte in seiner Entscheidung vom 3.8.2004 nur fest, dass die Chancengleichheit der Verwalter gerichtlich überprüfbar ist.[493]

Der Schutzzweck der Amtspflicht umfasst die ermessensfehlerfreie Auswahl der Insolvenzverwalter durch das Insolvenzgericht. Somit muss sie auch den nicht bestellten Verwalter unmittelbar umfassen.

Es ist aber noch in keiner Weise absehbar, wie sich die Kasuistik der Rechtsprechung der obersten Gerichte hinsichtlich der Verwalterauswahl unter Einbeziehung eines vorläufigen Gläubigerausschusses entwickeln wird. Dies wird aber einen kaum vermeidbaren Reflex auf die Änderungen des ESUG darstellen.

---

489 Vgl. dazu 2. Teil B. II. 4. d).

490 *Siemon*, ZInsO 2011, 381 (382).

491 *Holzer/Kleine-Cosack/Prütting*, S. 59.

492 Vgl. ausführlich 2. Teil B. I. 1. d).

493 BVerfG, Beschluss v. 3.8.2004 – 1 BvR 135/00; 1 BvR 1086/01, ZInsO 2004, 913 (916) hier allerdings zur Vorauswahl.

Darüber hinaus ist erneut zu erwähnen, dass Amtshaftungsrechtsprechung in der Vergangenheit immer wieder Auslöser für eine Änderung der Rechtschutz verneinenden (Verwaltungs-)Rechtsprechung war.[494] Die Entwicklung der Rechtsprechung bleibt folglich abzuwarten.

b) Stellungnahme

Die Drittbezogenheit der Amtspflicht der Verwalterauswahl umfasst in ihrem Schutzzweck sowohl den bestellten Verwalter, den Schuldner und die Gläubiger als auch den unberücksichtigt gebliebenen Verwalter.

Der für das konkrete Verfahren bestellte Insolvenzverwalter ist zweifelsohne vom Schutzzweck der Amtspflicht erfasst, ohne dass dies einer tiefergehenden Erörterung bedarf. Allerdings liegt eine ihn betreffende Verletzung der Amtspflicht, die etwaige Amtshaftungsansprüche nach sich zieht, weder nahe noch nachvollziehbar auf der Hand.

7. Verursachung eines Schadens

Die Amtspflichtverletzung muss zu einem Vermögensschaden bei dem geschützten Dritten führen.[495]

Dem Geschädigten obliegt die Pflicht, darzulegen und zu beweisen, dass ihm durch die Amtspflichtverletzung ein Schaden entstanden ist. Dem Geschädigten kommen bei der Schadensbestimmung allerdings die Beweiserleichterungen nach § 287 ZPO zugute.[496]

Es muss aber noch geklärt werden, wie genau es in einem fehlerhaften Auswahlverfahren durch das Insolvenzgericht zu Vermögensschäden kommen kann. Wie bereits festgestellt, sind Schuldner und Gläubiger sowie bestellter und nicht bestellter Verwalter vom Schutzzweck der Amtspflicht zur Verwalterauswahl erfasst.

Ein Vermögensschaden des Schuldners oder der Gläubiger ist nur denkbar, wenn es aufgrund der fehlerhaften Auswahl zum Eintritt eines Vermögensschadens kommt, etwa durch eine Masseschmälerung infolge einer Verfahrensverzögerung. Denn das Interesse der Insolvenzgläubiger und des Insolvenzschuldners gründet sich auf der Eigentumsgarantie aus Art. 14 I GG.[497] Ein solcher Vermögensschaden ist denkbar möglich.

---

494 *Holzer/Kleine-Cosack/Prütting*, S. 58; vgl. ausführlich *Martens* JuS 1962, 245 (245ff.).

495 MüKo-BGB-*Papier*, § 839, Rn. 276.

496 MüKo-BGB-*Papier*, § 839, Rn. 276; BGH, NJW 1995, 2344 (2345).

497 Vgl. *Rechel*, S. 245.

Für einen bestellten Verwalter, der mit der Abwicklung eines konkreten Verfahrens betraut worden ist, sieht die Situation anders aus. Auch er ist vom Schutzzweck der Amtspflicht erfasst. Fraglich erscheint aber, wie er, wenn er bestellt worden ist, aufgrund einer fehlerhaften Auswahl einen Vermögensschaden erleiden könnte. Dabei kann es sich um einen denkbar möglichen Schaden handeln, z. B. durch die Abwahl des Verwalters, weil er von vornherein als ungeeignet hätte gelten müssen und er aufgrund dessen eventuell schon gezahlte Vergütungen zurückzahlen muss bzw. einen Verdienstausfall hat, da er aufgrund der Bestellung keine anderen Verfahren betreuen konnte.

So hat der BGH in seinem Urteil vom 30.11.1989 noch während der Geltung der Konkursordnung entschieden, dass dem Anwalt ein Anspruch auf Ersatz des infolge einer unwirksamen Bestellung entstandenen Schadens zusteht, wenn es aufgrund einer Amtspflichtverletzung des Konkursgerichts zu einer fehlerhaften Bestellung eines Rechtsanwalts zum Konkursverwalter kommt.[498] Der Schadenersatzanspruch besteht für den gesamten Zeitraum der Konkursverwaltertätigkeit, solange wie die Unsicherheit über die Wirksamkeit der Bestellung noch bestand. Dem Schadensersatzanspruch kann nicht entgegengehalten werden, der Anwalt habe keine Tätigkeit entfalten dürfen. Denn der Konkursverwalter war, solange die Unsicherheit über die Wirksamkeit nicht beseitigt war, zur Tätigkeit berechtigt und verpflichtet, um seinerseits den schutzwürdigen Interessen der Konkursmasse und der Gläubiger in ausreichendem Maß gerecht zu werden und andererseits sich selbst vor einer Haftung wegen schuldhafter Verletzung der Pflichten eines Konkursverwalters zu bewahren.[499] Der Anspruch auf Schadensersatz umfasst auch die Erstattung des entgangenen Gewinns. Die Erstattung des entgangenen Gewinns ist in der Höhe gerechtfertigt, in der es dem Anwalt durch die notwendige Wahrnehmung seiner Pflichten aus dem Konkursverfahren unmöglich war, durch Einsatz seiner Arbeitskraft in seiner Rechtsanwaltskanzlei Einnahmen zu erzielen. Dazu zählt auch der entgangene Gewinn, der dem Anwalt deswegen entgangen ist, weil er wegen Interessenkollision mit seiner Tätigkeit im Konkursverfahren andere Mandate ausgeschlagen hat.[500]

Auch andere Schadenskonstellationen darüber hinaus mögen durchaus denkbar sein.

Ein weiteres Augenmerk ist auf einen etwaigen Vermögensschaden eines nicht bestellten Verwalters zu legen. Bei ihm kann durch eine fehlerhafte Auswahl in seine Berufsfreiheit nach Art. 12 GG[501] eingegriffen werden. Die fehlerhafte Auswahl kann zu seiner Nicht-Bestellung in einem konkreten Verfahren führen und

498 BGH, KTS 1990, 272 (274ff.).
499 BGH, KTS 1990, 272 (275).
500 BGH, KTS 1990, 272 (276).
501 Dazu mehr unter 2. Teil B. III. 3. b).

somit zu Vermögenseinbußen, die zweifelsohne einen Vermögensschaden darstellen. Einen Schaden im Rahmen der fehlerhaften Auswahl darzulegen bzw. konkret zu beziffern, erscheint allerdings fast unmöglich. Denn die jeweilige Abwicklung des Verfahrens ist von zu vielen unterschiedlichen Faktoren abhängig. Somit sind diese Schäden für die nicht bestellten Verwalter auch kaum darzulegen und zu beweisen.

8. *Haftungsausfüllende Kausalität*

Die Amtspflichtverletzung, hier die fehlerhafte Verwalterauswahl durch das Insolvenzgericht, müsste für den Eintritt des Vermögensschadens kausal geworden sein.[502]

Beim Amtshaftungsanspruch gibt es allerdings Unterschiede und Besonderheiten im Vergleich zum „normalen" Deliktsrecht.

Denn die Norm des § 839 BGB kennt keine beschränkte haftungsbegründende Kausalität. Der § 839 BGB ist nämlich nicht auf die Verletzung bestimmter Rechte und Rechtsgüter beschränkt.

Etwas anderes kann sich im Einzelfall aus dem Schutzzweck der verletzten Amtspflicht ergeben.[503] Der § 839 BGB schützt das Vermögen als Ganzes.[504] Allerdings schützt § 839 BGB nicht gegen jeden Vermögensschaden. Einschränkungen können sich aus dem Schutzzweck der Amtspflicht ergeben.[505] Gemäß § 839 I 1 BGB muss sich das Verschulden des Beamten nicht auf die Kausalität zwischen der Amtspflichtverletzung und dem Schadenseintritt beziehen.[506]

Für die Kausalität zwischen Amtspflichtverletzung und Schadenseintritt gilt auch das Kriterium des adäquaten Kausalzusammenhangs. Der auf der Amtspflichtverletzung beruhende Schaden ist dem Beamten und mittelbar nach Art. 34 GG dem Staat nur zuzurechnen, wenn die Amtspflichtverletzung die Wahrscheinlichkeit des Schadenseintritts wesentlich erhöht hat oder wenn der Beamte den Eintritt des Schadens erwartet oder gewollt hat.[507] Denkbar sind auch Fälle, in denen der Staat geltend macht, die Schäden wären auch bei ordnungsgemäßer Amtsausübung nicht ausgeblieben.[508] Dabei ist allerdings danach zu

---

502 Prütting/Wegen/Weinreich-*Kramarz*, § 839, Rn. 58; Erman-*T. Mayen*, § 839, Rn. 65; vgl. ausführlich zur Kausalität unter 2. Teil A. VI.

503 *Bender*, Rn. 563; anderes kann sich im Einzelfall aus dem Schutzzweck der verletzten Amtspflicht ergeben, vgl. *Bender*, Rn. 563.

504 *Bender*, Rn. 563.

505 BGHZ 39, 358 (358f.).

506 *Bender*, Rn. 563.

507 *Bender*, Rn. 564; BGH, NJW 1965, 1524 (1525).

508 *Bender*, Rn. 565.

fragen, ob die Behörde die zum selben Schaden führende Maßnahme nicht nur hätte fehlerfrei treffen können, sondern auch tatsächlich getroffen hätte. Grund für die Vornahme dieser Handlungen könnte zum Beispiel eine Rechtspflicht sein und nur, wenn die Handlung auch getroffen worden wäre, kann von „echtem“ pflichtgemäßem Alternativverhalten gesprochen werden.[509] Nur dann kann der Staat dem Anspruch des Geschädigten etwas entgegenhalten. Aber selbstverständlich nur, wenn der Schaden auch bei pflichtgemäßem Verhalten eingetreten wäre.[510]

Im Falle einer gerichtlichen Entscheidung ist beim Vorliegen eines bestimmten Alternativverhaltens erheblich, wie das zuständige Gericht die hypothetische alternative Amtshandlung beurteilt hätte. Es kommt nicht darauf an, wie das Gericht tatsächlich entschieden hätte, sondern wie das Gericht richtigerweise hätte entscheiden müssen.[511]

Liegt eine pflichtwidrige hoheitliche Ermessensentscheidung vor, so ist nach der Rechtsprechung zu ermitteln, wie die vorherige bzw. sonstige Übung der Behörde aussieht und ob sie danach pflichtgemäß entschieden hätte. Die Behörde kann dem Amtshaftungsanspruch des Geschädigten nämlich entgegenhalten, dass derselbe Schaden auch entstanden wäre, wenn die korrekte Entscheidung mit an Sicherheit grenzender Wahrscheinlichkeit inhaltlich ebenso wie die fehlerhafte ausgefallen wäre. Der Schaden wäre folglich gleichwohl eingetreten. Außerdem ist darauf zu achten, ob der Ermessensfehler in einer sachwidrigen Abweichung von einer ständigen Übung liegt. Denn eine solche willkürliche Abweichung verstößt in der Regel gegen den allgemeinen Gleichheitssatz nach Art. 3 I GG und ist ermessensfehlerhaft.[512] Ist eine behördliche Übung nicht ermittelbar, nach der die Behörde eine pflichtgemäße Entscheidung getroffen hätte, die in Art und Inhalt der amtspflichtwidrigen entspricht, so kann der Ursachenzusammenhang und folglich ein Schaden nicht verneint werden.[513]

Liegt die Amtspflichtverletzung in einem Unterlassen, wird ein Amtshaftungsanspruch nur ausgelöst, wenn das amtspflichtgemäße Alternativverhalten den Schadenseintritt mit an Sicherheit grenzender Wahrscheinlichkeit verhindert hätte.[514]

Des Weiteren findet, wie schon festgestellt, auch das Kriterium des Schutzzwecks der Norm Anwendung auf § 839 BGB. Seine Wirkung besteht vor allem darin, dass durch den Schutzzweck eine Auslese unter den etwaigen Anspruchsberechtigten stattfindet und dementsprechend auch unter den ersatzfähigen Schäden.[515]

Es gibt aber noch eine weitere Möglichkeit, mit der der Staat sich gegen Amtshaftungsansprüche zur Wehr setzen kann bzw. Tatsachen, die der Staat einem eventuell bestehenden

---

509 *Bender*, Rn. 565.

510 *Bender*, Rn. 565.

511 *Bender*, Rn. 565; BGHZ 36, 144 (146).

512 *Bender*, Rn. 566; zur ständigen Übung (bzw. Selbstbindung) vgl. ausführlich 2. Teil B. III. 3. a) aa) ff.

513 *Bender*, Rn. 566; BGH, NJW 1959, 1316 (1317).

514 *Bender*, Rn. 567; BGHZ 7, 198 (198).

515 *Bender*, Rn. 568.

Amtshaftungsanspruch entgegenhalten kann. Dabei handelt es sich um eine sogenannte „Zwischenursache", die den Ursachenzusammenhang unterbrechen kann. Eine „Zwischenursache" liegt vor, wenn durch ein selbständiges und auf freiwilliger Basis beruhendes, nicht auf die Abwehr oder die Minderung des Schadens gerichtetes Verhalten des Verletzten oder eines Dritten die Kausalkette unterbrochen und die Kausalität somit ausgeschlossen wird.[516] Dies gilt allerdings nur, wenn die Verletzung der Amtspflicht für das Auftreten der „Zwischenursache" unerheblich gewesen ist.[517] Es geht dabei nicht um eine Unterbrechung der Äquivalenz oder ein Fehlen der Adäquanz, sondern darum, ob dem Beamten bei einer wertenden Betrachtung der Schaden nicht mehr zugerechnet werden kann.[518]

Zusammenfassend ist festzustellen, dass der Frage der Kausalität bei Amtshaftungsansprüchen ebenso wie bei anderen Schadensersatzansprüchen eine entscheidende Rolle zukommt.

Im Amtshaftungsrecht ist aus gegebenem Grund ein besonderes Augenmerk auf den Schutzzweck der verletzten Norm zu legen, da der Schutzzweck der verletzten Amtspflicht drittgerichtet sein muss und von Amtspflicht zu Amtspflicht in verschiedene Spektren aufgesplittert sein kann.

Im Fall einer fehlerhaften Verwalterauswahl stellt sich dazu die Frage nach Äquivalenz, Adäquanz und Schutzzweck der Norm. Doch es lässt sich auch an dieser Stelle – wie schon bei der Vorauswahl – keine pauschale Antwort darauf geben, welche etwaigen speziellen Kausalitätsprobleme sich im konkreten Fall auftun könnten. Denn dafür ist die Kausalität von zu vielen einzelfallbezogenen Faktoren abhängig, sodass nur die Kausalität und ihre Probleme im Generellen beleuchtet werden können.

9. *Verschulden bzgl. der Amtspflichtverletzung*

Des Weiteren muss die Pflichtverletzung auch verschuldet sein.[519]

Der § 839 I BGB setzt für die Beamtenhaftung voraus, dass der Beamte eine Amtspflicht vorsätzlich oder fahrlässig verletzt. Für die Amtshaftung des Staates aus Art. 34 GG gilt dieses Verschuldenserfordernis in gleicher Weise, weil diese die Erfüllung des Tatbestandes des § 839 BGB voraussetzt.[520] Das Verschulden kann sowohl in der Form des Vorsatzes als auch in der Form der Fahrlässigkeit

---

516 *Bender*, Rn. 570.

517 *Bender*, Rn. 570; BGHZ 12, 206 (211); BGHZ 17, 153 (159).

518 *Bender*, Rn. 570; vgl. beispielhaft BGHZ 58, 162 (165ff.).

519 *Rechel*, S. 410; vgl. ausführlich zum Verschulden 2. Teil A. VII.

520 MüKo-BGB-*Papier*, § 839, Rn. 282; *Bender*, Rn. 572; *Ossenbühl/Cornils*, S. 74f.; *Dagtoglou*, Art. 34 GG, Rn. 173.

vorliegen. Das Verschulden muss dabei nur in Hinblick auf die Amtspflichtverletzung vorliegen, nicht aber auch in Hinblick auf den schädigenden Erfolg.[521]

Die Fahrlässigkeit bzw. der Vorsatz muss beim Insolvenzgericht vorliegen, das heißt bei seinen „Beamten". Es muss der Vorsatz bzw. die Fahrlässigkeit also bei derjenigen Person vorliegen, die die Verwalterauswahlentscheidung getroffen hat. Dies ist, wie bereits erwähnt, von den verschiedenen Verfahrensabschnitten abhängig. Der Vorsatz oder die Fahrlässigkeit kann also sowohl in der Person des Insolvenzrichters als auch in der des Rechtspflegers verwirklicht werden.

Darüber hinaus ist im Amtshaftungsrecht die Feststellung der konkreten Schuldform im Allgemeinen unerlässlich, weil davon die Anwendbarkeit bzw. Nichtanwendbarkeit der Subsidiaritätsklausel nach § 839 I 2 BGB, des Spruchrichterprivilegs nach § 839 II 1 BGB sowie die Möglichkeit eines etwaigen Regresses[522] des Staates gegen den Beamten abhängig sein kann.[523]

Des Weiteren müsste aber noch auf die Besonderheiten eines etwaigen Verschuldens bei der Verwalterauswahl eingegangen werden. Doch auch hier gibt es, ebenso wie im Falle der Kausalität, eine Fülle von Möglichkeiten, den Vorsatz und die Fahrlässigkeit einer fehlerhaften Verwalterauswahl betreffend zu verwirklichen, sodass es an dieser Stelle bei einer generellen Darstellung des Verschuldens belassen werden muss.

10. Stellungnahme

Dem Insolvenzgericht obliegt nicht nur die Aufsicht über den Insolvenzverwalter und seine Vorauswahl, sondern auch die Auswahl des Insolvenzverwalters im konkreten Verfahren. Aufgrund dessen kann es also auch zu einer eventuellen Auswahlhaftung kommen, wenn das Insolvenzgericht den „falschen" Verwalter bestellt.[524]

Die Frage, ob es sich bei der Auswahl des Insolvenzverwalters durch das Insolvenzgericht um eine Amtspflicht im Sinne des § 839 I BGB handelt, kann ganz eindeutig mit „Ja" beantwortet werden. *Gerhardt* und *Mönning* kommen zu diesem Schluss.[525] Auch die Erkenntnisse *Rechels* sprechen dafür. Denn seiner Meinung nach handelt es sich bei der Vorauswahl des Insolvenzverwalters um eine antizipierte Aufsichtsmaßnahme des Insolvenzgerichts und bei der Bestellung des

521 MüKo-BGB-*Papier*, § 839, Rn. 284; BGH, MDR 1981, 32 (32).
522 Vgl. Art. 34 S. 2 GG, § 75 Abs. 1 BBG, § 48 BeamtStG.
523 MüKo-BGB-*Papier*, § 839, Rn. 287; *Bender*, Rn. 584.
524 Vgl. 2. Teil B. II. 5.
525 Vgl. 2. Teil B. II.

Insolvenzverwalters um den Vollzug insolvenzgerichtlicher Aufsicht. Daher muss die Verwalterauswahl folgerichtig auch eine Amtspflicht im Sinne des § 839 I BGB darstellen.[526] Denn bei der Aufsichtspflicht handelt es sich zweifelsohne um eine Amtspflicht des Insolvenzgerichts.[527]

Auch heute kommt die Frage nach der Verwalterauswahl einer „Schicksalsfrage“ gleich.[528] *Uhlenbruck* spricht sogar von der „Qual“ der (Aus-)Wahl.[529]

Bei der funktionellen Zuständigkeit der Verwalterauswahl und Bestellung herrscht Unklarheit in gewissen Bereichen. Der Abgrenzung zwischen der Zuständigkeit des Insolvenzrichters und des Rechtspflegers, auch unter der Beachtung der Grenzen des Evokationsrechts nach § 18 II RPflG, kommt an dieser Stelle keine entscheidende Rolle für etwaige Amtshaftungsansprüche zu. Denn es fallen, wie bereits erörtert, sowohl Insolvenzrichter als auch Rechtspfleger unter den amtshaftungsrechtlichen Beamtenbegriff und ihre Tätigkeit unter das Tatbestandsmerkmal der „Ausübung eines öffentlichen Amtes“ im Rahmen des § 839 I BGB. Es kann daher dahinstehen, wer für die Auswahl und die Bestellung des Insolvenzverwalters innerhalb der verschiedenen Verfahrensabschnitte zuständig ist.[530]

Gemäß § 56 I InsO ist eine für den jeweiligen Einzelfall geeignete, insbesondere geschäftskundige und von den Gläubigern und dem Schuldner unabhängige natürliche Person zum Insolvenzverwalter zu bestellen. Allerdings findet dabei keine Bestenauslese statt, da dies der Ausgestaltung des Insolvenzverfahrens als „Eilverfahren“ zuwiderlaufen würde.[531]

Bei der Auswahl kommt dem Insolvenzgericht nach der Judikatur des BVerfG ein weites Auswahlermessen zu.[532] Gemäß § 56 II InsO erhält der Insolvenzverwalter eine Urkunde über seine Bestellung. Die Bestellungsurkunde hat nur deklaratorische Wirkung und dient dem Verwalter als Legitimation im Geschäftsverkehr.[533] Das Verwalteramt beginnt erst mit der Annahme des Amtes.[534]

Das ESUG hat mehrere Auswirkungen auf die Auswahl des Insolvenzverwalters und damit auch auf die Amtspflicht(en) des Insolvenzgerichts. Durch die Einführung des § 56 I 2 InsO wurde das Kriterium der Unabhängigkeit gesetzlich

---

526 Vgl. 2. Teil B. II. und 2. Teil B. II. 3. d).
527 Vgl. 2. Teil B. III.
528 Vgl. 2. Teil B. II. 1.
529 *Uhlenbruck*, KTS 1998, 1 (2, 17); vgl. 2. Teil B. II. 1.
530 Vgl. 2. Teil B. II. 2. d).
531 Vgl. 2. Teil B. II. 1.
532 Vgl. 2. Teil B. II. 3.
533 Vgl. 2. Teil B. II. 3. b).
534 Vgl. 2. Teil B. II. 3. c).

eingeschränkt. Durch die Einführung eines – in bestimmten Fällen zwingenden – vorläufigen Gläubigerausschusses sowie durch die Einführung des § 56 a InsO wurde der Einfluss der Gläubiger auf die Verwalterauswahl stark erweitert.[535] Für das Insolvenzgericht sind somit neue Pflichten hinzugekommen; die bestehende Pflicht zur Verwalterauswahl wurde weitgehend verändert.

Eine Pflichtverletzung der Auswahlpflicht liegt im „normalen" Verfahren immer dann vor, wenn das Insolvenzgericht das ihm eingeräumte Ermessen fehlerhaft gebraucht.[536] Eine Pflichtverletzung bei der Verwalterauswahl unter Einsetzung eines vorläufigen Gläubigerausschusses liegt immer dann vor, wenn das Insolvenzgericht in pflichtwidriger Art und Weise von der Einsetzung eines vorläufigen Gläubigerausschuss absieht bzw. wenn es die Vorgaben des § 56 a InsO missachtet. Dabei ist die Einhaltung des Ermessens auch von entscheidender Bedeutung.[537]

Als „Dritte" im Rahmen der Amtspflicht zur Verwalterauswahl kommen sowohl der bestellte und der unberücksichtigt gebliebene Verwalter als auch der Schuldner und die Gläubiger in Betracht.[538]

Das Problem für die etwaigen Betroffenen besteht aber wiederum zu allererst – unabhängig von Fragen anderer Tatbestandsmerkmale – darin, dass dem Geschädigten die Pflicht obliegt, darzulegen und zu beweisen, dass ihm durch die Amtspflichtverletzung ein Schaden entstanden ist. Dem Geschädigten kommen zwar bei der Schadensbestimmung die Beweiserleichterungen nach § 287 ZPO zugute, doch bleibt es weiterhin fast unmöglich, den Schaden wirklich zu beziffern.[539]

Abschließend ist festzustellen, dass die Verwalterauswahl und –bestellung für das Insolvenzgericht ein Haftungsrisiko darstellen, dass durch das ESUG noch größer geworden ist.

Schließlich ist auch darauf hinzuweisen, dass sowohl das Vorauswahlverfahren als auch die Verwalterauswahl und –bestellung im konkreten Verfahren existenziell von der Aufsichtspflicht des Insolvenzgerichts abhängen. Ihr ist deshalb im folgenden Abschnitt größte Aufmerksamkeit zu widmen.

535 Vgl. dazu ausführlich unter 2. Teil B. II. 4. a) und b).

536 Vgl. ausführlich dazu unter 2. Teil B. II. 5. a).

537 Vgl. ausführlich dazu unter 2. Teil B. II. 5. b).

538 Vgl. 2. Teil B. II. 6. b).

539 Vgl. 2. Teil B. I. 4.

III. Die Aufsichtspflicht des Insolvenzgerichts

Daran, dass es sich bei der Aufsichtspflicht des Insolvenzgerichts um eine Amtspflicht handelt, bestehen nach herrschender Meinung keine Zweifel.[540] Bei ihr handelt es sich um eine vorbeugende Aufsichtspflicht, die keines Anlasses des Misstrauens gegenüber dem Insolvenzverwalter bedarf.[541] Dies folgt schon aus der Tatsache, dass der Staat, wenn er, wie es im Insolvenzverfahren der Fall ist, einen Verwalter über fremdes Vermögen einsetzt, das der Verwaltung des Schuldners und dem Zugriff der Gläubiger entzogen ist, sich seiner haftungsrechtlichen Verantwortung nicht entziehen darf. Denn dann besteht für ihn schon nach allgemeinen Grundsätzen die Pflicht, dafür zu sorgen, dass die Verwaltung einer gewissen amtlichen Prüfung unterworfen ist, um eine ordnungsmäßige Verwaltung sicherzustellen.[542]

Die bloße Einordnung der Aufsichtspflicht als Amtspflicht enthält aber keine Aussage darüber, wie das Insolvenzgericht verfahren muss bzw. kann und ob das Insolvenzgericht bei seiner Aufsicht von einem Entschließungs- und/oder einen Auswahlermessen Gebrauch machen kann.[543]

Zunächst muss also erst einmal erörtert werden, welchen Inhalt und Umfang die Aufsichtspflicht des Insolvenzgerichts hat.

1. Rechtsaufsicht oder Fachaufsicht

Zunächst ist der rechtliche Inhalt der Aufsichtspflicht zu erörtern.

Gemäß § 58 I InsO unterliegt die gesamte Amtsführung des Insolvenzverwalters der Aufsicht des Insolvenzgerichts.[544] Fraglich ist aber, wie weitreichend diese Aufsicht ist bzw. welchen Inhalt sie hat.

Eine Rechtsaufsicht wäre nur auf die Rechtmäßigkeitskontrolle der Geschäftstätigkeit des Insolvenzverwalters, insbesondere die ordnungsgemäße Verwaltung der Insolvenzmasse und die Einhaltung der insolvenzspezifischen Verfahrensvorschriften und Zustimmungserfordernisse, beschränkt.[545]

540 *Rechel*, S. 70; OLG Stuttgart, ZIP 2007, 1822 (1825); *Naumann*, KS-InsO, 2. Auflage, S. 431, Rn. 25; MüKo-InsO-*Haarmeyer*, § 22, Rn. 213; RGZ 154, 291 (296).

541 So schon RGZ 154, 291 (296); bestätigend BGH, VersR 1965, 1196 (1197).

542 BGH, VersR 1965, 1196 (1197); *Berner*, DJ 1938, 107 (108); *Levy*, KuT 1928, 149 (149); *Uhlenbruck*, KTS 1989, 229 (237).

543 *Rechel*, S. 71.

544 *Rechel*, S. 29.

545 *Rechel*, S. 29.

Eine Fachaufsicht wäre dagegen auf eine Zweckmäßigkeitskontrolle einzelner Handlungen des Verwalters ausgerichtet. Dies würde aber das Problem nach sich ziehen, ob dem Insolvenzverwalter ein aufsichtsfreier Kernbereich eigenverantwortlicher Zweckmäßigkeitserwägungen zusteht.[546]

Das Gros der Rechtsprechung versteht die Aufsicht des Insolvenzgerichts als Rechtsaufsicht.[547]

Schon das Reichsgericht führte in seinem Urteil vom 30. Mai 1892 aus, dass die Aufsicht des Konkursgerichts über den Konkursverwalter nicht die Bedeutung habe, dass das Konkursgericht die Zweckmäßigkeit und Ersprießlichkeit der Verwalterhandlungen zu prüfen habe. Nur pflichtwidrige Handlungen oder Unterlassungen solle das Konkursgericht ahnden.[548] Dies begründete das Reichsgericht mit der grundsätzlich unabhängigen Stellung des Verwalters in der Disposition über die Masse. Die einzige Einschränkung dieser umfangreichen Handlungsfreiheit des Verwalters sieht das Reichsgericht in der gesetzlich geregelten Haftung des Verwalters gegenüber den Konkursgläubigern.[549] Es gibt aber auch Gerichtsentscheidungen, die von einer zumindest eingeschränkten Fachaufsicht des Insolvenzgerichts ausgehen.[550]

Der Großteil der Literatur ist der Meinung, dass die Aufsicht des Insolvenzgerichts gemäß § 58 I InsO vor allem eine Rechtmäßigkeitskontrolle bezüglich der Handlungen des Verwalters ist.[551] Ein Teil der Literatur vertritt die Meinung, die Aufsicht des Insolvenzgerichts beschränke sich auf die Rechtsaufsicht[552], da eine Zweckmäßigkeitsprüfung des Verwalterhandelns mitsamt seiner wirtschaftlichen Entscheidungen das Insolvenzgericht überfordern würde.[553] Die Zweckmäßigkeitskontrolle obliegt vielmehr dem Gläubigerausschuss, der ein zu schnellem und flexiblem Handeln befähigtes Verfahrensorgan ist, denn die Insolvenzordnung betont den Grundsatz der Gläubigerautonomie noch stärker als die Konkursordnung.[554]

546 *Rechel*, S. 29; vgl. ausführlich zur Frage der Rechts- oder Fachaufsicht: *Rechel*, S. 29–68.

547 *Rechel*, S. 45.

548 RGZ 29, 80 (83).

549 RGZ 29, 80 (83f.).

550 vgl. *Rechel*, S. 45–47.

551 *Naumann*, KS-InsO, 2. Auflage, S. 431, Rn. 26; MüKo-InsO-*Schmidt-Burgk*, § 69, Rn. 11; *Haarmeyer/Wutzke/Förster*, Kap. 5, Rn. 44.

552 MüKo-InsO-*Schmidt-Burgk*, § 69, Rn. 11; Kübler/Prütting/Bork-*Kübler*, § 69, Rn. 2; *Hess/Binz/Wienberg*, § 8 GesO, Rn. 29.

553 MüKo-InsO-*Schmidt-Burgk*, § 69, Rn. 11.

554 Kübler/Prütting/Bork-*Kübler*, § 69, Rn. 2.

Nach einer anderen in der Literatur vertretenen Auffassung soll die Aufsicht des Insolvenzgerichts auch die Zweckmäßigkeitskontrolle umfassen.[555] Diese Auffassung fußt auf der Betrachtung, dass ein Verwalter, der offensichtlich unzweckmäßige Handlungen vornimmt, damit zugleich pflichtwidrig handelt.[556] Auch die allgemeine Aufsicht des Insolvenzgerichts nach § 58 InsO schließt die Zweckmäßigkeitskontrolle mit ein und schließt somit an die zur Gesamtvollstreckungsordnung und Konkursordnung gemachten Ausführungen an.[557] Doch soll es sich bei dieser Zweckmäßigkeitskontrolle nur um eine eingeschränkte Kontrolle handeln. Es ist alleinige Aufgabe des Insolvenzverwalters, die Zweckmäßigkeit einer konkreten Handlung oder Unterlassung zur Erreichung eines Verfahrensziels zu beurteilen.[558] Es ist nicht die Aufgabe des Insolvenzgerichts den Insolvenzverwalter zu leiten, sondern ihn zu beaufsichtigen, da der Verwalter nicht der Gehilfe des Insolvenzgerichts ist.[559] Aber das Insolvenzgericht ist aufgrund seiner Aufsichtspflicht dazu angehalten, masseschmälernde Maßnahmen des Insolvenzverwalters zu verhindern. Hierzu muss das Insolvenzgericht auch Zweckmäßigkeitsgesichtspunkte in die anzustellende Prognose einbeziehen.[560]

Zusammenfassend lässt sich feststellen, dass dem Insolvenzgericht nach einhelliger Meinung aus Rechtsprechung und Literatur eine Rechtsaufsicht nach § 58 InsO zusteht, wonach das Insolvenzgericht die Verwaltungs- und Verwertungstätigkeit zu überwachen hat. Bei der Frage der Fachaufsicht gehen die Meinungen auseinander. Die eine Meinung lehnt eine Fachaufsicht mit einhergehender Zweckmäßigkeitskontrolle des Verwalterhandelns gänzlich ab. Die andere geht davon aus, dass auch die Fachaufsicht von § 58 InsO erfasst wird. Eine vermittelnde Ansicht geht von einer eingeschränkten Zweckmäßigkeitskontrolle aus, die sich nur auf die Rechtmäßigkeit oder Insolvenzzweckwidrigkeit der Zweckmäßigkeitserwägungen bezieht.[561] Diese Auffassung ist vorzugswürdig.

2. *Ermessen des Insolvenzgerichts*

Wie bereits erwähnt, enthält die bloße Einordnung der Aufsichtspflicht als Amtspflicht aber keine Aussage darüber, wie das Insolvenzgericht verfahren muss bzw.

---

555 Smid-*Rattunde*, § 8 GesO, Rn. 379; *Levy*, KuT 1928, 149 (149f.); *Levy*, KuT 1931, 142 (142).

556 *Levy*, KuT 1931, 142 (142); AV. d. JM. v. 25.6.1931, JMBl. S. 223.

557 *Smid*, Praxishandbuch, § 9, Rn. 93; vgl. MüKo-InsO-*Graeber*, § 58, Rn. 39ff.

558 MüKo-InsO-*Graeber*, § 58, Rn. 39.

559 *Smid*, DZWIR 2001, 485 (489).

560 *Smid*, Grundzüge des Insolvenzrechts, § 9, Rn. 48.

561 *Rechel*, S. 51.

kann und ob das Insolvenzgericht bei seiner Aufsicht von einem Entschließungs- und/oder einem Auswahlermessen Gebrauch machen kann.[562]

Zunächst ist festgestellt worden, dass das Insolvenzgericht gemäß § 58 InsO die Rechtsaufsicht über den Insolvenzverwalter hat und diesem bei der Beurteilung der Zweckmäßigkeit einer Verwaltungs- oder Verwertungsmaßnahme grundsätzlich ein aufsichtsfreier Kernbereich eigenverantwortlichen Handelns eingeräumt ist. Dies lässt nur Raum für ein Einschreiten bei insolvenzzweckwidriger und damit einhergehender pflichtwidriger Ausnutzung dieses Kernbereichs.[563] An dieser Stelle ist es wichtig zu untersuchen, ob das Insolvenzgericht in einem solchen Fall im Rahmen der Aufsicht nach § 58 InsO einzuschreiten hat oder ob ihm insoweit ein Ermessen eingeräumt ist. Dabei erstreckt sich die Frage auch darauf, ob dem Insolvenzgericht ein Entschließungs- und Auswahlermessen zusteht.[564] Dies ist von großer Bedeutung für die Frage, wann das Insolvenzgericht die Aufsichtspflicht verletzt und dadurch die Schwelle zu einer etwaigen Amtshaftung nach § 839 I BGB i. V. m. Art. 34 S. 1 GG überschreitet.[565]

Das Ermessen bezeichnet die Art und den Grad der Gesetzesbindung und wird vom Verwaltungsrecht nur in der gesetzesabhängigen Verwaltung gekannt. Eine Ermessensentscheidung schließt immer an das Vorliegen bestimmter Tatbestandsvoraussetzungen an.[566] Eine Ermessensentscheidung betrifft immer die Rechtsfolgenseite einer gesetzlichen Regelung. Das Gesetz bestimmt nicht nur eine Rechtsfolge bei dem Vorliegen bestimmter Tatbestandsmerkmale, sondern gibt der Verwaltung mehrere Möglichkeiten oder weist ihr einen gewissen Handlungsbereich zu. Dabei kann der Verwaltung ein Ermessen eingeräumt werden, das sich darauf bezieht, ob die Verwaltung überhaupt eingreifen und tätig werden soll. Das ist das sogenannte Entschließungsermessen. Es kann sich aber auch um ein Ermessen handeln, das sich darauf bezieht, welche der möglichen und zulässigen Maßnahmen im konkreten Fall getroffen werden sollen. Das ist das sogenannte Auswahlermessen.[567]

Das Ermessen wird der Verwaltung durch den Gesetzgeber eingeräumt. Dieser verwendet dafür in den Rechtsnormen ausdrückliche Hinweise, wie die Nennung des Wortes „Ermessen" selbst, oder aber er bedient sich Ausdrücken, wie „kann", „darf", „ist befugt" oder ähnliches.[568]

562 *Rechel*, S. 71.
563 *Rechel*, S. 68.
564 *Rechel*, S. 68.
565 *Rechel*, S. 68.
566 *Maurer*, Allg. VerwR, § 1, Rn. 24.
567 *Maurer*, Allg. VerwR, § 7, Rn. 7.
568 *Maurer*, Allg. VerwR, § 7, Rn. 9.

Dieses Ermessen wird auch nicht unbeschränkt gewährt. Es wird durch Gesetze eingeschränkt.[569] So zum Bespiel durch § 40 VwVfG. Dieser bestimmt weder den Begriff noch die Zulässigkeit des Ermessens, sondern setzt Ermessen voraus und regelt lediglich die rechtlichen Grenzen der Ermessensausübung. Dies gilt ebenso für § 114 VwGO; dieser erfasst die rechtlichen Grenzen der Ermessensausübung aus der Sicht der verwaltungsgerichtlichen Kontrolle.[570]

Neben dem Ermessen gibt es noch den unbestimmten Rechtsbegriff und den Beurteilungsspielraum, die beide Probleme des gesetzlichen Tatbestands sind.[571]

Bachof entwickelte 1955 die Lehre vom Beurteilungsspielraum, die der Verwaltungsbehörde durch die Verwendung unbestimmter Rechtsbegriffe einen Beurteilungsspielraum einräumt. Dies ist ein Bereich eigener, vom Gericht nicht weiter überprüfbarer Entscheidungen und Wertungen.[572] Ausgangspunkt für den Beurteilungsspielraum ist also zunächst einmal der „unbestimmte Rechtsbegriff".[573] Verfassungsrechtlich ist die Verwendung „unbestimmter Rechtsbegriffe" zulässig.[574]

Hinter einem „unbestimmten Rechtsbegriff" verbirgt sich ein der Auslegung bedürftiger Begriff[575], für den das Gesetz nur unvollkommen Tatbestandsvoraussetzungen oder Rechtsfolgen festsetzt, die die Verwaltung anzuwenden hat.[576] Das Problem bei der Beurteilung eines „unbestimmten Rechtsbegriffs" liegt im Bereich der Erkenntnis. Es bedarf im Einzelfall einer Wertung und oft einer Prognose für die Zukunft. Das erfordert aber, dass sehr verschiedene Gesichtspunkte berücksichtigt, bewertet und umfassend abgewogen werden müssen.[577]

In Literatur und Rechtsprechung zum Insolvenzrecht und insbesondere zur insolvenzgerichtlichen Aufsicht wird nicht immer zutreffend zwischen „Ermessen" und „unbestimmten Rechtsbegriff" und „Beurteilungsspielraum" unterschieden.

So schreibt zum Beispiel *Görg*: „Der unbestimmte Rechtsbegriffs der „erheblichen Verminderung" eröffnet dem Gericht aber einen Beurteilungsspielraum, der im Ergebnis einem Ermessen weitgehend gleichkommt."[578] Doch schließen sich Beurteilungsspielraum und

569 *Rechel*, S. 69.
570 *Maurer*, Allg. VerwR, § 7, Rn. 8.
571 BVerwG NJW 1986, 796 (799); *Maurer*, Allg. VerwR, § 7, Rn. 26.
572 Vgl. *Bachof*, JZ 1955, 97 (97ff.); *Maurer*, Allg. VerwR, § 7, Rn. 31.
573 *Rechel*, S. 69.
574 BVerfG, NJW 1959, 475 (476f.).
575 Stelkens/Bonk/Sachs-*Sachs*, § 40, Rn. 153.
576 Stelkens/Bonk/Sachs-*Sachs*, § 40, Rn. 147.
577 *Maurer*, Allg. VerwR, § 7, Rn. 29.
578 MüKo-InsO-*Görg*, 2. Auflage, § 158, Rn. 22; vgl. *Rechel*, S. 69, Fn. 382.

Ermessen gegenseitig aus, da das Ermessen an die Rechtsfolge einer Norm anschließt, der Beurteilungsspielraum hingegen an den Tatbestand.[579]

Im Insolvenzrecht gibt es auch „unbestimmte Rechtsbegriffe", so zum Beispiel die „Eignung" im Sinne des § 56 I InsO und der „wichtige Grund" im Sinne des § 59 I InsO.[580] Daraus folgt jedoch nicht notwendigerweise ein Beurteilungsspielraum der Verwaltung, der dergestalt ist, dass der Verwaltung eine gerichtlich nicht überprüfbare Letztentscheidungskompetenz eingeräumt wird.[581] Beurteilungsspielräume, die nicht in Gänze einer gerichtlichen Überprüfung unterliegen, können nur ausnahmsweise zuerkannt werden und bedürfen einer besonderen Rechtfertigung, denn sie schränken das Grundrecht des effektiven Rechtsschutzes aus Art. 19 IV GG ein.[582] Die Kontrolle, die den Gerichten zusteht, muss in Hinblick auf berufsbezogene Prüfungen für einen wirkungsvollen Schutz der Berufsfreiheit nach Art. 12 GG zweckgerichtet, geeignet und angemessen sein.[583] Die Regeln über die eingeschränkte Kontrolle des Verwaltungsermessens gelten für die Auslegung und Anwendung unbestimmter Rechtsbegriffe nicht.[584]

Folglich ist stets auf den Sinn und Zweck der zugrunde liegenden Rechtsvorschrift abzustellen und unter Berücksichtigung der maßgeblichen Verfahrensvorschriften zu untersuchen, ob der Gesetzgeber die Letztentscheidungskompetenz hier dem Insolvenzgericht übertragen wollte.[585]

Zusammenfassend ist festzustellen, dass § 58 I InsO die entscheidenden aufsichtsrechtlichen Maßnahmen in das pflichtgemäße Ermessen des Insolvenzgerichts stellt. Dies wird durch das oben bereits genannte Argument bestärkt, dass der Staat, wenn er, wie es im Insolvenzverfahren der Fall ist, einen Verwalter über fremdes Vermögen einsetzt, das der Verwaltung des Schuldners und dem Zugriff der Gläubiger entzogen ist, diesen zu überwachen hat.[586] Die Aufsicht des

---

579 *Maurer*, Allg. VerwR, § 7, Rn. 26; vgl. auch Rechel, S. 69 Fn. 382. Nach anderer Ansicht knüpfen sowohl das Ermessen als auch der Beurteilungsspielraum an die Tatbestandsseite einer Norm an; vgl. dazu *Koch*, S. 173.

580 *Rechel*, S. 69.

581 *Rechel*, S. 69f.; *Kopp/Ramsauer*, § 40, Rn. 22, 99f.; Stelkens/Bonk/Sachs-*Sachs*, § 40, Rn. 147; BVerfG, NJW 1991, 2005 (2006).

582 BVerwGE 94, 307 (309); BVerwGE 100, 221 (225); *Rechel*, S. 70.

583 BVerfG, NJW 1991, 2005 (2007); BVerfGE 60, 253 (269); *Rechel*, S. 70.

584 BVerfG, NJW 1991, 2005 (2006); BVerfG, NJW 1984, 33 (35); *Rechel*, S. 70.

585 *Rechel*, S. 70; vgl. dazu ausführlich *Rechel*, S. 70–89.

586 BGH, VersR 1965, 1196 (1197); *Berner*, DJ 1938, 107 (108); *Levy*, KuT 1928, 149 (149).

Insolvenzgerichts gemäß § 58 I InsO ist als eine Aufsichtspflicht zu verstehen. Die Ausübung dieser Pflicht steht grundsätzlich im pflichtgemäßen Ermessen des Insolvenzgerichts. Eigentlich steht eines der Reformziele der Insolvenzordnung, nämlich die Stärkung der Gläubigerautonomie, dieser Art der stärkeren Reglementierung des Insolvenzverfahrens durch eine intensivere Ausgestaltung der Aufsichtspflicht entgegen. Infolgedessen stehen sowohl die Entscheidung des Tätigwerdens als auch die Wahl der aufsichtsrechtlichen Maßnahme im pflichtgemäßen Ermessen des Insolvenzgerichts.[587]

Mit dieser Feststellung einhergehend stellt sich direkt im Anschluss die Frage, wo die etwaigen Grenzen dieses Aufsichtsermessens liegen.

3. Ermessensgrenzen der Aufsicht

Wie bereits festgestellt, hat das Insolvenzgericht die Aufsicht über den Insolvenzverwalter grundsätzlich nach pflichtgemäßem Ermessen auszuüben.

Die etwaigen Grenzen des Aufsichtsermessens können sich aus Normen des Grundgesetzes (Art. 1 III GG, Art. 3 I GG) oder aber aus speziellen insolvenzrechtlichen Vorschriften ergeben.[588]

a) Allgemeine Beschränkungen des Ermessens

Für die Frage, wo die Grenzen des Ermessens liegen, ist es, wie bereits festgestellt, wichtig, ob es sich überhaupt um eingeräumtes Ermessen oder um einen Beurteilungsspielraum handelt, denn es gibt auch sogenannte Beurteilungsfehler.

Wie der Beurteilungsspielraum und die Auslegung unbestimmter Rechtsbegriffe, betreffen auch Beurteilungsfehler die Tatbestandsseite, während Ermessen und Ermessensfehler die Rechtsfolgenseite betreffen.[589]

Das BVerfG hat in mehreren Entscheidungen festgestellt, dass das gesetzlich eingeräumte Ermessen kein freies, sondern ein gebundenes Ermessen ist.[590] In einem Rechtsstaat ist immer nach pflichtgemäßem Ermessen zu handeln[591], vor allem sind dabei die Gebote des Rechtsstaates, insbesondere der (allgemeine)

---

587 *Rechel*, S. 89; vgl. ausführlich zur Auslegung des § 58 I InsO sowie zur vergleichenden Betrachtung der Aufsichtspflicht mit der Regelung der Aufsicht über die Notare und den Vormund *Rechel*, S. 71–79.

588 *Rechel*, S. 89.

589 *Rechel*, S. 97.

590 BVerfG, NJW 1978, 2446 (2447); *Rechel*, S. 93.

591 BVerfGE 14, 105 (114).

Gleichheitssatz nach Art. 3 I GG, zu beachten[592] sowie die Grundsätze der Verhältnismäßigkeit[593] und des Vertrauensschutzes.[594]

Infolgedessen ist das Insolvenzgericht bei seinen Ermessensentscheidungen in erster Linie gemäß Art. 1 III GG an die Grundrechte und höherrangiges Recht gebunden.[595] Eine weitere Ermessensbeschränkung kann dem § 40 VwVfG aus dem Verwaltungsrecht entnommen werden. In § 40 VwVfG heißt es: „Ist die Behörde ermächtigt, nach ihrem Ermessen zu handeln, hat sie ihr Ermessen entsprechend dem Zweck der Ermächtigung auszuüben und die gesetzlichen Grenzen des Ermessens einzuhalten." Ein Verstoß hiergegen führt zu einer ermessensfehlerhaften Entscheidung.[596] Doch der Ausdruck „Ermessensfehler" in diesem Sinne darf nicht falsch verstanden werden. Ein Ermessensfehler in diesem Sinne liegt nur vor, wenn die Behörde die rechtlichen Bindungen nicht beachtet; unzweckmäßige Entscheidungen, an deren Stelle andere Entscheidungen besser oder sinnvoller gewesen wären, werden nicht erfasst.[597]

Es gibt mehrere Formen, in denen Ermessensfehler auftreten können. Sie werden in der Regel in folgende Begriffe eingeteilt, wobei die Einordnung und Bezeichnung in Rechtsprechung und Literatur nicht einheitlich erfolgt: Ermessensüberschreitung, Ermessensunterschreitung (Ermessensnichtgebrauch) und Ermessensfehlgebrauch (Ermessensmissbrauch).[598]

aa) Ermessensüberschreitung

Eine Ermessensüberschreitung liegt vor, wenn die Behörde eine nicht mehr im Rahmen der angewandten Ermessensvorschrift liegende Rechtsfolge wählt[599] und wenn die Behörde mehr Entscheidungsfreiheit für sich in Anspruch nimmt, als ihr nach den gesetzlichen Bestimmungen überhaupt zusteht.[600] Des Weiteren liegt eine Ermessensüberschreitung vor, wenn die Grundrechte oder sonstige Rechtsvorschriften, insbesondere Verfassungsgrundsätze wie das Willkürverbot[601] und

592 BVerfGE 9, 137 (147); BVerfGE 18, 353 (363).
593 BVerfGE 35, 382 (400f.).
594 BVerfG, NJW 1978, 2446 (2447f.).
595 *Rechel*, S. 93.
596 *Maurer*, Allg. VerwR, § 7, Rn. 17; *Rechel*, S. 93.
597 *Maurer*, Allg. VerwR, § 7, Rn. 18; *Rechel*, S. 93f.
598 *Maurer*, Allg. VerwR, § 7, Rn. 19ff.
599 *Maurer*, Allg. VerwR, § 7, Rn. 20.
600 *Kopp/Ramsauer*, § 40, Rn. 91.
601 BVerfGE 69, 161 (169); BVerwGE 56, 254 (260).

die oben bereits genannten Grundsätzen der Verhältnismäßigkeit[602] und des Vertrauensschutzes[603], missachtet werden. Ferner kommt dem oben bereits genannten (allgemeinen) Gleichheitssatz nach Art. 3 I GG und dem Sozialstaatsprinzip nach Art. 20 I GG[604] eine wichtige Rolle zu.[605]

Bei einem Verstoß gegen den Verhältnismäßigkeitsgrundsatz handelt es sich um eine typische Fallkonstellation der Ermessensüberschreitung.[606] Eine unverhältnismäßige Ermessensausübung liegt dann vor, wenn die rechtliche Beeinträchtigung beim Adressaten durch die behördliche Maßnahme nicht durch entgegenstehende öffentliche Interessen zu rechtfertigen ist.[607] Dem (allgemeinen) Gleichheitssatz nach Art. 3 (I) GG kommt bei Ermessensentscheidungen eine besondere Bedeutung zu. Er bezweckt eine gleichmäßige Ausübung des Ermessens. Die Behörde darf unter den ihr durch den Ermessensspielraum eröffneten Möglichkeiten abgestufter und unterschiedlicher Entscheidungen nicht völlig systemlos, sprunghaft und willkürlich wählen, sondern muss innerhalb des gesetzlichen Rahmens gleich, nach selbst geschaffenen Maßstäben entscheiden.[608] Für die Behörde kann es aufgrund des Gleichbehandlungsgebots und des Differenzierungsverbots, die sich beide aus Art. 3 GG ergeben zu einer Selbstbindung kommen. Das heißt, die Behörde darf in gleich gelagerten Fällen nur aufgrund sachlich fundierter Gründe von dieser Verwaltungspraxis (Selbstbindung) abweichen. Dabei ist natürlich festzustellen, dass es eine Selbstbindung an eine rechtswidrige Verwaltungspraxis im Sinne einer Gleichheit im Unrecht nicht gibt, und unterschiedliche Behörden selbstverständlich hinsichtlich derselben Rechtsnorm auch eine unterschiedliche Verwaltungspraxis haben können. Ein Abweichen von der Verwaltungspraxis ohne sachlichen Grund stellt eine Ermessensüberschreitung und damit einhergehend einen Fehler dar.[609]

bb) Ermessensunterschreitung bzw. Ermessensnichtgebrauch

Ein weiterer Fehler bei der Ausübung des Ermessens kann durch sogenannte Ermessensunterschreitung bzw. Ermessensnichtgebrauch entstehen. Eine Ermessensunterschreitung liegt vor, wenn die Behörde von der ihr zustehenden Möglichkeit der Ermessensausübung überhaupt keinen oder nur unzureichenden Gebrauch macht. Aus dem eingeräumten Ermessen entspringt die Pflicht dieses Ermessen in der Regel auch auszuüben.[610]

---

602 BVerfGE 35, 382 (400f.).

603 BVerwG, NJW 1980, 2763 (2763); BVerfGE 49, 168 (184).

604 BVerwGE 42, 148 (157).

605 Obermayer/Funke-Kaiser-*Stuhlfauth*, § 40, Rn. 36f.

606 Fehling/Kastner-*Schwarz*, § 114 VwGO, Rn. 51.

607 Fehling/Kastner-*Schwarz*, § 114 VwGO, Rn. 51; *Rechel*, S. 94.

608 Stelkens/Bonk/Sachs-*Sachs*, § 40, Rn. 91f.; *Kopp/Ramsauer*, § 40, Rn. 39; *Rechel*, S. 94.

609 *Kopp/Ramsauer*, § 40, Rn. 39f., 42; Stelkens/Bonk/Sachs-*Sachs*, § 40, Rn. 128ff.

610 *Kopp/Ramsauer*, § 40, Rn. 86; Erichsen/Ehlers-*Jestaedt*, § 11 V 3, Rn. 61; *Rechel*, S. 95.

Ein Ermessensfehler im Sinne einer Ermessensunterschreitung bzw. eines Ermessensnichtgebrauchs ist eine Entscheidung der Behörde, bei der sie eine in Wahrheit nicht bestehende Beschränkung ihres Ermessensspielraums oder die Gebundenheit ihrer Entscheidung oder Handlung annimmt. Dies kann aus Gründen einer falschen Gesetzesauslegung, einer nichtigen Rechtsvorschrift, einer rechtswidrigen Richtlinie oder einer zu Unrecht für bindend gehaltenen Verwaltungspraxis resultieren oder daraus, dass die Behörde verkennt, dass ihr in der betreffenden Sache ein Entscheidungsspielraum zukommt und dass sie auch eine Ermessensentscheidung zu treffen hat, oder aus anderen Gründen überhaupt keine bzw. keine eigene Ermessensentscheidung trifft bzw. keine eigenen Ermessenserwägungen in der Sache anstellt.[611]

cc) Ermessensfehlgebrauch bzw. Ermessensmissbrauch

Ferner kann es auch zu einem Ermessensfehlgebrauch bzw. Ermessensmissbrauch der Behörde kommen. Ein Ermessensfehlgebrauch bzw. Ermessensmissbrauch ist gegeben, wenn die Behörde von dem ihr durch Gesetz eingeräumten Ermessen nicht im Sinne des Gesetzes Gebrauch macht. Dabei sind mit dem Begriff „Gesetz" das einzelne Gesetz sowie die Rechtsordnung insgesamt mit all ihren zum Ausdruck kommenden Zwecksetzungen und Zweckvorgaben gemeint.[612]

Ein Fehlgebrauch bzw. Missbrauch des Ermessens kann dadurch entstehen, dass die Behörde nicht sämtliche Gesichtspunkte berücksichtigt, die dem Zweck der Ermächtigungsnorm entsprechen. Dann liegt ein sogenanntes Ermessensdefizit vor. Außerdem kann ein Fehlgebrauch bzw. Missbrauch des Ermessens auch dadurch entstehen, dass andere Gesichtspunkte, die dem Zweck der Ermächtigungsnorm gar nicht entsprechen, berücksichtigt werden. Dabei handelt es sich um eine Sachwidrigkeit.[613]

Eine Ermessensentscheidung weist folglich ein Ermessensdefizit auf, wenn die Behörde als Voraussetzung ihrer Entscheidung nicht alle dafür vom Zweck der Ermächtigungsnorm als relevant vorausgesetzten Tatsachen umfassend ermittelt und bei ihrer Entscheidung alle Ergebnisse dieser Ermittlungen und alle sonst einschlägigen wesentlichen Gesichtspunkte berücksichtigt.[614] Eine Ermessensentscheidung weist demnach sachfremde Erwägungen auf, wenn die Behörde bei ihrer Entscheidung Gesichtspunkte tatsächlicher oder rechtlicher Art berücksichtigt, die nach dem telos des zu vollziehenden Gesetzes, aufgrund anderer Rechtsvorschriften oder allgemeiner Rechtsgrundsätze bei der Entscheidung keine Rolle spielen dürfen.[615]

---

611 *Kopp/Ramsauer*, § 40, Rn. 86 mit einzelnen Nachweisen.

612 *Kopp/Ramsauer*, § 40, Rn. 88; Erichsen/Ehlers-*Jestaedt*, § 11 V 3, Rn. 61.

613 *Kopp/Ramsauer*, § 40, Rn. 89f.

614 *Kopp/Ramsauer*, § 40, Rn. 89.

615 *Kopp/Ramsauer*, § 40, Rn. 90.

Die Rechtsprechung geht deshalb in mehreren Entscheidungen davon aus, dass bei einer pflichtgemäßen Ermessensausübung die wesentlichen Gesichtspunkte bzw. Umstände, die für oder gegen eine Entscheidung sprechen, gegeneinander abgewogen werden müssen.[616]

dd) Ermessensreduzierung bzw. –schrumpfung auf Null

Es gibt außer den bereits genannten möglichen Ermessensfehlern auch noch eine weitere Konstellation, die zur Ermessensfehlerhaftigkeit einer Entscheidung führen kann; und zwar eine Entscheidung, die von einer Ermessensreduzierung auf Null abweicht. Eine Ermessensreduzierung oder –schrumpfung auf Null liegt vor, wenn es sich im Rahmen der Gesetze um eine Ermächtigung zu einer Ermessensentscheidung handelt, es sich aber aus dem Zusammenhang mit anderen Rechtsnormen oder aufgrund besonderer Umstände des jeweiligen Falles ergibt, dass allein aus rechtlichen Gründen nur eine einzige Entscheidung in Betracht kommt.[617] Hierbei wird die Ermessensentscheidung eigentlich wieder zu einer gebundenen Entscheidung und es handelt sich beim Treffen der Maßnahme nicht mehr um eine Ermessensentscheidung im eigentlichen Sinne.[618] Eine Ermessensreduzierung bzw. –schrumpfung auf Null kommt in Fällen der Selbstbindung der Verwaltung in Betracht, vor allem wenn die Behörde ihr Ermessen in der Vergangenheit durch eine bestimmte Verwaltungspraxis gebunden hat.[619] Die Selbstbindung kann aber auch aus der Abgabe einer Zusage oder Zusicherung herrühren.[620]

b) Verfassungsrechtliche Beschränkungen

Neben den allgemeinen Beschränkungen des Ermessens durch die oben genannten Ermessensfehler muss das Insolvenzgericht bei der Ausübung seines Aufsichtsermessens über den Insolvenzverwalter auch eine etwaige verfassungsrechtliche Schutzwirkung zugunsten des Verwalters durch Art. 12 GG (Berufsfreiheit) berücksichtigen.

Dafür muss im Vorfeld erst einmal ausführlich geklärt werden, ob der Insolvenzverwalter als solcher unter die Berufsfreiheit nach Art. 12 GG fällt.[621]

---

616 BVerwG, NJW 1980, 2656 (2656); *Rechel*, S. 96.

617 *Kopp/Ramsauer*, § 40, Rn. 49; ausführlich *Di Fabio*, VerwArch 1995, 214 (214ff.).

618 Erichsen/Ehlers-*Jestaedt*, § 11 V 3, Rn. 64; *Ossenbühl*, NJW 1981, 375 (378); *Martens*, JuS 1962, 245 (247ff.).

619 *Kopp/Ramsauer*, § 40, Rn. 50; ausführlich *Di Fabio*, VerwArch 1995, 214 (223f.).

620 Fehling/Kastner-*Schwarz*, § 114 VwGO, Rn. 21.

621 *Rechel*, S. 89.

Der Art. 12 I GG gewährt einen einheitlichen Schutzbereich der Berufsfreiheit. Dieser umfasst die freie Berufswahl und die freie Berufsausübung.[622] Unter „Beruf" versteht man jede Tätigkeit, die auf Dauer angelegt ist und der Schaffung und Erhaltung der Lebensgrundlage dient[623] und sich nicht in einem einmaligen Erwerbsakt erschöpft.[624] Grundsätzlich kommt es auch nicht auf eine Erlaubtheit des Berufes an.[625] Der Begriff „Beruf" ist generell weit auszulegen.[626] Deshalb ist es für die Eröffnung des Schutzbereiches grundsätzlich auch unerheblich, ob die verfolgte Tätigkeit einen eigenständigen Beruf darstellt oder ob es sich lediglich um eine Ausübungsmodalität eines übergeordneten Berufes handelt.[627]

Laut *Rechel* handelt es sich bei der Tätigkeit als Insolvenzverwalter nicht um eine ehrenamtliche Tätigkeit, die freiwillig oder aufgrund einer Verpflichtung wahrgenommen wird, sondern um eine vergütete Tätigkeit, die sowohl von Rechtsanwälten als auch von Steuerberatern, Kaufleuten und anderen in Ergänzung oder auch anstatt ihrer eigentlichen Tätigkeit ausgeübt wird.[628] Aufgrund dessen dient sie zur Schaffung und Erhaltung einer Lebensgrundlage oder trägt zumindest dazu bei. Folglich handelt es sich bei der Tätigkeit des Insolvenzverwalters um eine von Art. 12 I GG geschützte Tätigkeit.[629] Dem ist nichts entgegenzusetzen, zumal sich auch das Merkmal der Dauerhaftigkeit des Berufs beim Insolvenzverwalter wiederfindet. Die Bestellung als Verwalter erfolgt zwar für jedes Verfahren einzeln, doch sind die als Insolvenzverwalter tätigen Personen in der Regel so ausgestattet, dass sie jederzeit Insolvenzverfahren übernehmen können. Zudem sprechen die oft lange Verfahrensdauer und das generell weite Verständnis des Berufsbegriffs für eine Dauerhaftigkeit der Insolvenzverwaltung.[630]

Außerdem schützt Art. 12 I GG das berufsbezogene Verhalten einzelner Personen oder Unternehmen am Markt. Diese unternehmerische Berufstätigkeit am Markt folgt den Grundsätzen des Wettbewerbs. Die Berufsfreiheit nach Art. 12 I GG sichert in diesem Rahmen nur die Teilhabe am Wettbewerb nach Maßgabe seiner Funktionsbedingungen.[631]

622 *Pieroth/Schlink*, Rn. 877; Jarass/Pieroth-*Jarass*, Art. 12, Rn. 1; BVerfG, NJW 2002, 2621 (2622).
623 BVerfG, NJW 2002, 2621 (2622).
624 Jarass/Pieroth-*Jarass*, Art. 12, Rn. 5.
625 Jarass/Pieroth-*Jarass*, Art. 12, Rn. 9.
626 Jarass/Pieroth-*Jarass*, Art. 12, Rn. 5.
627 *Rechel*, S. 90; Jarass/Pieroth-*Jarass*, Art. 12, Rn. 5.
628 *Rechel*, S. 90.
629 *Rechel*, S. 90.
630 *Rechel*, S. 90; Jarass/Pieroth-*Jarass*, Art. 12, Rn. 5.
631 BVerfG, NJW 2006, 3701 (3702); BVerfG, NJW 2002, 2621 (2622); *Rechel*, S. 90.

Sie begründet auch keinen Anspruch auf Bereitstellung und auf Erhalt eines Arbeitsplatzes, und für einen selbständigen Berufstätigen begründet sie erst recht keinen Anspruch auf Sicherung seiner Erwerbsmöglichkeit.[632] Die Wettbewerbsposition und damit auch der Umsatz und die Erträge unterliegen dem Risiko laufender Veränderung je nach den Marktverhältnissen.[633] Diese muss der Marktteilnehmer hinnehmen.[634]

Ob es sich bei der Tätigkeit des Insolvenzverwalters um einen eigenständigen Beruf bzw. um eine Ausübungsmodalität eines übergeordneten Berufes handelt, spielt zunächst für die Eröffnung des Schutzbereiches keine Rolle. Dies wird erst bei den Einschränkungsmöglichkeiten bedeutsam.[635] Inzwischen wird die Tätigkeit als Insolvenzverwalter als eigenständiger Beruf anerkannt.[636]

Aus der Berufsfreiheit nach Art. 12 I GG folgt auch das Recht der Berufsbildfixierung. Eine solche Berufsbildfixierung liegt vor, wenn der Gesetzgeber bestimmte Tätigkeiten und bestimmte Voraussetzungen zu einem Berufsbild zusammenfasst, an das er rechtliche Folgen knüpft. Dies kann auch heißen, dass bestehende Berufsbilder gegebenenfalls sich verändernden Umständen angepasst werden müssen oder dass ein Teil eines Berufs zu einem Spezialberuf werden kann.[637] Die Einordnung einer Tätigkeit als eigenständiger Beruf oder Ausübungsmodalität eines Berufs erfolgt danach, ob es sich bei der ausgeübten Tätigkeit um ein eigenes Berufsbild handelt.[638] Es handelt sich nicht um einen selbständigen Beruf, wenn solche Tätigkeiten ausgeübt werden, die nur als Bestandteil eines umfassenderen oder als Erweiterung eines anderen Berufs ausgeübt werden und deren Regelung die eigentliche Berufstätigkeit als Grundlage der Lebensführung unberührt lässt.[639] Regelmäßig liegt ein eigener Beruf und keine Ausübungsmodalität vor, wenn eine spezielle Berufsausbildung vorgesehen ist.[640]

Bei der Tätigkeit als Insolvenzverwalter ist die Ausübung der Tätigkeit von der Bestellung durch das Insolvenzgericht abhängig. Der Gesetzgeber hat allerdings bisher keine konkreten Anforderungen für die Bestellung der Insolvenzverwalter normiert. In den §§ 56, 57, 59 InsO sind die Kriterien „Geeignetheit“, „Geschäftskunde“ und „Unabhängigkeit“ normiert. Diese Kriterien stellen aber gerade kein

632 BVerfG, NZI 2007, 181 (181); *Rechel*, S. 90.
633 BVerfG, NJW 2006, 3701 (3702); BVerfG, NJW 2002, 2621 (2622).
634 *Rechel*, S. 90.
635 Jarass/Pieroth-*Jarass*, Art. 12, Rn. 5.
636 BVerfG, NJW 1993, 2861 (2861); BVerfG, ZInsO 2004, 913 (915); *Deckenbrock/Fleckner*, NJW 2005, 1165 (1167f.); m. w. N. *Rechel*, S. 91.
637 *Rechel*, S. 91; Jarass/Pieroth-*Jarass*, Art. 12, Rn. 38.
638 *Rechel*, S. 91.
639 BVerfG, ZInsO 2004, 913 (915); *Rechel*, S. 91.
640 Jarass/Pieroth-*Jarass*, Art. 12, Rn. 39; BVerfGE 119, 59 (78).

konkretes Anforderungsprofil an Insolvenzverwalter dar. Diese Kriterien sind vielmehr offen für Mitglieder aller Berufsrichtungen. Für die Tätigkeit als Insolvenzverwalter gibt es weder eine besondere Ausbildung oder Prüfung noch sind sonstige konkrete Anforderungen aufgestellt worden. Es besteht infolgedessen noch kein gesetzlich typisiertes Berufsbild des Insolvenzverwalters.[641]

Dem steht gegenüber, dass das Tätigkeitsfeld der Insolvenzverwalter in den letzten Jahren zunehmend an Bedeutung gewonnen hat, und zwar für die Allgemeinheit und die einzelnen Insolvenzverwalter.[642] Die Insolvenzverwalter spezialisieren sich immer weiter. So gibt es immer mehr vollprofessionelle Insolvenzverwalter, die sich ausschließlich mit der Abwicklung von Insolvenzverfahren beschäftigen. Dies zeigt auch den Unterschied zum Konkursverwalter auf, der früher seine Tätigkeit vor allem als Nebentätigkeit ausübte.[643] Dies führt dazu, dass heute bei Insolvenzverwaltern ein erheblicher Teil des erwirtschafteten Einkommens aus der Tätigkeit als Insolvenzverwalter stammt und damit Hauptbestandteil für die Schaffung der Lebensgrundlage ist.[644] Aus diesen Gründen handelt es sich bei der Tätigkeit des Insolvenzverwalters nicht um eine Ausübungsmodalität, sondern vielmehr um einen eigenständigen Beruf im Sinne des Art. 12 I GG.[645] Dem steht auch die notwendige Bestellung durch das Insolvenzgericht nicht entgegen, denn auch andere staatlich gebundene Berufe, wie zum Beispiel der des Notars, werden von der Berufsfreiheit nach Art. 12 I GG erfasst, wobei diese im Hinblick auf Art. 33 V GG leichter einzuschränken ist.[646] Das BVerfG hat die Tätigkeit des Insolvenzverwalters als eigenständigen Beruf anerkannt.[647] Aufgrund dessen muss in Anbetracht der Bindungswirkung der verfassungsgerichtlichen Entscheidung von einem Berufsbild des Insolvenzverwalters ausgegangen werden.[648]

Da es sich bei der Insolvenzverwaltertätigkeit, wie festgestellt, um einen eigenständigen Beruf handelt, ist das Insolvenzgericht daran gehalten, vor der Anwendung einer Aufsichtsmaßnahme den Eingriff in die verfassungsrechtlich geschützte Berufsausübungsfreiheit des Insolvenzverwalters an dem Grundsatz

641 *Rechel*, S. 91f.; *Mönning*, KS-InsO, 2. Auflage, S. 375, Rn. 71f.

642 *Rechel*, S. 92.

643 *Haarmeyer/Wutzke/Förster*, Kap. 5, Rn. 18ff.

644 *Rechel*, S. 92.

645 BVerfG, NJW 1993, 2861 (2861); BVerfG, ZInsO 2004, 913 (915); *Deckenbrock/Fleckner*, NJW 2005, 1165 (1167f.); m. w. N. *Rechel*, S. 91.

646 BVerfG, NJW 1996, 1463 (1463); *Rechel*, S. 92f.

647 BVerfG NJW 1993, 2861 (2861); BVerfG, ZInsO 2004, 913 (915).

648 *Smid*, DZWIR 2001, 485 (487); *Rechel*, S. 93.

der Verhältnismäßigkeit zu messen.[649] Allerdings muss noch klargestellt werden, dass der Insolvenzverwalter keinen Anspruch auf Bestellung zum Insolvenzverwalter hat.[650]

c) *Insolvenzrechtliche Beschränkungen*

Neben den bereits genannten Grenzen des Ermessens gibt es noch einige Beschränkungen des Ermessens, die sich aus insolvenzrechtsspezifischen Regelungen ergeben.

aa) Bindungswirkung von Richtlinien des Insolvenzgerichts

Mitunter regeln Insolvenzgerichte die Anforderungen an die Tätigkeit des Insolvenzverwalters in teilweise veröffentlichten, allgemeinen Richtlinien.[651]

Die Rechtsnatur dieser Richtlinien ist umstritten.[652] Im Ergebnis ist festzustellen, dass diese Richtlinien des Insolvenzgerichts lediglich der Verständigung zwischen den Insolvenzrichtern und/oder den Rechtspflegern auf eine einheitliche Behandlung von immer wiederkehrenden Sachverhalten und Fragestellungen dienen.[653] Seine Legitimation erhält die Richtlinie dabei nicht aus ihrer Verfasstheit als „Richtlinie", sondern aus der Übereinstimmung mit den gesetzlichen Vorschriften.[654]

Zur Bindungswirkung dieser Richtlinien kann auf die gemachten Ausführungen zur Selbstbindung der Verwaltung verwiesen werden. Zudem kann es auch zu den bei der Selbstbindung der Verwaltung genannten Ermessensfehlern kommen.[655]

bb) Aufsichtsmaßnahmen auf Antrag

Das Aufsichtsermessen des Insolvenzgerichts könnte dadurch weiter eingeschränkt sein, dass die Verfahrensbeteiligten ein Recht auf ein aufsichtsrechtliches Einschreiten gegen den Insolvenzverwalter haben.[656]

---

649 *Rechel*, S. 93.

650 *Rechel*, S. 93.

651 *Rechel*, S. 98; vgl. „Hamburger Leitlinien zum Insolvenzeröffnungsverfahren", NZI 2004, 133 (133f.).

652 Vgl. *Rechel*, S. 98f.

653 *Rechel*, S. 99.

654 *Rechel*, S. 99.

655 Vgl. auch *Rechel*, S. 99ff.

656 *Rechel*, S. 119.

Den Verfahrensbeteiligten wird ein solches Recht auf aufsichtsrechtliches Tätigwerden des Insolvenzgerichts gegenüber dem Insolvenzverwalter nicht zugestanden, da es an einer erforderlichen gesetzlichen Grundlage fehlt.[657]

Jeder Verfahrensbeteiligte kann eine Aufsichtsmaßnahme oder ein Einschreiten gegen den Insolvenzverwalter anregen, wobei ein formeller Antrag nur als Anregung zu verstehen ist.[658] Der Beteiligtenbegriff ist dabei weit zu fassen.[659] Das Insolvenzgericht hat einen solchen Antrag dann im Rahmen seines Aufsichtsermessens zu prüfen.[660] Bei Ablehnung einer dieser aufsichtsrechtlichen Maßnahmen gegen den Insolvenzverwalter durch das Insolvenzgericht steht den Verfahrensbeteiligten mangels gesetzlicher Regelung kein Rechtsmittel zur Verfügung (vgl. § 6 I InsO).[661] Das Nichtvorhandensein eines entsprechenden Rechtsmittels dient der ordnungsgemäßen und effektiven Verfahrensabwicklung der Insolvenz.[662] Eine Ausnahme besteht jedoch gemäß § 59 II 2 InsO für den Fall, dass ein Entlassungsantrag abgelehnt wird.

cc) Aufsicht des Insolvenzgerichts und Gläubigerbeteiligung

Der Gesetzgeber wollte durch die Reform des Insolvenzrechts die Gläubigerautonomie im Insolvenzverfahren stärken.[663] Dies war auch Reformziel des ESUG.[664]

Verfahrensrechtlich wird die Gläubigerautonomie durch die Gläubigerversammlung, den Gläubigerausschuss[665] und auch durch den vorläufigen Gläubigerausschuss[666] gewährleistet.

Die Mitglieder des Gläubigerausschusses sind gemäß § 69 S. 1 InsO gesetzlich verpflichtet, den Insolvenzverwalter zu überwachen. Die Gläubigerversammlung kann Kontrolle durch ihr Unterrichtungsrecht gemäß § 79 InsO und durch die Bestellung eines Gläubigerausschusses gemäß § 68 InsO ausüben. Auch einzelne Gläubiger können den Insolvenzverwalter kontrollieren. Allerdings sind ihre Möglichkeiten beschränkt. Denn ein Unterrichtungsrecht,

---

657 BGH, ZVI 2007, 80 (80); MüKo-InsO-*Graeber*, § 58, Rn. 59; *Rechel*, S. 119.

658 BGH, DZWIR 2009, 74 (75); MüKo-InsO-*Graeber*, § 58, Rn. 12.

659 MüKo-InsO-*Graeber*, § 58, Rn. 12.

660 MüKo-InsO-*Graeber*, § 58, Rn. 12; LSZ-*Rechel*, § 58, Rn. 13.

661 LSZ-*Rechel*, § 58, Rn. 13; BGH, DZWIR 2009, 74 (75); MüKo-InsO-*Graeber*, § 58, Rn. 59; BGH, NZI 2006, 593 (593).

662 *Rechel*, S. 119f.; LG Karlsruhe, ZIP 1980, 1072 (1072).

663 LSZ-*Rechel*, § 58, Rn. 16; *Rechel*, S. 55.

664 Vgl. RegE des ESUG, S. 25.

665 LSZ-*Rechel*, § 58, Rn. 16; *Rechel*, S. 120.

666 Vgl. bezüglich des vorläufigen Gläubigerausschusses 2. Teil B. II. 4. b).

wie es die Gläubigerversammlung hat, steht dem einzelnen Gläubiger nicht zu. Er kann sich Informationen in den Gläubigerversammlungen und aus den Akten des Insolvenzgerichts gemäß §§ 4 InsO, 299 ZPO verschaffen.[667]

Der Gläubigerausschuss kann sich durch seine Mitglieder an das Gericht wenden, wenn er Maßnahmen für notwendig erachtet, die seine eigenen Kompetenzen nach § 69 InsO überschreiten oder wenn der Insolvenzverwalter sich einer Kontrolle oder Berichterstattung gegenüber dem Gläubigerausschuss widersetzt. Im Falle eines begründeten Antrags hat das Insolvenzgericht zu prüfen, ob dieser Anlass zu intensiveren Aufsichtsmaßnahmen bietet.[668] In der Praxis zeichnet sich allerdings ab, dass die Gläubiger nur eine sehr geringe bis gar keine Mitwirkung zeigen.[669]

In der Literatur wird die Meinung vertreten, dass die Aufsichtspflicht des Insolvenzgerichts durch einen Gläubigerausschuss beschränkt werden kann, wenn dieser den Insolvenzverwalter intensiv und sorgfältig überwacht.[670] Die Gegenansicht vertritt die Meinung, dass die Einsetzung des Gläubigerausschusses die Kontrolle über die Tätigkeit des Insolvenzverwalters erhöhen, aber nicht auf den Gläubigerausschuss verlagern soll.[671] Diese Auffassung vertritt auch der BGH. Er hat festgestellt, dass der Gläubigerausschuss seine Tätigkeit nicht in Unterordnung unter das Konkursgericht, sondern selbständig zu leisten hat. Der Gläubigerausschuss erleichtert aber, wenn er den Konkursverwalter gewissenhaft überwacht, die konkursrichterliche Tätigkeit.[672] Ferner sehen auch die insolvenzrechtlichen Vorschriften keine Reduktion der Aufsichtspflicht bei Vorhandensein eines Gläubigerausschusses vor.[673] Der Gläubigerausschuss dient der zusätzlichen Kontrolle des Verwalterhandelns in bestimmten (Groß-)Verfahren, kann und soll aber die Pflichten des Insolvenzgerichts nicht verlagern.[674] Wenn der Staat, wie es im Insolvenzverfahren der Fall ist, einen Verwalter über fremdes Vermögen einsetzt, dann besteht für ihn schon nach allgemeinen Grundsätzen die Pflicht, dafür zu sorgen, dass die Verwaltung einer gewissen amtlichen Prüfung unterworfen wird,

667 Nerlich/Römermann-*Delhaes*, § 58, Rn. 2.

668 MüKo-InsO-*Graeber*, § 58, Rn. 12; Smid-*Smid*, 1. Auflage, § 58, Rn. 9.

669 *Pape*, NZI 2006, 65 (65); *Rechel*, S. 120.

670 Kreft-*Eickmann*, 6. Auflage, § 58, Rn. 6; Kübler/Prütting/Bork-*Lüke*, § 58, Rn. 7; Uhlenbruck-*Uhlenbruck*, § 58, Rn. 5; vgl. auch LSZ-*Rechel*, § 58, Rn. 16a im Ergebnis aber ablehnend.

671 Andres/Leithaus-*Andres*, § 58, Rn. 5; Smid-*Smid*, 2. Auflage, § 58, Rn. 5; MüKo-InsO-*Graeber*, § 58, Rn. 16; Kübler/Prütting/Bork-*Lüke*, § 58, Rn. 7.

672 BGH, VersR 1965, 1196 (1197).

673 LSZ-*Rechel*, § 58, Rn. 16a; Kübler/Prütting/Bork-*Lüke*, § 58, Rn. 7; Nerlich/Römermann-*Delhaes*, § 58, Rn. 4; Smid-*Smid*, 2. Auflage, § 58, Rn. 5.

674 MüKo-InsO-*Graeber*, § 58, Rn. 16.

um hierdurch eine ordnungsgemäße Verwaltung zu sichern.[675] Die Intensität der Überwachung durch den Gläubigerausschuss hängt nicht von der Qualifikation seiner Mitglieder ab.[676]

Aufgrund der Gläubigerautonomie werden der Gläubigerversammlung weitreichende Rechte eingeräumt, so zum Beispiel die Zustimmungserfordernisse zu Verwaltungs- und Verwertungshandlungen des Insolvenzverwalters nach §§ 157, 160ff. InsO. Aufgrund dieser weitreichenden Rechte der Gläubigerversammlung stellt sich die Frage, ob in dem der Gläubigerversammlung zustehenden Entscheidungsbereich die Aufsicht des Insolvenzgerichts beschnitten ist.[677]

Dagegen spricht zunächst, dass in der Praxis die Gläubiger nur eine sehr geringe bis gar keine Mitwirkung zeigen.[678] Durch eine Präzisierung des § 160 I InsO hat der Gesetzgeber dafür Sorge getragen, dass die Zustimmung zu zustimmungsbedürftigen Rechtshandlungen als erteilt gilt, wenn die Gläubigerversammlung nicht beschlussfähig ist. Dies hat zur Erledigung der Streitfrage geführt, ob das Insolvenzgericht befugt ist, bei Beschlussunfähigkeit der Gläubigerversammlung deren Beschlüsse nach pflichtgemäßem Ermessen zu ersetzen.[679]

Das Insolvenzgericht erfährt keine Reduzierung seiner Aufsicht aufgrund von Beschlüssen der Gläubigerversammlung, die Verwaltungs- und Verwertungsmaßnahmen des Insolvenzverwalters zum Gegenstand haben. Dies folgt schon daraus, dass das Insolvenzgericht nicht nur die Gläubigerinteressen zu schützen hat. Da es darauf zu achten hat, dass der Insolvenzverwalter ordnungsgemäß handelt und dabei auch die Interessen des Schuldners im Rahmen der Insolvenzordnung geschützt werden, ist ein Einschreiten des Insolvenzgerichts unter Umständen auch dann geboten, wenn die Gläubigerversammlung die entsprechende Maßnahme des Verwalters gerade nicht missbilligt.[680]

dd) Verhältnis zwischen der insolvenzgerichtlichen und der standesrechtlichen Aufsicht

Es stellt sich auch die Frage, ob das Aufsichtsermessen eingeschränkt sein könnte, da die als Insolvenzverwalter tätigen Personen oft auch einer berufsständischen Aufsicht unterstehen.

---

675 *Berner*, DJ 1938, 107 (108); BGH, VersR 1965, 1196 (1197).

676 LSZ-*Rechel*, § 58, Rn. 16a; *Rechel*, S. 124.

677 *Rechel*, S. 125.

678 RegBegr. zu Nr. 22 des Entwurfes eines Gesetzes zur Vereinfachung des Insolvenzverfahrens, BT-Drucks. 16/3227; *Pape*, NZI 2006, 65 (65); *Rechel*, S. 125.

679 *Rechel*, S. 125.

680 MüKo-InsO-*Graeber*, § 58, Rn. 17; *Rechel*, S. 125.

Dies hat seinen Grund in der Tatsache, dass die Insolvenzverwaltertätigkeit regelmäßig typische Tätigkeiten umfasst, die zu den Tätigkeiten der kammergebundenen freien Berufe gehören. Infolgedessen werden in der Praxis vor allem Verwalter aus diesen Berufsgruppen bestellt.[681] Diese Personen unterliegen aufgrund der Kammerzugehörigkeit einer berufsständischen Aufsicht.[682] So kann es auch zu der Situation kommen, dass ein als Insolvenzverwalter tätiger Rechtsanwalt zugleich insolvenzrechtliche und berufsrechtliche Verhaltenspflichten verletzt.[683] Nach Meinung der Literatur wird die berufsständische Aufsicht über einen Insolvenzverwalter als Rechtsanwalt, Wirtschaftsprüfer, Steuerberater oder vereidigten Buchprüfer durch die Aufsicht des Insolvenzgerichts nicht verdrängt.[684] Diese Auffassung teilt auch der BGH. Er hat in einer berufsrechtlichen Entscheidung festgestellt, dass ein pflichtwidriges Verhalten, das eindeutig nur einer Berufsordnung zugerechnet werden kann, auch nur nach dieser geahndet werden kann. Ist die Pflichtverletzung hingegen mehreren Berufsordnungen zuzurechnen gelten alle in Betracht kommenden Berufsordnungen. Im Zweifel muss der Berufsträger den Anforderungen der strengsten Berufsordnung genügen.[685]

Die insolvenzgerichtliche Aufsicht dient der Einhaltung der Insolvenzzwecke im konkreten Insolvenzverfahren unter Einhaltung der insolvenzrechtlichen Verfahrensvorschriften. Die berufsständische Aufsicht hingegen dient der allgemeinen Erfüllung der durch das entsprechende Gesetz übertragenen Aufgaben und der Einhaltung der berufsrechtlichen Verhaltenspflichten. Daraus folgt, dass es einzelfallabhängig ist, ob die Ahndung einer berufsrechtlichen Verfehlung in einem standesgemäßen Verfahren zugleich aufsichtsrechtliche Maßnahmen des Insolvenzgerichts erforderlich macht.[686]

4. *Tatsächlicher Inhalt und Umfang der Aufsichtspflicht*

Nachdem die Rechtsnatur der insolvenzgerichtlichen Aufsichtspflicht ausführlich dargestellt worden ist, bedarf es noch der Erörterung des tatsächlichen Inhalts und Umfangs der Aufsichtspflicht. Nur aus einer Verletzung des tatsächlichen Inhalts und/oder Umfangs der Aufsichtspflicht kann ein etwaiger Amtshaftungsanspruch entstehen.

---

681 *Rechel*, S. 126; BGH, NJW 2005, 1057 (1058).

682 LSZ-*Rechel*, § 58, Rn. 18; vgl. *Rechel*, S. 74ff.

683 *Rechel*, S. 126; vgl. ausführlich zu mehrfach qualifizierten Berufsträgern *Deckenbrock/Fleckner*, NJW 2005, 1165 (1165).

684 Uhlenbruck-*Uhlenbruck*, § 58, Rn. 26; Nerlich/Römermann-*Delhaes*, § 58, Rn. 3.

685 BGH, NJW 2005, 1057 (1058).

686 LSZ-*Rechel*, § 58, Rn. 18; *Rechel*, S. 127.

Der Gesetzgeber der InsO hat den Aufgaben- und Pflichtenkatalog des Insolvenzverwalters hinreichend konkret und umfassend geregelt. In bestimmten Fällen hat dem Gesetzgeber die insolvenzgerichtliche Aufsicht als Kontrollmaßnahme nicht genügt, sodass die Handlung des Verwalters von einer ausdrücklichen Zustimmung des Insolvenzgerichts abhängig gemacht worden ist. So darf z. B. die Schlussverteilung gemäß § 196 II InsO nur mit Zustimmung des Insolvenzgerichts vollzogen werden. Auf Antrag gemäß § 163 I InsO kann das Insolvenzgericht anordnen, dass eine geplante Veräußerung des Unternehmens oder eines Betriebes unter Wert nur mit Zustimmung der Gläubigerversammlung zulässig ist. Die Stilllegung des Betriebes im Eröffnungsverfahren ist gemäß § 22 I 2 Nr. 2 InsO nur mit Zustimmung des Insolvenzgerichts zulässig.[687]

Das zuvor Genannte stellt nur einige Ausnahmen dar.

Betrachtet man diese Ausnahmen, in denen die Aufsicht als Kontrollmaßnahme gegenüber dem Verwalterhandeln nicht genügt, muss man im Umkehrschluss zu der Überzeugung kommen, dass das Verwalterhandeln grundsätzlich „nur" der insolvenzgerichtlichen Aufsicht unterliegen soll.

Zur insolvenzgerichtlichen Aufsicht merkt *Rechel* an, dass diese auf der Verarbeitung von Informationen beruht und neben der erforderlichen fachlichen Qualifikation der Organe des Insolvenzgerichts eine ausreichende technische und organisatorische Ausstattung benötigt, um die Entgegennahme und die Verfügbarkeit von aufsichtsrelevanten Informationen zu gewährleisten.[688]

Das Insolvenzgericht ist in der Lage, die aufsichtsrelevanten Informationen über den Insolvenzverwalter und dessen Amtsführung aus unterschiedlichen Quellen zu gewinnen. Eine umfassende Erkenntnis über aufsichtsrelevante Informationen setzt voraus, dass das Insolvenzgericht nicht nur passiv darauf angewiesen bleibt, hierüber letztlich durch Dritte – sei es zum Beispiel im Rahmen der Rechnungslegung und der Berichterstattung durch den Insolvenzverwalter, durch den Gläubigerausschuss, die Insolvenzgläubiger oder sonstige Dritte – informiert zu werden, sondern darüber hinaus auch aktiv zu eigenen Ermittlungen ermächtigt ist.[689]

Rechtliche Grundlage für diese eigene Ermittlungskompetenz des Insolvenzgerichts ist § 5 I 1 InsO, wonach das Insolvenzgericht von Amts wegen alle Umstände ermitteln kann, die für das Insolvenzverfahren von Bedeutung sind.[690] Ferner kann

687 Uhlenbruck-*Uhlenbruck*, § 58, Rn. 1.

688 *Rechel*, S. 174.

689 *Rechel*, S. 184f.

690 *Rechel*, S. 185; vgl. ausführlich zum Amtsermittlungsgrundsatz *Rechel*, S. 185ff.

das Gericht natürlich auch über § 58 I 2 InsO direkt Auskünfte vom Insolvenzverwalter über den Verfahrensverlauf verlangen.

a) Aufsicht als Erkenntnisprozess

Für die Ausübung der insolvenzgerichtlichen Aufsicht über den Insolvenzverwalter ist es unerlässlich, dass das Insolvenzgericht Kenntnis von aufsichtsrelevanten Sachverhalten erlangt. Die Ausübung der Aufsicht macht es für das Insolvenzgericht deshalb nötig, jederzeit eine vollständige und verlässliche Kenntnis von den Verhältnissen der Insolvenzmasse und von der Abwicklung des Insolvenzverfahrens durch den Insolvenzverwalter zu haben.[691]

aa) Grundvoraussetzungen des Erkenntnisprozesses

Für das Erlangen dieser Kenntnis müssen eine ausreichende fachliche Qualifikation der Organe der Insolvenzgerichte sowie eine ausreichende technische und organisatorische Ausstattung der Gerichte vorhanden sein, um die Entgegennahmen und die Verfügbarkeit von aufsichtsrelevanten Informationen zu gewährleisten.[692]

So hat der Gesetzgeber zum Beispiel dafür Sorge getragen, dass eine Zuständigkeitskonzentration der Insolvenzgerichte bei den Amtsgerichten im Bezirk des Landgerichts (vgl. § 2 I InsO) stattfindet.[693] Dadurch hat der Gesetzgeber schon eine notwendige Rahmenbedingung für den Erkenntnisprozess des Insolvenzgerichts geschaffen.[694] Allerdings darf an dieser Stelle nicht verschwiegen werden, dass in den meisten Bundesländern der § 2 II InsO Anwendung findet und es daher mehr Insolvenzgerichte als Landgerichte gibt. Versuche diese Möglichkeit nach § 2 II InsO abzuschaffen schlugen fehl.

So war noch im Regierungsentwurf zum ESUG eine Änderung des § 2 II InsO vorgesehen, wurde aber vom Rechtsausschuss des Bundestages mit der Begründung verworfen, dass es entsprechend dem Subsidiaritätsprinzip den Ländern auch weiterhin überlassen bleiben soll, in welchem Maße sie die von der Insolvenzordnung grundsätzlich vorgesehene Konzentration der Insolvenzgerichte auf das Amtsgericht am Sitz des Landgerichts umsetzen. Damit bleibt es im Ermessen der Landesregierungen, zur sachdienlichen Förderung oder schnelleren Erledigung der Verfahren neben dem Amtsgericht am Sitz des Landgerichts ein anderes Amtsgericht oder zusätzliche Amtsgerichte zu Insolvenzgerichten zu bestimmen bzw. die Gerichtsbezirke abweichend festzulegen und damit sogar über die Konzentration

691 LSZ-*Rechel*, § 58, Rn. 19; *Rechel*, S. 173.

692 LSZ-*Rechel*, § 58, Rn. 20; vgl. ausführlich zu den Voraussetzungen der Erkenntnisgewinnung *Rechel*, S. 174ff.

693 Amtl. Begr. Zu § 2 RegEInsO, BT-Drucks. 12/2443, S. 109.

694 LSZ-*Rechel*, § 58, Rn. 20.

nach § 2 I InsO hinauszugehen. Der Rechtsausschuss des Bundestages geht davon aus, dass die Länder ihrer Verpflichtung zur Steigerung der Sachkompetenz der Insolvenzgerichte nach § 2 I InsO auch ohne die Streichung der „Öffnungsklausel" nachkommen werden.[695]

Zur Kompetenzverteilung innerhalb des Insolvenzgerichts gilt Nachfolgendes. Gemäß §§ 3 Nr. 2 e), 4, 18 RPflG liegt der Schwerpunkt der insolvenzgerichtlichen Aufsicht im eröffneten Insolvenzverfahren beim Rechtspfleger. Er ist funktionell zuständig für die Ausübung der Aufsicht. Aufgrund dessen fallen auch überaus wichtige Aufgaben in seinen Tätigkeitsbereich. Dies sind zum Beispiel die Kontrolle und Abwicklung der Eigenverwaltung nach §§ 270ff. InsO und die Prüfung der Schlussrechnung nach § 66 II InsO.[696] Gemäß § 18 I Nr. 2 InsO ist das Verfahren über einen Insolvenzplan nach den §§ 217 bis 256 InsO und den §§ 258 bis 269 InsO aufgrund der Änderungen durch das ESUG dem Insolvenzrichter vorbehalten.[697] Die fachliche Qualifikation der Insolvenzrichter und –rechtspfleger ist entscheidend für eine wirksame Aufsicht des Insolvenzgerichts.[698] Den Rechtspfleger trifft die besondere Pflicht, die erforderlichen Fachkenntnisse über das Insolvenzverfahren zu erlernen.[699]

Den besonderen Anforderungen, denen die insolvenzgerichtliche Aufsicht bedarf, hat der Gesetzgeber auch versucht zu genügen, in dem er durch § 22 VI GVG und durch § 18 IV RPflG die Wahrnehmung von Geschäften in Insolvenzsachen durch einen Richter oder Rechtspfleger auf Probe im ersten Jahr nach seiner Ernennung ausgeschlossen hat.[700]

Das ESUG trägt der besonderen Bedeutung der insolvenzgerichtlichen Aufsicht Rechnung und geht noch einen Schritt weiter. Deshalb wurde der § 18 IV RPflG durch das ESUG auch zu seiner heutigen Fassung geändert. Gemäß § 18 IV RPflG sollen Rechtspfleger in Insolvenzsachen zusätzlich über belegbare Kenntnisse des Insolvenzrechts und Grundkenntnisse des Handels- und Gesellschaftsrechts und der für das Insolvenzverfahren notwendigen Teile des Arbeits-, Sozial- und Steuerrechts und des Rechnungswesens verfügen. Einem Rechtspfleger, dessen Kenntnisse auf diesen Gebieten nicht belegt sind, dürfen die Aufgaben eines Rechtspflegers in Insolvenzsachen nur zugewiesen werden, wenn der Erwerb der

695 Vgl. dazu RegE des ESUG, S. 4, 32f.; BT-Drucks. 17/7511, S. 6, 33.

696 LSZ-*Rechel*, § 58, Rn. 20.

697 Vgl. BGBl. 2011, Teil 1, S. 2589; die Änderung durch das ESUG trat am 1. Januar 2013 in Kraft.

698 LSZ-*Rechel*, § 58, Rn. 20.

699 *Mönning*, KS-InsO, 2. Auflage, S. 375, Rn. 85.

700 LSZ-*Rechel*, § 58, Rn. 20.

Kenntnisse alsbald zu erwarten ist.[701] Der § 22 VI GVG ist durch das ESUG wie folgt neu gefasst bzw. erweitert worden: „Richter in Insolvenzsachen sollen über belegbare Kenntnisse auf den Gebieten des Insolvenzrechts, des Handels- und Gesellschaftsrechts sowie über Grundkenntnisse der für das Insolvenzverfahren notwendigen Teile des Arbeits-, Sozial- und Steuerrechts und des Rechnungswesens verfügen. Einem Richter, dessen Kenntnisse auf diesen Gebieten nicht belegt sind, dürfen die Aufgaben eines Insolvenzrichters nur zugewiesen werden, wenn der Erwerb der Kenntnisse alsbald zu erwarten ist."[702]

bb) Quellen des Erkenntnisprozesses

Die Quellen der Informationen, die für die Ausübung der Aufsicht erforderlich sind, können verschiedentlich sein.[703] Zunächst stehen dem Insolvenzgericht als Informationsquelle die eigenen Ermittlungskompetenzen aufgrund des allgemeinen Amtsermittlungsgrundsatzes nach § 5 I 1 InsO und aufgrund des besonderen Auskunftsanspruches gegenüber dem Insolvenzverwalter gemäß § 58 I 2 InsO zu. Bei der Amtsermittlungspflicht nach § 5 I 1 InsO obliegt dem Insolvenzgericht die Ermittlung aller wesentlichen Tatsachen als Amtspflicht im Sinne des § 839 I BGB.[704] Daneben sind aber auch die insolvenzrechtlichen und internen Berichts- und/oder Rechnungslegungspflichten des Insolvenzverwalters von besonderer Bedeutung für das Insolvenzgericht. Im Einzelnen sind das die Vorlage der Verzeichnisse nach §§ 151–153 InsO gemäß § 154 InsO, die Berichterstattung im Berichtstermin gemäß § 156 I InsO, die Zwischenrechnungslegung gemäß § 66 III InsO und die Schlussrechnungslegung gemäß § 66 I InsO. Die externe Rechnungslegung des Insolvenzschuldners, die handelsrechtlichen und steuerrechtlichen Ursprungs ist, kann das Insolvenzgericht in die Lage versetzen, festzustellen, ob die in der Anlagenbuchhaltung des Insolvenzschuldners erfassten aktiven Vermögenswerte in der internen Rechnungslegung des Insolvenzverwalters, dabei vor allem in den Verzeichnissen nach §§ 151, 153 InsO, vollumfänglich aufgenommen worden sind.[705] Allerdings kann das Insolvenzgericht auch Informationen von Insolvenzgläubigern, dem Insolvenzschuldner selbst oder am Verfahren gar nicht beteiligten Dritten erhalten, die eine gewisse Relevanz für die insolvenzgerichtliche Aufsicht aufweisen. Aufgrund derer kann das Insolvenzgericht dann im

701 Vgl. BGBl. 2011, Teil 1, S. 2589; die Änderung durch das ESUG trat am 1. Januar 2013 in Kraft.

702 Auch diese Änderung durch das ESUG trat am 1. Januar 2013 in Kraft.

703 LSZ-*Rechel*, § 58, Rn. 21; vgl. ausführlich zu den Erkenntnisquellen *Rechel*, S. 184ff.

704 Kreft-*Kirchhof*, § 5, Rn. 4.

705 LSZ-*Rechel*, § 58, Rn. 21.

Rahmen seiner ihm zustehenden Amtsermittlungskompetenz nach §§ 5 I, 58 I 2 InsO auch tätig werden.[706] Außerdem kann natürlich auch der Insolvenzverwalter selbst eine Erkenntnisquelle des Insolvenzgerichts sein, denn er ist zum Beispiel verpflichtet, eine mögliche bzw. eine bevorstehende Interessenkollision dem Gericht gegenüber anzuzeigen.[707]

An dieser Stelle wird unweigerlich die Frage aufgeworfen, wie das Verhältnis des durchaus weiten Geltungsbereiches des Amtsermittlungsgrundsatzes nach § 5 I InsO zu dem Auskunftsanspruch des Insolvenzgerichts nach § 58 I 2 InsO ausgestaltet ist.[708]

Ein Teil der Literatur vertritt die Auffassung, dass § 58 InsO in seinem Geltungsbereich grundsätzlich den (allgemeinen) Amtsermittlungsgrundsatz nach § 5 I InsO verdrängt, sodass die Ermittlungsbefugnisse des Insolvenzgerichts in Bezug auf die Verfahrensabwicklung durch den Insolvenzverwalter abschließend in § 58 InsO geregelt sind.[709] *Kirchhof* vertritt die Auffassung, dass der Amtsermittlungsgrundsatz nach § 5 I InsO nur durch die eigenverantwortlichen Befugnisse des Insolvenzverwalters beschränkt wird.[710] *Ganter* und *Lohmann*, *Pape* sowie *Smid* schränken diese Trennung der Geltungsbereiche aber insoweit ein, als sie Amtsermittlungen des Insolvenzgerichts nach § 5 I InsO auch über den Anwendungsbereich des § 58 I 2 InsO hinaus für zulässig erachten, wenn begründete Verdachtsmomente dafür vorliegen, dass der Insolvenzverwalter seine Pflichten nicht erfüllt oder Anhaltspunkte für Unregelmäßigkeiten der Verwaltung vorliegen, die durch angeforderte Auskünfte und Berichte nach § 58 I 2 InsO nicht ausgeräumt werden.[711]

Rechel, der dieser Auffassung beipflichtet, kann in seiner Begründung dafür nur zugestimmt werden: „Der Vorschrift des § 58 Abs. 1 Satz 2 InsO kann eine Beschränkung des allgemeinen Amtsermittlungsgrundsatzes (§ 5 Abs. 1 InsO) nicht entnommen werden. § 58 Abs. 1 Satz 2 InsO regelt den allgemeinen verfahrensbezogenen Auskunftsanspruch des Insolvenzgerichts gegenüber dem Insolvenzverwalter. Würden sich darin die Ermittlungsbefugnisse des Insolvenzgerichts im

---

706 Uhlenbruck-*Uhlenbruck*, § 58, Rn. 19; Nerlich/Römermann-*Delhaes*, § 58, Rn. 13.

707 BGH, ZIP 1991, 324 (328).

708 *Rechel*, S. 190.

709 MüKo-InsO-*Ganter/Lohmann*, § 5, Rn. 15e; Jaeger-*Gerhardt*, § 5 InsO, Rn. 8; Uhlenbruck-*Pape*, § 5, Rn. 22; aufgelistet bei *Rechel*, S. 190, Fn. 1055; a. A. Kreft-*Kirchhof*, § 5, Rn. 5.

710 Kreft-*Kirchhof*, § 5, Rn. 6.

711 MüKo-InsO-*Ganter/Lohmann*, § 5, Rn. 15e; Uhlenbruck-*Pape*, § 5, Rn. 22; Smid-*Smid*, 2. Auflage, § 5, Rn. 11, § 58, Rn. 4.

Rahmen der Aufsicht erschöpfen, dann wäre es dem Insolvenzverwalter ein leichtes, die Aufdeckung eines aufsichtsrelevanten Sachverhalts zu verhindern, indem er die eingeforderten Auskünfte nicht oder unrichtig erteilt. Einer Beschränkung der Amtsermittlungsbefugnis des Insolvenzgerichts in Bezug auf die Tätigkeit des Insolvenzverwalters steht auch der Gesetzessystematik entgegen[712], denn die Vorschrift des § 5 Abs. 1 InsO findet sich in dem mit „Allgemeine Vorschriften" überschriebenen 1. Teil der InsO, woraus geschlussfolgert werden kann, dass der Amtsermittlungsgrundsatz die Aufsichtsbefugnisse des Insolvenzgerichts gem. § 58 InsO ergänzt."[713]

Dem Amtsermittlungsgrundsatz nach § 5 I InsO kommt bei dem Erkenntnisprozess des Insolvenzgerichts zusammen mit dem Auskunftsanspruch aus § 58 I 2 InsO die wohl wichtigste Rolle als Erkenntnisquellen im Rahmen der insolvenzgerichtlichen Aufsicht zu.

b) *Adressat der insolvenzgerichtlichen Aufsicht*

Durch eine genaue Bestimmung des Personenkreises, der unter insolvenzgerichtlicher Aufsicht steht, lässt sich auch der Umfang der insolvenzgerichtlichen Aufsicht genau eingrenzen. Adressat insolvenzgerichtlicher Aufsicht ist neben dem Insolvenzverwalter, der in § 58 I InsO ausdrücklich benannt ist, auch der gemäß § 5 I 2 InsO bestellte Sachverständige.[714] Ferner kommen aufgrund gesetzlicher Verweisungen in §§ 21 II Nr. 1, 274 I, 292 III 2, 313 I 3 InsO auch der vorläufige Insolvenzverwalter, der Treuhänder im vereinfachten Insolvenzverfahren und der Treuhänder in der Wohlverhaltensperiode in den Genuss der Aufsicht durch das Insolvenzgericht[715], und gemäß § 261 I 2 InsO bezieht sich die insolvenzgerichtliche Aufsicht auch auf die Überwachung der Insolvenzplanerfüllung durch den Insolvenzverwalter[716].

c) *Beginn und Dauer der Aufsicht*

Nachdem der Adressatenkreis der insolvenzgerichtlichen Aufsicht bestimmt worden ist, soll im weiteren Verlauf auf den Beginn und die Dauer der insolvenzgerichtlichen Aufsicht eingegangen werden.

---

712 *Larenz/Canaris*, S. 145ff.

713 *Rechel*, S. 190f.

714 So im Ergebnis bejahend: *Rechel*, S. 134f.; MüKo-InsO-*Ganter/Lohmann*, § 4, Rn. 42; LG Frankfurt, ZInsO 2006, 107 (108).

715 *Rechel*, S. 129. Durch das Gesetz zur Verkürzung des Restschuldbefreiungsverfahrens und zur Stärkung der Gläubigerrechte vom 15.07.2013 sind die §§ 312–314 InsO mit Wirkung vom 01.07.2014 weggefallen; vgl. BGBl. 2013, Teil 1, S. 2383.

716 Braun-*Blümle*, § 58, Rn. 3.

Das Insolvenzverfahren beginnt grundsätzlich mit einem Eröffnungsantrag gemäß §§ 13ff. InsO.[717] Das Insolvenzgericht darf ohne Antrag überhaupt nicht tätig werden, da jede insolvenzgerichtliche Tätigkeit ohne entsprechenden Antrag zur Staatshaftung führen kann.[718] Der § 58 I 1 InsO setzt in seinem Wortlaut die Existenz eines Funktionsträgers des Insolvenzverfahrens voraus, da, wie bereits festgestellt, das Insolvenzgericht die Aufsicht auch über andere Funktionsträger als nur den Insolvenzverwalter ausüben kann. Diese Existenz wird aber erst durch den Bestellungsakt des Insolvenzgerichts nach §§ 22 II 1 Nr. 1, 27 I 1, 270 III 1, 291 II, 313 I 2 InsO begründet.[719] Durch die Bestellung werden auf direktem Wege die gesetzlichen Rechte und Pflichten des Funktionsträgers begründet.[720] Für die Wirksamkeit der Bestellung als Insolvenzverwalter ist es ausschlaggebend, dass der Ernannte das Amt auch ausdrücklich oder zumindest stillschweigend annimmt.[721]

Aufgrund der gesetzlichen Verweisungsnormen in §§ 21 II 1 Nr. 1, 274 I und 313 I 3 InsO muss auch der vorläufige Insolvenzverwalter, der Sachwalter und der Treuhänder im vereinfachten Insolvenzverfahren sowie der Treuhänder in der Wohlverhaltensperiode das Amt annehmen.[722] Infolgedessen beginnt die Aufsicht des Insolvenzgerichts über den Insolvenzverwalter nicht schon mit der Bestellung allein, sondern mit der Bestellung und der Annahme des Amtes durch die entsprechende Person.[723]

Allein aufgrund des, der Bestellung des Verwalters vorausgehenden, Vorauswahlverfahrens eröffnet sich aber die Möglichkeit, dass das Einsetzen der insolvenzgerichtlichen Aufsicht schon früher, also vor der Bestellung und der Annahme des Amtes, beginnt.[724]

---

717 *Rechel*, S. 154; *Häsemeyer*, Rn. 7.01.

718 *Häsemeyer*, Rn. 7.01.

719 *Rechel*, S. 154. Durch das Gesetz zur Verkürzung des Restschuldbefreiungsverfahrens und zur Stärkung der Gläubigerrechte vom 15.07.2013 sind die §§ 312–314 InsO mit Wirkung vom 01.07.2014 weggefallen; vgl. BGBl. 2013, Teil 1, S. 2383.

720 *Rechel*, S. 154; für die Bestellung des Insolvenzverwalters: Jaeger-*Gerhardt*, § 56 InsO, Rn. 25.

721 *Naumann*, KS-InsO, 2. Auflage, S. 431, Rn. 30; Nerlich/Römermann-*Delhaes*, § 58, Rn. 4; Jaeger-*Gerhardt*, § 56 InsO, Rn. 25; Kübler/Prütting/Bork-*Lüke*, § 56, Rn. 65; *Rechel*, S. 154.

722 *Rechel*, S. 154, Fn. 871. Durch das Gesetz zur Verkürzung des Restschuldbefreiungsverfahrens und zur Stärkung der Gläubigerrechte vom 15.07.2013 sind die §§ 312–314 InsO mit Wirkung vom 01.07.2014 weggefallen; vgl. BGBl. 2013, Teil 1, S. 2383.

723 Nerlich/Römermann-*Delhaes*, § 58, Rn. 4.

724 *Rechel*, S. 154f.

Die Judikatur des BVerfG zeigt bezüglich der Auswahl des Insolvenzverwalters ein zweistufiges Verfahren auf. Das Verfahren beginnt mit dem Vorauswahlverfahren, in dem der Kreis der grundsätzlich gemäß § 56 I InsO geeigneten Prätendenten ohne Verbindung zu einem konkreten Insolvenzverfahren bestimmt wird. Für etwaige spätere konkrete Bestellentscheidungen nach § 56 I InsO soll die Aufnahme in die „Vorauswahlliste" maßgebend sein.[725]

Es handelt sich bei der Bestellung des Insolvenzverwalters um eine antizipierte insolvenzgerichtliche Aufsichtsmaßnahme. Bei der Bestellung durch den Insolvenzrichter legt dieser sogleich die Geeignetheit des Insolvenzverwalters nach § 56 I InsO zur Abwicklung des konkreten Insolvenzverfahrens fest. Zugleich bestimmt sich dadurch das Maß der Aufsicht, das vom Rechtspfleger im eröffneten Verfahren ausgeübt wird.[726] Da aber diese Auswahlentscheidung aufgrund der Judikatur des BVerfG vor allem unter den Prätendenten der Vorauswahlliste zu treffen ist, muss das Vorauswahlverfahren, das die Zusammensetzung der Vorauswahlliste bestimmt, in den Aufsichtsbereich des Insolvenzgerichts fallen.[727]

Die Aufsicht des Insolvenzgerichts über den Insolvenzverwalter endet mit dessen Entlassung nach § 59 InsO oder der Aufhebung des Insolvenzverfahrens nach § 200 InsO bzw. der Einstellung des Insolvenzverfahrens nach §§ 207, 211 bis 213 InsO.[728] Der Insolvenzverwalter muss sämtliche Verpflichtungen vollständig erfüllt haben, ansonsten steht er weiter unter der Aufsicht des Insolvenzgerichts.[729]

d) Prüfungs- und Überwachungspflicht

Die Aufsicht des Insolvenzgerichts besteht zunächst darin, die Geschäftsführung des Insolvenzverwalters zu überwachen. Die Überwachungspflicht soll sowohl den Schuldner als auch die Gläubiger vor rechtswidrigen Maßnahmen und/oder rechtswidrigen Unterlassungen des Insolvenzverwalters schützen, um einen ordnungsgemäßen Ablauf des Insolvenzverfahrens zu gewährleisten.[730]

---

725 *Rechel*, S. 155; BVerfG, Beschluss v. 23.5.2006 – 1 BvR 2530/04, NZI 2006, 453 (455f.); BVerfG, Beschluss v. 3.8.2004 – 1 BvR 135/00, 1 BvR 1086/01, ZInsO 2004, 913 (915).

726 *Rechel*, S. 155, 242.

727 *Rechel*, S. 155.

728 *Naumann*, KS-InsO, 2. Auflage, S. 431, Rn. 30; Nerlich/Römermann-*Delhaes*, § 58, Rn. 4.

729 BGH, NZI 2005, 391 (391).

730 Nerlich/Römermann-*Delhaes*, § 58, Rn. 5; MüKo-InsO-*Graeber*, § 58, Rn. 1.

Das Insolvenzgericht ist grundsätzlich nicht berechtigt, die Geschäftsführung des Insolvenzverwalters hinsichtlich ihrer Zweckmäßigkeit zu überprüfen.[731] Es gibt aber auch Fälle, in denen das Gesetz eine Zweckmäßigkeitsprüfung explizit vorsieht, so wie bei den §§ 78 I, 158 II 2, 161 S. 2 und 233 InsO.[732] Als Aufsichtsmaßnahmen des Insolvenzgerichts in Form von Kontrollhandlungen kommen die Kassenprüfung, die Prüfung der Konten durch Einsichtnahme in Bankbelege, die Schlüssigkeitsprüfung der Berichte des Insolvenzverwalters, die Kontrollanfragen beim Insolvenzverwalter und Dritten, die Prüfung der Verzeichnisse und vieles mehr in Betracht.[733] Dem Insolvenzgericht sind keine bestimmten Prüfungshandlungen im Rahmen der Ausübung der Aufsicht vorgeschrieben. Das Insolvenzgericht kann nach pflichtgemäßem Ermessen selbst entscheiden, welche Kontrollmaßnahmen es nach Art und Umfang für geeignet, erforderlich und für den Insolvenzverwalter als zumutbar erachtet.[734] Die Überwachung ist im Detail einzelfallabhängig.[735]

Das Insolvenzgericht ist stets dazu angehalten, die Berichte, die Bilanzen und die Schlussrechnung des Insolvenzverwalters zu prüfen. Allerdings ist das Insolvenzgericht nicht verpflichtet, laufend die beim Insolvenzverwalter eingehenden Gelder zu kontrollieren. Eine Prüfung der Kassenbestände ist nur vorzunehmen, wenn hierzu ein besonderer Anlass, wie zum Beispiel der Verdacht der Unredlichkeit besteht oder eine besonders lange Verfahrensdauer vorliegt.[736] Ein besonderer Anlass gebietet grundsätzlich verstärkte Überwachungshandlungen.[737] Stellt sich eine pflichtwidrige Handlung des Insolvenzverwalters sogar als Straftatbestand dar, hat das Insolvenzgericht die Pflicht, den Sachverhalt vollständig aufzuklären[738], nicht aber den staatlichen Strafanspruch zu verwirklichen[739]. Das Insolvenzgericht ist befugt, insoweit einen Sachverständigen mit der Feststellung der

---

731 *Naumann*, KS-InsO, 2. Auflage, S. 431, Rn. 27; Nerlich/Römermann-*Delhaes*, § 58, Rn. 5; RGZ 29, 80 (83); siehe ausführlich 2. Teil B. III. 1.

732 Nerlich/Römermann-*Delhaes*, § 58, Rn. 5.

733 Nerlich/Römermann-*Delhaes*, § 58, Rn. 6.

734 Nerlich/Römermann-*Delhaes*, § 58, Rn. 6; BGH, ZInsO 2010, 185 (186); Uhlenbruck-*Uhlenbruck*, § 58, Rn. 8; BGH, KTS 1966, 17 (19); LG Göttingen, NZI 2009, 61 (62).

735 Nerlich/Römermann-*Delhaes*, § 58, Rn. 6.

736 Nerlich/Römermann-*Delhaes*, § 58, Rn. 7; Uhlenbruck-*Uhlenbruck*, § 58, Rn. 4; RGZ 154, 291 (296).

737 Nerlich/Römermann-*Delhaes*, § 58, Rn. 7; Uhlenbruck-*Uhlenbruck*, § 58, Rn. 1; LG Göttingen, NZI 2009, 61 (62).

738 MüKo-InsO-*Graeber*, § 58, Rn. 42; Nerlich/Römermann-*Delhaes*, § 58, Rn. 7.

739 LG Flensburg, KTS 1972, 200 (200).

Pflichtwidrigkeiten zu beauftragen.[740] Es ist aber nicht verpflichtet, einen Sachverständigen permanent mit der Prüfung zu beauftragen, ob der Insolvenzverwalter seine Aufgabe ordnungsgemäß erfüllt. Hätte der Gesetzgeber eine permanente Überwachung gewollt, hätte er dies wie beim Sachwalter (vgl. § 274 II InsO) zum Ausdruck bringen müssen. Das Insolvenzgericht hat gerade nicht die Aufgabe, die laufende Geschäftsführung des Verwalters sachkundig zu überwachen. Die Aufsicht des Insolvenzgerichts beschränkt sich weitgehend auf die Rechtmäßigkeit des Verfahrens und dessen Abwicklung.[741] Zur insolvenzgerichtlichen Aufsicht gehört auch die regelmäßige Prüfung, ob die Rechnungslegung des Insolvenzverwalters den gesetzlichen Anforderungen nach § 155 InsO entspricht.[742]

Das Insolvenzgericht ist aber nicht dazu angehalten, die ordnungsgemäße Geschäftsführung des Insolvenzverwalters in dessen Büroräumen zu überprüfen. Bei den einzelnen Aufsichtsmaßnahmen und deren Ausführung ist besonders darauf zu achten, dass die Art und der Umfang der Kontrollhandlung in einem angemessenen Verhältnis zum Anlass der Überprüfung stehen. Ferner muss die Kontrollhandlung dem Insolvenzverwalter auch zumutbar sein.[743] Die Kontrollhandlung darf auch nicht dazu geeignet sein, dem Insolvenzverwalter die Verwaltung zu erschweren und seine Berufs- und/oder Entschlussfreudigkeit zu beeinträchtigen.[744] Grundsätzlich besteht auch keine Verpflichtung des Insolvenzgerichts zu einer vorbeugenden Überwachung.[745]

Dem Insolvenzgericht steht gemäß § 58 I 1 InsO das Recht zu, im Rahmen der Ausübung der insolvenzgerichtlichen Aufsicht vom Verwalter jederzeit einzelne Auskünfte oder einen Bericht über den Sachstand und über seine Geschäftsführung zu verlangen.[746] Das Gericht kann auch Bücher und Belege einsehen und den Kassenbestand prüfen.[747] Dem Insolvenzgericht steht sogar das Recht zu, die Vorlage einer Gewinn- und Verlustrechnung einer Fortführungsgesellschaft zu fordern, wenn die von dem Insolvenzverwalter gehaltenen Geschäftsanteile an der Fortführungsgesellschaft zur Insolvenzmasse gehören.[748]

740 Nerlich/Römermann-*Delhaes*, § 58, Rn. 7.
741 Uhlenbruck-*Uhlenbruck*, § 58, Rn. 17.
742 Uhlenbruck-*Uhlenbruck*, § 58, Rn. 17; *Uhlenbruck*, ZIP 1982, 125 (130).
743 Nerlich/Römermann-*Delhaes*, § 58, Rn. 8.
744 RGZ 154, 291 (296).
745 Uhlenbruck-*Uhlenbruck*, § 58, Rn. 23.
746 Uhlenbruck-*Uhlenbruck*, § 58, Rn. 17.
747 RGZ 154, 291 (296).
748 Nerlich/Römermann-*Delhaes*, § 58, Rn. 9; LG Koblenz, ZIP 1989, 179 (180).

e) Pflicht zum Einschreiten

Das Insolvenzgericht hat im Rahmen der insolvenzgerichtlichen Aufsicht über den Insolvenzverwalter die Pflicht gegen dessen Pflichtwidrigkeiten durch die Anordnung erfolgversprechender Ge- und/oder Verbote einzuschreiten.[749] Es müssen konkrete Anhaltspunkte in Bezug auf etwaige Pflichtwidrigkeiten des Insolvenzverwalters vorliegen, die ein Einschreiten des Insolvenzgerichts rechtfertigen.[750]

Beispiele dafür sind, dass ein Insolvenzverwalter zur Masse gehörige Gelder über längere Zeit auf einem persönlichen Geschäftskonto und nicht auf einem Anderkonto hält[751], dass der Insolvenzverwalter an Erfüllungsgehilfen Generalvollmachten erteilt[752], dass der Insolvenzverwalter die Abwicklung des Verfahrens durch Untätigkeit bzw. eine überlange Verfahrensdauer verzögert[753] oder dass die Fortführung des Geschäftsbetriebs des Schuldners den Zweck hat, dem Schuldner Unterhalt zu gewähren oder in sonstiger Weise rechtsmissbräuchlich ist[754]. Auch die erst spätere Kenntnis einer Vorbestrafung des bereits ernannten Insolvenzverwalters führt zu einer mindestens gesteigerten Überwachung durch das Insolvenzgericht.[755]

Das Einschreiten im Rahmen der Aufsicht besteht für das Insolvenzgericht zunächst in der Untersagung eines Handelns oder in der Aufforderung zu einem bestimmten Handeln gegenüber dem Insolvenzverwalter.[756] Das Insolvenzgericht kann bei einer pflichtwidrigen Verzögerung der Verfahrensabwicklung den Insolvenzverwalter zur Vornahme der ihm obliegenden Handlungen, insbesondere zur Ausführung der Beschlüsse der Gläubigerversammlung verpflichten[757] oder dem Insolvenzverwalter im Falle seiner Befangenheit oder bei Interessenkollision einen Vertragsschluss untersagen[758].

---

749 Nerlich/Römermann-*Delhaes*, § 58, Rn. 10; MüKo-InsO-*Graeber*, § 58, Rn. 41.

750 Nerlich/Römermann-*Delhaes*, § 58, Rn. 10.

751 AG Karlsruhe, ZIP 1983, 101 (101f.).

752 AG Münster, Rpfleger 1988, 501 (501).

753 RGZ 154, 291 (296); AG Osnabrück, KTS 1965, 181 (181ff.).

754 MüKo-InsO-*Graeber*, § 58, Rn. 41; LG Wuppertal, KTS 1958, 45 (47).

755 BGH, ZInsO 2008, 267 (267); vgl. auch die Vorinstanz bzgl. der grundsätzlich in Betracht kommenden Amtshaftung, OLG Stuttgart, Urteil v. 09.05.2007 – 4 U 204/06, BeckRS 2007, 18659.

756 Nerlich/Römermann-*Delhaes*, § 58, Rn. 11.

757 Nerlich/Römermann-*Delhaes*, § 58, Rn. 11; BGH, KTS 1966, 17 (20).

758 Nerlich/Römermann-*Delhaes*, § 58, Rn. 11; BGH, NJW 1991, 982 (984); Uhlenbruck-*Uhlenbruck*, § 58, Rn. 21.

f) Durchsetzung der Aufsicht

Grundsätzlich kann das Insolvenzgericht die Durchsetzung von Ge- und/oder Verboten im Rahmen der Aufsicht mit Hilfe von Zwangsmitteln erreichen.[759]

Es kann sich auch der Abgabe einer eidesstattlichen Versicherung gemäß § 259 II BGB durch den Insolvenzverwalter bedienen. Der Insolvenzverwalter ist bei der Abgabe seiner Auskünfte als ein zur Rechenschaft Verpflichteter im Sinne des § 259 II BGB anzusehen.[760] Außerdem gibt es natürlich auch noch weitere insolvenzrechtsspezifische Mittel zur Durchsetzung der Aufsicht.[761]

aa) Festsetzung eines Zwangsgeldes

Das Insolvenzgericht kann gemäß § 58 II 1 InsO gegen den Insolvenzverwalter ein Zwangsgeld festsetzen, wenn dieser die ihm obliegenden Pflichten nicht erfüllt. Mit dem Mittel des Zwangsgeldes soll das Insolvenzgericht die Ge- und/oder Verbote an den Insolvenzverwalter notfalls mit Zwang durchsetzen.[762] Ein Zwangsgeld kann gemäß § 58 II 1, 2 InsO bis zu einer Höhe von 25.000 Euro festgesetzt werden. Die Festsetzung eines Zwangsgeldes bedarf allerdings einer vorherigen Androhung mit Fristsetzung gemäß § 58 II 1 InsO.[763] Der Androhung des Zwangsgeldes muss aber keine Anhörung des Insolvenzverwalters vorausgehen. Der Gesetzgeber hätte, wenn er eine Anhörung für erforderlich erachtet, eine § 70 S. 3 InsO entsprechende Regelung in § 58 InsO aufgenommen.[764] Für eine wiederholte Zwangsgeldfestsetzung muss jeweils eine erneute Androhung erfolgen.[765] Bevor das Zwangsgeld vollstreckt werden kann, muss es durch Beschluss festgesetzt werden.[766] Die Festsetzung ist nicht mehr zulässig, wenn der verfolgte Zweck erreicht ist.[767] Der Festsetzungsbeschluss ist ein Vollstreckungstitel im Sinne des § 794 Nr. 3 ZPO und von Amts wegen zu vollstrecken.[768] Das Zwangsgeld ist aber

---

759 Nerlich/Römermann-*Delhaes*, § 58, Rn. 12.

760 Nerlich/Römermann-*Delhaes*, § 58, Rn. 14; BGH, ZInsO 2010, 188 (188).

761 Nerlich/Römermann-*Delhaes*, § 58, Rn. 14.

762 Nerlich/Römermann-*Delhaes*, § 58, Rn. 15; *Uhlenbruck/K. Delhaes*, S. 312, Rn. 522.

763 Uhlenbruck-*Uhlenbruck*, § 58, Rn. 32.

764 Nerlich/Römermann-*Delhaes*, § 58, Rn. 16f.; Jaeger-*Gerhardt*, § 58 InsO, Rn. 26; a. A.: MüKo-InsO-*Graeber*, § 58, Rn. 48; vgl. aber Jaeger-*Gerhardt*, § 58 InsO, Rn. 26, der eine Anhörung vor Festsetzung des Zwangsgeldes erforderlich hält.

765 Uhlenbruck-*Uhlenbruck*, § 58, Rn. 32; allerdings muss nach der a. A. keine erneute Anhörung stattfinden, vgl. MüKo-InsO-*Graeber*, § 58, Rn. 49.

766 Nerlich/Römermann-*Delhaes*, § 58, Rn. 17.

767 LG Oldenburg, ZIP 1982, 1233 (1233).

768 Nerlich/Römermann-*Delhaes*, § 58, Rn. 17.

nicht als Strafe anzusehen, es handelt sich um ein Beugemittel, weshalb bereits begangene Pflichtwidrigkeiten durch ein Zwangsgeld nicht geahndet werden können.[769] Für eine Pflichtverletzung können grundsätzlich mehrere Zwangsgelder verhängt werden. Diese können zusammengerechnet den Betrag von 25.000 Euro überschreiten.[770] Die Höhe des festgesetzten Zwangsgeldes muss aber in einem angemessenen Verhältnis zur Schwere des Pflichtverstoßes stehen.[771]

Die Haftanordnung gegen den Insolvenzverwalter zur Erzwingung von Auskünften ist unzulässig. Eine analoge Anwendung der §§ 97, 98 InsO kommt insoweit auch dann nicht in Betracht, wenn der Insolvenzverwalter Auskünfte gegenüber einem Sonderinsolvenzverwalter verweigert.[772] Ursprünglich hatte § 69 II 2 RegE-InsO vorgesehen, dass die §§ 883, 887, 888 ZPO anwendbar sein sollten, also auch die Ersatzvornahme, das Zwangsgeld und die Zwangshaft. Der § 69 RegE-InsO wurde jedoch im Laufe des Gesetzgebungsverfahrens gestrichen.[773]

Die in § 58 InsO vorgesehenen Zwangsmittel sind abschließend.[774]

Der zwangsweisen Durchsetzung unterliegen nicht nur die Auskunfts- und Berichtspflichten nach § 58 I InsO, sondern sämtliche Pflichten, die dem Insolvenzverwalter aufgrund der InsO obliegen.[775]

Mithilfe eines Zwangsgeldes können nach § 58 III InsO auch die Herausgabepflichten eines wegen der Wahl eines anderen Insolvenzverwalters nach § 57 InsO oder aus wichtigem Grund nach § 59 InsO entlassenen Insolvenzverwalters erzwungen werden. Herauszugeben sind dann die Insolvenzmasse selbst, alle erforderlichen Dokumente und auch die Bestellungsurkunde nach § 56 II InsO.[776] So kann auch die Erstellung einer Teilschlussrechnung vom entlassenen Insolvenzverwalter erzwungen werden.[777]

Verstößt der Insolvenzverwalter bei der Offenlegung von Jahres- und Konzernabschlüssen gegen ihm obliegende Pflichten, kann dies nicht durch das Bundesamt für Justiz durch die Verhängung eines Ordnungsgeldes gemäß §§ 325, 335 HGB sanktioniert werden. Dafür ist allein das Insolvenzgericht im Rahmen seiner Aufsicht zuständig.[778]

---

769 Nerlich/Römermann-*Delhaes*, § 58, Rn. 15; OLG Köln, KTS 1969, 59 (59).
770 Uhlenbruck-*Uhlenbruck*, § 58, Rn. 32; BGH, ZInsO 2005, 483 (483).
771 Uhlenbruck-*Uhlenbruck*, § 58, Rn. 32; Nerlich/Römermann-*Delhaes*, § 58, Rn. 15.
772 Uhlenbruck-*Uhlenbruck*, § 58, Rn. 32; LG Göttingen, NZI 2008, 502 (502).
773 Uhlenbruck-*Uhlenbruck*, § 58, Rn. 32; *Uhlenbruck*, S. 366; BT-Drucks. 12/7302, S. 25.
774 LG Göttingen, NZI 2008, 502 (502).
775 Kreft-*Riedel*, § 58, Rn. 7; noch deutlicher Kreft-*Eickmann*, 6. Auflage, § 58, Rn. 8.
776 Braun-*Blümle*, § 58, Rn. 20.
777 BGH, NZI 2005, 391 (391).
778 *Maus*, ZInsO 2008, 5 (9); LG Bonn, NZI 2009, 194 (194).

bb) Entlassung des Insolvenzverwalters

Die Entlassung des Insolvenzverwalters aus seinem Amt ist die ultima ratio, wenn das Zwangsmittel des § 58 InsO nicht ausreicht.[779]

Das Insolvenzgericht kann im Rahmen seiner Aufsicht den Insolvenzverwalter gemäß § 59 I InsO von Amts wegen entlassen. Wichtigste Voraussetzung für die Entlassung ist ein wichtiger Grund im Sinne des § 59 I InsO, wobei aber nicht jede Pflichtwidrigkeit eine Entlassung rechtfertigt.[780] Bei schweren Pflichtverstößen des Insolvenzverwalters muss der Schutz der Berufsausübungsfreiheit nach Art. 12 I GG gegenüber den Grundrechten der Gläubiger auf Wahrung ihrer Interessen aus Art. 14 I 1 GG abgewogen werden und gegebenenfalls zurücktreten.[781] Ein wichtiger Grund kann zum Beispiel vorliegen, wenn der Insolvenzverwalter ein Grundstück, das zur Masse gehört, ohne die Genehmigung der Gläubigerversammlung veräußert.[782] Unerheblich ist es, in welchem Stadium des Verfahrens die Entlassung erfolgen soll. Vor der Entscheidung über seine Entlassung ist der Insolvenzverwalter nach § 59 I 3 InsO zu dieser zu hören.[783] Obwohl es nicht ausdrücklich im Gesetz geregelt worden ist, ist das Insolvenzgericht berechtigt, bei hinreichender Wahrscheinlichkeit des Vorliegens eines wichtigen Grundes im Sinne des § 59 I InsO und bei Gefahr im Verzug, den Insolvenzverwalter auch einstweilen seines Amtes zu entheben und bis zur endgültigen Klärung des Sachverhalts einen Sonderinsolvenzverwalter zu bestellen.[784]

Eine unverhältnismäßige bzw. ermessensfehlerhafte Entlassung durch das Insolvenzgericht könnte im Einzelfall dazu geeignet sein, die Aufsichtspflicht des Insolvenzgerichts zu verletzen und könnte so eventuell einen Amtshaftungsanspruch auslösen.

5. *Verletzungen der Aufsichtspflicht im Sinne einer haftungsrechtlichen Amtspflichtverletzung*

Eine Verletzung der insolvenzgerichtlichen Aufsicht liegt grundsätzlich dann vor, wenn das Insolvenzgericht bei der Ausübung seiner Aufsicht ermessensfehlerhaft handelt.[785] Wie bereits festgestellt, unterliegt die gesamte Geschäftsführung des Insolvenzverwalters gemäß § 58 InsO der insolvenzgerichtlichen Aufsicht.

---

779 Uhlenbruck-*Uhlenbruck*, § 59, Rn. 1.

780 Nerlich/Römermann-*Delhaes*, § 58, Rn. 19.

781 Uhlenbruck-*Uhlenbruck*, § 59, Rn. 1; BGH, ZIP 2006, 247 (248).

782 LG Mainz, Rpfleger 1986, 490 (490).

783 Nerlich/Römermann-*Delhaes*, § 58, Rn. 19.

784 *Uhlenbruck/K. Delhaes*, S. 316, Rn. 533;

785 *Rechel*, S. 403.

Zu Verletzungen dieser Aufsichtspflicht kann es aufgrund von zwei unterschiedlichen Ursprüngen kommen.

Entweder hat die Aufsichtspflichtverletzung ihren Ursprung in den individuellen Fähigkeiten[786] des Insolvenzgerichts oder sie hat ihren Ursprung in einem Organisationsdefizit[787] des Insolvenzgerichts.

Eine Nichtwahrnehmung dieser Aufsichtspflicht kann das Insolvenzgericht vor allem nicht durch Überlastung rechtfertigen, da die Wahrung der gesetzlichen Aufgaben durch den Richter einer der Kernbereiche seiner richterlichen Tätigkeit und Unabhängigkeit ist. Gegebenenfalls müssen die Richter oder die Rechtspfleger die Überlastung gegenüber dem Präsidium anzeigen, sodass die Wahrnehmung der gesetzlichen Aufgaben sichergestellt werden kann. In einem etwaigen Haftungsprozess kann das Insolvenzgericht sich auch nicht darauf berufen, dass das Vertrauensverhältnis zwischen Gericht und vorläufigem Verwalter es gerechtfertigt habe, von einer Aufsicht gänzlich abzusehen.[788] Der Staat hat die Pflicht seine Gerichte so auszustatten, dass sie die anstehenden Verfahren ohne vermeidbare Verzögerungen abschließen können. Die Erfüllung dieser Verpflichtung kann den Justizbehörden insgesamt als drittgerichtete Amtspflicht obliegen.[789]

Ferner beinhaltet die gerichtliche Aufsicht, dass der Richter bzw. der Rechtspfleger die fachliche Kompetenz haben muss, die Aufsicht zu führen. Er muss wirtschaftliche, bilanzielle und insolvenzrechtliche Zusammenhänge herstellen und einer Prüfung unterziehen können.[790]

Die Aufsichtspflicht ist aber erheblich eingeschränkt, wenn es sich um unternehmerische Entscheidungen des Verwalters handelt.[791] Dies wird vor allem im Bereich der Unternehmensfortführung deutlich. Hat das Insolvenzgericht dem vorläufigen Insolvenzverwalter die Verwaltungs- und Verfügungsbefugnis übertragen, so verpflichtet es ihn dadurch zur Fortführung des Geschäftsbetriebs des Schuldners. Infolgedessen muss sich das Gericht regelmäßig durch Vorlage der Fortführungsergebnisse in Form von betriebswirtschaftlichen Auswertungen und fortgeschriebenen Liquiditätsbedarfsplanungen davon überzeugen, dass die bei der Fortführungsentscheidung maßgeblichen Annahmen erfüllt werden und die Rentabilität der Fortführung gewährleistet ist. Das Gericht ist zuweilen aber

786 Vgl. LG Bielefeld, ZIP 2000, 20 (22ff.).

787 Vgl. BGH, ZInsO 2007, 209 (209).

788 Gottwald-*Vuia*, § 14, Rn. 74; *Haarmeyer/Wutzke/Förster*, Kap. 5, Rn. 41; LG Magdeburg, Rpfleger, 1995, 224 (225).

789 BGH, ZInsO 2007, 209 (209).

790 *Haarmeyer/Wutzke/Förster*, Kap. 5, Rn. 41.

791 Nerlich/Römermann-*Mönning*, § 21, Rn. 253.

kaum im Stande, die wirtschaftliche Situation des Unternehmens und die Informationen des Insolvenzverwalters einzuschätzen. Dies kann im Ergebnis zu Aufsichtspflichtverletzungen führen, die eine Inanspruchnahme des Staates oder des die Aufsichtspflicht verletzenden Insolvenzrichters im Rahmen der Amtshaftung nach § 839 BGB i. V. m. Art. 34 GG zur Folge haben können.[792]

Ferner hat das Insolvenzgericht auch während des Eröffnungsverfahrens die Verpflichtung, zuvor angeordnete Sicherungsmaßnahmen (vgl. § 21 InsO) auf ihre Eignung und ihre Zweckmäßigkeit zur Gewährleistung des Sicherungszweckes zu überprüfen. Dies kann allerdings auch dazu führen, dass der vorläufige Insolvenzverwalter aus seinem Amt entlassen wird, falls sich herausstellt, dass er seinen Aufgaben nicht gewachsen ist[793] oder wenn das Vertrauensverhältnis zwischen Insolvenzverwalter und Insolvenzgericht so gestört ist, dass eine weitere gute Zusammenarbeit ausgeschlossen ist[794]. Eine Entlassung des vorläufigen Insolvenzverwalters kommt aber nur in Betracht, wenn die Erfüllung der Verwalterpflichten nicht mit den Mitteln des § 58 II InsO durchgesetzt werden kann.[795] Handelt das Insolvenzgericht allerdings nicht, kann es aufgrund des Untätigbleibens zu Amtshaftungsansprüchen gegen das Insolvenzgericht kommen.

Eine Amtspflichtverletzung des Insolvenzgerichts mit einhergehender Haftung des Staates auf Ersatz des der Insolvenzmasse entstandenen Schadens ist zum Beispiel auch gegeben, wenn ein vom Insolvenzverwalter bestochener Rechtspfleger oder Richter bestimmte Handlungen unterlässt, durch die der Masse Schäden entstehen.[796]

Aber auch beim Vorliegen von tatsächlichen Anhaltspunkten für eine Unzuverlässigkeit eines Verwalters besteht keine Informationsgewinnungspflicht des Insolvenzgerichts.[797] Eine Haftung des Staates scheidet daher diesbezüglich aus.

6. *Drittbezogenheit und Schutzzweck der Amtspflicht*

Die verletzte Amtspflicht müsste auch drittbezogen sein.[798]

Um den Haftungstatbestand des § 839 I BGB zu erfüllen, genügt nicht jede Amtspflichtverletzung. Es muss eine Amtspflicht verletzt worden sein, die dem

---

792 Nerlich/Römermann-*Mönning*, § 21, Rn. 253; Gottwald-*Vuia*, § 14, Rn. 74; *Kirchhof*, ZInsO 1999, 365 (367).

793 Nerlich/Römermann-*Mönning*, § 21, Rn. 254.

794 Hess-*Hess*, § 21, Rn. 32.

795 Gottwald-*Vuia*, § 14, Rn. 147.

796 Uhlenbruck-*Uhlenbruck*, § 58, Rn. 38; Nerlich/Römermann-*Delhaes*, § 58, Rn. 26.

797 Uhlenbruck-*Uhlenbruck*, § 58, Rn. 38; Nerlich/Römermann-*Delhaes*, § 58, Rn. 26.

798 Vgl. zur Drittbezogenheit 2. Teil A. IV.

Beamten gegenüber einem Dritten obliegt.[799] Aber der Geschädigte kann auch nur dann einen Amtshaftungsanspruch geltend machen, wenn die verletzte Amtspflicht gerade bzw. zumindest auch ihm gegenüber besteht.[800] Es bedarf einer besonderen Beziehung zwischen der verletzten Amtspflicht und dem geschädigten Dritten.[801]

Wie schon bei der Drittbezogenheit der Vorauswahlpflicht und der Auswahlpflicht im konkreten Verfahren erwähnt, können im Insolvenzverfahren sowohl der Schuldner als auch die Gläubiger und der Insolvenzverwalter als „Dritte" in Betracht kommen.[802]

Und auch an dieser Stelle ist zunächst darauf hinzuweisen, dass eine Person, die zum Kreis der durch eine Amtspflicht geschützten Dritten gehört, nicht in allen ihren Belangen als „Dritter" anzusehen ist. Die Person ist soweit geschützt, wie die Schutzwirkung der verletzten Amtspflicht reicht. Der Schutzzweck der Amtspflicht entscheidet also darüber, ob eine Person zum Kreis der „Dritten" gehört und wie weit der Schutz bezüglich der Amtspflicht reicht. Das umfasst auch, welche Interessen bzw. Belange dieser Person geschützt werden sollen. Die Amtspflichten können folglich je nachdem zu schützenden Interesse ein und derselben Person gegenüber „aufgespalten" sein. Bestimmte Belange können vom Schutzzweck erfasst sein, andere hingegen nicht.[803]

Es kommt allein auf den Schutzzweck der Amtspflicht an; insofern ist es nicht erforderlich, dass der „Dritte" am Amtsgeschäft beteiligt ist.[804] Unter den Begriff „Dritte" fallen nicht nur die beim Amtsgeschäft unmittelbar Beteiligten, sondern alle Personen, deren Interesse nach der besonderen Natur des Amtsgeschäfts durch dieses berührt wird und in deren Rechtskreis dadurch eingegriffen werden kann; auch wenn sie durch die Amtsausübung nur mittelbar und unbeabsichtigt betroffen werden.[805]

Auch an dieser Stelle gilt die von *Holzer*, *Kleine-Cosack* und *Prütting* vertretene Überzeugung, der Schutzzweck der Amtspflicht sei im Einzelnen am Maßstab der Kasuistik der Rechtsprechung des BGH wie auch der InsO zu ermitteln.[806]

Es wurde bereits erörtert, dass es sich bei der Aufsicht über den Insolvenzverwalter durch das Insolvenzgericht um eine Amtspflicht handelt.

---

799 MüKo-BGB-*Papier*, § 839, Rn. 227.
800 MüKo-BGB-*Papier*, § 839, Rn. 227; BGHZ 1, 388 (394f.).
801 MüKo-BGB-*Papier*, § 839, Rn. 227; BGHZ 56, 40 (45f.).
802 MüKo-InsO-*Haarmeyer*, § 21, Rn. 42.
803 MüKo-BGB-*Papier*, § 839, Rn. 235; BGHZ 90, 310 (312).
804 MüKo-BGB-*Papier*, § 839, Rn. 239.
805 BGHZ 20, 53 (56); RGZ 138, 309 (313).
806 *Holzer/Kleine-Cosack/Prütting*, S. 59.

Die Aufsicht über den Insolvenzverwalter dient allem voran einer geordneten und reibungslosen Verfahrensabwicklung sowie der Verwirklichung der in den §§ 1, 156 und 157 InsO statuierten Verfahrensziele. Darüber hinaus soll durch die Aufsicht über den Insolvenzverwalter auch das Vermögen von Schuldner und Gläubigern geschützt werden. Wenn der Staat, wie es im Insolvenzverfahren der Fall ist, einen Verwalter über fremdes Vermögen einsetzt, dann besteht für ihn schon nach allgemeinen Grundsätzen auch die Pflicht, dafür zu sorgen, dass die Verwaltung einer gewissen amtlichen Prüfung unterworfen wird, um hierdurch eine ordnungsmäßige Verwaltung zu sichern.[807] Dies ist also vorliegend der Schutzzweck der Aufsichtspflicht.

Der bestellte Insolvenzverwalter ist natürlich auch vom Schutzzweck der Aufsichtspflicht erfasst; er ist ja unmittelbar von der Aufsicht betroffen.

7. Verursachung eines Schadens

Es muss durch die Amtspflichtverletzung zu einem Vermögensschaden bei dem geschützten Dritten kommen.[808]

Dem Geschädigten obliegt die Pflicht, darzulegen und zu beweisen, dass ihm durch die Amtspflichtverletzung ein Schaden entstanden ist. Dem Geschädigten kommen bei der Schadensbestimmung allerdings die Beweiserleichterungen nach § 287 ZPO zugute.[809]

Es müsste aber noch geklärt werden, wie genau es bei einer fehlerhaften Aufsicht durch das Insolvenzgericht zu Vermögensschäden kommen kann. Wie bereits festgestellt, sind der Schuldner und die Gläubiger sowie der unter der Aufsicht stehende Insolvenzverwalter vom Schutzzweck der Amtspflicht „Aufsicht über den Insolvenzverwalter" erfasst.

Ein Vermögensschaden des Schuldners oder der Gläubiger ist denkbar, wenn es aufgrund der fehlerhaften Aufsicht zum Eintritt eines Vermögensschadens kommt, zum Beispiel durch eine Masseschmälerung infolge einer Verfahrensverzögerung oder durch eine gegen die Verfahrensziele der InsO verstoßende Handlung des Insolvenzverwalters. Auch vorsätzliche rechtswidrige, masseschmälernde Handlungen des Verwalters können Vermögensschäden beim Schuldner und bei den Gläubigern auslösen. Das Interesse der Insolvenzgläubiger und des Insolvenzschuldners im Insolvenzverfahren gründet sich nämlich auf der Eigentumsgarantie aus Art. 14 I GG.[810]

---

807 *Berner*, DJ 1938, 107 (108); BGH, VersR 1965, 1196 (1197).

808 MüKo-BGB-*Papier*, § 839, Rn. 276.

809 MüKo-BGB-*Papier*, § 839, Rn. 276; BGH, NJW 1995, 2344 (2345).

810 Vgl. *Rechel*, S. 245.

Für einen im konkreten Verfahren bestellten Verwalter sieht die Situation etwas anders aus. Auch er ist zwar vom Schutzzweck der Amtspflicht erfasst, es erscheint aber fraglich, wie er aufgrund einer fehlerhaften Aufsicht einen Vermögensschaden erleiden könnte. Es könnte sich dabei um eventuelle Regressansprüche des Insolvenzverwalters gegen den Staat handeln. Diese könnten entstehen, wenn der Verwalter sich schadensersatzpflichtig macht und dieser Schaden durch eine fehlerfreie Aufsicht des Gerichts hätte vermieden werden können. Dabei kann es sich nur um einen denkbar möglichen Schaden handeln, der theoretischer Natur ist und in der Praxis bisher nicht in Erscheinung getreten ist.[811] Ein Schaden kann viel wahrscheinlicher im entgangenen Gewinn eines Verwalters liegen, wenn es aufgrund einer Aufsichtspflichtverletzung fälschlicherweise zu einer Entlassung des Verwalters kommt.

Das Hauptaugenmerk ist also auf die Vermögensschäden des Schuldners und der Gläubiger zu richten, die sie infolge einer fehlerhaften insolvenzgerichtlichen Aufsicht erleiden. Schwierigkeiten kann es aber natürlich bei der Bezifferung der genauen Schadenshöhe geben, da die Vermögenssituation während des Verfahrens zu dem jeweiligen Schadenseintritt mitunter nur sehr schwer zu erfassen ist.

8. *Haftungsausfüllende Kausalität*

Die Amtspflichtverletzung, hier die fehlerhafte Aufsicht durch das Insolvenzgericht, müsste auch für den Eintritt des Vermögensschadens kausal geworden sein.[812]

Beim Amtshaftungsanspruch gibt es allerdings Unterschiede und Besonderheiten im Vergleich zum „normalen" Deliktsrecht.

Die Norm des § 839 BGB kennt keine beschränkte haftungsbegründende Kausalität. Der § 839 BGB ist nämlich nicht auf die Verletzung bestimmter Rechte und Rechtsgüter beschränkt.

Etwas anderes kann sich aber im Einzelfall aus dem Schutzzweck der verletzten Amtspflicht ergeben.[813] Der § 839 BGB schützt das Vermögen als Ganzes.[814] Allerdings schützt § 839 BGB nicht gegen jeden Vermögensschaden. Einschränkungen können sich aus dem

811 Gegenteilige Erkenntnisse zum Sachstand liegen nicht vor.

812 Prütting/Wegen/Weinreich-*Kramarz*, § 839, Rn. 58; Erman-*T. Mayen*, § 839, Rn. 65; vgl. ausführlich zur Kausalität unter 2. Teil A. VI.

813 *Bender*, Rn. 563; anderes kann sich im Einzelfall aus dem Schutzzweck der verletzten Amtspflicht ergeben, vgl. *Bender*, Rn. 563.

814 *Bender*, Rn. 563.

Schutzzweck der Amtspflicht ergeben.[815] Gemäß § 839 I 1 BGB muss sich das Verschulden des Beamten nicht auf die Kausalität zwischen der Amtspflichtverletzung und dem Schadenseintritt beziehen.[816]

Für die Kausalität zwischen Amtspflichtverletzung und Schadenseintritt gilt auch das Kriterium des adäquaten Kausalzusammenhangs. Der auf der Amtspflichtverletzung beruhende Schaden ist dem Beamten und mittelbar nach Art. 34 GG dem Staat nur zuzurechnen, wenn die Amtspflichtverletzung die Wahrscheinlichkeit des Schadenseintritts wesentlich erhöht hat oder wenn der Beamte den Eintritt des Schadens erwartet oder gewollt hat.[817] Denkbar sind auch Fälle, in denen der Staat geltend macht, die Schäden wären auch bei ordnungsgemäßer Amtsausübung nicht ausgeblieben. Dabei ist allerdings danach zu fragen, ob die Behörde die zum selben Schaden führende Maßnahme nicht nur hätte fehlerfrei treffen können, sondern auch tatsächlich getroffen hätte. Grund für die Vornahme dieser Handlungen könnte zum Beispiel eine Rechtspflicht sein und nur, wenn die Handlung auch getroffen worden wäre, kann von „echtem" pflichtmäßigen Alternativverhalten gesprochen werden. Nur dann kann der Staat dem Anspruch des Geschädigten etwas entgegenhalten. Aber selbstverständlich nur, wenn der Schaden auch bei pflichtgemäßem Verhalten eingetreten wäre.[818]

Im Falle einer gerichtlichen Entscheidung ist beim Vorliegen eines bestimmten Alternativverhaltens erheblich, wie das zuständige Gericht die hypothetische alternative Amtshandlung beurteilt hätte. Es kommt nicht darauf an, wie das Gericht tatsächlich entschieden hätte, sondern wie das Gericht richtigerweise hätte entscheiden müssen.[819]

Liegt eine pflichtwidrige hoheitliche Ermessensentscheidung vor, so ist nach der Rechtsprechung zu ermitteln, wie die vorherige bzw. sonstige Übung der Behörde aussieht und ob sie danach pflichtgemäß entschieden hätte. Die Behörde kann dem Amtshaftungsanspruch des Geschädigten nämlich entgegenhalten, dass derselbe Schaden auch entstanden wäre, wenn die korrekte Entscheidung mit an Sicherheit grenzender Wahrscheinlichkeit inhaltlich ebenso wie die fehlerhafte ausgefallen wäre. Der Schaden wäre folglich gleichwohl eingetreten. Außerdem ist darauf zu achten, ob der Ermessensfehler in einer sachwidrigen Abweichung von einer ständigen Übung liegt. Denn eine solche willkürliche Abweichung verstößt in der Regel gegen den allgemeinen Gleichheitssatz nach Art. 3 I GG und ist ermessensfehlerhaft.[820] Ist eine behördliche Übung nicht ermittelbar, nach der die Behörde eine pflichtgemäße Entscheidung getroffen hätte, die in Art und Inhalt der amtspflichtwidrigen entspricht, so kann der Ursachenzusammenhang und folglich ein Schaden nicht verneint werden.[821]

---

815 BGHZ 39, 358 (358f.).

816 *Bender*, Rn. 563.

817 *Bender*, Rn. 564; BGH, NJW 1965, 1524 (1525).

818 *Bender*, Rn. 565.

819 *Bender*, Rn. 565; BGHZ 36, 144 (146).

820 *Bender*, Rn. 566; zur ständigen Übung (bzw. Selbstbindung) vgl. ausführlich 2. Teil B. III. 3. a) aa) ff.

821 *Bender*, Rn. 566; BGH, NJW 1959, 1316 (1317).

Liegt die Amtspflichtverletzung in einem Unterlassen, wird ein Amtshaftungsanspruch nur ausgelöst, wenn das amtspflichtgemäße Alternativverhalten den Schadenseintritt mit an Sicherheit grenzender Wahrscheinlichkeit verhindert hätte.[822]

Des Weiteren findet, wie schon festgestellt, auch das Kriterium des Schutzzwecks der Norm Anwendung auf § 839 BGB. Seine Wirkung besteht vor allem darin, dass durch den Schutzzweck eine Auslese unter den etwaigen Anspruchsberechtigten stattfindet und dementsprechend auch unter den ersatzfähigen Schäden.[823]

Es gibt noch eine weitere Möglichkeit, mit der der Staat sich gegen Amtshaftungsansprüche zur Wehr setzen kann bzw. Tatsachen, die der Staat einem eventuell bestehenden Amtshaftungsanspruch entgegenhalten kann. Dabei handelt es sich um eine sogenannte „Zwischenursache", die den Ursachenzusammenhang unterbrechen kann. Eine „Zwischenursache" liegt vor, wenn durch ein selbständiges und auf freiwilliger Basis beruhendes, nicht auf die Abwehr oder die Minderung des Schadens gerichtetes Verhalten des Verletzten oder eines Dritten die Kausalkette unterbrochen und die Kausalität somit ausgeschlossen wird.[824] Dies gilt allerdings nur, wenn die Verletzung der Amtspflicht für das Auftreten der „Zwischenursache" unerheblich gewesen ist.[825] Es geht dabei nicht um eine Unterbrechung der Äquivalenz oder ein Fehlen der Adäquanz, sondern darum, ob dem Beamten bei einer wertenden Betrachtung der Schaden nicht mehr zugerechnet werden kann.[826]

Zusammenfassend ist festzustellen, dass der Frage der Kausalität bei Amtshaftungsansprüchen ebenso wie bei anderen Schadensersatzansprüchen eine entscheidende Rolle zukommt.

Im Amtshaftungsrecht ist aus gegebenem Grund ein besonderes Augenmerk auf den Schutzzweck der verletzten Norm zu richten, da der Schutzzweck der verletzten Amtspflicht drittgerichtet sein muss und von Amtspflicht zu Amtspflicht in verschiedene Spektren aufgesplittert sein kann.

Im Fall einer fehlerhaften Aufsicht über den Insolvenzverwalter stellt sich dazu auch die Frage nach Äquivalenz, Adäquanz und Schutzzweck der Norm. Doch es lässt sich an dieser Stelle wiederum – wie schon bei den zuvor dargestellten Amtspflichten – keine pauschale Antwort darauf geben, welche etwaigen speziellen Kausalitätsprobleme sich im konkreten Fall auftun könnten. Dafür ist die Kausalität von zu vielen einzelfallbezogenen Faktoren abhängig, sodass nur die Kausalität und ihre Probleme im Generellen beleuchtet werden können.

---

822 *Bender*, Rn. 567; BGHZ 7, 198 (198).

823 *Bender*, Rn. 568.

824 *Bender*, Rn. 570.

825 *Bender*, Rn. 570; BGHZ 12, 206 (211); BGHZ 17, 153 (159).

826 *Bender*, Rn. 570; vgl. beispielhaft BGHZ 58, 162 (165ff.).

9. *Verschulden bzgl. der Amtspflichtverletzung*

Des Weiteren muss die Pflichtverletzung auch verschuldet sein.[827]

Der § 839 I BGB setzt für die Beamtenhaftung voraus, dass der Beamte eine Amtspflicht vorsätzlich oder fahrlässig verletzt. Für die Amtshaftung des Staates aus Art. 34 GG gilt dieses Verschuldenserfordernis in gleicher Weise, weil diese die Erfüllung des Tatbestandes des § 839 BGB voraussetzt.[828] Das Verschulden kann sowohl in der Form des Vorsatzes als auch in der Form der Fahrlässigkeit vorliegen. Dabei muss das Verschulden nur in Hinblick auf die Amtspflichtverletzung vorliegen, nicht aber auch in Hinblick auf den schädigenden Erfolg.[829]

Die Fahrlässigkeit bzw. der Vorsatz muss beim Insolvenzgericht vorliegen, das heißt bei seinen „Beamten". Es muss der Vorsatz bzw. die Fahrlässigkeit also bei derjenigen Person vorliegen, die die Aufsicht über den Insolvenzverwalter geführt hat. Dies ist wie bereits erwähnt von den verschiedenen Verfahrensabschnitten bzw. -arten abhängig. Der Vorsatz oder die Fahrlässigkeit kann also sowohl in der Person des Insolvenzrichters als auch in der des Rechtspflegers verwirklicht werden.

Darüber hinaus ist im Amtshaftungsrecht die Feststellung der konkreten Schuldform im Allgemeinen unerlässlich, weil davon die Anwendbarkeit bzw. Nichtanwendbarkeit der Subsidiaritätsklausel nach § 839 I 2 BGB, des Spruchrichterprivilegs nach § 839 II 1 BGB sowie die Möglichkeit eines etwaigen Regresses[830] des Staates gegen den Beamten abhängig sein kann.[831]

Des Weiteren müsste noch auf die Besonderheiten eines etwaigen Verschuldens bei der Aufsicht über den Insolvenzverwalter eingegangen werden. Doch auch hier, ebenso wie im Falle der Kausalität, gibt es eine Fülle von Möglichkeiten den Vorsatz und die Fahrlässigkeit eine fehlerhafte Aufsicht betreffend zu verwirklichen, dass es an dieser Stelle bei einer generellen Darstellung des Verschuldens belassen werden muss.

10. *Auswirkungen des ESUG auf die Aufsicht über den Insolvenzverwalter*

Schon an mehreren anderen Stellen ist auf die Auswirkungen des ESUG auf das Insolvenzverfahren und die insolvenzgerichtliche Praxis eingegangen worden.

827 *Rechel*, S. 410; vgl. ausführlich zum Verschulden 2. Teil A. VII.

828 MüKo-BGB-*Papier*, § 839, Rn. 282; *Bender*, Rn. 572; *Ossenbühl/Cornils*, S. 74f.; *Dagtoglou*, Art. 34 GG, Rn. 173.

829 MüKo-BGB-*Papier*, § 839, Rn. 284; BGH, MDR 1981, 32 (32).

830 Vgl. Art. 34 S. 2 GG, § 75 Abs. 1 BBG, § 48 BeamtStG.

831 MüKo-BGB-*Papier*, § 839, Rn. 287; *Bender*, Rn. 584.

An dieser Stelle sollen noch einmal die Auswirkungen des ESUG auf die Aufsicht über den Insolvenzverwalter näher betrachtet werden.

Zunächst einmal ist festzustellen, dass der § 58 InsO durch das ESUG keiner Änderung unterzogen worden ist. Allerdings hat es durch das ESUG durchaus relevante Veränderungen für die Aufsicht des Insolvenzgerichts über den Insolvenzverwalter gegeben.

Rechel, der die Vorauswahl des Insolvenzverwalters als antizipierte Aufsichtsmaßnahme und die Auswahl des Insolvenzverwalters im konkreten Verfahren als Vollzug der insolvenzgerichtlichen Aufsicht bezeichnet[832], kann auch nach den Änderungen des ESUG weiterhin zugestimmt werden[833].

Allerdings stellt das ESUG wohl höhere Anforderungen an die insolvenzgerichtliche Aufsicht bzw. an die fachliche Qualifikation des Insolvenzgerichts als zuvor, von der die Qualität der Aufsicht in großen Teilen abhängt. Dies gilt sowohl hinsichtlich des Insolvenzrichters als auch des Rechtspflegers.[834] Deshalb wurden die §§ 18 IV RPflG und 22 VI GVG durch das ESUG auch zu ihrer heutigen Fassung geändert.

Gemäß § 18 IV RPflG sollen Rechtspfleger in Insolvenzsachen über belegbare Kenntnisse des Insolvenzrechts und Grundkenntnisse des Handels- und Gesellschaftsrechts und der für das Insolvenzverfahren notwendigen Teile des Arbeits-, Sozial- und Steuerrechts und des Rechnungswesens verfügen. Einem Rechtspfleger, dessen Kenntnisse auf diesen Gebieten nicht belegt sind, dürfen die Aufgaben eines Rechtspflegers in Insolvenzsachen nur zugewiesen werden, wenn der Erwerb der Kenntnisse alsbald zu erwarten ist.

Der § 22 VI GVG ist durch das ESUG wie folgt neu gefasst bzw. erweitert worden: „Richter in Insolvenzsachen sollen über belegbare Kenntnisse auf den Gebieten des Insolvenzrechts, des Handels- und Gesellschaftsrechts sowie über Grundkenntnisse der für das Insolvenzverfahren notwendigen Teile des Arbeits-, Sozial- und Steuerrechts und des Rechnungswesens verfügen. Einem Richter, dessen Kenntnisse auf diesen Gebieten nicht belegt sind, dürfen die Aufgaben eines Insolvenzrichters nur zugewiesen werden, wenn der Erwerb der Kenntnisse alsbald zu erwarten ist."

Infolgedessen hat bzw. will das ESUG Einfluss und Auswirkungen auf die insolvenzgerichtliche Aufsicht haben, indem es die Qualität der Aufsicht verbessern oder zumindest die Voraussetzungen für eine gute Aufsicht ermöglichen will. Genau in dieser Hinsicht war auch die im RegE angedachte Neufassung des § 2 InsO durch das ESUG zu verstehen, wonach es zu einer Konzentration der Insolvenzverfahren kommen sollte. Durch diese Konzentration der Zuständigkeit

---

832 Vgl. 2. Teil B. I. 1. g) und 2. Teil B. II. 3. d).

833 Vgl. 2. Teil B. II. 4. c).

834 Vgl. 2. Teil B. III. 4. a) aa).

sollte sichergestellt werden, dass Richter und Rechtspfleger an den Insolvenzgerichten durch wiederholte Behandlung ähnlicher Fälle besondere Erfahrung und Sachkunde in Insolvenzsachen erwerben können.[835]

Darüber hinaus ist dies auch unerlässlich. Denn bestimmte Änderungen, wie z. B. die Verwalterauswahl durch den vorläufigen Gläubigerausschuss, erfordern eine intensivere Aufsicht des Insolvenzgerichts.[836]

Des Weiteren haben sich durch das ESUG zum Beispiel auch bestimmte Aufsichtskompetenzen verschoben. So ist nach der Neuregelung des § 18 I Nr. 2 RPflG das Insolvenzplanverfahren in seiner Gesamtheit, mit Ausnahme des § 257 InsO, dem Insolvenzrichter vorbehalten. Für das Klauselverfahren bleibt es bei der bisherigen Zuständigkeit von Rechtspflegern bzw. von Urkundsbeamten der Geschäftsstelle.

An dieser Stelle muss man sich daher fragen, welchen Stellenwert man der angestrebten Verbesserung der Qualifikation beimessen kann bzw. darf. Denn die Qualifikation der Insolvenzrichter und Rechtspfleger ist bei Weitem keine Patentlösung für ein qualitativ gutes Verfahren. Es kommt vielmehr auf die tatsächliche Aufsicht an, die vom Gericht ausgeübt wird. Die angestrebte Qualifikation des Insolvenzgerichts ist lobenswert. Sie kann fehlerhaftes und pflichtverletzendes Verhalten des Gerichts aber nicht im Vorfeld ausschließen oder verhindern. Die Verbesserung bei der Qualifikation kann nur ein bestimmtes Risikopotenzial – zum Beispiel für etwaige Amtshaftungsansprüche – verringern. Das Hauptaugenmerk ist aber weiter auf die tatsächliche Aufsicht zu richten. Das heißt, dass auch ein qualitativ hochwertig geschultes Insolvenzgericht bei der tatsächlichen Aufsicht Fehler machen kann, die es zu vermeiden gilt, da sie eventuelle Amtshaftungsansprüche nach sich ziehen können.

Weitere Auswirkungen des ESUG auf die insolvenzgerichtliche Aufsicht und deren Intensität auf die Aufsichtstätigkeit in der Praxis können erst zuverlässig festgestellt werden, wenn genügend Insolvenzverfahren nach Inkrafttreten des ESUG durchgeführt wurden.

11. Stellungnahme

Daran, dass es sich bei der Aufsichtspflicht des Insolvenzgerichts um eine Amtspflicht im Sinne des § 839 I BGB handelt, bestehen keine Zweifel.[837] Gemäß § 58 I InsO unterliegt die gesamte Amtsführung des Insolvenzverwalters der Aufsicht

835 Vgl. BT-Drucks. 12/2443, S. 109; RegE des ESUG, S. 32.

836 Vgl. 2. Teil B. II. 4. c).

837 Vgl. 2. Teil B. III.

des Insolvenzgerichts.[838] Über die Frage, ob es sich bei der Aufsicht um eine Rechts- und/oder eine Fachaufsicht handelt, besteht Uneinigkeit. Sowohl innerhalb der Literatur als auch der Judikatur werden unterschiedliche Standpunkte vertreten.[839] Einigkeit besteht darüber, dass dem Insolvenzgericht nach § 58 I InsO eine Rechtsaufsicht zusteht, wonach es die Verwaltungs- und Verwertungstätigkeit zu überwachen hat. Bezüglich der Fachaufsicht des Insolvenzgerichts besteht Uneinigkeit. Eine Meinung lehnt eine Fachaufsicht des Insolvenzgerichts gänzlich ab. Eine andere Meinung geht davon aus, dass der § 58 I InsO auch die Fachaufsicht umfasst. Eine vermittelnde Meinung geht von einer eingeschränkten Zweckmäßigkeitskontrolle aus, die sich nur auf die Rechtmäßigkeit oder Insolvenzzweckwidrigkeit der Zweckmäßigkeitserwägungen bezieht.[840]

Der § 58 I InsO gewährt dem Insolvenzgericht folglich die Rechtsaufsicht über den Insolvenzverwalter und gewährt diesem, bezüglich der Beurteilung der Zweckmäßigkeit seiner Verwaltungs- und Verwertungsmaßnahmen, grundsätzlich einen aufsichtsfreien Kernbereich eigenverantwortlichen Handelns. In diesen Kernbereich darf nur bei insolvenzzweckwidriger und damit pflichtwidriger Ausnutzung des Kernbereichs eingegriffen werden.[841] Die aufsichtsrechtlichen Maßnahmen sind nach § 58 I InsO in das pflichtgemäße Ermessen des Insolvenzgerichts gestellt.[842]

Das Verwalterhandeln soll grundsätzlich „nur" der insolvenzgerichtlichen Aufsicht unterliegen und nur ausnahmsweise von der Zustimmung des Insolvenzgerichts abhängen.[843] Die Aufsicht des Insolvenzgerichts beruht auf der Verarbeitung von Informationen und erfordert eine fachliche Qualifikation des Insolvenzgerichts (Insolvenzrichter und Rechtspfleger). Zudem wird eine ausreichende technische und organisatorische Ausstattung benötigt, um die Entgegennahme und die Verarbeitung der aufsichtsrelevanten Informationen zu gewährleisten.[844]

Für die Ausübung der insolvenzgerichtlichen Aufsicht ist es unerlässlich, dass das Insolvenzgericht Kenntnis[845] von den aufsichtsrelevanten Sachverhalten erhält.[846]

---

838 *Rechel*, S. 29; vgl. 2. Teil B. III. 1.
839 Vgl. 2. Teil B. III. 1.
840 Vgl. 2. Teil B. III. 1.
841 Vgl. 2. Teil B. III. 2.
842 Vgl. 2. Teil B. III. 2.; zu den Ermessensgrenzen vgl. ausführlich 2. Teil B. III. 3.
843 Vgl. 2. Teil B. III. 4.
844 Vgl. 2. Teil B. III. 4.
845 Vgl. ausführlich zur Aufsicht als Erkenntnisprozess 2. Teil B. III. 4. a) ff.; *Rechel*, S. 173.
846 Vgl. 2. Teil B. III. 4. a).

Gemäß §§ 3 Nr. 2 e), 4, 18 RPflG liegt der Schwerpunkt der insolvenzgerichtlichen Aufsicht im eröffneten Verfahren beim Rechtspfleger. Er ist funktionell zuständig für die Ausübung der Aufsicht.[847] Um der zuvor schon angesprochenen fachlichen Qualifikation der Insolvenzrichter und Rechtspfleger zu genügen, ist in den §§ 22 VI GVG und 18 IV RPflG geregelt, dass die Wahrnehmung von Geschäften in Insolvenzsachen durch einen Richter oder Rechtspfleger auf Probe im ersten Jahr nach seiner Ernennung ausgeschlossen ist.[848] Das ESUG trägt diesen speziellen Anforderungen an die Richter und Rechtspfleger auch Rechnung, indem die §§ 22 VI GVG und 18 IV RPflG erweitert wurden. Danach soll der Richter bzw. der Rechtspfleger in Insolvenzsachen über belegbare Kenntnisse auf den Gebieten des Insolvenzrechts, des Handels- und Gesellschaftsrechts sowie über Grundkenntnisse der für das Insolvenzverfahren notwendigen Teile des Arbeits-, Sozial- und Steuerrechts und des Rechnungswesens verfügen. Einem Richter bzw. Rechtspfleger, dessen Kenntnisse auf diesen Gebieten nicht belegt sind, dürfen die Aufgaben eines Insolvenzrichters oder –rechtspflegers nur zugewiesen werden, wenn der Erwerb der Kenntnisse alsbald zu erwarten ist.[849]

Die Quellen des Erkenntnisprozesses des Insolvenzgerichts im Rahmen der Aufsicht sind vor allem der Auskunftsanspruch gegen den Verwalter gemäß § 58 I 2 InsO und der Amtsermittlungsgrundsatz nach § 5 I InsO.[850]

Adressaten der insolvenzgerichtlichen Aufsicht sind aber nicht nur die in § 58 I 1 InsO ausdrücklich genannten Insolvenzverwalter, sondern auch die gemäß § 5 I 2 InsO bestellten Sachverständigen. Außerdem kommen aufgrund gesetzlicher Verweisungen in den §§ 21 II Nr. 1, 274 I, 292 III 2, 313 I 3 InsO auch die vorläufigen Insolvenzverwalter, die Treuhänder im vereinfachten Insolvenzverfahren und die Treuhänder in der Wohlverhaltensperiode in den Genuss der Aufsicht durch das Insolvenzgericht.[851] Gemäß § 261 I 2 InsO bezieht sich die insolvenzgerichtliche Aufsicht auch auf die Überwachung der Insolvenzplanerfüllung durch den Insolvenzverwalter.[852] Die Aufsicht über den Verwalter beginnt nicht schon mit seiner Bestellung, sondern erst mit der Bestellung und Annahme des Amtes durch die entsprechende Person. Die Aufsichtstätigkeit über den Insolvenzverwalter

---

847 Vgl. 2. Teil B. III. 4. a) aa).

848 Vgl. 2. Teil B. III. 4. a) aa).

849 Vgl. 2. Teil B. III. 4. a) aa).

850 Vgl. 2. Teil B. III. 4. a) bb).

851 Durch das Gesetz zur Verkürzung des Restschuldbefreiungsverfahrens und zur Stärkung der Gläubigerrechte vom 15.07.2013 sind die §§ 312–314 InsO mit Wirkung vom 01.07.2014 weggefallen; vgl. BGBl. 2013, Teil 1, S. 2383.

852 Vgl. 2. Teil B. III. 4. b).

endet mit dessen Entlassung nach § 59 InsO oder der Aufhebung des Insolvenzverfahrens nach § 200 InsO bzw. der Einstellung des Insolvenzverfahrens nach §§ 207, 211 bis 213 InsO. Für das Enden der Aufsichtstätigkeit muss der Insolvenzverwalter sämtliche Verpflichtungen vollständig erfüllt haben, ansonsten besteht die insolvenzgerichtliche Aufsicht fort.[853]

Die Aufsicht des Insolvenzgerichts besteht konkret zunächst darin, die Geschäftsführung des Insolvenzverwalters zu überwachen. Die Überwachungspflicht soll sowohl den Schuldner als auch die Gläubiger vor rechtswidrigen Maßnahmen und/oder rechtswidrigen Unterlassungen des Insolvenzverwalters schützen, um einen ordnungsgemäßen Ablauf des Insolvenzverfahrens zu gewährleisten.[854] Als Überwachungsmaßnahmen kommen zum Beispiel die Kassenprüfung, die Prüfung der Konten durch Einsichtnahme in Bankbelege, die Schlüssigkeitsprüfung der Berichte des Insolvenzverwalters, Kontrollanfragen beim Insolvenzverwalter und Dritten und die Prüfung der Verzeichnisse in Frage. Die Art und der Umfang der Kontrollmaßnahme stehen im pflichtgemäßen Ermessen des Insolvenzgerichts. Liegt ein besonderer Anlass vor, so sind auch verstärkte Überwachungshandlungen geboten. Dennoch müssen die Art und der Umfang der Kontrollhandlung immer in einem angemessenen Verhältnis zum Anlass der Überprüfung stehen. Der Verwalter soll schließlich nicht in seiner Entschlussfreudigkeit beeinträchtigt werden.[855]

Im Rahmen der Aufsicht hat das Insolvenzgericht gegen Pflichtwidrigkeiten des Insolvenzverwalters durch die Anordnung erfolgversprechender Ge- und/oder Verbote einzuschreiten.[856] Die Durchsetzung dieser Ge- und/oder Verbote erreicht das Insolvenzgericht durch Zwangsmittel.[857] So kann das Insolvenzgericht zum Beispiel gemäß § 58 II 1 InsO ein Zwangsgeld zur Durchsetzung festsetzen.[858] Als ultima ratio kann das Insolvenzgericht den Verwalter im Rahmen der Aufsicht auch nach § 59 I InsO von Amts wegen entlassen.[859]

Wie bei den zuvor erörterten Amtspflichten verletzt das Insolvenzgericht seine Aufsichtspflicht, wenn es bei der Ausübung seiner Aufsichtstätigkeit

---

853 Vgl. 2. Teil B. III. 4. c).

854 Nerlich/Römermann-*Delhaes*, § 58, Rn. 5; MüKo-InsO-*Graeber*, § 58, Rn. 1; vgl. auch 2. Teil B. III. 4. d).

855 Vgl. 2. Teil B. III. 4. d).

856 Nerlich/Römermann-*Delhaes*, § 58, Rn. 10; MüKo-InsO-*Graeber*, § 58, Rn. 41; vgl. auch 2. Teil B. III. 4. e).

857 Nerlich/Römermann-*Delhaes*, § 58, Rn. 12; vgl. auch 2. Teil B. III. 4. f).

858 Vgl. 2. Teil B. III. 4. f) aa).

859 Vgl. 2. Teil B. III. 4. f) bb).

ermessensfehlerhaft handelt.[860] Eine solche ermessenfehlerhafte Aufsicht kann ihren Ursprung entweder in den individuellen Fähigkeiten des Insolvenzgerichts oder in einem Organisationsdefizit des Insolvenzgerichts haben.[861] Der Staat hat die Pflicht seine Gerichte so auszustatten, dass sie die anstehenden Verfahren ohne Verzögerung abschließen können. Die Erfüllung dieser Verpflichtungen obliegt den Justizbehörden insgesamt als drittgerichtete Amtspflicht.[862] Außerdem bedeutet die gerichtliche Aufsicht auch, dass die Organe des Insolvenzgerichts die fachliche Kompetenz haben müssen, die Aufsicht auszuüben.[863] Dafür hat der Gesetzgeber durch die Änderungen der §§ 22 VI GVG und 18 IV RPflG im Rahmen des ESUG versucht Sorge zu tragen, wie bereits zuvor erörtert wurde.

Als „Dritte“ im Rahmen der insolvenzgerichtlichen Aufsicht kommen neben dem bestellten Insolvenzverwalter auch der Schuldner und die Gläubiger in Betracht.[864] Das Problem für die etwaigen Betroffenen besteht aber wiederum zu allererst – unabhängig von Fragen anderer Tatbestandsmerkmale – darin, dass dem Geschädigten die Pflicht obliegt, darzulegen und zu beweisen, dass ihm durch die Amtspflichtverletzung ein Schaden entstanden ist. Dem Geschädigten kommen zwar bei der Schadensbestimmung die Beweiserleichterungen nach § 287 ZPO zugute, doch bleibt es weiterhin fast unmöglich, den Schaden zu beziffern.

Eine Aufsichtspflichtverletzung durch das Insolvenzgericht birgt abschließend dennoch ein großes Haftungsrisiko und kann durchaus zu Amtshaftungsansprüchen führen. Dies gilt vor allem für komplizierte Großverfahren, in denen es oft schwierig sein kann, den Überblick zu behalten und so die Entscheidungen des Verwalters nachzuvollziehen. Doch müssen für die Geltendmachung eines Amtshaftungsanspruchs nach § 839 I BGB i. V. m. Art. 34 GG alle Tatbestandsmerkmale gegeben sein und es dürfen keine Haftungseinschränkungen oder –ausschlüsse vorliegen.[865]

IV. „Genehmigungen“ des Insolvenzgerichts als Amtspflichten

Über die zuvor erörterten Amtspflichten hinaus, können sich auch noch aus anderen Bestimmungen bzw. „Verfahrensarten“ Amtspflichten ergeben. Dazu zählen

860 *Rechel*, S. 403; vgl. 2. Teil B. III. 5.
861 Vgl. 2. Teil B. III. 5.
862 Vgl. 2. Teil B. III. 5.; BGH, ZInsO 2007, 209 (209).
863 Vgl. 2. Teil B. III. 5.
864 Vgl. 2. Teil B. III. 6.
865 Vgl. zu den Haftungseinschränkungen und –ausschlüssen unter 2. Teil B. VI.

die „Genehmigungsverfahren" in der Form des Insolvenzplanverfahrens und der Eigenverwaltung. Diese beiden Verfahren haben sich durch das ESUG grundlegend geändert. Hinzu kommt noch das sogenannte „Schutzschirmverfahren", das erst durch das ESUG in die InsO eingeführt wurde.

1. Das Insolvenzplanverfahren nach Inkrafttreten des ESUG

Das Insolvenzplanverfahren ist in den §§ 217–269 InsO geregelt. Das Insolvenzplanverfahren stellt das Pendant zum US-amerikanischen „Chapter 11"-Verfahren dar.[866] Inhalt des Verfahrens ist keine gläubigerbestimmte Abwicklung des Verfahrens mittels Zwangsvergleich.[867] Das Recht des Insolvenzplans ist eine Abkehr von Vergleich und Zwangsvergleich.[868] Die Ergebnisse eines Insolvenzplanverfahrens sind aus Gläubigersicht hervorragend. Durchschnittlich dauert das Verfahren ein Jahr und im Durchschnitt wird eine Quote von 20 % für die Gläubiger erreicht und es werden 60 % der Arbeitsplätze erhalten.[869] Das Insolvenzplanverfahren wurde in der Praxis aber kaum angenommen.[870] Der Hauptgrund wurde in der Verfasstheit der Unternehmen als juristische Personen gesehen, da ein Zugriff auf die Gesellschaftsanteile und eine Einschränkung der Rechte der Gesellschafter nicht möglich war.[871]

Durch das ESUG wurden aber viele Änderungen im Recht des Insolvenzplanverfahrens vorgenommen.[872] Diese Änderungen dienen dem Zweck, die Möglichkeiten der Sanierung durch einen Insolvenzplan zu erweitern und Blockadepotenzial abzubauen.[873] Denn die Dauer eines deutschen Insolvenzverfahrens mit dem Ziel der Sanierung eines Unternehmens konnte mitunter schwer kalkulierbar sein, da das Wirksamwerden eines Insolvenzplans durch Rechtsmittel einzelner Gläubiger um Monate oder gar Jahre hinausgezögert werden konnte.[874] Das deutsche Insolvenzrecht ließ die Rechte der Anteilseigner des insolventen Unternehmens bei einer Sanierung durch Insolvenzplan bis zum Inkrafttreten des ESUG unberührt. Denn Änderungen dieser Rechte waren nur mit Zustimmung der Inhaber nach den Vorschriften des Gesellschaftsrechts zulässig. Die strikte Trennung von

866 *Haarmeyer/Frind*, Rn. 271.
867 So sehen es noch *Haarmeyer/Frind*, Rn. 271.
868 *Smid*, Praxishandbuch, § 29, Überschrift zu Rn. 1.
869 *Haarmeyer/Frind*, Rn. 271.
870 *Haarmeyer/Frind*, Rn. 271.
871 *Haarmeyer/Frind*, Rn. 271.
872 Vgl. BGBl. 2011, Teil 1, S. 2583ff.
873 RegE des ESUG, S. 1.
874 Vgl. RegE des ESUG, S. 1.

Insolvenzrecht und Gesellschaftsrecht sollte durch das ESUG überwunden werden.[875] So eröffnet das geänderte Insolvenzplanverfahren auch die Möglichkeiten im Interesse einer Optimierung der Sanierungsmöglichkeiten Kapitalmaßnahmen vorzusehen, insbesondere die Umwandlung von Forderungen in Gesellschaftsanteile, den sogenannten „Debt-Equity-Swap".[876]

Zudem wurde die funktionelle Zuständigkeit für das Planverfahren durch das ESUG auf den Insolvenzrichter übertragen (vgl. § 18 I Nr. 2 RPflG).[877] Diese Änderung trat zum 1. Januar 2013 in Kraft.[878]

a) Die Grundzüge des Insolvenzplanverfahrens

aa) Ziele und Grenzen des Insolvenzplanverfahrens

Der Inhalt des Insolvenzplanverfahrens kann in zwei unterschiedliche Richtungen ausgestaltet sein – er kann entweder das Ziel verfolgen, das schuldnerische Unternehmen zu sanieren oder es zu liquidieren.[879]

Dabei ist das Wesen des Insolvenzplans streitig.[880] Ein Großteil der Meinungen nimmt eine Vertragsnatur des Plans an.[881] Es besteht aber Uneinigkeit darüber, ob es sich bei dem Plan um einen (privatrechtlichen) Vertrag eigener Art[882] oder um einen Vergleich im Sinne des § 779 BGB[883] handelt.[884] Der BGH beschreibt den

875 RegE des ESUG, S. 26.

876 RegE des ESUG, S. 26; *Vallender*, MDR 2012, 125 (125).

877 BGBl. 2011, Teil 1, S. 2589.

878 BGBl. 2011, Teil 1, S. 2591.

879 *Haarmeyer/Frind*, Rn. 272.

880 Vgl. ausführlich dazu *Smid/Rattunde/Martini*, Rn. 7.1ff; *Happe*, S. 63ff; *Schiessler*, S. 17ff.

881 *Happe*, S. 63.

882 Kübler/Prütting/Bork-*Otte*, § 217, Rn. 65ff. *Happe* zeigt noch einmal auf, dass es bei den Vertragstheorien unterschiedliche Begründungen und Erklärungsansätze gibt; er stellt auch die wichtigsten dar. Vgl. *Happe*, S. 63ff.

883 Der frühere (Zwangs-)Vergleich war ein Vergleich im Sinne des § 779 BGB. Seit dem Inkrafttreten der InsO hat der Insolvenzplan den Vergleich und den Zwangsvergleich abgelöst. Vgl. Soergel-*Lorentz*, § 779, Rn. 5ff. Der Hauptunterschied zwischen Vergleich und Zwangsvergleich nach der KO und der VglO und Insolvenzplan nach der InsO ist, dass der Begriff des Vergleichs und des Zwangsvergleich dem Ausdruck des § 779 BGB als materiellen Vergleichsvertrags entspricht. Dies weist deutlich auf die Vertragsnatur hin. Der Gesetzgeber der InsO hat aber gerade auf den Ausdruck Vergleich verzichtet, da der Insolvenzplan kein Vertrag sei. Vgl. *Happe*, S. 80f.; BT-Drucks. 12/2443, S. 91. Daher scheint die Annahme eines Vergleichs nach § 779 BGB überkommen zu sein.

884 *Haarmeyer/Frind*, Rn. 273.

Insolvenzplan als ein „spezifisch insolvenzrechtliches Instrument, mit dem die Gläubigergesamtheit ihre Befriedigung aus dem Schuldnervermögen organisiert“; der Plan sei jedenfalls „kein Vertrag im herkömmlichen Sinne“.[885] Zumindest hält der BGH aber die §§ 133, 157 BGB für anwendbar, wodurch der Insolvenzplan wie ein Vertrag ausgelegt werden kann.[886]

Im Rahmen eines Insolvenzplanverfahrens kann von den Vorschriften der InsO abgewichen werden (vgl. § 217 S. 1 InsO).

bb) Der Insolvenzplan an sich

Gemäß § 219 InsO besteht ein Insolvenzplan aus einem darstellenden (vgl. § 220 InsO) und einem gestaltenden (vgl. § 221 InsO) Teil sowie den in den §§ 229, 230 InsO genannten Anlagen.

Der Sinn des darstellenden Teils ist es, alle Verfahrensbeteiligten ausführlich zu informieren, damit eine aussagekräftige Grundlage für die Entscheidung über die Annahme des Plans vorliegt. Deshalb enthält der Plan alle Angaben zu den Grundlagen und den Auswirkungen des Plans, die für die Zustimmung und die gerichtliche Bestätigung notwendig sind.[887] Die entscheidungserheblichen Informationen sind die Darstellung der bisherigen Unternehmensentwicklung, die rechtlichen, finanzwirtschaftlichen und leistungswirtschaftlichen Verhältnisse, organisatorische Grundlagen, umweltrelevante Sachverhalte sowie Ereignisse, die nach der Stellung des Insolvenzantrages geschehen sind.[888] Zu den Bestandteilen des darstellenden Teils gehören Informationen über den Vermögensstatus, ein Gläubiger- und Schuldnerverzeichnis[889], Informationen über die Ursachen der Insolvenz[890] und eine Darstellung der anfechtbaren Rechtsgeschäfte[891].

Der darstellende Teil des Plans muss notwendigerweise eine Vergleichsrechnung beinhalten, aus der ersichtlich ist, welche Befriedigung die Gläubiger ohne die Durchführung des Insolvenzplanverfahrens zu erwarten hätten. Die Gläubiger werden sich auf einen Insolvenzplan nur einlassen, wenn dadurch keine Schlechterstellung ihrerseits zu erwarten ist.[892]

885 BGH, ZInsO 2006, 38 (39).
886 BGH, ZIP 2006, 39 (39); RGZ 77, 403 (404).
887 *Haarmeyer/Frind*, Rn. 276.
888 *Smid/Rattunde/Martini*, Rn. 6.13; IDW S 2 Pkt. 4.3.1. (Nr. 25), WPg 2000, 285 (287).
889 Vgl. *Smid/Rattunde/Martini*, Rn. 6.18.
890 Vgl. *Smid/Rattunde/Martini*, Rn. 6.19.
891 Vgl. *Smid/Rattunde/Martini*, Rn. 6.20.
892 *Haarmeyer/Frind*, Rn. 276.

Außerdem wird im darstellenden Teil des Insolvenzplans festgelegt, wie mit dem Unternehmen verfahren werden soll, also ob es sich um eine Liquidation, eine Sanierung oder eine „übertragende Sanierung“ handeln soll.[893]

Das entsprechende Sanierungskonzept ist auch zu erläutern. Dies umfasst die Darstellung der bereits vorgenommenen oder noch vorzunehmenden Betriebsänderungen und anderer organisatorischer und personeller Maßnahmen. In Hinblick auf § 123 InsO ist in den Plan auch die Verfahrensweise für die Arbeitnehmer aufzunehmen.[894]

Der gestaltende Teil des Plans sieht die rechtlichen Maßnahmen vor, soweit sie durch den darstellenden Teil vorgeschlagen und im gestaltenden Teil rechtskonstitutiv enthalten sein können.[895]

Der gestaltende Teil des Insolvenzplans ist damit der entscheidende Bestandteil des Plans.[896] Gemäß § 221 InsO wird im gestaltenden Teil des Insolvenzplans festgelegt, wie die Rechtsstellung der Beteiligten durch den Plan geändert werden soll. Die Beteiligten im Sinne des § 221 InsO sind der Schuldner sowie die absonderungsberechtigten Gläubiger und die Insolvenzgläubiger. Ausgenommen sind somit die aussonderungsberechtigten Gläubiger und die Massegläubiger.[897] Diese können aber einen freiwilligen Sanierungsbeitrag leisten.[898]

Gemäß § 222 InsO werden die Gläubiger ihrer Rechtsstellung nach in Gruppen eingeteilt.

Die Regelung des § 222 InsO schreibt vor, dass je eine Gruppe für die absonderungsberechtigten Gläubiger (§ 222 I Nr. 1 InsO), die nicht nachrangigen Insolvenzgläubiger (§ 222 I Nr. 2 InsO), die nachrangigen Insolvenzgläubiger nach ihrer Rangklasse (§ 222 I Nr. 3 InsO) und die Arbeitnehmer, wenn sie nicht mit unerheblichen Forderungen am Verfahren beteiligt sind, gebildet wird.[899] Seit dem Inkrafttreten des ESUG wird in § 222 I Nr. 4 InsO noch eine weitere Gläubigergruppe aufgeführt. Das sind die Personen, die am Schuldner beteiligt sind, sofern ihre Anteils- oder Mitgliedschaftsrechte in den Plan einbezogen werden (vgl. „Debt-Equity-Swap“). Gemäß § 222 II InsO können darüber hinaus, trotz gleicher Rechtsstellung, einzelne Gruppen gebildet werden, wenn eine sachgerechte Abgrenzung möglich ist. Der Sinn liegt hierbei in der Gläubigergleichbehandlung.[900] Gemäß § 226 I InsO gilt innerhalb der Gruppen der Gleichbehandlungsgrundsatz. Ausnahmen sind nur unter den Voraussetzungen

---

893 *Haarmeyer/Frind*, Rn. 276.
894 *Haarmeyer/Frind*, Rn. 276.
895 *Smid/Rattunde/Martini*, Rn. 6.68.
896 *Haarmeyer/Frind*, Rn. 277.
897 *Haarmeyer/Frind*, Rn. 277.
898 *Haarmeyer/Frind*, Rn. 277.
899 *Haarmeyer/Frind*, Rn. 278.
900 *Haarmeyer/Frind*, Rn. 278.

des § 226 II InsO möglich; gemäß § 226 III InsO sind Sonderbehandlungen von einzelnen Gläubigern außerhalb des Insolvenzplans nichtig.

Ist im Insolvenzplan nichts anderes bestimmt, so wird der Schuldner (§ 227 I InsO) mit der im gestaltenden Teil vorgesehenen Befriedigung der Insolvenzgläubiger von seinen restlichen Verbindlichkeiten gegenüber diesen Gläubigern befreit. Gleiches gilt gemäß § 227 II InsO auch für den persönlich haftenden Gesellschafter.

cc) Der Ablauf des Verfahrens

Der Verlauf des Insolvenzplanverfahrens kann, entsprechend der gesetzlichen Unterteilung der §§ 217–269 InsO, in drei Abschnitte gegliedert werden: Die Aufstellung des Plans (§§ 217–234 InsO), die Annahme und Bestätigung des Plans (§§ 235–253 InsO) und die Wirkungen des bestätigten Plans mit anschließender Überwachung der Planerfüllung (§§ 254–269 InsO).[901]

Zur Vorlage eines Insolvenzplans beim Insolvenzgericht sind gemäß § 218 I InsO der Insolvenzverwalter und der Schuldner berechtigt. Die Gläubiger haben nicht das Recht einen Plan einzureichen. Allerdings kann die Gläubigerversammlung nach § 157 S. 2 InsO im Berichtstermin den Verwalter beauftragen, einen Insolvenzplan zu erstellen und das Ziel des Plans vorgeben. Regelmäßig stellt der Verwalter den Insolvenzplan auf, wobei der Gläubigerausschuss aber mitwirkt.[902]

Gemäß § 231 InsO erfolgt nach der Einreichung eines Plans von Amts wegen eine Planprüfung durch das Insolvenzgericht. Dabei weist das Insolvenzgericht den vorgelegten Plan zurück, wenn er die gesetzlichen Voraussetzungen nicht erfüllt (§ 231 I Nr. 1 InsO), wenn er offensichtlich keine Aussicht auf Annahme durch die Beteiligten[903] oder Bestätigung durch das Gericht hat (§ 231 I Nr. 2 InsO) oder wenn die vorgesehenen Ansprüche offensichtlich nicht erfüllt werden können (§ 231 I Nr. 3 InsO).[904] Durch die Verwendung des Wortes „offensichtlich“ sollte zum Ausdruck gebracht werden, dass nur in eindeutigen Fällen von der Befugnis der Zurückweisung Gebrauch gemacht werden darf. Ansonsten würde das Gericht durch seine Entscheidung der Gläubigerautonomie in ungerechtfertigter Weise vorgreifen.[905]

---

901 Braun-*Braun/Frank*, Vorb. §§ 217–269, Rn. 8.

902 *Haarmeyer/Frind*, Rn. 279.

903 Vgl. BGBl. 2011, Teil 1, S. 2584.

904 *Haarmeyer/Frind*, Rn. 280.

905 *Smid/Rattunde/Martini*, Rn. 11.2; Braun-*Braun/Frank*, § 231, Rn. 5; vgl. auch BT-Drucks. 12/7302, S. 182f.

Die Regelung des § 231 II InsO hat das Ziel, zu vermeiden, dass die Regelung des § 218 InsO vom Schuldner zur Verfahrensverschleppung missbraucht wird.[906]

Gemäß § 231 III InsO steht dem Vorlegenden gegen den Beschluss, durch den der Plan zurückgewiesen wird, die sofortige Beschwerde zu. Dieses Beschwerderecht steht dem Insolvenzverwalter nicht analog zu.[907]

Wenn das Insolvenzgericht den Plan nicht zurückweist, bestimmt es nach § 235 I InsO einen Erörterungs- und Abstimmungstermin.[908]

Die Abstimmung über den Insolvenzplan erfolgt in den im Plan festgelegten Gruppen. Gemäß § 244 InsO müssen alle Gruppen der Annahme des Plans zustimmen. Gemäß § 244 I InsO gilt innerhalb der Gruppen eine Kopf- und Summenmehrheit.[909] Das bedeutet im Einzelnen, dass die Mehrheit der abstimmenden Gläubiger dem Plan zustimmen muss (§ 244 I Nr. 1 InsO) und die Summe der Ansprüche der zustimmenden Gläubiger mehr als die Hälfte der Summe der Ansprüche der abstimmenden Gläubiger betragen muss (§ 244 I Nr. 2 InsO).

Darüber hinaus gilt gemäß § 245 InsO ein Obstruktionsverbot. Dieses besagt, dass, falls die Zustimmung einer oder mehrerer Gruppen zum Plan fehlt, die Zustimmung als erteilt gilt, wenn die Angehörigen dieser Gruppe durch den Plan voraussichtlich nicht schlechter gestellt werden als ohne den Plan, die Angehörigen dieser Gruppen angemessen am wirtschaftlichen Wert beteiligt werden und die Mehrheit der Gruppen zugestimmt hat.[910]

Darüber hinaus kann man der Regelung des § 247 InsO entnehmen, dass auch der Schuldner dem Insolvenzplan zustimmen muss.[911] Gemäß § 247 I InsO gilt die Zustimmung des Schuldners zum Plan als erteilt, wenn der Schuldner dem Plan nicht spätestens im Abstimmungstermin schriftlich widerspricht. Ein Widerspruch im Rahmen des § 247 I InsO ist allerdings unbeachtlich, wenn der Schuldner durch den Plan voraussichtlich nicht schlechter gestellt wird, als er ohne einen Plan stünde (§ 247 II Nr. 1 InsO) und kein Gläubiger einen wirtschaftlichen Wert erhält, der den vollen Betrag seines Anspruchs übersteigt (§ 247 II Nr. 2 InsO).

Letztlich muss auch das Insolvenzgericht dem Plan zustimmen (vgl. § 248 InsO). Dies stellt die letzte Hürde des Planverfahrens dar.[912]

---

906 Braun-*Braun/Frank*, § 231, Rn. 2.

907 BGH, ZInsO 2009, 478 (478).

908 *Haarmeyer/Frind*, Rn. 280.

909 *Haarmeyer/Frind*, Rn. 281; LSZ-*Rattunde*, § 244, Rn. 4; *Schiessler*, S. 159.

910 *Haarmeyer/Frind*, Rn. 282; LSZ-*Rattunde*, § 245, Rn. 1, 3; vgl. zu den Änderungen durch das ESUG BGBl. 2011, Teil 1, S. 2585.

911 *Haarmeyer/Frind*, Rn. 283; LSZ-*Rattunde*, § 247, Rn. 1.

912 *Haarmeyer/Frind*, Rn. 284.

Das Gericht kann unter bestimmten Voraussetzungen seine Zustimmung zum Plan aber auch versagen. So kann eine Versagung der Zustimmung zum Beispiel in § 250 I, II InsO oder aber in § 251 InsO begründet sein. Denn gemäß § 250 I InsO ist eine Bestätigung des Insolvenzplans von Amts wegen zu versagen, wenn gegen Verfahrensvorschriften verstoßen wird; der § 251 InsO regelt darüber hinaus noch den Minderheitenschutz.[913] Gemäß § 250 II InsO ist die Zustimmung auch zu versagen, wenn die Annahme des Plans unlauter, insbesondere durch Begünstigung eines Beteiligten, herbeigeführt worden ist.

Es stellt für das Gericht auch eine gewisse Schwierigkeit dar, festzustellen, ob ein Versagungsgrund im Sinne der §§ 250 I, II; 251 InsO vorliegt.[914] Im Falle des § 251 InsO soll sich das Gericht bei seiner Entscheidung an der Vergleichsrechnung orientieren, die schon für den darstellenden Teil des Plans notwendig ist.[915] Die Rechtsprechung verlangt, dass der Gläubiger glaubhaft macht, dass seine Schlechterstellung wahrscheinlicher ist als seine Nicht-Schlechterstellung.[916]

Sobald allerdings eine rechtskräftige Bestätigung des Plans durch das Insolvenzgericht vorliegt, treten die im gestaltenden Teil des Insolvenzplans vorgesehenen Wirkungen unmittelbar ein (vgl. § 254 I InsO).[917]

Bestätigt das Insolvenzgericht den Plan, so ist nach § 258 I InsO das Insolvenzverfahren aufzuheben. Gemäß § 258 II InsO muss der Insolvenzverwalter vor der Aufhebung die unstreitigen fälligen Masseansprüche berichtigen und für die streitigen oder nicht fälligen

Sicherheit leisten. Für die nicht fälligen Masseansprüche kann auch ein Finanzplan vorgelegt werden, aus dem sich ergibt, dass ihre Erfüllung gewährleistet ist.

Gemäß § 259 I InsO erlöschen die Ämter des Insolvenzverwalters und der Mitglieder des Gläubigerausschusses. Zudem erhält der Schuldner das Recht zurück, über die Masse frei zu verfügen. Der § 260 InsO gibt den Beteiligten eines Insolvenzplanverfahrens auch die Möglichkeit, die Überwachung der Planerfüllung im gestaltenden Teil des Insolvenzplans vorzusehen. Dies findet häufig im Rahmen von Sanierungsplänen statt.[918] Die Überwachung ist gemäß § 261 I InsO Aufgabe des Insolvenzverwalters. Diese Überwachung durch den Verwalter ist

913 *Haarmeyer/Frind*, Rn. 284.
914 *Haarmeyer/Frind*, Rn. 286.
915 *Haarmeyer/Frind*, Rn. 286.
916 BGH, ZInsO 2007, 491 (492).
917 *Haarmeyer/Frind*, Rn. 284.
918 *Haarmeyer/Frind*, Rn. 287.

gemäß § 268 InsO aufzuheben, wenn der Plan erfüllt worden ist oder die Erfüllung des Plans gewährleistet ist oder drei Jahre verstrichen sind.

b) Die Verletzung von Bestimmungen innerhalb des Insolvenzplanverfahrens im Sinne einer haftungsrechtlichen Amtspflichtverletzung

Das Insolvenzplanverfahren kennt eine Vielzahl an Regelungen, die dem Insolvenzgericht Amtspflichten auferlegen. Durch eine pflichtwidrige „Bestätigung" bzw. „Verweigerung" eines Insolvenzplans könnte sich das Insolvenzgericht wegen Amtshaftungsansprüchen haftbar machen.

So erlegt die InsO dem Insolvenzgericht zum Beispiel in den §§ 231–235, 241, 245, 248–251, 258, 260 und 261 InsO Aufgaben auf, die das Insolvenzgericht in einem Planverfahren erfüllen muss. Darüber hinaus muss das Insolvenzgericht in einem Planverfahren noch weitere Regelungen befolgen und Aufgaben erfüllen.

Die Regelungen und Aufgaben des Insolvenzgerichts im Planverfahren müssen allerdings einzeln betrachtet werden. Erst dann kann entschieden werden, ob es sich bei der jeweiligen Regelung um eine Amtspflicht handelt. Das Hauptaugenmerk bei den Pflichten des Insolvenzgerichts im Insolvenzplanverfahren wird auf die Zurückweisung des Plans nach § 231 InsO, auf die gerichtliche Bestätigung des Plans nach § 248 InsO und die Überwachung des Insolvenzverwalters gemäß §§ 260f. InsO gerichtet.

aa) § 231 InsO – Zurückweisung des Plans

Gemäß § 231 I InsO weist das Insolvenzgericht den Plan von Amts wegen zurück, wenn die Vorschriften über das Recht zur Vorlage und den Inhalt des Plans, insbesondere zur Bildung von Gruppen, nicht beachtet worden sind und der Vorlegende den Mangel nicht beheben kann oder innerhalb einer angemessenen, vom Gericht gesetzten Frist nicht behebt (Nr. 1), wenn ein vom Schuldner vorgelegter Plan offensichtlich keine Aussicht auf Annahme durch die Beteiligten oder auf Bestätigung durch das Gericht hat (Nr. 2) oder wenn die Ansprüche, die den Beteiligten nach dem gestaltenden Teil eines vom Schuldner vorgelegten Plans zustehen, offensichtlich nicht erfüllt werden können (Nr. 3).

Die insolvenzgerichtliche Aufgabe ist eine Vorprüfung des vorgelegten Plans.[919] Dabei hat das Insolvenzgericht die gesetzlichen Bestimmungen über das Vorlagerecht gemäß § 218 I InsO und den Inhalt des Plans gemäß der §§ 219–230 InsO zu beachten.[920]

---

919 LSZ-*Rattunde*, § 231, Rn. 1; *Smid/Rattunde*, InsPlan, 2. Auflage, Rn. 9.2.
920 *Smid/Rattunde*, InsPlan, 2. Auflage, Rn. 9.2.

Die Vorschrift des § 231 InsO dient der Beschleunigung des Verfahrens.[921] Das Gericht hat die Pflicht, unverzüglich mit der Prüfung des Plans zu beginnen.[922] Die Prüfung soll helfen, dass fehlerhafte oder offensichtlich aussichtslose Pläne frühzeitig zurückgewiesen werden können. Es soll vor allem vermieden werden, dass der Schuldner das Planverfahren dazu benutzt, die Masseverwertung zu verzögern; zudem sollen auch die Verfahrenskosten nicht unnötig erhöht werden.[923] Aufgrund der Grundsätze über die Vertragsfreiheit und aufgrund der Gläubigerautonomie sind die Überprüfungsmöglichkeiten des Insolvenzgerichts auf die in § 231 I Nr. 1–3 InsO genannten Tatbestände beschränkt.[924] Gläubigerautonomie bedeutet mithin auch, dass die Entscheidungen der Gläubiger einer gewissen Eigenverantwortlichkeit unterliegen.[925] Folglich ist es Sache des Gläubigers, sich über den Inhalt des Planes in Kenntnis zu setzen und die für ihn persönlich aus dem Plan resultierenden Folgen abzuschätzen. Der Vorprüfung des Insolvenzgerichts kommt nicht die Aufgabe zu, die Gläubiger aus ihrer Eigenverantwortlichkeit zu entlassen und ihnen das Risiko einer Fehleinschätzung abzunehmen.[926] Im Ergebnis bedeutet das, dass der Gläubiger, wenn er das Sanierungskonzept nicht versteht oder er den Plan oder die Planrechnungen nicht beurteilen oder nicht nachvollziehen kann, dem Plan gegebenenfalls nicht zuzustimmen sollte.[927] Diese Entscheidung obliegt jedoch dem Gläubiger allein.[928]

Dies alles führt aber noch nicht zu einer eindeutigen Klärung, ob es sich bei der Vorprüfung des Planes im Sinne von § 231 InsO um eine Amtspflicht im Sinne des § 839 I BGB handelt.

Es wird teilweise die Auffassung vertreten, so auch von *Smid*, im Insolvenzplanverfahren gelte der Amtsermittlungsgrundsatz nach § 5 I InsO.[929]

Dies würde bedeuten, dass das Gericht berechtigt und verpflichtet ist, den für die Vorprüfung erforderlichen Sachverhalt von Amts wegen selbst zu ermitteln; das Gericht könne hierzu sogar Sachverständige einschalten.[930]

---

921 MüKo-InsO-*Breuer*, § 231, Rn. 1; Uhlenbruck-*Lüer*, § 231, Rn. 3.
922 Uhlenbruck-*Lüer*, § 231, Rn. 3.
923 MüKo-InsO-*Breuer*, § 231, Rn. 1.
924 MüKo-InsO-*Breuer*, § 231, Rn. 1.
925 Uhlenbruck-*Lüer*, § 231, Rn. 1.
926 Uhlenbruck-*Lüer*, § 231, Rn. 1.
927 Uhlenbruck-*Lüer*, § 231, Rn. 1.
928 Uhlenbruck-*Lüer*, § 231, Rn. 1.
929 Uhlenbruck-*Lüer*, § 231, Rn. 5 m. w. N.
930 Smid-*Smid/Rattunde*, 2. Auflage, § 231, Rn. 3; *Smid/Rattunde/Martini*, Rn. 11.8; vgl. Nerlich/Römermann-*Braun*, Vorbem. §§ 217–269, Rn. 90 Fn. 3; *Smid*, FS-Pawlowski,

Das würde die Beantwortung der Frage, ob es sich bei den Aufgaben des Insolvenzgerichts im Rahmen des § 231 InsO um Amtspflichten handelt, sehr vereinfachen, denn beim Amtsermittlungsgrundsatz nach § 5 I InsO handelt es sich zweifelsohne um eine Amtspflicht im Sinne des § 839 I BGB.[931]

Braun hält die Anwendung des Amtsermittlungsgrundsatzes im Rahmen des Insolvenzplanverfahrens allerdings nicht für sachgerecht. Seiner Auffassung nach gelte der Beibringungsgrundsatz. Der Vorlageberechtigte habe also von sich aus einen „schlüssigen Plan" einzureichen.[932] Dem Wortlaut des § 5 I InsO nach gelte der Amtsermittlungsgrundsatz für das Insolvenzverfahren. Deshalb kann *Brauns* Auffassung nur so verstanden werden, dass es sich dabei um die regelmäßige Abwicklung des Insolvenzverfahrens handelt. Es ist allerdings etwas anderes, wenn ein Vorlageberechtigter einen Insolvenzplan vorlegt; denn so stellt er den Antrag auf Durchführung eines (von der Regelabwicklung, die von Amts wegen betrieben wird, abweichenden) Insolvenzplanverfahrens. Deshalb gelte § 5 I InsO nicht für das Insolvenzplanverfahren.[933] Der § 5 I InsO könne auf das Insolvenzplanverfahren auch nicht entsprechend angewendet werden.[934] Dies ergibt sich schon aus der Rechtsnatur des Insolvenzplans als vertragliche Übereinkunft der Beteiligten. Der Amtsermittlungsgrundsatz passe daher nicht zum Insolvenzplanverfahren. Die Stellung des Insolvenzgerichts sei im Insolvenzplanverfahren eine andere als im Insolvenzverfahren – das Insolvenzgericht treffe nicht die Entscheidung über den Insolvenzplan, sondern die Beteiligten entscheiden selbst. Der Plan hänge auch nicht von einer grundsätzlichen Genehmigung durch das Gericht ab, sondern das Gericht habe lediglich die Einhaltung der gesetzlichen Vorschriften zu überwachen und zu bestätigen.[935]

Smid schränkt seine Auffassung auch partiell ein. Er begründet dies damit, dass das Insolvenzgericht seine Ermittlungen jedenfalls nicht auf Kosten der Masse betreiben dürfe.[936]

Doch es muss an dieser Stelle nicht entschieden werden, ob der Amtsermittlungsgrundsatz nach § 5 I InsO auch im Insolvenzplanverfahren bzw. speziell im Rahmen des § 231 InsO Anwendung findet.

Es ist vorliegend davon auszugehen, dass die Aufgaben des Insolvenzgerichts im Rahmen des § 231 InsO auch ohne die Anwendung des Amtsermittlungsgrundsatzes als Amtspflichten im Sinne des § 839 I BGB zu qualifizieren sind,

---

S. 405; a. A. Kreft-*Haas*, § 231, Rn. 11; Braun-*Braun/Frank*; § 231, Rn. 1; MüKo-InsO-*Breuer*, § 231, Rn. 6.

931 Kreft-*Kirchhof*, § 5, Rn. 4.

932 Uhlenbruck-*Lüer*, § 231, Rn. 5; Nerlich/Römermann-*Braun*, Vorbem. §§ 217–269, Rn. 90.

933 Nerlich/Römermann-*Braun*, Vorbem. §§ 217–269, Rn. 90.

934 Uhlenbruck-*Lüer*, § 231, Rn. 5.

935 Uhlenbruck-*Lüer*, § 231, Rn. 5.

936 Smid-*Smid/Rattunde*, 2. Auflage, § 231, Rn. 3; *Smid/Rattunde/Martini*, Rn. 11.8; *Smid*, FS-Pawlowski, S. 438ff.

zumal die Zurückweisung des Plans im gegebenen Fall auch „von Amts wegen" zu erfolgen hat.[937] Diese Pflicht trifft das Insolvenzgericht unabhängig davon, ob im Insolvenzplanverfahren die Gläubigerautonomie und Vertragsfreiheit herrscht. Ferner spricht noch etwas anderes dafür, dass § 231 InsO eine Amtspflicht des Insolvenzgerichts im Sinne des § 839 I BGB normiert. So geht ein Teil der Literatur[938] davon aus, dass die Insolvenzgerichte nur sehr sparsam von § 231 InsO Gebrauch machen werden, da eine Verzögerung eines Sanierungsversuches einer Verhinderung des selbigen gleichkommt. Dies würde drohende Haftungssituationen aus Amtshaftungsansprüchen wahrscheinlich machen.[939] Dies verdeutlicht, dass schon in § 231 InsO eine Amtspflicht des Insolvenzgerichts enthalten ist.

Die Möglichkeiten, wie das Insolvenzgericht seine Amtspflicht aus § 231 InsO verletzen kann, sind vielfältig.

Zunächst kommt eine Verzögerung des Verfahrens in Betracht, die zu einer etwaigen Verringerung der Masse führen kann. Eine solche Verzögerung ist zum Beispiel gegeben, wenn das Insolvenzgericht die in § 231 I InsO genannte Frist von zwei Wochen erheblich überschreitet. Dabei ist allerdings fraglich, ob jede Fristüberschreitung dazu geeignet ist, eine Amtspflichtverletzung im Sinne des § 839 I BGB zu begründen.

Des Weiteren kann es auch zu einer Amtspflichtverletzung kommen, wenn das Gericht Insolvenzpläne unbegründeter Weise zurückweist oder eventuell nicht erfüllbare, zu kurze Fristen setzt.

bb) § 248 InsO – Gerichtliche Bestätigung

Gemäß § 248 I InsO bedarf der Insolvenzplan nach der Annahme durch die Beteiligten (vgl. §§ 244–246a InsO) und der Zustimmung des Schuldners der Bestätigung durch das Insolvenzgericht. Gemäß § 248 II InsO soll das Insolvenzgericht vor der Entscheidung über die Bestätigung den Insolvenzverwalter, den Gläubigerausschuss, wenn ein solcher bestellt ist, und den Schuldner hören.

Die in § 248 InsO geregelte gerichtliche Bestätigung dient einer letzten Überprüfung des Insolvenzplans. Sie soll einen gesetzlichen Mindestschutz für alle Beteiligten gewährleisten.[940] Die Regelung verfolgt den Zweck, dass der Insolvenzplan nur Wirkungen entfalten soll, wenn er in dem gesetzlich vorgeschriebenen

---

937 Vgl. dazu *Smid/Rattunde/Martini*, Rn. 11.16.

938 *Smid, Rattunde, Martini.*

939 *Smid/Rattunde/Martini*, Rn. 11.16.

940 MüKo-InsO-*Sinz*, § 248, Rn. 1.

Verfahren zustande gekommen ist und sein Inhalt den materiell-rechtlichen Anforderungen genügt.[941] Der § 248 InsO ist eine Maßnahme staatlicher Fürsorge und dient als solche nicht nur dem Schutz der Minderheit, die durch die Mehrheitsentscheidung gebunden wird, sondern zudem dem Schutz aller am Plan beteiligten Gläubiger und des Schuldners.[942]

Dem Schutzzweck des § 248 InsO entsprechend, ist die Bestätigung nicht nur dann erforderlich, wenn einzelne Gläubiger oder Gläubigergruppen gegen den Plan gestimmt haben und infolgedessen über die Ersetzung ihrer Zustimmung gemäß § 245 InsO bzw. § 251 InsO zu entscheiden ist, sondern auch dann, wenn sämtliche Gläubiger dem Plan zugestimmt haben. Der Schutzzweck des § 248 InsO ist im Gegenteil zum Recht des früheren (Zwangs-) Vergleichs derart weit gefasst, weil auch ein Insolvenzplan gegen den Willen des Schuldners zustande kommen kann und daher auch dieser durch das Erfordernis der gerichtlichen Bestätigung vor Eingriffen in die ihm durch die Vorschriften der InsO garantierte Rechtsstellung geschützt werden soll.[943]

Die im gestaltenden Teil festgelegten Wirkungen für und gegen alle Beteiligten treten erst durch die rechtskräftige Bestätigung des Insolvenzplans durch das Insolvenzgericht ein (vgl. § 254 InsO).[944]

Dies beantwortet leider noch nicht die Frage, ob es sich bei der Regelung des § 248 InsO um eine Amtspflicht im Sinne des § 839 I BGB handelt.

Nach *Rattunde* regelt der § 248 InsO unter welchen Voraussetzungen sich die insolvenzgerichtliche Kontrolle von Plan und Planverfahren auch nach der Abstimmung verwirklicht.[945] Die Stellung des Insolvenzgerichts im Aufsichtsverfahren der Bestätigungsentscheidung hat unmittelbaren Einfluss auf das Verfahren und die materiellen Kriterien.[946] Das Insolvenzgericht nimmt nämlich Aufgaben wahr, die materiell in den Bereich des verwaltenden Staatshandelns einzuordnen sind.[947] Dies ist auch dadurch deutlich geworden, dass der Gesetzgeber die Problembewältigung im Insolvenzplanverfahren früher dem Rechtspfleger anvertraut hat. Dies zeigt, dass der Gesetzgeber nicht davon ausging, dass der Bestätigungsbeschluss in den durch Art. 92 GG den Richtern im Sinne des

---

941 MüKo-InsO-*Sinz*, § 248, Rn. 1.
942 FK-*Jaffé*, § 248, Rn. 2; *Schiessler*, S. 176.
943 Nerlich/Römermann-*Braun*, § 248, Rn. 1; *Schiessler*, S. 176.
944 Nerlich/Römermann-*Braun*, § 248, Rn. 1.
945 LSZ-*Rattunde*, § 248, Rn. 1.
946 *Smid/Rattunde/Martini*, Rn. 14.2; LSZ-*Rattunde*, § 248, Rn. 2.
947 *Smid/Rattunde/Martini*, Rn. 14.2; LSZ-*Rattunde*, § 248, Rn. 2; vgl. auch *Oetker*, S. 19ff.

DRiG vorbehaltenen Bereich materiell rechtsprechender Tätigkeit fällt.[948] Das ESUG hat eine Änderung der Zuständigkeit und Aufgabenverteilung mit sich gebracht. So ist seit dem 1. Januar 2013 nicht mehr der Rechtspfleger für das Insolvenzplanverfahren zuständig, sondern der Insolvenzrichter (vgl. § 18 I Nr. 2 RPflG).[949] Dies ändert aber nichts daran, dass der Bestätigungsbeschluss keine rechtsprechende Tätigkeit ist.[950]

Doch auch dies klärt nicht eindeutig, ob es sich bei der Regelung des § 248 InsO um eine Amtspflicht im Sinne des § 839 I BGB handelt, auch wenn *Rattunde* von der „Kontrolle" und der insolvenzgerichtlichen „Aufsicht" schreibt. Bei der insolvenzgerichtlichen Aufsicht gemäß § 58 InsO handelt es sich jedoch zweifelsohne um eine Amtspflicht des Insolvenzgerichts im Sinne des § 839 I BGB.[951]

Es stellt sich auch bei § 248 InsO, ebenso wie zuvor schon bei § 231 InsO die Frage, ob der allgemeine Amtsermittlungsgrundsatz des § 5 I InsO auch im Rahmen des § 248 InsO Anwendung findet.

Braun, *Lüer* und *Breuer* zum Beispiel halten eine Anwendung des Amtsermittlungsgrundsatzes im Rahmen des § 231 InsO nicht für möglich.[952] Doch diese Auffassung ist nicht direkt auf § 248 InsO übertragbar. *Braun* hält den Amtsermittlungsgrundsatz im Insolvenzplanverfahren generell nicht für anwendbar, da das Planverfahren von den Beteiligten bestimmt werden soll.[953] *Lüer* vertritt dieselbe Ansicht.[954]

Breuer hingegen beurteilt dies eher vermittelnd. Er schreibt, dass das Insolvenzverfahren und damit auch das Insolvenzplanverfahren grundsätzlich vom Amtsermittlungsgrundsatz beherrscht werden. Das heißt für ihn, dass das Insolvenzgericht von Amts wegen alle Umstände zu ermitteln hat, die für das Insolvenzverfahren von Bedeutung sind.[955] Nur für den § 231 InsO macht *Breuer* hiervon eine Ausnahme.[956]

Smid, *Rattunde* und auch *Breuer* sprechen sich für eine Anwendbarkeit des Amtsermittlungsgrundsatzes im Rahmen des Insolvenzplanverfahrens und somit auch

948 *Smid/Rattunde/Martini*, Rn. 14.2; LSZ-*Rattunde*, § 248, Rn. 2; vgl. unter 2. Teil B. VI. 2. ausführlich zum Spruchrichterprivileg.

949 *Smid/Rattunde/Martini*, Rn. 14.2.

950 *Smid/Rattunde/Martini*, Rn. 14.2.

951 Vgl. dazu 2. Teil B. III.

952 MüKo-InsO-*Breuer*, § 231, Rn. 6; Nerlich/Römermann-*Braun*, Vorbem. §§ 217–269, Rn. 90; Braun-*Braun/Frank*; § 231, Rn. 1; Uhlenbruck-*Lüer*, § 231, Rn. 5.

953 Vgl. dazu Nerlich/Römermann-*Braun*, Vorbem. §§ 217–269, Rn. 90.

954 Vgl. dazu Uhlenbruck-*Lüer*, § 231, Rn. 5.

955 MüKo-InsO-*Breuer*, § 231, Rn. 6.

956 MüKo-InsO-*Breuer*, § 231, Rn. 6.

im Rahmen des § 248 InsO aus.[957] Da es sich, wie bereits mehrfach erwähnt, bei dem Amtsermittlungsgrundsatz nach § 5 I InsO um eine Amtspflicht im Sinne des § 839 I BGB handelt[958] und dieser im Rahmen des § 248 InsO anwendbar erscheint, lässt sich daraus schlussfolgern, dass es sich auch bei § 248 InsO um eine Amtspflicht im Sinne des § 839 I BGB handelt.

Die Möglichkeiten, wie das Insolvenzgericht ihre Amtspflicht aus § 248 InsO verletzen kann sind vielfältig.

Zunächst einmal hat das Insolvenzgericht die Bestätigung des Planes zu versagen, wenn die Bedingungen nach § 249 InsO nicht erfüllt sind[959] oder Mängel gemäß § 250 InsO vorliegen.[960] Dem Insolvenzgericht steht insoweit kein Ermessen zu.[961] Das Prüfungserfordernis des § 248 I InsO zwingt das Insolvenzgericht in materieller Hinsicht zu einer vollständigen Überprüfung des Insolvenzplans und seiner Rechtmäßigkeit[962], nicht aber zu einer Zweckmäßigkeitsprüfung[963]. Zudem hat das Insolvenzgericht nicht nur Verstöße gegen Verfahrensvorschriften zu überprüfen (vgl. § 250 InsO), sondern auch Verstöße des Gerichts selbst, sofern diese für das Zustandekommen des Plans wesentlich sind.[964] Es hat bei seiner Prüfung insbesondere auch Änderungen zu beachten, die nicht Inhalt der Vorprüfung im Sinne des § 231 InsO waren.[965]

Die gerichtliche Bestätigung des Plans bewirkt nämlich die Heilung sämtlicher Willens- und Verfahrensmängel.[966] Dies gilt jedoch nur, sofern eine Heilung überhaupt möglich war. Wurden hingegen wesentliche Verfahrensvorschriften verletzt, so kann dies noch mit der sofortigen Beschwerde nach § 253 InsO geltend gemacht werden.[967]

Somit ist festzustellen, dass die Amtspflicht aus § 248 I InsO grundsätzlich dadurch verletzt werden kann, dass entweder ein Plan bestätigt wird, der gegen

---

957 *Smid*, FS-Pawlowski, S. 405; LSZ-*Rattunde*, § 248, Rn. 6ff.; MüKo-InsO-*Breuer*, § 231, Rn. 6.

958 Kreft-*Kirchhof*, § 5, Rn. 4.

959 Nerlich/Römermann-*Braun*, § 248, Rn. 4.

960 Nerlich/Römermann-*Braun*, § 248, Rn. 2.

961 MüKo-InsO-*Sinz*, § 248, Rn. 25.

962 Kübler/Prütting/Bork-*Otte*, § 248, Rn. 8.

963 Nerlich/Römermann-*Braun*, § 248, Rn. 2; Kreft-*Haas*, § 248, Rn. 2; FK-*Jaffè*, § 248, Rn. 5.

964 Kübler/Prütting/Bork-*Otte*, § 248, Rn. 7; FK-*Jaffè*, § 248, Rn. 7.

965 Nerlich/Römermann-*Braun*, § 248, Rn. 2; Kübler/Prütting/Bork-*Otte*, § 248, Rn. 6.; MüKo-InsO-*Sinz*, § 248, Rn. 19.

966 Nerlich/Römermann-*Braun*, § 248, Rn. 7.

967 MüKo-InsO-*Sinz*, § 248, Rn. 34.

Verfahrensvorschriften verstößt, oder eine Planbestätigung versagt wird, obwohl der Plan nicht gegen Verfahrensvorschriften verstößt. Der Grund dafür kann auch im Insolvenzgericht selbst belegen sein, also wenn ein sogenanntes Organisationsdefizit beim Insolvenzgericht vorliegt. Das heißt, dass das Gericht eventuell überlastet ist und deshalb übereilt falsche Entscheidungen trifft oder dass das Insolvenzgericht aufgrund fehlender Fachkenntnisse falsche Entscheidungen trifft. Selbstverständlich kann der Grund auch in den individuellen Fähigkeiten der Organe des Insolvenzgerichts liegen.

Ferner ist die Amtspflicht des Insolvenzgerichts aus § 248 I InsO auch verletzt, wenn das Insolvenzgericht eine Zweckmäßigkeitsprüfung des Plans vornimmt und ihn infolgedessen wegen mangelnder Zweckmäßigkeit nicht bestätigt.

Außerdem soll das Insolvenzgericht gemäß § 248 II InsO vor der Entscheidung über die Bestätigung des Insolvenzplans den Insolvenzverwalter, den Gläubigerausschuss – falls ein solcher bestellt ist – und den Schuldner hören. Dabei besteht Uneinigkeit darüber, ob es sich bei § 248 II InsO um eine „Soll-Vorschrift" oder eine zwingende Regelung handelt.

Der Wortlaut des § 248 II InsO spricht von „sollen". So sehen es auch *Braun*[968], *Lüer*[969] und *Sinz*[970]. Das heißt, dass eine unterbliebene Anhörung deshalb in dem Beschwerdeverfahren nicht zu der Aufhebung der Bestätigungsentscheidung führen kann. Es genügt, dass die Gelegenheit zur Äußerung bestand.[971] Konkret liegt die Begründung darin, dass eine Anhörung bereits bei der gerichtlichen Vorprüfung nach § 232 InsO erfolgt.[972] Außerdem hat der Schuldner im Beschwerdeverfahren auch Gelegenheit zu rechtlichem Gehör, so dass faktisch die Anhörung nachgeholt werden kann.[973]

Die Gegenauffassung hält die Regelung des § 248 II InsO für zwingend anzuwenden.

So schreibt *Jaffè*, dass es zweifelhaft sei, ob die „Soll-Vorschrift" des § 248 II InsO in Anbetracht der verfassungsrechtlichen Anforderungen des Art. 103 I GG haltbar erscheine. *Jaffè* sieht gewisse Parallelen zwischen der „Soll-Vorschrift" des § 2360 BGB und § 248 II InsO. Die Vorschrift des § 2360 BGB war entgegen dem Wortlaut nämlich zwingend als „Ist-Vorschrift" zu interpretieren.[974]

---

968 Nerlich/Römermann-*Braun,* § 248, Rn. 8; Braun-*Braun/Frank*; § 248, Rn. 7.

969 Uhlenbruck-*Lüer*, § 248, Rn. 4.

970 MüKo-InsO-*Sinz*, § 248, Rn. 13.

971 Nerlich/Römermann-*Braun,* § 248, Rn. 8; LG Traunstein, NZI 1999, 461 (464).

972 MüKo-InsO-*Sinz*, § 248, Rn. 13.

973 Uhlenbruck-*Lüer*, § 248, Rn. 4; Nerlich/Römermann-*Braun,* § 248, Rn. 8.

974 FK-*Jaffè*, § 248, Rn. 10; der § 2360 BGB wurde durch das Gesetz zur Reform des Verfahrens in Familiensachen und in den Angelegenheiten der freiwilligen Gerichtsbarkeit vom 17.12.2008 mit Wirkung zum 01.09.2009 aufgehoben, vgl. BGBl. 2008, Teil 1, S. 2586.

Smid, *Rattunde* und auch *Martini* konstatieren, dass gemäß § 248 II InsO vor Erlass des Bestätigungsbeschlusses den dort genannten Beteiligten rechtliches Gehör zu gewähren ist.[975]

Braun sieht darin eine Bestätigung der Gegenansicht, also eine Befürwortung der strikten Anwendung des § 248 II InsO.[976] Dies kann allerdings nicht mehr aus dieser Äußerung entnommen werden. *Rattunde* bezieht sich in seiner jüngsten Äußerung auf *Braun* und *Frank*, die § 248 II InsO ganz eindeutig als „Soll-Vorschrift" akzeptieren.[977]

Eine Amtspflichtverletzung im Rahmen des § 248 II InsO kommt also nur in Frage, wenn man § 248 II InsO als „Ist-Vorschrift" interpretiert und das Insolvenzgericht die Beteiligten vor Erlass des Bestätigungsbeschluss nicht anhört.

cc) § 260f. InsO – Überwachung der Planerfüllung / Aufgaben und Befugnisse des Insolvenzverwalters

Im gestaltenden Teil des Insolvenzplans kann fakultativ, zum Schutz der Gläubiger, vorgesehen werden, dass die Planerfüllung überwacht wird.[978] Der Gesetzgeber wollte so vor allem den Fall regeln, in dem der Schuldner nach dem Plan sein Unternehmen fortführt und die Gläubiger aus den Erträgen befriedigt werden sollen.[979]

Der § 260 InsO regelt die Überwachung der Planerfüllung grundlegend. Die §§ 261ff. InsO konkretisieren die Art und Weise der Planüberwachung.[980] Wird im Insolvenzplan die Überwachung vorgesehen, ohne sie im Einzelnen auszugestalten, richtet sie sich nach den gesetzlichen Vorschriften.[981] Die Überwachung findet allerdings außerhalb des Insolvenzverfahrens statt (vgl. § 260 II InsO).[982] Allen voran kümmert sich der Insolvenzverwalter um die Überwachung des Plans. Sein Amt besteht insoweit fort; ebenso wie das der Mitglieder des Gläubigerausschusses. Ferner hält auch die Aufsicht des Insolvenzgerichts an.[983]

---

975 *Smid/Rattunde/Martini*, Rn. 14.4; LSZ-*Rattunde*, § 248, Rn. 4; so auch schon Smid-*Smid/Rattunde*, 2. Auflage, § 248, Rn. 5.

976 Vgl. Nerlich/Römermann-*Braun*, § 248, Rn. 8, Fn. 2.

977 LSZ-*Rattunde*, § 248, Rn. 4, Fn. 7; Braun-*Braun/Frank*, § 248, Rn. 7.

978 MüKo-InsO-*Stephan*, § 260, Rn. 1; Braun-*Braun/Frank*, § 260, Rn. 1.

979 MüKo-InsO-*Stephan*, § 260, Rn. 1; Uhlenbruck-*Lüer*, § 260, Rn. 1; *Balz/Landfermann*, S. 519.

980 MüKo-InsO-*Stephan*, § 260, Rn. 1.

981 Uhlenbruck-*Lüer*, § 260, Rn. 1; vgl. § 261 I InsO.

982 Braun-*Braun/Frank*, § 260, Rn. 1.

983 Uhlenbruck-*Lüer*, § 260, Rn. 1.

Diese anhaltende Aufsicht des Insolvenzgerichts ist an dieser Stelle entscheidend. Wie bereits erörtert, handelt es sich bei der Aufsicht des Insolvenzgerichts nach § 58 InsO um eine Amtspflicht im Sinne des § 839 I BGB.[984] Gemäß § 58 I InsO unterliegt die gesamte Amtsführung des Insolvenzverwalters der Aufsicht des Insolvenzgerichts.[985]

Die §§ 260, 261 InsO verweisen nicht direkt auf § 58 InsO, dennoch sollten an die Aufsicht des Insolvenzgerichts im Rahmen der §§ 260f. InsO die gleichen Anforderungen gestellt werden, wie im Rahmen des § 58 InsO. Das heißt im Ergebnis, dass sich das Insolvenzgericht durch eine, wie auch immer geartete, Verletzung dieser Aufsichtspflicht Amtshaftungsansprüchen nach § 839 I BGB i. V. m. Art. 34 S. 1 GG aussetzen kann.[986]

Dem widerspricht auch nicht, dass die Aufsicht des Insolvenzgerichts im Falle der Planüberwachung außerhalb des Insolvenzverfahrens erfolgt, denn durch die Planüberwachung setzt sich das Insolvenzplanverfahren auch nach Aufhebung des Insolvenzverfahrens selbst fort.[987]

c) Drittbezogenheit der Amtspflicht

Bei den zuvor erörterten Amtspflichten aus den §§ 231, 248, 260f. InsO stellt sich die Frage, inwieweit die Amtspflichten eine Drittbezogenheit aufweisen, denn die verletzte Amtspflicht müsste auch drittbezogen sein, um eine etwaige Haftung nach § 839 I BGB i. V. m. Art. 34 S. 1 GG zu begründen.[988]

Um den Haftungstatbestand des § 839 I BGB zu erfüllen, genügt nicht jede Amtspflichtverletzung. Es muss eine Amtspflicht verletzt worden sein, die dem Beamten gegenüber einem Dritten obliegt.[989] Aber der Geschädigte kann auch nur dann einen Amtshaftungsanspruch geltend machen, wenn die verletzte Amtspflicht gerade bzw. zumindest auch ihm gegenüber besteht.[990] Es bedarf einer besonderen Beziehung zwischen der verletzten Amtspflicht und dem geschädigten Dritten.[991]

---

984 Vgl. 2. Teil B. III.

985 *Rechel*, S. 29.

986 Vgl. zur Verletzung der Aufsichtspflicht im Sinne einer haftungsrechtlichen Amtspflichtverletzung 2. Teil B. III. 5.

987 Vgl. Uhlenbruck-*Lüer*, § 260, Rn. 1.

988 Vgl. zur Drittbezogenheit 2. Teil A. IV.

989 MüKo-BGB-*Papier*, § 839, Rn. 227.

990 MüKo-BGB-*Papier*, § 839, Rn. 227; BGHZ 1, 388 (394f.).

991 MüKo-BGB-*Papier*, § 839, Rn. 227; BGHZ 56, 40 (45f.).

Wie schon bei der Drittbezogenheit der Vorauswahlpflicht, der Auswahlpflicht im konkreten Verfahren und bei der Aufsichtspflicht des Insolvenzgerichts erwähnt, können im Insolvenzverfahren sowohl der Schuldner als auch die Gläubiger und der Insolvenzverwalter als „Dritte" in Betracht kommen.[992]

Auch an dieser Stelle ist zunächst darauf hinzuweisen, dass eine Person, die zum Kreis der durch eine Amtspflicht geschützten Dritten gehört, nicht in allen ihren Belangen als „Dritter" anzusehen ist. Die Person ist soweit geschützt, wie die Schutzwirkung der verletzten Amtspflicht reicht. Der Schutzzweck der Amtspflicht entscheidet also darüber, ob eine Person zum Kreis der „Dritten" gehört und wie weit der Schutz bezüglich der Amtspflicht reicht. Das umfasst auch, welche Interessen bzw. Belange dieser Person geschützt werden sollen. Die Amtspflichten können folglich, je nach dem zu schützenden Interesse ein und derselben Person gegenüber „aufgespalten" sein. Bestimmte Belange können vom Schutzzweck erfasst sein, andere hingegen nicht.[993]

Es kommt allein auf den Schutzzweck der Amtspflicht an; insofern ist es nicht erforderlich, dass der „Dritte" am Amtsgeschäft beteiligt ist.[994] Unter den Begriff „Dritte" fallen nicht nur die beim Amtsgeschäft unmittelbar Beteiligten, sondern alle Personen, deren Interesse nach der besonderen Natur des Amtsgeschäfts durch dieses berührt wird und in deren Rechtskreis dadurch eingegriffen werden kann, auch wenn sie durch die Amtsausübung nur mittelbar und unbeabsichtigt betroffen werden.[995]

Auch an dieser Stelle gilt die von *Holzer*, *Kleine-Cosack* und *Prütting* vertretene Überzeugung, der Schutzzweck der Amtspflicht sei im Einzelnen am Maßstab der Kasuistik der Rechtsprechung des BGH wie auch der InsO zu ermitteln.[996]

aa) Drittbezogenheit des § 231 InsO

Es stellt sich also in Frage, wer „Dritter" im Rahmen des § 231 InsO sein kann.

Nach *Breuer* dient die Vorschrift des § 231 InsO der Beschleunigung des Verfahrens, um fehlerhafte oder offensichtlich aussichtslose Pläne frühzeitig zurückweisen zu können. Es soll vor allem vermieden werden, dass der Schuldner das Planverfahren dazu benutzt, die Masseverwertung zu verzögern. Ferner sollen die Verfahrenskosten nicht unnötig erhöht werden.[997]

---

992 MüKo-InsO-*Haarmeyer*, § 21, Rn. 42.
993 MüKo-BGB-*Papier*, § 839, Rn. 235; BGHZ 90, 310 (312).
994 MüKo-BGB-*Papier*, § 839, Rn. 239.
995 BGHZ 20, 53 (56); RGZ 138, 309 (313).
996 *Holzer/Kleine-Cosack/Prütting*, S. 59.
997 MüKo-InsO-*Breuer*, § 231, Rn. 1.

Nach *Lüer* soll die gerichtliche Vorprüfung des Plans nach § 231 I InsO vermeiden, dass das Insolvenzverfahren durch Pläne belastet und verzögert wird, die die gesetzlichen Mindestanforderungen nicht erfüllen, offenkundig unerfüllbar sind oder offenkundig keine Aussicht auf Erfolg haben.[998] Die Vorprüfung soll aber nicht dazu dienen, die Annahmefähigkeit eines eingereichten Plans sicherzustellen oder den eingereichten Plan inhaltlich oder wirtschaftlich zu optimieren.[999] Die Vorprüfung des Plans durch das Gericht soll und darf der Entscheidungsfindung der Beteiligten (Gläubiger, Schuldner, Verwalter) nämlich in keiner Weise vorgreifen.[1000]

So kann festgestellt werden, dass die Vorschrift des § 231 InsO dem Schutz der Beteiligten des Insolvenzplanverfahrens dient – der § 231 InsO dient also dem Schutz der Gläubiger, des Schuldners, des Insolvenzverwalters und etwaiger Beteiligter (Anteilseigner) im Sinne des § 222 I Nr. 4 InsO.

Die Drittbezogenheit des § 231 InsO besteht in Hinsicht auf die zuvor genannten Personen (-gruppen).

bb) Drittbezogenheit des § 248 InsO

Es stellt sich auch im Rahmen des § 248 InsO die Frage, wer „Dritter" sein kann.

Das Erfordernis der gerichtlichen Bestätigung des Insolvenzplans gemäß § 248 I InsO dient ebenfalls dem Schutz der am Planverfahren Beteiligten.[1001] Das Erfordernis der gerichtlichen Bestätigung nach § 248 InsO dient einer letzten Überprüfung des Insolvenzplans und soll dadurch einen gesetzlichen Mindestschutz für alle Beteiligten gewährleisten.[1002]

Braun, *Frank* und *Sinz* meinen jedoch mit „Beteiligten" wohl nur die unmittelbar an den Folgen des Plans Beteiligten. Doch auch der Insolvenzverwalter muss vom Schutzzweck des § 248 InsO erfasst sein, sofern er zumindest den Plan vorgelegt hat.

Im Ergebnis kommt man dazu, dass die Drittbezogenheit des § 248 InsO wiederum die Gläubiger, den Schuldner, den Insolvenzverwalter und etwaige Beteiligte (Anteilseigner) im Sinne des § 222 I Nr. 4 InsO erfasst.

Des Weiteren bleibt es denkbar, dass der § 248 InsO auch eine Drittbezogenheit gegenüber Personen entfaltet, die nicht direkt am Insolvenzplan(-verfahren)

---

998 Uhlenbruck-*Lüer*, § 231, Rn. 1; *Balz/Landfermann*, S. 483.
999 Uhlenbruck-*Lüer*, § 231, Rn. 1.
1000 Uhlenbruck-*Lüer*, § 231, Rn. 1; *Balz/Landfermann*, S. 483.
1001 Braun-*Braun/Frank*, § 248, Rn. 1.
1002 MüKo-InsO-*Sinz*, § 248, Rn. 1.

beteiligt sind, aber auch von den Folgen der Planbestätigung betroffen werden. Dies könnten zum Beispiel Geschäftspartner des Schuldners sein, die nicht gleichzeitig Gläubiger sind.

cc) Drittbezogenheit der §§ 260f. InsO

Des Weiteren stellt sich auch die Frage, wer „Dritter" im Rahmen der §§ 260f. InsO sein kann.

Die Vorschriften der §§ 260–269 InsO geben den Gläubigern, falls eine Planüberwachung im Insolvenzplan vereinbart worden ist, die Möglichkeit, den Schuldner oder auch die Übernahmegesellschaft bei der Erfüllung ihrer Planansprüche durch den Insolvenzverwalter überwachen zu lassen.[1003] Es handelt sich bei den §§ 260–269 InsO um Vorschriften des Gläubigerschutzes, die im Falle der Nichterfüllung durch den Schuldner ein Wiederaufleben von im Plan erlassenen oder gestundeten Forderungen vorsehen.[1004]

Die Vorschrift des § 261 InsO regelt, wer die Erfüllung des Insolvenzplans zu überwachen hat (vgl. § 261 I 1 InsO) und konkretisiert die Überwachungsaufgabe zu einer Auskunfts- und Berichtspflicht (vgl. § 261 II InsO).[1005] Nach dem Willen des Gesetzgebers soll die Überwachung die Aufgabe des Insolvenzverwalters sein, da dieser in der Regel den Plan selbst ausgearbeitet hat oder zumindest über dessen Inhalt unterrichtet ist.[1006]

Die Aufgabenzuweisung ist allerdings dispositiv, auch wenn sich dies nicht unmittelbar dem Gesetzestext entnehmen lässt. Das heißt, dass der Insolvenzplan, vom Regelfall abweichend, vorsehen kann, dass eine andere Person, ein sogenannter Sachwalter, mit der Überwachung beauftragt wird.[1007]

Der Insolvenzverwalter unterliegt bei seiner Überwachung der insolvenzgerichtlichen Aufsicht (vgl. § 261 I InsO). Ein vertraglich zur Geschäftsbesorgung bestellter Sachwalter unterliegt allerdings nicht der gerichtlichen Aufsicht.[1008]

Die §§ 260f. InsO haben zusammenfassend also den Schutzzweck, die Gläubiger bei der Erfüllung ihrer Planansprüche zu schützen. Die Aufsichtspflicht des Insolvenzgerichts konkretisiert diesen Schutzzweck weiter. Die Aufsichtspflicht hat den Zweck, den Insolvenzverwalter bei seiner Überwachung selbst zu überwachen bzw. zu kontrollieren. Somit sind vom Schutzzweck der insolvenzgerichtlichen

---

1003 Uhlenbruck-*Lüer*, § 260, Rn. 1.
1004 Nerlich/Römermann-*Braun*, § 260, Rn. 1.
1005 MüKo-InsO-*Stephan*, § 261, Rn. 1.
1006 MüKo-InsO-*Stephan*, § 261, Rn. 1; BT-Drucks. 12/2443, S. 215.
1007 MüKo-InsO-*Stephan*, § 261, Rn. 1.
1008 Braun-*Braun/Frank*, § 261, Rn. 4.

Aufsicht im Rahmen der §§ 260f. InsO die Gläubiger und der beaufsichtigte Insolvenzverwalter als „Dritte" umfasst. Ein Sachwalter unterliegt nicht diesem Schutzzweck und ist nicht „Dritter" im Rahmen der §§ 260f. InsO, da er auch nicht der insolvenzgerichtlichen Aufsicht unterliegt. Dies ist stringent, da die Überwachung des Plans nach der Aufhebung des Insolvenzverfahrens stattfindet. Der Sachwalter hatte also eventuell noch keinen Kontakt zu dem Planverfahren. Außerdem gelten die dem Insolvenzverwalter gesetzlich zugewiesenen Rechte nicht für den Sachwalter.[1009] Deshalb ist es auch gerechtfertigt, wenn er nicht der insolvenzgerichtlichen Aufsicht unterliegt.[1010] An einen schon vorher am Verfahren beteiligten Verwalter können aufgrund seiner besonderen Sachkenntnis und seiner besonderen Rechte auch höhere Anforderungen gestellt werden. Ferner könnte sich eine Aufsicht über den Sachwalter schnell als Fachaufsicht darstellen.

Der Schuldner ist nicht vom Schutzzweck der §§ 260f. InsO erfasst. Gemäß § 260 II InsO wird im Falle der Anordnung der Planüberwachung nach der Aufhebung des Insolvenzverfahrens überwacht, ob die Ansprüche erfüllt werden, die den Gläubigern nach dem gestaltenden Teil gegen den Schuldner zustehen. Die Überwachung von (Erfüllungs-) Handlungen gegenüber dem Schuldner sind nicht vom Wortlaut des § 260 InsO erfasst. Demnach sollte sich auch nicht der Schutzzweck auf den Schuldner erstrecken.

d) Verursachung eines Schadens

Es muss durch die Amtspflichtverletzung zu einem Vermögensschaden bei dem geschützten Dritten kommen.[1011]

Dem Geschädigten obliegt die Pflicht, darzulegen und zu beweisen, dass ihm durch die Amtspflichtverletzung ein Schaden entstanden ist. Dem Geschädigten kommen bei der Schadensbestimmung allerdings die Beweiserleichterungen nach § 287 ZPO zugute.[1012]

Es müsste weitergehend geklärt werden, wie genau es in einem fehlerhaften bzw. amtspflichtwidrig verlaufenden Insolvenzplanverfahren zu Vermögensschäden kommen kann.

Ein Vermögensschaden durch ein fehlerhaftes Insolvenzplanverfahren ist denkbar. Ein Vermögensschaden kann zum Beispiel durch eine Masseschmälerung infolge einer Verfahrensverzögerung oder durch eine gegen die Ziele des Insolvenzplanverfahrens verstoßende Handlung entstehen.

1009 MüKo-InsO-*Stephan*, § 261, Rn. 11.
1010 A.A. BK-InsO-*Breutigam*, § 261, Rn. 6; MüKo-InsO-*Stephan*, § 261, Rn. 12.
1011 MüKo-BGB-*Papier*, § 839, Rn. 276.
1012 MüKo-BGB-*Papier*, § 839, Rn. 276; BGH, NJW 1995, 2344 (2345).

Im Einzelnen lassen sich die verschiedenen möglichen Vermögensschäden aber nicht aufzählen, da sie einerseits immer einzelfallabhängig und andererseits von zu vielen unbekannten Faktoren abhängen, zumal vorliegend nur einige Amtspflichten in Bezug auf das Insolvenzplanverfahren erörtert wurden.

Schwierigkeiten kann es aber natürlich auch bei der Bezifferung der genauen Schadenshöhe geben, da die Vermögenssituation während des Verfahrens zum Zeitpunkt des jeweiligen Schadenseintritts mitunter nur sehr schwer zu erfassen ist.

e) *Haftungsausfüllende Kausalität*

Die Amtspflichtverletzung müsste auch für den Eintritt des Vermögensschadens kausal geworden sein.[1013]

Beim Amtshaftungsanspruch gibt es allerdings Unterschiede und Besonderheiten im Vergleich zum „normalen" Deliktsrecht.

Denn die Norm des § 839 BGB kennt keine beschränkte haftungsbegründende Kausalität. Der § 839 BGB ist nämlich nicht auf die Verletzung bestimmter Rechte und Rechtsgüter beschränkt.

Etwas anderes kann sich im Einzelfall aus dem Schutzzweck der verletzten Amtspflicht ergeben.[1014] Der § 839 BGB schützt das Vermögen als Ganzes.[1015] Allerdings schützt § 839 BGB nicht gegen jeden Vermögensschaden. Einschränkungen können sich aus dem Schutzzweck der Amtspflicht ergeben.[1016] Gemäß § 839 I 1 BGB muss sich das Verschulden des Beamten nicht auf die Kausalität zwischen der Amtspflichtverletzung und dem Schadenseintritt beziehen.[1017]

Für die Kausalität zwischen Amtspflichtverletzung und Schadenseintritt gilt das Kriterium des adäquaten Kausalzusammenhangs. Der auf der Amtspflichtverletzung beruhende Schaden ist dem Beamten und mittelbar nach Art. 34 GG dem Staat nur zuzurechnen, wenn die Amtspflichtverletzung die Wahrscheinlichkeit des Schadenseintritts wesentlich erhöht hat oder wenn der Beamte den Eintritt des Schadens erwartet oder gewollt hat.[1018] Denkbar sind auch Fälle, in denen der Staat geltend macht, die Schäden wären auch bei ordnungsgemäßer Amtsausübung nicht ausgeblieben. Dabei ist allerdings danach zu fragen, ob die Behörde die zum selben Schaden führende Maßnahme nicht nur hätte fehlerfrei

1013 Prütting/Wegen/Weinreich-*Kramarz*, § 839, Rn. 58; Erman-*T. Mayen*, § 839, Rn. 65; vgl. ausführlich zur Kausalität unter 2. Teil A. VI.

1014 *Bender*, Rn. 563; anderes kann sich im Einzelfall aus dem Schutzzweck der verletzten Amtspflicht ergeben, vgl. *Bender*, Rn. 563.

1015 *Bender*, Rn. 563.

1016 BGHZ 39, 358 (358f.).

1017 *Bender*, Rn. 563.

1018 *Bender*, Rn. 564; BGH, NJW 1965, 1524 (1525).

treffen können, sondern auch tatsächlich getroffen hätte. Grund für die Vornahme dieser Handlungen könnte zum Beispiel eine Rechtspflicht sein und nur, wenn die Handlung auch getroffen worden wäre, kann von „echtem" pflichtmäßigen Alternativverhalten gesprochen werden. Nur dann kann der Staat dem Anspruch des Geschädigten etwas entgegenhalten. Aber selbstverständlich nur, wenn der Schaden auch bei pflichtgemäßem Verhalten eingetreten wäre.[1019]

Im Falle einer gerichtlichen Entscheidung ist beim Vorliegen eines bestimmten Alternativverhaltens erheblich, wie das zuständige Gericht die hypothetische alternative Amtshandlung beurteilt hätte. Es kommt nicht darauf an, wie das Gericht tatsächlich entschieden hätte, sondern wie das Gericht richtigerweise hätte entscheiden müssen.[1020]

Liegt eine pflichtwidrige hoheitliche Ermessensentscheidung vor, so ist nach der Rechtsprechung zu ermitteln, wie die vorherige bzw. sonstige Übung der Behörde aussieht und ob sie danach pflichtgemäß entschieden hätte. Die Behörde kann dem Amtshaftungsanspruch des Geschädigten nämlich entgegenhalten, dass derselbe Schaden auch entstanden wäre, wenn die korrekte Entscheidung mit an Sicherheit grenzender Wahrscheinlichkeit inhaltlich ebenso wie die fehlerhafte ausgefallen wäre. Der Schaden wäre folglich gleichwohl eingetreten. Außerdem ist darauf zu achten, ob der Ermessensfehler in einer sachwidrigen Abweichung von einer ständigen Übung liegt. Denn eine solche willkürliche Abweichung verstößt in der Regel gegen den allgemeinen Gleichheitssatz nach Art. 3 I GG und ist ermessensfehlerhaft.[1021] Ist eine behördliche Übung nicht ermittelbar, nach der die Behörde eine pflichtgemäße Entscheidung getroffen hätte, die in Art und Inhalt der amtspflichtwidrigen entspricht, so kann der Ursachenzusammenhang und folglich ein Schaden nicht verneint werden.[1022]

Liegt die Amtspflichtverletzung in einem Unterlassen, wird ein Amtshaftungsanspruch nur ausgelöst, wenn das amtspflichtgemäße Alternativverhalten den Schadenseintritt mit an Sicherheit grenzender Wahrscheinlichkeit verhindert hätte.[1023]

Des Weiteren findet, wie schon festgestellt, auch das Kriterium des Schutzzwecks der Norm Anwendung auf § 839 BGB. Seine Wirkung besteht vor allem darin, durch den Schutzzweck eine Auslese unter den etwaigen Anspruchsberechtigten zu treffen und dementsprechend auch unter den ersatzfähigen Schäden.[1024]

Es gibt noch eine weitere Möglichkeit, mit der der Staat sich gegen Amtshaftungsansprüche zur Wehr setzen kann bzw. Tatsachen, die der Staat einem eventuell bestehenden Amtshaftungsanspruch entgegenhalten kann. Dabei handelt es sich um eine sogenannte „Zwischenursache", die den Ursachenzusammenhang unterbrechen kann. Eine „Zwischenursache" liegt

---

1019 *Bender*, Rn. 565.

1020 *Bender*, Rn. 565; BGHZ 36, 144 (146).

1021 *Bender*, Rn. 566; zur ständigen Übung (bzw. Selbstbindung) vgl. ausführlich 2. Teil B. III. 3. a) aa) ff.

1022 *Bender*, Rn. 566; BGH, NJW 1959, 1316 (1317).

1023 *Bender*, Rn. 567; BGHZ 7, 198 (198).

1024 *Bender*, Rn. 568.

vor, wenn durch ein selbständiges und auf freiwilliger Basis beruhendes, nicht auf die Abwehr oder die Minderung des Schadens gerichtetes Verhalten des Verletzten oder eines Dritten die Kausalkette unterbrochen und die Kausalität somit ausgeschlossen wird.[1025] Dies gilt allerdings nur, wenn die Verletzung der Amtspflicht für das Auftreten der „Zwischenursache" unerheblich gewesen ist.[1026] Es geht dabei nicht um eine Unterbrechung der Äquivalenz oder ein Fehlen der Adäquanz, sondern darum, ob dem Beamten bei einer wertenden Betrachtung der Schaden nicht mehr zugerechnet werden kann.[1027]

Zusammenfassend ist festzustellen, dass der Frage der Kausalität bei Amtshaftungsansprüchen, ebenso wie bei anderen Schadensersatzansprüchen, eine entscheidende Rolle zukommt.

Im Amtshaftungsrecht ist aus gegebenem Grund ein besonderes Augenmerk auf den Schutzzweck der verletzten Norm zu richten, da der Schutzzweck der verletzten Amtspflicht drittgerichtet sein muss und von Amtspflicht zu Amtspflicht in verschiedene Spektren aufgesplittert sein kann.

Im Fall eines pflichtwidrigen Zustandekommens bzw. eines pflichtwidrigen Nicht-Zustandekommens eines Insolvenzplans stellt sich darüber hinaus die Frage nach Äquivalenz, Adäquanz und Schutzzweck der Norm. Es lässt sich an dieser Stelle aber keine pauschale Antwort darauf geben, welche etwaigen speziellen Kausalitätsprobleme sich im konkreten Fall ergeben könnten. Dafür ist die Kausalität von zu vielen einzelfallbezogenen Faktoren abhängig, sodass nur die Kausalität und ihre Probleme im Generellen beleuchtet werden können.

f) Verschulden bzgl. der Amtspflichtverletzung

Des Weiteren muss die Pflichtverletzung auch verschuldet sein.[1028]

Der § 839 I BGB setzt für die Beamtenhaftung voraus, dass der Beamte eine Amtspflicht vorsätzlich oder fahrlässig verletzt. Für die Amtshaftung des Staates aus Art. 34 GG gilt dieses Verschuldenserfordernis in gleicher Weise, weil diese die Erfüllung des Tatbestandes des § 839 BGB voraussetzt.[1029] Das Verschulden kann sowohl in der Form des Vorsatzes als auch in der Form der Fahrlässigkeit vorliegen. Und dabei muss das Verschulden nur in Hinblick auf die Amtspflichtverletzung vorliegen, nicht aber auch in Hinblick auf den schädigenden Erfolg.[1030]

1025 *Bender*, Rn. 570.

1026 *Bender*, Rn. 570; BGHZ 12, 206 (211); BGHZ 17, 153 (159).

1027 *Bender*, Rn. 570; vgl. beispielhaft BGHZ 58, 162 (165ff.).

1028 *Rechel*, S. 410; vgl. ausführlich zum Verschulden 2. Teil A. VII.

1029 MüKo-BGB-*Papier*, § 839, Rn. 282; *Bender*, Rn. 572; *Ossenbühl/Cornils*, S. 74f.; *Dagtoglou*, Art. 34 GG, Rn. 173.

1030 MüKo-BGB-*Papier*, § 839, Rn. 284; BGH, MDR 1981, 32 (32).

Die Fahrlässigkeit bzw. der Vorsatz muss beim Insolvenzgericht vorliegen, das heißt bei seinen „Beamten". Es muss der Vorsatz bzw. die Fahrlässigkeit also bei derjenigen Person vorliegen, der die verletzte Amtspflicht obliegt. Dies ist von den verschiedenen Verfahrensabschnitten sowie weiteren Faktoren abhängig. Der Vorsatz oder die Fahrlässigkeit kann also sowohl in der Person des Insolvenzrichters als auch in der des Rechtspflegers verwirklicht werden.

Darüber hinaus ist im Amtshaftungsrecht die Feststellung der konkreten Schuldform im Allgemeinen unerlässlich, weil davon die Anwendbarkeit bzw. Nichtanwendbarkeit der Subsidiaritätsklausel nach § 839 I 2 BGB, des Spruchrichterprivilegs nach § 839 II 1 BGB sowie die Möglichkeit eines etwaigen Regresses[1031] des Staates gegen den Beamten abhängig sein kann.[1032]

g) Stellungnahme

Das Insolvenzplanverfahren enthält eine Vielzahl von Regelungen, die dem Insolvenzgericht Amtspflichten auferlegen. Das Hauptaugenmerk bei den insolvenzgerichtlichen Pflichten im Planverfahren muss aber auf die Zurückweisung des Plans nach § 231 InsO, auf die gerichtliche Bestätigung des Plans nach § 248 InsO und die Überwachung des Insolvenzverwalters nach §§ 260f. InsO gerichtet werden. Grundsätzlich kann zusammenfassend festgestellt werden, dass das Insolvenzgericht sich wegen Amtshaftungsansprüchen haftbar machen kann, wenn eine pflichtwidrige „Bestätigung" bzw. „Verweigerung" eines Insolvenzplans vorliegt.[1033]

Die insolvenzgerichtliche Aufgabe ist eine Vorprüfung des vorgelegten Plans.[1034] Die Vorschrift des § 231 InsO dient der Beschleunigung des Verfahrens.[1035] Das Gericht hat die Pflicht unverzüglich mit der Prüfung des Plans zu beginnen.[1036] Die Prüfung soll dabei helfen, dass fehlerhafte oder offensichtlich aussichtslose Pläne frühzeitig zurückgewiesen werden können. Es soll vor allem vermieden werden, dass der Schuldner das Planverfahren dazu benutzt, die Masseverwertung zu verzögern; zudem sollen auch die Verfahrenskosten nicht unnötig erhöht werden.[1037] Aufgrund der Grundsätze über die Vertragsfreiheit und der Gläubigerautonomie sind die Überprüfungsmöglichkeiten des Insolvenzgerichts auf die

---

1031 Vgl. Art. 34 S. 2 GG, § 75 Abs. 1 BBG, § 48 BeamtStG.

1032 MüKo-BGB-*Papier*, § 839, Rn. 287; *Bender*, Rn. 584.

1033 Vgl. 2. Teil B. IV. 1. b).

1034 LSZ-*Rattunde*, § 231, Rn. 1; *Smid/Rattunde*, InsPlan, 2. Auflage, Rn. 9.2.

1035 MüKo-InsO-*Breuer*, § 231, Rn. 1; Uhlenbruck-*Lüer*, § 231, Rn. 3.

1036 Uhlenbruck-*Lüer*, § 231, Rn. 3.

1037 MüKo-InsO-*Breuer*, § 231, Rn. 1.

in § 231 I Nr. 1–3 InsO genannten Tatbestände beschränkt.[1038] Der Vorprüfung des Insolvenzgerichts kommt nicht die Aufgabe zu, die Gläubiger aus ihrer Eigenverantwortlichkeit zu entlassen und ihnen das Risiko einer Fehleinschätzung abzunehmen.[1039]

Zu der Frage, ob im Rahmen des § 231 InsO der Amtsermittlungsgrundsatz anwendbar ist, besteht Uneinigkeit.[1040] Allerdings ist eine Entscheidung dieses Streits an dieser Stelle auch entbehrlich. Es steht auch ohne eine Streitentscheidung fest, dass es sich bei der Zurückweisung des Plans nach § 231 InsO um eine Amtspflicht im Sinne des § 839 I BGB handelt. Eine Zurückweisung hat unter den gegebenen Umständen von Amts wegen zu erfolgen. Ferner gehen *Smid*, *Rattunde* und *Martini* davon aus, dass von § 231 InsO in der Praxis nur sehr sparsam Gebrauch gemacht wird, da es sonst zu Verzögerungen kommen kann, die Amtshaftungsansprüche auslösen können.[1041] Es bedarf folglich nicht der Anwendbarkeit des § 5 I InsO, um § 231 InsO als eine Amtspflicht im Sinne des § 839 I BGB zu klassifizieren.

Das Insolvenzgericht kann seine Amtspflicht aus § 231 InsO also durch Verzögerungen verletzen. Eine Verzögerung kommt in Betracht, wenn das Insolvenzgericht die in § 231 I InsO genannte Frist von zwei Wochen erheblich überschreitet. Außerdem kann es auch zu Amtspflichtverletzungen kommen, wenn das Gericht Insolvenzpläne in unbegründeter Weise zurückweist oder eventuell nicht erfüllbare, zu kurze Fristen (vgl. § 231 I Nr. 1 InsO) setzt.

Die in § 248 InsO geregelte gerichtliche Bestätigung dient einer letzten Überprüfung des Insolvenzplans. Sie soll einen gesetzlichen Mindestschutz für alle Beteiligten gewährleisten.[1042] Der § 248 InsO ist eine Maßnahme staatlicher Fürsorge und dient als solche nicht nur dem Schutz der Minderheit, die durch die Mehrheitsentscheidung gebunden wird, sondern zudem dem Schutz aller am Plan beteiligten Gläubiger und des Schuldners.[1043]

Dem Schutzzweck des § 248 InsO entsprechend ist die Bestätigung nicht nur dann erforderlich, wenn einzelne Gläubiger oder Gläubigergruppen gegen den Plan gestimmt haben und infolgedessen über die Ersetzung ihrer Zustimmung gemäß § 245 InsO bzw. § 251 InsO zu entscheiden ist, sondern auch dann, wenn sämtliche Gläubiger dem Plan zugestimmt haben. Der Schutzzweck des § 248 InsO

1038 MüKo-InsO-*Breuer*, § 231, Rn. 1.
1039 Uhlenbruck-*Lüer*, § 231, Rn. 1.
1040 Vgl. 2. Teil B. IV. 1. b) aa).
1041 *Smid/ Rattunde/ Martini*, Rn. 11.16; vgl. auch 2. Teil B. IV. 1. b) aa).
1042 MüKo-InsO-*Sinz*, § 248, Rn. 1.
1043 FK-*Jaffé*, § 248, Rn. 2; *Schiessler*, S. 176.

ist im Gegensatz zum Recht des früheren (Zwangs-) Vergleichs sehr weit gefasst, weil auch ein Insolvenzplan gegen den Willen des Schuldners zustande kommen kann und daher auch dieser durch das Erfordernis der gerichtlichen Bestätigung vor Eingriffen in die ihm durch die Vorschriften der InsO garantierte Rechtsstellung geschützt werden soll.[1044]

Die im gestaltenden Teil festgelegten Wirkungen für und gegen alle Beteiligten treten erst durch die rechtskräftige Bestätigung des Insolvenzplans durch das Insolvenzgericht ein (vgl. § 254 InsO).[1045]

Bei der Beantwortung der Frage, ob es sich bei der gerichtlichen Bestätigung nach § 248 InsO um eine Amtspflicht im Sinne des § 839 I BGB handelt, stellt sich unweigerlich wieder die Frage nach der Anwendbarkeit des Amtsermittlungsgrundsatzes nach § 5 I InsO. *Rattunde* schreibt im Rahmen von § 248 InsO von „Kontrolle" und insolvenzgerichtlicher „Aufsicht". Doch auch dies sind keine eindeutigen Indizien für eine Anwendbarkeit des Amtsermittlungsgrundsatzes nach § 5 I InsO. Allerdings spricht sich ein Teil der Literatur für die Anwendbarkeit des Amtsermittlungsgrundsatzes nach § 5 I InsO im Rahmen des § 248 InsO aus. Zwar soll das Planverfahren von den Beteiligten bestimmt werden, es entspricht aber dennoch dem Schutzzweck des § 248 InsO, alle Beteiligten vor etwaigen nachteiligen Folgen des Plans zu schützen. Dies unterscheidet § 231 InsO auch von § 248 InsO. Dem Schutzzweck des § 248 InsO wird man also nur gerecht, wenn das Insolvenzgericht auch von Amts wegen ermitteln darf. Bei dem Amtsermittlungsgrundsatz des § 5 I InsO handelt es sich zweifelsohne um eine Amtspflicht, folglich muss es sich bei § 248 InsO – allein schon in Anbetracht seines Schutzzwecks – um eine Amtspflicht im Sinne des § 839 I BGB handeln.[1046]

Die Amtspflicht aus § 248 InsO kann das Gericht auf mehrere Arten verletzen.[1047]

Die Amtspflicht aus § 248 I InsO kann grundsätzlich dadurch verletzt werden, dass entweder ein Plan bestätigt wird, der gegen Verfahrensvorschriften verstößt, oder eine Planbestätigung versagt wird, obwohl der Plan nicht gegen Verfahrensvorschriften verstößt. Der Grund dafür kann auch im Insolvenzgericht selbst belegen sein, also wenn ein sogenanntes Organisationsdefizit oder mangelnde fachliche Qualifikation beim Insolvenzgericht vorliegt. Das heißt, dass das Gericht eventuell überlastet ist und deshalb übereilt falsche Entscheidungen trifft oder

---

1044 Nerlich/Römermann-*Braun*, § 248, Rn. 1; *Schiessler*, S. 176.

1045 Nerlich/Römermann-*Braun*, § 248, Rn. 1.

1046 Vgl. 2. Teil B. IV. 1. b) bb).

1047 Vgl. ausführlich zu den Verletzungsmöglichkeiten des § 248 InsO unter 2. Teil B. IV. 1. b) bb).

dass das Insolvenzgericht aufgrund fehlender Fachkenntnisse bzw. mangelhafter individueller Fähigkeiten des Richters oder des Rechtspflegers falsche Entscheidungen trifft.

Ferner ist die Amtspflicht des Insolvenzgerichts aus § 248 I InsO auch verletzt, wenn das Insolvenzgericht eine Zweckmäßigkeitsprüfung des Plans vornimmt und ihn infolgedessen wegen mangelnder Zweckmäßigkeit nicht bestätigt.

Eine Verletzung des § 248 II InsO hängt davon ab, ob man die Vorschrift als „Soll-" oder als „Ist-" Vorschrift versteht. Interpretiert man § 248 II InsO als „Ist-Vorschrift", verletzt das Insolvenzgericht diese Vorschrift, wenn es die Beteiligten vor dem Erlass des Bestätigungsbeschlusses nicht anhört.[1048]

Der § 260 InsO regelt die Überwachung der Planerfüllung grundlegend. Die §§ 261ff. InsO konkretisieren die Art und Weise der Planüberwachung.[1049] Wird im Insolvenzplan die Überwachung vorgesehen, ohne sie im Einzelnen auszugestalten, so richtet sie sich nach den gesetzlichen Vorschriften.[1050] Die Überwachung findet allerdings außerhalb des Insolvenzverfahrens statt (vgl. § 260 II InsO).[1051] Allen voran kümmert sich der Insolvenzverwalter um die Überwachung des Plans. Sein Amt besteht insoweit fort; ebenso wie das der Mitglieder des Gläubigerausschusses. Ferner hält auch die Aufsicht des Insolvenzgerichts an.[1052]

Diese anhaltende Aufsicht des Insolvenzgerichts ist an dieser Stelle entscheidend. Wie bereits erörtert, handelt es sich bei der Aufsicht des Insolvenzgerichts nach § 58 InsO um eine Amtspflicht im Sinne des § 839 I BGB.[1053] Gemäß § 58 I InsO unterliegt die gesamte Amtsführung des Insolvenzverwalters der Aufsicht des Insolvenzgerichts.[1054]

Die §§ 260, 261 InsO verweisen nicht direkt auf § 58 InsO, dennoch sollten an die Aufsicht des Insolvenzgerichts im Rahmen der §§ 260f. InsO die gleichen Anforderungen gestellt werden wie im Rahmen des § 58 InsO. Das heißt im Ergebnis, dass sich das Insolvenzgericht durch eine, wie auch immer geartete, Verletzung dieser Aufsichtspflicht Amtshaftungsansprüchen nach § 839 I BGB i. V. m. Art. 34 S. 1 GG aussetzen kann.[1055]

1048 Vgl. 2. Teil B. IV. 1. b) bb).

1049 MüKo-InsO-*Stephan*, § 260, Rn. 1.

1050 Uhlenbruck-*Lüer*, § 260, Rn. 1; vgl. § 261 I InsO.

1051 Braun-*Braun/Frank*, § 260, Rn. 1.

1052 Uhlenbruck-*Lüer*, § 260, Rn. 1.

1053 Vgl. 2. Teil B. III.

1054 *Rechel*, S. 29.

1055 Vgl. zur Verletzung der Aufsichtspflicht im Sinne einer haftungsrechtlichen Amtspflichtverletzung 2. Teil B. III. 5.

Dem widerspricht auch nicht, dass die Aufsicht des Insolvenzgerichts im Falle der Planüberwachung außerhalb des Insolvenzverfahrens erfolgt, denn durch die Planüberwachung setzt sich das Insolvenzplanverfahren auch nach Aufhebung des Insolvenzverfahrens selbst fort.[1056]

Als „Dritte" im Rahmen des § 231 InsO kommen die Beteiligten des Insolvenzplanverfahrens in Betracht. Dies sind die Gläubiger, der Schuldner, der Insolvenzverwalter und etwaige Beteiligte (Anteilseigner) im Sinne des § 222 I Nr. 4 InsO.[1057] Diese genannten Beteiligten können auch „Dritte" im Rahmen des § 248 InsO sein. Des Weiteren bleibt es denkbar, dass der § 248 InsO auch eine Drittbezogenheit gegenüber Personen entfaltet, die nicht direkt am Insolvenzplan(-verfahren) beteiligt sind, aber auch von den Folgen der Planbestätigung betroffen werden. Dies könnten zum Beispiel Geschäftspartner des Schuldners sein, die nicht gleichzeitig Gläubiger sind.[1058] Vom Schutzzweck der insolvenzgerichtlichen Aufsicht im Rahmen der §§ 260f. InsO sind die Gläubiger und der beaufsichtigte Insolvenzverwalter als „Dritte" umfasst. Ein Sachwalter unterliegt nicht diesem Schutzzweck und ist nicht „Dritter" im Rahmen der §§ 260f. InsO, da er auch nicht der insolvenzgerichtlichen Aufsicht unterliegt.[1059]

Das Problem für die etwaigen Betroffenen der Amtspflichtverletzung besteht aber wiederum zu allererst – unabhängig von Problemen bei anderen Tatbestandsmerkmalen – darin, dass dem Geschädigten die Pflicht obliegt, darzulegen und zu beweisen, dass ihm durch die Amtspflichtverletzung ein Schaden entstanden ist. Dem Geschädigten kommen zwar bei der Schadensbestimmung die Beweiserleichterungen nach § 287 ZPO zugute, doch bleibt es weiterhin fast unmöglich, den Schaden zu beziffern.

Eine Amtspflichtverletzung durch das Insolvenzgericht im Rahmen eines Planverfahrens birgt dennoch ein großes Haftungsrisiko und kann durchaus zu Amtshaftungsansprüchen führen. Dies gilt vor allem für komplizierte Großverfahren, in denen es oft schwierig sein kann, den Überblick zu behalten und so die Absichten und Regelungen des Plans nachzuvollziehen und die Einhaltung des Plans zu überwachen. Doch müssen für die Geltendmachung eines Amtshaftungsanspruchs nach § 839 I BGB i. V. m. Art. 34 S. 1 GG alle Tatbestandsmerkmale gegeben sein und es dürfen keine Haftungseinschränkungen oder – ausschlüsse vorliegen.[1060]

1056 Vgl. Uhlenbruck-*Lüer*, § 260, Rn. 1.

1057 Vgl. dazu 2. Teil B. IV. 1. c) aa).

1058 Vgl. dazu 2. Teil B. IV. 1. c) bb).

1059 Vgl. dazu 2. Teil B. IV. 1. c) cc).

1060 Vgl. zu den Haftungseinschränkungen und –ausschlüssen unter 2. Teil B. VI.

2. *Die Eigenverwaltung nach Inkrafttreten des ESUG*

Die Eigenverwaltung ist in den §§ 270–285 InsO geregelt. Die Eigenverwaltung ist eine der sonstigen Verfahrensarten, die neben dem Regelinsolvenzverfahren zur Verfügung stehen.[1061] Das Ziel des Gesetzgebers ist es, die Eigensanierung des Unternehmens durch Belassung der Verwaltungs- und Verfügungsbefugnis zu unterstützen.[1062]

Doch bisher hat die Eigenverwaltung eher ein Schattendasein in der gerichtlichen Praxis geführt.[1063] Der Gesetzgeber hatte das Modell der Eigenverwaltung ursprünglich für den Bereich der „Kleininsolvenzverfahren" vorgesehen, bei denen in der Person des Schuldners eine besondere Vertrauensbeziehung erhalten bleiben sollte, wie zum Beispiel bei Freiberuflern.[1064] Ein Ziel des ESUG war es die Eigenverwaltung zu stärken.[1065]

Riggert erklärt die bisher geringe gerichtliche Relevanz der Eigenverwaltung wie folgt: „Die geringe Relevanz der Eigenverwaltung ist nicht allein mit den restriktiven Voraussetzungen des § 270 Abs. 2 Nr. 3 a. F. zu erklären oder den häufig zu spät gestellten Insolvenzanträgen. Entscheidend ist vielmehr, dass die bisherige Gesetzeslage eine vollständige Regelungslücke im Eröffnungsverfahren enthielt. Zur Anwendung gelangten die allgemeinen Regelungen der §§ 21 ff., die für das Regelinsolvenzverfahren konzipiert sind. Die dort vorgesehene Bestellung eines vorläufigen Insolvenzverwalters für eine Dauer von rund drei Monaten (Insolvenzgeldzeitraum) konterkarierte die erst ab Insolvenzeröffnung einsetzenden Regelungen der §§ 270 ff. aF. Die auf den vorläufigen Insolvenzverwalter übergehende (faktische) Gestaltungsmacht (auch beim sogenannten schwachen vorläufigen Insolvenzverwalter auf Grundlage von § 21 Abs. 2 Nr. 2, 2. Alternative) wurde in der Regel nicht zur Vorbereitung einer Eigensanierung in einem kombinierten Eigenverwaltungs-Insolvenzplanverfahren genutzt. Vielmehr erfolgten in diesem Zeitraum Weichenstellungen zur Vorbereitung einer übertragenden Sanierung mit späterem Untergang des bisherigen Rechtsträgers. Durch das ESUG wurde nunmehr der Zugang des Schuldners zur Eigensanierung wesentlich erleichtert. Dieser hat wesentlichen Einfluss auf die Auswahl eines (vorläufigen) Sachwalters (§ 270b Abs. 2 S. 2), welcher durch die gesetzliche Regelung auf Überwachungsaufgaben beschränkt ist. Des Weiteren sind die Zugangsvoraussetzungen zur Eigenverwaltung herabgesetzt (§ 270 Abs. 2 Nr. 2)."[1066]

1061 Gogger-*Gogger*, § 2, Rn. 597.

1062 Braun-*Riggert*, Vorb. vor §§ 270–285, Rn. 1.

1063 *Haarmeyer/Frind*, Rn. 288, vgl. auch RegE des ESUG, S. 1; BT-Drucks. 17/5712.

1064 *Haarmeyer/Frind*, Rn. 289; vgl. auch Uhlenbruck-*Uhlenbruck*, § 270, Rn. 4; *Kluth*, NJW 2002, 186 (187).

1065 Vgl. RegE des ESUG, S. 28.

1066 Braun-*Riggert*, Vorb. vor §§ 270–285, Rn. 2.

a) Die Grundzüge der Eigenverwaltung

Das Verfahren der Eigenverwaltung ist ein verwalterloses Verfahren. Zur Kontrolle und Überwachung des Schuldners wird jedoch ein Sachwalter bestellt (vgl. § 270 c InsO). Eine wesentliche Bedeutung hat deshalb die Kompetenzverteilung zwischen Schuldner und Sachwalter, die in den §§ 274 ff. InsO geregelt ist.[1067]

Die Kompetenzen sind so verteilt, dass der Schuldner die laufenden Geschäfte führt, dem Sachwalter hingegen die Kontrolle der Geschäftsführung übertragen ist (vgl. §§ 270 I 1, 274 II InsO).[1068] So fällt neben der Beaufsichtigung des Schuldners auch die Geltendmachung der Haftung nach den §§ 92, 93 InsO und die Insolvenzanfechtung gemäß § 280 InsO in den Zuständigkeitsbereich des Sachwalters; ferner ist er auch Adressat der Forderungsanmeldungen (vgl. § 270 III InsO). Außerdem kann der Sachwalter Einfluss auf die Geschäftsführung nehmen und die Kassenführung an sich ziehen (vgl. § 275 InsO). Es kann auch ein Zustimmungsvorbehalt für bestimmte Rechtsgeschäfte angeordnet werden (vgl. § 277 InsO).[1069]

Grundsätzlich ist aber der Schuldner für die Durchführung des Eigenverwaltungsverfahrens zuständig.[1070] Er behält die Verfügungsberechtigung über sein Vermögen, das mit dem Eintritt ins Verfahren die Insolvenzmasse bildet. Dem Schuldner obliegt auch die Erstellung des Vermögensverzeichnisses (vgl. § 281 I InsO) und die Berichterstattung im Berichtstermin (vgl. § 281 II InsO). Ferner kann er auch einen Insolvenzplan aufstellen (vgl. § 284 InsO). Zudem entscheidet er gemäß § 279 InsO über die Fortsetzung beiderseits nicht erfüllter Vertragsverhältnisse und über die Aufnahme von Prozessen.[1071] Auch die Verwaltung und sogar die Verwertung der Insolvenzmasse fallen in den Aufgabenbereich des Schuldners. Die Verwertung muss allerdings im Einvernehmen mit dem Sachwalter erfolgen.[1072]

Gemäß § 270 II InsO setzt die Anordnung der Eigenverwaltung einen Antrag des Schuldners und die Erwartung, dass keine Nachteile für die Gläubiger eintreten, voraus. Sofern aber auch ein vorläufiger Gläubigerausschuss bestellt worden ist, ist diesem vor der Entscheidung über den Antrag Gelegenheit zur Äußerung zu geben, wenn dies nicht offensichtlich zu einer nachteiligen Veränderung der

---

1067 Braun-*Riggert*, § 270, Rn. 7.
1068 Braun-*Riggert*, § 270, Rn. 8.
1069 Büchting/Heussen-*Neumaier*/*Hänel*, § 45, Rn. 49.
1070 *Bork*, § 35, Rn. 472.
1071 Braun-*Riggert*, § 270, Rn. 8; *Bork*, § 35, Rn. 472.
1072 Braun-*Riggert*, § 270, Rn. 8; *Bork*, § 35, Rn. 473f.

Vermögenslage des Schuldners führt. Wird der Antrag von einem einstimmigen Beschluss des vorläufigen Gläubigerausschusses unterstützt, so gilt die Anordnung der Eigenverwaltung nicht als nachteilig für die Gläubiger.

Gemäß § 271 InsO ordnet das Insolvenzgericht die Eigenverwaltung an, wenn die Gläubigerversammlung mit der in § 76 II InsO genannten Mehrheit und der Mehrheit der abstimmenden Gläubiger die Eigenverwaltung beantragt und der Schuldner zustimmt.

Die Rechtsstellung des Sachwalters richtet sich nach § 274 InsO. Gemäß § 274 I InsO gelten die §§ 27 II Nr. 5, 54 Nr. 2 InsO und die §§ 56–60 InsO und §§ 62–65 InsO entsprechend für die Bestellung des Sachwalters, für die Aufsicht des Insolvenzgerichts sowie für die Haftung und die Vergütung des Sachwalters. Für etwaige Amtshaftungsansprüche, die sich auf eine Pflichtverletzung der Sachwalterbestellung oder Aufsicht über ihn beziehen, kann auf die zuvor gemachten allgemeinen Ausführungen verwiesen werden.[1073]

An dieser Stelle ist noch einmal die Entscheidung des AG Stendal vom 31.8.2012 zu erwähnen. Denn in diesem Beschluss hat das AG Stendal einen vom vorläufigen Gläubigerausschuss vorgeschlagenen Sachwalter aufgrund fehlender Unabhängigkeit für dieses Amt als ungeeignet abgelehnt, weil zwischen dem Sanierungsberater-Geschäftsführer der eigenverwaltenden Schuldnerin und dem vorgeschlagenen Sachwalter eine umfangreiche frühere Geschäftsverbindung bestand. Es wurden insbesondere gemeinsam mehrere Unternehmenssanierungen durchgeführt.[1074] Dies verdeutlicht noch einmal wie schnell die durch das ESUG eingeführten Neuerungen an Aktualität gewinnen.

b) Die Verletzung von Bestimmungen innerhalb des Verfahrens der Eigenverwaltung im Sinne einer haftungsrechtlichen Amtspflichtverletzung

Auch das Verfahren der Eigenverwaltung hält eine große Bandbreite an Regelungen bereit, durch deren Verletzungen sich das Insolvenzgericht Amtshaftungsansprüchen gemäß § 839 I BGB i. V. m. Art. 34 S. 1 GG aussetzen kann. Die Pflichten des Insolvenzgerichts sind vor allem in den §§ 270–273 InsO enthalten. Auch der § 277 InsO enthält Pflichten für das Insolvenzgericht. Im folgenden Teil werden aber nur die Pflichten betrachtet, die das größte Haftungspotenzial bergen.

aa) § 270 InsO – Voraussetzungen der Anordnung der Eigenverwaltung

Der § 270 InsO regelt die Anordnungsvoraussetzungen der Eigenverwaltung. Diese sind durch das ESUG erleichtert worden. So ist bei einem Drittantrag

---

1073 2. Teil B. II, III und VI.

1074 AG Stendal, Beschluss v. 31.08.2012 – 7 IN 164/12, ZIP 2012, 1875 (1875).

keine Zustimmung des antragstellenden Gläubigers mehr erforderlich (vgl. § 270 II Nr. 2 InsO a. F.). Außerdem wurde die Nachteilsprognose (vgl. § 270 II Nr. 3 InsO a. F.) entschärft.[1075]

Wie schon erwähnt, setzt die Anordnung der Eigenverwaltung gemäß § 270 II InsO einen Antrag des Schuldners und die Erwartung voraus, dass keine Nachteile für die Gläubiger eintreten. Ist ein vorläufiger Gläubigerausschuss bestellt worden, ist diesem vor der Entscheidung über den Antrag Gelegenheit zur Äußerung zu geben, wenn dies nicht offensichtlich zu einer nachteiligen Veränderung in der Vermögenslage des Schuldners führt. Wird der Antrag von einem einstimmigen Beschluss des vorläufigen Gläubigerausschusses unterstützt, so gilt die Anordnung der Eigenverwaltung nicht als nachteilig für die Gläubiger.

In § 270 InsO steht nicht wörtlich geschrieben, dass das Insolvenzgericht die Eigenverwaltung beim Vorliegen aller Voraussetzungen anordnen muss. Es heißt insoweit nur: „Der Schuldner ist berechtigt, unter der Aufsicht eines Sachwalters die Insolvenzmasse zu verwalten und über sie zu verfügen, wenn das Insolvenzgericht in dem Beschluß über die Eröffnung des Insolvenzverfahrens die Eigenverwaltung anordnet." Es ist aber davon auszugehen, dass das Insolvenzgericht beim Vorliegen aller Voraussetzungen die Eigenverwaltung anzuordnen hat. Das Insolvenzgericht muss auch auf nachträglichen Antrag der Gläubigerversammlung die Eigenverwaltung anordnen (vgl. § 271 InsO).[1076] Daraus ergibt sich das Bild, dass das Insolvenzgericht generell die Pflicht hat die Eigenverwaltung anzuordnen, wenn die Voraussetzungen vorliegen.

Darüber hinaus hat das Insolvenzgericht natürlich auch zu prüfen, ob die Anordnungsvoraussetzungen vorliegen. Dabei wird das Hauptaugenmerk auf der Nachteilsprognose gemäß § 270 II Nr. 2 InsO liegen. *Uhlenbruck* bezeichnet es als „die wichtigste Prüfung im Rahmen der Anordnung der Eigenverwaltung".[1077]

Im Eigenverwaltungsverfahren besteht auch hinsichtlich der Voraussetzungen für die Anordnung oder Versagung der Eigenverwaltung die Amtsermittlungspflicht des Insolvenzgerichts nach § 5 I InsO.[1078] Die Entscheidung über die Eröffnung des Insolvenzverfahrens und die Anordnung der Eigenverwaltung ist oft eine Entscheidung über die weitere Existenz des Schuldners bzw. des Schuldnerunternehmens, daher kann die ordnungsgemäße Wahrnehmung

1075 Braun-*Riggert*, § 270, Rn. 3.

1076 *Haarmeyer/Frind*, Rn. 293.

1077 Uhlenbruck-*Uhlenbruck*, § 270, Rn. 22.

1078 Uhlenbruck-*Uhlenbruck*, § 270, Rn. 13; *Vallender*, WM 1998, 2129 (2131); FK-*Foltis*, § 270, Rn. 29; FK-*Foltis*, 6. Auflage, § 270, Rn. 28.

der Amtsermittlungspflicht gemäß § 5 I InsO nicht ernst genug genommen werden.[1079] Gerade im Hinblick auf eine etwaige Haftung nach § 839 I BGB i. V. m. Art. 34 S. 1 GG sind die Ermittlungen sorgfältig anzustellen, denn sowohl der Insolvenzgrund als auch die Voraussetzungen für die Anordnung der Eigenverwaltung müssen zur vollen Überzeugung des Gerichts feststehen.[1080]

Insoweit hat das Insolvenzgericht die Pflicht, im Rahmen der Amtsermittlung nach § 5 I InsO, von Amts wegen und mit größter Sorgfalt die Voraussetzungen für die Anordnung der Eigenverwaltung zu prüfen.[1081] Zu beachten ist aber, dass die Anordnung der Eigenverwaltung nicht als nachteilig zu betrachten ist, wenn der Antrag auf Eigenverwaltung von einem einstimmigen Beschluss des vorläufigen Gläubigerausschusses unterstützt wird (vgl. § 270 III 2 InsO).

Darüber hinaus muss das Insolvenzgericht gemäß § 270 III InsO vor der Entscheidung über den Antrag dem vorläufigen Gläubigerausschuss, falls ein solcher bestellt ist, Gelegenheit zur Äußerung geben, wenn dies nicht offensichtlich zu einer nachteiligen Veränderung der Vermögenslage des Schuldners führt. Auch dies stellt eine Pflicht des Insolvenzgerichts dar.

Verletzen kann das Insolvenzgericht die zuvor genannten Pflichten verschiedentlich; zum Beispiel dadurch, dass es trotz des Vorliegens aller Voraussetzungen die Eigenverwaltung nicht anordnet oder trotz Nichtvorliegens der Voraussetzungen die Eigenverwaltung anordnet. Auch eine Verletzung der Amtsermittlungspflicht[1082] im Rahmen der Nachteilsprognose des § 270 II Nr. 2 InsO bzw. eine pflichtwidrige falsche Annahme hinsichtlich der Nachteilsprognose ist eine Verletzung der Pflicht aus § 270 InsO.

Ferner kann das Insolvenzgericht eine Pflichtverletzung begehen, wenn es der Pflicht zur Anhörung des vorläufigen Gläubigerausschusses nicht nachkommt

---

1079 Uhlenbruck-*Uhlenbruck*, § 270, Rn. 13; *Vallender*, WM 1998, 2129 (2131); *Haarmeyer/Wutzke/Förster*, Kap. 10, Rn. 8ff.

1080 Uhlenbruck-*Uhlenbruck*, § 270, Rn. 13; *Vallender*, WM 1998, 2129 (2131); *Haarmeyer/Wutzke/Förster*, Kap. 10, Rn. 8; FK-*Foltis*, 6. Auflage, § 270, Rn. 28.

1081 Uhlenbruck-*Uhlenbruck*, § 270, Rn. 22; vgl. dazu *Pape*, DB 1999, 1539 (1544). Einige Insolvenzgerichte und Autoren vertreten die Auffassung, das Insolvenzgericht sei nicht verpflichtet, bei einem Antrag auf Anordnung der Eigenverwaltung die Voraussetzungen des § 270 InsO von Amts wegen zu ermitteln, vielmehr habe der Schuldner die Umstände darzulegen, aus denen sich ergibt, dass die gesetzlichen Hinderungsgründe nicht vorliegen. So auch *Smid*, WM 1998, 2489 (2508); Smid-*Smid*, 2. Auflage, § 270, Rn. 12.
Dies schließt aber natürlich nicht aus, dass der Amtsermittlungsgrundsatz dennoch Anwendung auf das vom Schuldner Vorgebrachte findet.

1082 Vgl. zur Verletzung der Amtsermittlungspflicht auch 2. Teil B. IV. 2. b) bb).

bzw. wenn es den vorläufigen Gläubigerausschuss anhört und es doch zu einer nachteiligen Veränderung der Vermögenslage des Schuldners kommt.

bb) § 270 a InsO – Das Eröffnungsverfahren

Gemäß § 270 a I 1 InsO soll das Insolvenzgericht im Eröffnungsverfahren davon absehen, dem Schuldner ein allgemeines Verfügungsverbot aufzuerlegen oder anzuordnen, dass alle Verfügungen des Schuldners nur mit Zustimmung eines vorläufigen Insolvenzverwalters wirksam sind, wenn der Antrag des Schuldners auf Eigenverwaltung nicht offensichtlich aussichtslos ist. Gemäß § 270 a I 2 InsO wird in diesem Fall, anstelle des vorläufigen Insolvenzverwalters, ein vorläufiger Sachwalter bestellt, auf den die §§ 274 und 275 InsO entsprechend anzuwenden sind.

Gemäß § 270 a I InsO darf das Insolvenzgericht einen vorläufigen Sachwalter nur bestellen, wenn der Antrag des Schuldners auf Anordnung der Eigenverwaltung nicht offensichtlich aussichtslos ist. Dabei muss das Insolvenzgericht sich auf eine Prognoseentscheidung stützen, deren Maßstab die Anordnungsvoraussetzungen der Eigenverwaltung in § 270 II InsO sind.[1083] *Riggert* vertritt die Auffassung, der Begriff der „Offensichtlichkeit" in § 270 a I InsO entspräche der Verwendung in § 231 InsO. Dies reduziere, seiner Auffassung nach, die gerichtliche Prüfung auf eine Evidenzkontrolle, bei der nur, sich dem Gericht aufdrängende, eindeutige Fallgestaltungen dieses Tatbestandsmerkmal begründen können.[1084] Ob sich diese Auffassung in der Literatur durchsetzen wird bzw. ob die Gerichte diese Auffassung ebenfalls teilen werden, ist zweifelhaft. Bezüglich des § 231 InsO besteht in der Literatur große Uneinigkeit darüber, ob in seinem Rahmen der Amtsermittlungsgrundsatz nach § 5 I InsO zur Anwendung kommt.[1085] Die dafür streitenden Argumente legen jedoch nahe, dass der Amtsermittlungsgrundsatz auch im Rahmen des § 270 a I InsO Anwendung findet. Das Insolvenzgericht muss sich schließlich bei § 270 a I InsO, wie auch bei § 270 II InsO auf eine Prognoseentscheidung stützen, bei der im Rahmen des § 270 II InsO der Amtsermittlungsgrundsatz Anwendung findet.[1086]

Riggert führt noch weiter aus, welche Umstände für die Bestellung eines vorläufigen Sachwalters nicht vorliegen dürfen bzw. welche Umstände unschädlich dafür seien. So liegen in Hinblick auf die Anordnungsvoraussetzungen des § 270 II Nr. 2 InsO die Voraussetzungen

1083 Braun-*Riggert*, § 270 a, Rn. 2.
1084 Braun-*Riggert*, § 270 a, Rn. 2.
1085 Vgl. 2. Teil B. IV. 1. b) aa).
1086 Vgl. 2. Teil B. IV. 2. b) aa).

für die Bestellung eines vorläufigen Sachwalters nicht vor, wenn dem Insolvenzgericht zum Zeitpunkt der Entscheidung bereits gesichert Umstände bekannt sind, die erwarten lassen, dass die (spätere) Anordnung zu Nachteilen für die Gläubiger führen wird.[1087] Handelt es sich nur um gegenwärtige Umstände, so sind diese auch nur dann schädlich, wenn sie zum Entscheidungszeitpunkt nach § 270 I InsO noch fortwirken. Ein Beispiel für einen solchen fortwirkenden Umstand ist etwa das Vorliegen einer offensichtlichen Insolvenzverschleppung bzw. eine geraume Zeit zurückliegende Zahlungseinstellung. Dagegen ist es unschädlich, wenn der Schuldner noch kein Sanierungskonzept vorgelegt hat bzw. keinen Antrag auf Vorbereitung einer Sanierung nach § 270 b I InsO gestellt hat. Das Vorliegen eines Sanierungskonzepts ist nicht Voraussetzung für die Anordnung der Eigenverwaltung.[1088]

Es kann zumindest zusammenfassend festgestellt werden, dass das Insolvenzgericht aus § 270 a I InsO – unabhängig von der Anwendbarkeit des Amtsermittlungsgrundsatzes gemäß § 5 I InsO – eine Pflicht trifft, unter bestimmten Voraussetzungen einen vorläufigen Sachwalter zu bestellen und von einem Verfügungsverbot für den Schuldner sowie von einem Zustimmungserfordernis abzusehen.

Der § 270 a II InsO räumt dem Schuldner hinsichtlich des Eröffnungsantrags eine Rücknahmemöglichkeit ein, sofern er den Insolvenzantrag und einen Antrag auf Eigenverwaltung wegen drohender Zahlungsunfähigkeit gestellt hat.[1089] Sieht das Insolvenzgericht die Voraussetzungen der Eigenverwaltung als nicht gegeben an, so hat es seine Bedenken dem Schuldner mitzuteilen und diesem Gelegenheit zu geben, den Eröffnungsantrag vor der Entscheidung über die Eröffnung zurückzunehmen (vgl. § 270 a II InsO). Auch der § 270 a II InsO normiert eine Pflicht des Insolvenzgerichts; nämlich diejenige, dem Schuldner unter den gegebenen Voraussetzungen mitzuteilen, dass sein Antrag auf Eigenverwaltung keine Aussicht auf Erfolg hat und er den Eröffnungsantrag zurückziehen kann.

Der § 270 a InsO wurde erst durch das ESUG in die InsO eingeführt.

Riggert[1090] beschreibt kurz und prägnant, warum diese Neuregelung sinnvoll gewesen ist. Die Regelungen der §§ 270ff. InsO (a. F.) gestalteten nur das eröffnete Insolvenzverfahren, nicht das Eröffnungsverfahren selbst. Die Verfahrenseröffnung der Eigenverwaltung richtete sich nach den allgemeinen Vorschriften, die nicht auf eine spätere Eigenverwaltung ausgerichtet waren. Dies zeigte sich in der Praxis dadurch, dass durch vorläufige Insolvenzverwalter Konzepte für übertragende Sanierungen vorbereitet wurden, die ein späteres

1087 Braun-*Riggert*, § 270 a, Rn. 2.
1088 Braun-*Riggert*, § 270 a, Rn. 2.
1089 Braun-*Riggert*, § 270 a, Rn. 7.
1090 Braun-*Riggert*, § 270 a, Rn. 1ff.

Eigenverwaltungsverfahren überflüssig machten. Für die Insolvenzgerichte bot sich auch die Hemmschwelle, dass sie dem entmachteten Schuldner gemäß den §§ 270ff. InsO (a. F.) wieder eine Verwaltungs- und Verfügungsmacht einräumen mussten, nachdem er nach der Insolvenzantragstellung durch Anordnung einer vorläufigen (starken) Insolvenzverwaltung entmachtet wurde.[1091] Der Grund für die Neuregelung eines spezifischen Eigenverwaltungsverfahrens einschließlich eines spezifischen Eröffnungsverfahrens liegt darin, dass die Geschäftspartner das Vertrauen in die Geschäftsleitung des Schuldners und deren Sanierungskonzept durch die Bestellung eines vorläufigen Insolvenzverwalters verlieren.[1092]

Das Ziel des Gesetzgebers bei der Einführung des § 270 a II InsO war es, dem sanierungswilligen Schuldner die Herrschaft über den Sanierungsprozess zu sichern. Dieser zeigte seinen Willen durch den frühzeitigen Insolvenzantrag schon beim Vorliegen lediglich drohender Zahlungsunfähigkeit, ohne dabei eine Antragspflicht zu haben.[1093] Droht nämlich die insolvenzrechtliche Sanierung zu scheitern, weil die Voraussetzungen der Eigenverwaltung nicht vorliegen, dann soll dem Schuldner nach einer Antragsrücknahme ein außergerichtlicher Sanierungsversuch dennoch möglich bleiben.[1094] Eine Bedeutung hat diese Regelung lediglich in dem kurzen Zeitfenster zwischen der Insolvenzantragstellung und dem Antrag gemäß § 270 a I InsO einerseits und der Anordnung von Sicherungsmaßnahmen andererseits.[1095]

Die bisherige Erörterung hat aber nur geklärt, dass es sich bei § 270 a I und II InsO um (Amts-) Pflichten des Insolvenzgerichts handelt und welche Beweggründe der Gesetzgeber für ihre Einführung hatte. Es ist aber noch notwendig zu prüfen, auf welche Art und Weise das Insolvenzgericht seine Pflichten aus § 270 a InsO verletzen kann. Denn darauf wurde noch nicht ausführlich eingegangen, obgleich dieses Thema bereits beim Herausarbeiten der Pflichten tangiert wurde.

So kann das Insolvenzgericht die Pflicht aus § 270 a I InsO verletzen, indem es, je nachdem, ob es eine positive oder negative Prognoseentscheidung für die Anordnung der Eigenverwaltung fällt, einen vorläufigen Sachverwalter bestellt bzw. ihn nicht bestellt oder einen vorläufigen Insolvenzverwalter bestellt bzw. ihn nicht bestellt. Damit einhergehend verletzt das Insolvenzgericht seine Pflicht aus § 270 a I InsO auch, wenn es abweichend von der Prognoseentscheidung entweder den Schuldner mit einem Verfügungsverbot und einem Zustimmungserfordernis belegt oder es ihm ein Verfügungsverbot und ein Zustimmungserfordernis nicht auferlegt.

1091 Braun-*Riggert*, § 270 a, Rn. 1.

1092 Braun-*Riggert*, § 270 a, Rn. 1; RegE des ESUG, S. 60.

1093 Braun-*Riggert*, § 270 a, Rn. 8.

1094 Braun-*Riggert*, § 270 a, Rn. 8; vgl. dazu RegE des ESUG, S. 61.

1095 Braun-*Riggert*, § 270 a, Rn. 8.

Die Pflicht aus § 270 a II InsO verletzt das Insolvenzgericht, wenn es dem Schuldner nicht mitteilt, dass sein Antrag auf Anordnung der Eigenverwaltung keine Aussicht auf Erfolg hat, damit er rechtzeitig den Eröffnungsantrag vor der Entscheidung über die Eröffnung des Insolvenzverfahrens zurücknehmen kann.

cc) § 271 InsO – Nachträgliche Anordnung der Eigenverwaltung

Beantragt die Gläubigerversammlung gemäß § 271 InsO mit der in § 76 II InsO genannten Mehrheit und der Mehrheit der abstimmenden Gläubiger die Eigenverwaltung, so ordnet das Gericht die Eigenverwaltung an, sofern der Schuldner zustimmt. Zum Sachwalter kann dann der bisherige Insolvenzverwalter bestellt werden.

Die Regelung des § 271 InsO ist ein Ausdruck der Gläubigerautonomie.[1096] Der § 271 InsO räumt den Gläubigern das Recht ein über einen Antrag der Gläubigerversammlung, die Eigenverwaltung nachträglich herbeizuführen.[1097] Das hat seinen Grund darin, dass wenn die Gläubiger, die durch die Insolvenz die maßgeblich betroffenen Beteiligten sind, keine Bedenken gegen eine Eigenverwaltung haben, es nicht dem Insolvenzgericht zustehen soll, eine abweichende Entscheidung zu treffen.[1098]

Der § 271 InsO hat durch das ESUG eine Änderung erfahren, wodurch sich bestimmte Voraussetzungen geändert haben.[1099] Gegenüber der Regelung des § 271 InsO a. F. reicht für die Antragstellung eine bloße Summenmehrheit nach § 76 II InsO nicht mehr aus.[1100] Zudem kann der Antrag auf Anordnung der Eigenverwaltung seit Inkrafttreten des ESUG in jeder Gläubigerversammlung gestellt werden; somit ist ein jederzeitiger Wechsel vom Regelverfahren zur Eigenverwaltung möglich.[1101] Nach § 271 InsO a. F. konnte ein solcher Antrag nur in der ersten Gläubigerversammlung gestellt werden.[1102] Der Beschluss der Gläubigerversammlung muss heute die Mehrheit der Forderungen nach § 76 II InsO und kumulativ die Mehrheit der abstimmenden Gläubiger repräsentieren. Dies dient dazu, die Gefahr auszuschließen, dass das Eigenverwaltungsverfahren nur von Großgläubigern und/oder einer geschickt agierenden Kleingläubigergruppe bestimmt wird.[1103]

1096 Uhlenbruck-*Uhlenbruck*, § 271, Rn. 1; Nerlich/Römermann-*Riggert*, § 271, Rn. 1; MüKo-InsO-*Tetzlaff*, § 271, Rn. 2; Braun-*Riggert*, § 271, Rn. 1.

1097 Braun-*Riggert*, § 271, Rn. 1.

1098 Nerlich/Römermann-*Riggert*, § 271, Rn. 1.

1099 Vgl. RegE des ESUG, S. 16, 64.

1100 Braun-*Riggert*, § 271, Rn. 1, 3.

1101 Braun-*Riggert*, § 271, Rn. 2.

1102 Nerlich/Römermann-*Riggert*, § 271, Rn. 3.

1103 Braun-*Riggert*, § 271, Rn. 3; vgl. RegE des ESUG, S. 64.

Das Gericht muss dem Antrag der Gläubigerversammlung entsprechen. Die Entscheidung des Gerichts ergeht in Form eines Beschlusses (vgl. § 273 InsO), der allerdings im Vergleich zum Aufhebungsbeschluss nach § 272 InsO nicht rechtsmittelfähig ist.[1104]

Uhlenbruck ging noch davon aus, dass dem Gläubiger nur die Möglichkeit bleibe, einen Antrag nach § 78 InsO oder nach § 272 I Nr. 2 InsO bei Gericht zu stellen, weil die Voraussetzungen des § 270 II Nr. 2 InsO weggefallen seien, wenn er die Entscheidung der Gläubigerversammlung für nicht rechtmäßig halte.[1105]

Riggert vertritt dazu eine differenzierte Auffassung. Sei ein einzelner Gläubiger nämlich der Auffassung, dass der von der Mehrheit der Gläubigerversammlung gefasste Beschluss dem gemeinsamen Interesse der Insolvenzgläubiger widerspräche, habe er seiner Meinung nach, keine Möglichkeit gemäß § 78 InsO die Aufhebung des Beschlusses zu beantragen.[1106] Der Schutz des einzelnen Gläubigers werde nämlich stattdessen durch § 272 InsO (die Möglichkeit des Antrages auf Aufhebung der Eigenverwaltung) gewährleistet.[1107] Dies habe aber nur Aussicht auf Erfolg, wenn die § 272 I Nr. 2 InsO genannten Voraussetzungen vorliegen.[1108]

Der § 271 InsO verdeutlicht in seiner durch das ESUG geänderten Fassung, dass er nicht nur die Korrektur einer vom Gericht im Eröffnungsverfahren getroffenen, die Eigenverwaltung ablehnenden, Entscheidung regelt. Der § 271 InsO ist vielmehr auch dann anwendbar, wenn der Schuldner zuvor keinen Antrag auf Eigenverwaltung gestellt hatte. Liegt die von § 271 S. 1 InsO geforderte Mehrheit vor, kann der Schuldner nunmehr nachträglich dem Antrag auf Anordnung der Eigenverwaltung zustimmen. Ihm wird eine weiterreichende Möglichkeit der nachträglichen Anordnung der Eigenverwaltung gegeben. Die Zustimmung des Schuldners ist zwingende Voraussetzung für die nachträgliche Anordnung, da eine Eigenverwaltung gegen den Willen des Schuldners nicht mit den Gläubigerinteressen vereinbar wäre.[1109]

1104 Braun-*Riggert*, § 271, Rn. 3; MüKo-InsO-*Tetzlaff*, § 271, Rn. 25; vgl. dazu auch Uhlenbruck-*Uhlenbruck*, § 271, Rn. 7; vgl. aber auch MüKo-InsO-*Wittig*/*Tetzlaff*, 2. Auflage, § 271, Rn. 21a; a. A. Kreft-*Landfermann*, § 271, Rn. 5.

1105 Uhlenbruck-*Uhlenbruck*, § 271, Rn. 7.

1106 Braun-*Riggert*, § 271, Rn. 4; vgl. BGH, ZIP 2011, 1622 (1622ff.) zu § 272 InsO; vgl. auch MüKo-InsO-*Wittig*/*Tetzlaff*, 2. Auflage, § 271, Rn. 30ff.; MüKo-InsO-*Tetzlaff*, § 271, Rn. 17ff.

1107 Braun-*Riggert*, § 271, Rn. 4.

1108 Braun-*Riggert*, § 271, Rn. 7.

1109 Braun-*Riggert*, § 271, Rn. 5.

Wird die Eigenverwaltung nachträglich im Sinne des § 271 InsO angeordnet, ist es in der Regel sinnvoll, den zunächst eingesetzten Insolvenzverwalter als Sachwalter zu bestellen (vgl. § 271 S. 2 InsO). Die Person des Sachwalters wird aber grundsätzlich von der Gläubigerversammlung ausgewählt. Das Insolvenzgericht hat insofern lediglich das Recht, die Bestellung bei Nichteignung zu versagen (vgl. §§ 270 I Nr. 2, 57 S. 2 InsO).[1110] Im Antrag der Gläubigerversammlung muss die Person des Sachwalters nicht namentlich benannt werden.[1111] Eine Anwendung des § 78 InsO ist insoweit auch ausgeschlossen.[1112]

Zusammenfassend kann also festgestellt werden, dass der § 271 InsO dem Insolvenzgericht die Pflicht auferlegt, beim Vorliegen der Voraussetzungen des § 271 InsO die Eigenverwaltung nachträglich anzuordnen.

Fraglich ist an dieser Stelle, wie das Insolvenzgericht diese Pflicht verletzen und so etwaige Amtshaftungsansprüche nach § 839 I BGB i. V. m. Art. 34 S. 1 GG auslösen kann.

Zusammengefasst verletzt das Insolvenzgericht seine Pflicht aus § 271 InsO immer dann, wenn es die nachträgliche Anordnung der Eigenverwaltung ablehnt, obwohl alle Voraussetzungen gegeben sind bzw. wenn es die nachträgliche Eigenverwaltung anordnet, obwohl nicht alle Voraussetzungen gegeben sind. Einer Verletzung aus § 271 InsO kommt es gleich, wenn das Gericht versucht, einen Beschluss der Gläubigerversammlung nach § 78 InsO aufzuheben, da es so indirekt die Pflicht zur Anordnung der nachträglichen Eigenverwaltung verletzt.[1113]

Eine Pflichtverletzung im Rahmen des § 271 InsO ist auch immer dann gegeben, wenn das Insolvenzgericht eine Ermessensentscheidung fällt. Das rührt daher, dass dem Insolvenzgericht kein Ermessen im Rahmen des § 271 InsO zusteht.[1114] Zudem verletzt das Insolvenzgericht seine Pflicht aus § 271 InsO auch, wenn es die von der Gläubigerversammlung ausgewählte Person nicht zum Sachwalter bestellt, außer es besteht der Fall der Nichteignung im Sinne der §§ 270 I Nr. 2, 57 S. 2 InsO.[1115]

1110 Braun-*Riggert*, § 271, Rn. 6.

1111 Braun-*Riggert*, § 271, Rn. 6; Nerlich/Römermann-*Riggert*, § 271, Rn. 5; Uhlenbruck-*Uhlenbruck*, § 271, Rn. 6; MüKo-InsO-*Tetzlaff*, § 271, Rn. 15; a. A. FK-*Foltis*, § 271, Rn. 6.

1112 Braun-*Riggert*, § 271, Rn. 6; vgl. BGH, ZIP 2011, 1622 (1622ff.) zu § 272 InsO.

1113 Vgl. dazu Braun-*Riggert*, § 271, Rn. 6; BGH, ZIP 2011, 1622 (1622ff.) zu § 272 InsO.

1114 Uhlenbruck-*Uhlenbruck*, § 271, Rn. 6; MüKo-InsO-*Tetzlaff*, § 271, Rn. 26.

1115 Vgl. dazu Braun-*Riggert*, § 271, Rn. 6.

dd) § 272 InsO – Aufhebung der Eigenverwaltung

Der § 272 InsO regelt die Aufhebung der Eigenverwaltung.

Der § 272 I Nr. 1 InsO betrifft die Aufhebung der Eigenverwaltung auf Antrag der Gläubigerversammlung. Die Gläubigerversammlung hat demnach das Recht, die Eigenverwaltung aufheben zu lassen.

Durch das ESUG wurden, genau wie bei § 271 InsO, der die nachträgliche Anordnung der Eigenverwaltung regelt, die Mehrheitsanforderungen verschärft.[1116] Seit Inkrafttreten des ESUG ist nicht nur die Summenmehrheit des § 76 II InsO, sondern zusätzlich die Mehrheit der abstimmenden Gläubiger erforderlich.[1117] Damit ist jetzt das Mehrheitserfordernis der §§ 57, 271 und 272 InsO gleich.[1118]

Stellt die Gläubigerversammlung einen Antrag auf Aufhebung der Eigenverwaltung, hat das Gericht diesem zu entsprechen.[1119] Ein solcher Antrag kann nicht nur auf der ersten Gläubigerversammlung, sondern auf jeder weiteren gestellt werden.[1120]

Der § 272 I Nr. 2 InsO regelt die Aufhebung der Eigenverwaltung auf Antrag eines Gläubigers. Der § 272 I Nr. 2 InsO gibt jedem einzelnen Gläubiger die Möglichkeit, die Anordnung der Eigenverwaltung kurzfristig zu beenden. Diese Regelung hat seinen Ursprung darin, dass die Eigenverwaltung trotz aller Aufsichtsmaßnahmen durchaus mit Risiken für die Gläubiger verbunden ist. Hat nun ein einzelner Gläubiger Nachteile durch die fortdauernde Eigenverwaltung zu befürchten, kann jeder einzelne Gläubiger unabhängig vom Zusammentreten einer Gläubigerversammlung ihre Beendigung beantragen.[1121]

Durch das ESUG wurde die Regelung des § 272 I Nr. 2 InsO verschärft.[1122] Seither müssen dem Antragsteller durch die Eigenverwaltung selbst erhebliche Nachteile drohen. Ein Antrag, der im Interesse aller Gläubiger sein soll – ein sogenannter Popularantrag –, ist gegenüber dem früheren Recht nicht mehr möglich, vielmehr muss der Antragsteller selbst konkrete Nachteile durch den Fortbestand der Eigenverwaltung erleiden.[1123] Der Nachteil muss auch konkret

1116 Braun-*Riggert*, § 272, Rn. 1; RegE des ESUG, S. 16, 64.
1117 Braun-*Riggert*, § 272, Rn. 1; RegE des ESUG, S. 64.
1118 RegE des ESUG, S. 64.
1119 Braun-*Riggert*, § 272, Rn. 1.
1120 Braun-*Riggert*, § 272, Rn. 1; Uhlenbruck-*Uhlenbruck*, § 272, Rn. 1; *Balz/Landfermann*, S. 530.
1121 Braun-*Riggert*, § 272, Rn. 2; *Balz/Landfermann*, S. 531; LSZ-*Wehdeking*, § 272, Rn. 4; RegE InsO, BT-Drucks. 12/2443, 224.
1122 Vgl. RegE des ESUG, S. 64f.
1123 Braun-*Riggert*, § 272, Rn. 2.

vorliegen und erheblich sein. Es darf sich nicht um Geringfügigkeiten handeln. Außerdem muss die Eigenverwaltung ursächlich für die konkreten Nachteile sein.[1124] *Riggert* drückt es so aus, dass ein schlechter Verlauf einer Fortführung mit Schädigungspotenzial für die Gläubiger konkret dem Eigenverwalter zugeordnet werden muss.[1125]

Der § 272 II InsO verlangt in formeller Hinsicht für den Fall des § 272 I Nr. 2 InsO die Glaubhaftmachung des Wegfalls der Anordnungsvoraussetzungen der Eigenverwaltung nach § 270 InsO. Gemäß § 272 II InsO entscheidet das Gericht über die Begründetheit des Aufhebungsantrags nach Anhörung des Schuldners (vgl. § 272 II S. 2 InsO).[1126]

Der § 272 I Nr. 3 InsO regelt den Antrag auf Aufhebung der Eigenverwaltung durch den Schuldner. Der Grund dafür, dass der Schuldner auch selbst den Antrag auf Aufhebung der Eigenverwaltung stellen kann, ist eindeutig darin zu sehen, dass die Eigenverwaltung nur Erfolg haben kann, wenn der Schuldner bereit ist, sich für seine Aufgaben vollumfänglich einzusetzen. Lässt diese Bereitschaft des Schuldners nach oder entfällt sie gänzlich, hat der Schuldner nach § 272 I Nr. 3 InsO die Möglichkeit, die vorzeitige Beendigung der Eigenverwaltung selbst herbeizuführen.[1127] Es genügt der Antrag des Schuldners; das Vorliegen weiterer Voraussetzungen ist nicht erforderlich, da eine Eigenverwaltung gegen den Willen des Schuldners den Gläubigern keine Vorteile bringen kann. Denn es kann nicht gewährleistet werden, dass das Insolvenzverfahren mit einem „unmotivierten" Schuldner genauso gut abgewickelt wird wie mit einem bestellten Insolvenzverwalter.[1128]

Die Anordnung der Aufhebung der Eigenverwaltung erfolgt durch gerichtlichen Beschluss, wenn die erforderlichen Voraussetzungen vorliegen.[1129] Beschließt das Insolvenzgericht die Aufhebung der Eigenverwaltung, muss zwingend zeitgleich anstelle des bisherigen Sachwalters ein Insolvenzverwalter bestellt werden.[1130] Der § 272 III InsO legt nahe, dass der Sachwalter zum Insolvenzverwalter bestellt wird. Dies ist allerdings nicht zwingend, denn die Bestellung des Insolvenzverwalters

1124 Braun-*Riggert*, § 272, Rn. 2.
1125 Braun-*Riggert*, § 272, Rn. 2.
1126 Braun-*Riggert*, § 272, Rn. 4.
1127 Braun-*Riggert*, § 272, Rn. 5; vgl. auch Uhlenbruck-*Uhlenbruck*, § 272, Rn. 5.
1128 Nerlich/Römermann-*Riggert*, § 272, Rn. 4.
1129 MüKo-InsO-*Tetzlaff*, § 272, Rn. 41; Uhlenbruck-*Uhlenbruck*, § 272, Rn. 6; Nerlich/Römermann-*Riggert*, § 272, Rn. 5.
1130 MüKo-InsO-*Tetzlaff*, § 272, Rn. 41, 61.

liegt im Ermessen des Insolvenzgerichts.[1131] Es erscheint aber regelmäßig vorteilhaft, den bisherigen Sachwalter zum Insolvenzverwalter zu bestellen, da dieser bereits einen Einblick in die Vermögensverhältnisse des Schuldners gewonnen hat und sich aufgrund seiner Sachverhaltskenntnisse nicht neu einarbeiten muss.[1132] Die Bestellung geschieht zunächst nach allgemeinen Regeln durch das Insolvenzgericht.[1133]

Liegt ein Fall vor, in dem die Eigenverwaltung aufgrund eines Antrags der Gläubigerversammlung gemäß § 272 I Nr. 1 InsO aufgehoben wird, kann die Gläubigerversammlung parallel zum Antrag auf Aufhebung der Eigenverwaltung durch die entsprechende Anwendung von § 57 InsO einen Beschluss darüber fassen, ob sie den bisherigen Sachwalter als Insolvenzverwalter beibehalten will oder ob ein anderer Insolvenzverwalter bestellt werden soll.[1134] Handelt es sich um einen Fall des § 272 I Nr. 2 oder Nr. 3 InsO, in dem die Aufhebung aufgrund eines Antrags eines Einzelgläubigers (§ 272 I Nr. 2 InsO) oder des Schuldners (§ 272 I Nr. 3 InsO) erfolgt, so hat die darauf folgende Gläubigerversammlung zumindest das Recht, den Insolvenzverwalter nach § 57 InsO abzuwählen. Für die Bestellung des Insolvenzverwalters anstelle des Sachwalters gelten nämlich gemäß § 270 InsO die allgemeinen Regelungen, die auch das Abwahlrecht umfassen.[1135]

Fällt das Insolvenzgericht eine Entscheidung aufgrund von § 272 I Nr. 2 InsO, ist gegen die Entscheidung des Insolvenzgerichts das Rechtsmittel der sofortigen Beschwerde vorgesehen (vgl. § 272 II 3 InsO). Die sofortige Beschwerde steht dem antragstellenden Gläubiger bzw. Schuldner zu, soweit eine Beschwer vorliegt. In den anderen von § 272 InsO geregelten Fällen ist die sofortige Beschwerde gemäß § 6 I InsO ausgeschlossen.[1136] Ein zusätzliches Vorgehen nach § 78 InsO kommt nicht in Betracht. Denn die Gläubigerversammlung soll nicht gezwungen sein, die eigene, nach freiem Ermessen getroffene, Entscheidung gegenüber dem Insolvenzgericht zu rechtfertigen.[1137]

Zusammenfassend kann also festgestellt werden, dass der § 272 InsO dem Insolvenzgericht die Pflicht auferlegt, beim Vorliegen der Voraussetzungen der

---

1131 Braun-*Riggert*, § 272, Rn. 6.

1132 MüKo-InsO-*Tetzlaff*, § 272, Rn. 61; Nerlich/Römermann-*Riggert*, § 272, Rn. 5; RegE InsO, BT-Drucks. 12/2443, S. 224.

1133 MüKo-InsO-*Tetzlaff*, § 272, Rn. 61; RegE InsO, BT-Drucks. 12/2443, S. 224.

1134 MüKo-InsO-*Tetzlaff*, § 272, Rn. 63.

1135 MüKo-InsO-*Tetzlaff*, § 272, Rn. 64.

1136 Braun-*Riggert*, § 272, Rn. 7; BGH, ZIP 2011, 1622 (1622f.).

1137 Braun-*Riggert*, § 272, Rn. 7; BGH, ZIP 2011, 1622 (1623).

verschiedenen Konstellationen des § 272 InsO die Eigenverwaltung wieder aufzuheben.

Fraglich ist, wie das Insolvenzgericht diese Pflicht eventuell verletzen und so etwaige Amtshaftungsansprüche nach § 839 I BGB i. V. m. Art. 34 S. 1 GG auslösen kann.

Verallgemeinernd gesagt, verletzt das Insolvenzgericht seine Pflicht aus § 272 InsO immer dann, wenn es die Aufhebung der Anordnung der Eigenverwaltung ablehnt, obwohl alle Voraussetzungen gegeben sind bzw. wenn es die Aufhebung der Eigenverwaltung anordnet, obwohl nicht alle Voraussetzungen gegeben sind. Einer Verletzung aus § 272 InsO kommt es auch gleich, wenn das Gericht versucht einen Beschluss der Gläubigerversammlung nach § 78 InsO aufzuheben, da es so indirekt die Pflicht zur Aufhebung der Eigenverwaltung verletzt.[1138]

Eine Pflichtverletzung im Rahmen des § 272 InsO ist auch immer dann gegeben, wenn das Insolvenzgericht eine Ermessensentscheidung fällt. Denn dem Insolvenzgericht steht – wie auch im Rahmen des § 271 InsO – kein Ermessen zu.[1139] Zudem verletzt das Insolvenzgericht seine Pflicht aus § 272 InsO auch, wenn es die Voraussetzungen des § 270 II Nr. 3 InsO nicht hinreichend geprüft hat und dadurch pflichtwidrig die Eigenverwaltung aufhebt bzw. nicht aufhebt, denn insoweit gilt der Amtsermittlungsgrundsatz des § 5 I InsO; d. h., das Insolvenzgericht muss die glaubhaft gemachten Tatsachen zu seiner Überzeugung feststellen.[1140]

ee) § 277 InsO – Anordnung der Zustimmungsbedürftigkeit

Der § 277 InsO regelt die Anordnung der Zustimmungsbedürftigkeit für Rechtsgeschäfte des Schuldners.

Grundsätzlich wird dem Schuldner gemäß § 270 I InsO die Verwaltungs- und Verfügungsbefugnis über sein Vermögen nicht entzogen, wenn die Eigenverwaltung angeordnet wird. Infolgedessen finden die §§ 80–82 InsO auch keine Anwendung und eventuelle Verfügungen des Schuldners sowie Leistungen an ihn bleiben nach erfolgter Verfahrenseröffnung wirksam.[1141] Dies birgt die Gefahr, dass der Schuldner gläubigerbenachteiligende Verfügungen vornimmt. Um dieser Gefahr vorzubeugen, hat der Gesetzgeber in § 277 InsO die Möglichkeit vorgesehen, bestimmte Rechtsgeschäfte des Schuldners an die Zustimmung des Sachwalters zu knüpfen.[1142] Im Unterschied zu den §§ 275 und 276 InsO hat die

---

1138 Vgl. BGH, ZIP 2011, 1622 (1623).

1139 Vgl. dazu BGH, ZIP 2011, 1622 (1623).

1140 Vgl. Uhlenbruck-*Uhlenbruck*, § 272, Rn. 7.

1141 Uhlenbruck-*Uhlenbruck*, § 277, Rn. 1; MüKo-InsO-*Tetzlaff*/*Kern*, § 277, Rn. 1.

1142 Uhlenbruck-*Uhlenbruck*, § 277, Rn. 1; MüKo-InsO-*Tetzlaff*/*Kern*, § 277, Rn. 1.

Beschränkung des § 277 InsO Drittwirkung.[1143] Ein Verstoß gegen das Zustimmungserfordernis führt grundsätzlich zur Unwirksamkeit des Rechtsgeschäfts.[1144]

Durch den § 277 InsO wird dem Schuldner das Verfügungs- und Verwaltungsrecht aber nicht entzogen.[1145] Die Verfügungsbeschränkung ist auf einzelne Rechtsgeschäfte beschränkt.[1146]

Ein Antrag auf Anordnung der Zustimmungsbedürftigkeit kann gemäß § 277 I InsO von der Gläubigerversammlung gestellt werden. Voraussetzung für einen solchen Antrag ist ein wirksamer Beschluss der Gläubigerversammlung.[1147]

Der Antrag der Gläubigerversammlung ist darauf zu richten, dass bestimmte Rechtsgeschäfte des Schuldners ihre Wirksamkeit nur entfalten, wenn der Sachwalter ihnen zustimmt. Der Antrag muss – genauso wie der gerichtliche Beschluss – erkennen lassen, welches konkrete Rechtsgeschäft dem Zustimmungsvorbehalt unterliegt. Es reicht nicht aus, dass die Rechtsgeschäfte nur aufgrund von außerhalb der Anordnung liegender Faktoren bestimmbar sind.[1148] Der Antrag der Gläubigerversammlung kann sich auch auf eine bestimmte Gruppe von Rechtsgeschäften beziehen, wie z. B. auf Verpflichtungen oder Verfügungen über Gegenstände des Anlagevermögens.[1149]

Hervorzuheben ist an dieser Stelle, dass das Insolvenzgericht nicht von Amts wegen eine Zustimmungsbedürftigkeit für einzelne Rechtsgeschäfte anordnen kann.[1150]

Vereinzelt wird die Meinung vertreten, dass der § 277 InsO für eine Überwachung des Schuldners nicht ausreiche und dass das Insolvenzgericht deshalb in analoger Anwendung von § 21 InsO berechtigt sei, Verfügungsbeschränkungen aller Art anzuordnen.[1151] So

1143 Braun-*Riggert*, § 277, Rn. 1; MüKo-InsO-*Tetzlaff/Kern*, § 277, Rn. 2; RegE InsO, BT-Drucks. 12/2443, S. 225.

1144 Uhlenbruck-*Uhlenbruck*, § 277, Rn. 1; Braun-*Riggert*, § 277, Rn. 1.

1145 Braun-*Riggert*, § 277, Rn. 1.

1146 MüKo-InsO-*Tetzlaff/Kern*, § 277, Rn. 1; Uhlenbruck-*Uhlenbruck*, § 277, Rn. 1; BK-InsO-*Spliedt/Fridgen*, § 277, Rn. 5.

1147 Uhlenbruck-*Uhlenbruck*, § 277, Rn. 2.

1148 Uhlenbruck-*Uhlenbruck*, § 277, Rn. 2; Nerlich/Römermann-*Riggert*, § 277, Rn. 2; FK-*Foltis*, § 277, Rn. 4; MüKo-InsO-*Tetzlaff/Kern*, § 277, Rn. 15, 16; *Bork*, § 35, Rn. 473.

1149 Uhlenbruck-*Uhlenbruck*, § 277, Rn. 2; FK-*Foltis*, § 277, Rn. 5.

1150 Braun-*Riggert*, § 277, Rn. 2; MüKo-InsO-*Tetzlaff/Kern*, § 277, Rn. 7; Uhlenbruck-*Uhlenbruck*, § 277, Rn. 3; Kübler/Prütting/Bork-*Pape*, § 277, Rn. 12–14; *Kluth*, ZInsO 2002, 1001 (1003); a. A. AG Duisburg, ZInsO 2002, 1046 (1049); FK-*Foltis*, § 277, Rn. 2.

1151 MüKo-InsO-*Tetzlaff/Kern*, § 277, Rn. 7.

verfahren wurde bisher zum Beispiel in den Insolvenzen von KirchMedia[1152] und Babcock Borsig[1153], bei denen im Eröffnungsbeschluss Zustimmungsvorbehalte angeordnet wurden.

Eine solche Handhabung des Eigenverwaltungsverfahrens widerspricht aber schon dem oft zitierten Grundgedanken der Gläubigerautonomie. Bei der Eigenverwaltung können und wollen die Gläubiger die Verantwortung für die Durchführung des Verfahrens beim Schuldner ansiedeln.[1154] Im regulären Insolvenzverfahren kann die Aufsicht des Insolvenzgerichts über die Tätigkeit des Insolvenzverwalters auch nicht dazu führen, dass diesem generelle Verfügungsbeschränkungen auferlegt werden, entsprechend kann daher im Eigenverwaltungsverfahren das Insolvenzgericht auch nicht von Amts wegen in die Verwaltungs- und Verfügungsbefugnis des Schuldners eingreifen. Durch die Überwachung des Sachwalters und die Möglichkeiten der Gläubiger besteht genug Schutz vor Missbräuchen der Eigenverwaltung durch den Schuldner.[1155] Zudem fehlt es an den für eine Analogie notwendigen Voraussetzungen.[1156] Fehlt dem Insolvenzgericht das Vertrauen in eine sachgerechte Verfahrensabwicklung, kann dies nur zur Ablehnung der Eigenverwaltung führen.[1157]

Gemäß § 277 II InsO kann die Anordnung der Zustimmungsbedürftigkeit eines Rechtsgeschäfts auch auf Antrag eines absonderungsberechtigten Gläubigers oder eines Insolvenzgläubigers ergehen.

Dabei ist ein Antrag einzelner Gläubiger nur zulässig, wenn seine Voraussetzungen glaubhaft gemacht werden. Die Voraussetzungen der Glaubhaftmachung richten sich nach §§ 4 InsO, 294 ZPO. Das Antragsrecht der Einzelgläubiger wird dadurch sehr stark eingeschränkt. Diese Einschränkung ist aber aufgrund des Kreises der möglichen Antragsteller gerechtfertigt, um einen Missbrauch dieses Antragsrechts zu vermeiden.[1158]

Damit das Insolvenzgericht die Zustimmungsbedürftigkeit aufgrund des Antrags eines einzelnen Gläubigers anordnet, müssen zu seiner Überzeugung die Voraussetzungen des § 277 II InsO vorliegen. In diesem Rahmen gilt der Amtsermittlungsgrundsatz des § 5 I InsO, d. h., das Gericht muss gemäß § 5 I InsO von Amts wegen feststellen, ob der Antrag gemäß § 277 II 1 InsO begründet ist. Gegebenenfalls muss das Insolvenzgericht erforderliche Ermittlungen anstellen.[1159]

1152 AG München, Beschluss v. 14.6.2002 – 1502 IN 879/02, abrufbar unter http://www.jaffe-rae.de/215-0-KirchMedia+GmbH+und+Co+KG+aA.html.

1153 AG Duisburg, ZInsO 2002, 1046 (1049).

1154 Vgl. *Kluth*, ZInsO 2002, 1001 (1003).

1155 MüKo-InsO-*Tetzlaff/Kern*, § 277, Rn. 7; Kreft-*Landfermann*, § 277, Rn. 4.

1156 *Kluth*, ZInsO 2002, 1001 (1003f.).

1157 Uhlenbruck-*Uhlenbruck*, § 277, Rn. 3.

1158 MüKo-InsO-*Tetzlaff/Kern*, § 277, Rn. 10; Nerlich/Römermann-*Riggert*, § 277, Rn. 7.

1159 MüKo-InsO-*Tetzlaff/Kern*, § 277, Rn. 11; Kreft-*Landfermann*, § 277, Rn. 6.

Letztlich muss das Gericht zu der Überzeugung kommen, dass die Anordnung der Zustimmungsbedürftigkeit notwendig ist, um Nachteile für die Gläubiger zu vermeiden, und ferner muss die Anordnung unaufschiebbar sein.[1160]

Zusammenfassend kann also festgestellt werden, dass sich aus § 277 InsO mehrere Pflichten für das Insolvenzgericht ergeben. Dies ist zum einen die Pflicht, ein Zustimmungsbedürfnis für bestimmte Rechtsgeschäfte anzuordnen, wenn die Gläubigerversammlung dies beantragt (vgl. § 277 I InsO). Zum anderen hat das Insolvenzgericht die Pflicht, die Zustimmungsbedürftigkeit zu bestimmten Rechtsgeschäften anzuordnen, wenn ein einzelner Gläubiger dies verlangt und zusätzlich die Voraussetzungen des § 277 II InsO vorliegen.

Das Insolvenzgericht hat aber weder die Pflicht noch das Recht von Amts wegen ein Zustimmungserfordernis nach § 277 InsO und/oder § 21 InsO analog anzuordnen.

Fraglich ist aber noch, wie das Insolvenzgericht seine Pflichten aus § 277 InsO verletzen kann, um so etwaige Amtshaftungsansprüche nach § 839 I BGB i. V. m. Art. 34 S. 1 GG auszulösen. Zunächst liegt eine Pflichtverletzung des Insolvenzgerichts aus § 277 I InsO vor, wenn es einem Antrag der Gläubigerversammlung auf Anordnung eines Zustimmungserfordernisses nicht entspricht, da dem Insolvenzgericht aufgrund der Gläubigerautonomie insoweit kein Ermessen eingeräumt wird. Eine Pflichtverletzung liegt nach dem bereits Erörterten natürlich auch vor, wenn das Insolvenzgericht ohne das Vorliegen eines entsprechenden Antrags von sich aus – also von Amts wegen – ein Zustimmungserfordernis erlässt.

Außerdem verletzt das Insolvenzgericht seine Pflicht aus § 277 II InsO, wenn es einem Antrag eines einzelnen Gläubigers trotz des Vorliegens aller Voraussetzungen ablehnt bzw. wenn es einem Antrag zustimmt, obwohl nicht alle Voraussetzungen des § 277 II InsO gegeben sind. Eine besondere Bedeutung kommt dabei im Rahmen des § 277 II InsO der Anwendung des Amtsermittlungsgrundsatzes nach § 5 I InsO zu. Dieser stellt unzweifelhaft eine Amtspflicht im Sinne des § 839 I BGB dar[1161], was noch einmal verdeutlicht, dass das Insolvenzgericht seine Überzeugung über das Vorliegen der Voraussetzungen des § 277 II InsO gewissenhaft erlangen muss.

c) Drittbezogenheit der Amtspflicht

Bei den zuvor erörterten Amtspflichten aus den §§ 270, 270a, 271, 272 und 277 InsO stellt sich die Frage, inwieweit die Amtspflichten eine Drittbezogenheit

1160 MüKo-InsO-*Tetzlaff/Kern*, § 277, Rn. 11.
1161 Kreft-*Kirchhof*, § 5, Rn. 4.

aufweisen. Denn die verletzte Amtspflicht müsste auch drittbezogen sein, um eine etwaige Haftung nach § 839 I BGB i. V. m. Art. 34 S. 1 GG zu begründen.[1162]

Um den Haftungstatbestand des § 839 I BGB zu erfüllen, genügt nicht jede Amtspflichtverletzung. Es muss eine Amtspflicht verletzt worden sein, die dem Beamten gegenüber einem Dritten obliegt.[1163] Aber der Geschädigte kann auch nur dann einen Amtshaftungsanspruch geltend machen, wenn die verletzte Amtspflicht gerade bzw. zumindest auch ihm gegenüber besteht.[1164] Es bedarf einer besonderen Beziehung zwischen der verletzten Amtspflicht und dem geschädigten Dritten.[1165]

Wie schon bei der Drittbezogenheit der Vorauswahlpflicht, der Auswahlpflicht im konkreten Verfahren und bei der Aufsichtspflicht des Insolvenzgerichts erwähnt, können im Insolvenzverfahren sowohl der Schuldner als auch die Gläubiger und der Insolvenzverwalter als „Dritte" in Betracht kommen.[1166]

Auch an dieser Stelle ist zunächst festzustellen, dass eine Person, die zum Kreis der durch eine Amtspflicht geschützten Dritten gehört, nicht in allen ihren Belangen als „Dritter" anzusehen ist. Die Person ist soweit geschützt, wie die Schutzwirkung der verletzten Amtspflicht reicht. Der Schutzzweck der Amtspflicht entscheidet also darüber, ob eine Person zum Kreis der „Dritten" gehört und wie weit der Schutz bezüglich der Amtspflicht reicht. Das umfasst auch, welche Interessen bzw. Belange dieser Person geschützt werden sollen. Die Amtspflichten können folglich, je nach dem zu schützenden Interesse ein und derselben Person gegenüber „aufgespalten" sein. Bestimmte Belange können vom Schutzzweck erfasst sein, andere hingegen nicht.[1167]

Es kommt allein auf den Schutzzweck der Amtspflicht an; insofern ist es nicht erforderlich, dass der „Dritte" am Amtsgeschäft beteiligt ist.[1168] Denn unter den Begriff „Dritte" fallen nicht nur die beim Amtsgeschäft unmittelbar Beteiligten, sondern alle Personen, deren Interesse nach der besonderen Natur des Amtsgeschäfts durch dieses berührt wird und in deren Rechtskreis dadurch eingegriffen werden kann; auch wenn sie durch die Amtsausübung nur mittelbar und unbeabsichtigt betroffen werden.[1169]

1162 Vgl. zur Drittbezogenheit 2. Teil A. IV.
1163 MüKo-BGB-*Papier*, § 839, Rn. 227.
1164 MüKo-BGB-*Papier*, § 839, Rn. 227; BGHZ 1, 388 (394f.).
1165 MüKo-BGB-*Papier*, § 839, Rn. 227; BGHZ 56, 40 (45f.).
1166 MüKo-InsO-*Haarmeyer*, § 21, Rn. 42.
1167 MüKo-BGB-*Papier*, § 839, Rn. 235; BGHZ 90, 310 (312).
1168 MüKo-BGB-*Papier*, § 839, Rn. 239.
1169 BGHZ 20, 53 (56); RGZ 138, 309 (313).

Auch an dieser Stelle gilt die von *Holzer*, *Kleine-Cosack* und *Prütting* vertretene Überzeugung, der Schutzzweck der Amtspflicht sei im Einzelnen am Maßstab der Kasuistik der Rechtsprechung des BGH wie auch der InsO zu ermitteln.[1170]

Dabei kann – ohne jede Amtspflicht noch einmal im Einzelnen zu betrachten – festgestellt werden, dass das Eigenverwaltungsverfahren vor allem ein Ausdruck der Gläubigerautonomie ist. Dementsprechend sind zumindest die Gläubiger bei den erörterten Amtspflichten „Dritte". Da des Weiteren auch der Schuldner unmittelbar von allen Entscheidungen und Pflichtverletzungen des Insolvenzgerichts im Eigenverwaltungsverfahren betroffen wird, gilt auch er als „ Dritter" im Rahmen der zuvor erörterten Amtspflichten. Ob auch der Insolvenzverwalter bzw. der Sachwalter zumindest in den §§ 271 und 272 InsO „Dritter" sein kann, hängt von der Art der Pflichtverletzung ab. Sollte entweder der Insolvenzverwalter oder der Sachwalter in Folge einer Pflichtverletzung des Gerichts seine Arbeit, also seine Bestellung als Insolvenzverwalter oder als Sachwalter verlieren, so wäre auch er unmittelbar von der Pflichtverletzung des Gerichts betroffen und kann somit „Dritter" sein.

d) Verursachung eines Schadens

Es muss durch die Amtspflichtverletzung zu einem Vermögensschaden bei dem geschützten Dritten kommen.[1171]

Dem Geschädigten obliegt die Pflicht, darzulegen und zu beweisen, dass ihm durch die Amtspflichtverletzung ein Schaden entstanden ist. Dem Geschädigten kommen bei der Schadensbestimmung allerdings die Beweiserleichterungen nach § 287 ZPO zugute.[1172]

Es müsste noch geklärt werden, wie genau es in einem fehlerhaften bzw. amtspflichtwidrig verlaufenden Eigenverwaltungsverfahren zu Vermögensschäden kommen kann.

Ein Vermögensschaden durch ein fehlerhaftes Eigenverwaltungsverfahren ist denkbar. Ein Vermögensschaden kann zum Beispiel durch eine Masseschmälerung infolge einer Verfahrensverzögerung oder durch eine gegen die Ziele des Eigenverwaltungsverfahrens verstoßende Handlung entstehen.

Im Einzelnen lassen sich die verschiedenen möglichen Vermögensschäden nicht aufzählen, da sie immer einzelfallabhängig sind und von zu vielen unbekannten Faktoren abhängen. Schwierigkeiten kann es aber natürlich auch bei

---

1170 *Holzer/Kleine-Cosack/Prütting*, S. 59.

1171 MüKo-BGB-*Papier*, § 839, Rn. 276.

1172 MüKo-BGB-*Papier*, § 839, Rn. 276; BGH, NJW 1995, 2344 (2345).

der Bezifferung der genauen Schadenshöhe geben, da die Vermögenssituation während des Verfahrens zum Zeitpunkt des jeweiligen Schadenseintritts mitunter nur sehr schwer zu erfassen ist.

e) *Haftungsausfüllende Kausalität*

Die Amtspflichtverletzung müsste auch für den Eintritt des Vermögensschadens kausal geworden sein.[1173]

Beim Amtshaftungsanspruch gibt es allerdings Unterschiede und Besonderheiten im Vergleich zum „normalen" Deliktsrecht.

Die Norm des § 839 BGB kennt nämlich keine beschränkte haftungsbegründende Kausalität. Denn der § 839 BGB ist nicht auf die Verletzung bestimmter Rechte und Rechtsgüter beschränkt.

Etwas anderes kann sich aber im Einzelfall aus dem Schutzzweck der verletzten Amtspflicht ergeben.[1174] Der § 839 BGB schützt das Vermögen als Ganzes.[1175] Allerdings schützt § 839 BGB nicht gegen jeden Vermögensschaden. Einschränkungen können sich aus dem Schutzzweck der Amtspflicht ergeben.[1176] Gemäß § 839 I 1 BGB muss sich das Verschulden des Beamten nicht auf die Kausalität zwischen der Amtspflichtverletzung und dem Schadenseintritt beziehen.[1177]

Für die Kausalität zwischen Amtspflichtverletzung und Schadenseintritt gilt das Kriterium des adäquaten Kausalzusammenhangs. Der auf der Amtspflichtverletzung beruhende Schaden ist dem Beamten und mittelbar nach Art. 34 GG dem Staat nur zuzurechnen, wenn die Amtspflichtverletzung die Wahrscheinlichkeit des Schadenseintritts wesentlich erhöht hat oder wenn der Beamte den Eintritt des Schadens erwartet oder gewollt hat.[1178] Denkbar sind auch Fälle, in denen der Staat geltend macht, die Schäden wären auch bei ordnungsgemäßer Amtsausübung nicht ausgeblieben. Dabei ist allerdings danach zu fragen, ob die Behörde die zum selben Schaden führende Maßnahme nicht nur hätte fehlerfrei treffen können, sondern auch tatsächlich getroffen hätte. Grund für die Vornahme dieser Handlungen könnte zum Beispiel eine Rechtspflicht sein und nur, wenn die Handlung auch getroffen worden wäre, kann von „echtem" pflichtmäßigen Alternativverhalten gesprochen werden. Nur dann kann der Staat dem Anspruch des Geschädigten

---

1173 Prütting/Wegen/Weinreich-*Kramarz*, § 839, Rn. 58; Erman-*T. Mayen*, § 839, Rn. 65; vgl. ausführlich zur Kausalität unter 2. Teil A. VI.

1174 *Bender*, Rn. 563; anderes kann sich im Einzelfall aus dem Schutzzweck der verletzten Amtspflicht ergeben, vgl. *Bender*, Rn. 563.

1175 *Bender*, Rn. 563.

1176 BGHZ 39, 358 (358f.).

1177 *Bender*, Rn. 563.

1178 *Bender*, Rn. 564; BGH, NJW 1965, 1524 (1525).

etwas entgegenhalten. Selbstverständlich nur, wenn der Schaden auch bei pflichtgemäßem Verhalten eingetreten wäre.[1179]

Im Falle einer gerichtlichen Entscheidung ist beim Vorliegen eines bestimmten Alternativverhaltens erheblich, wie das zuständige Gericht die hypothetische alternative Amtshandlung beurteilt hätte. Es kommt nicht darauf an, wie das Gericht tatsächlich entschieden hätte, sondern wie das Gericht richtigerweise hätte entscheiden müssen.[1180]

Liegt eine pflichtwidrige hoheitliche Ermessensentscheidung vor, so ist nach der Rechtsprechung zu ermitteln, wie die vorherige bzw. sonstige Übung der Behörde aussieht und ob sie danach pflichtgemäß entschieden hätte. Die Behörde kann dem Amtshaftungsanspruch des Geschädigten nämlich entgegenhalten, dass derselbe Schaden auch entstanden wäre, wenn die korrekte Entscheidung mit an Sicherheit grenzender Wahrscheinlichkeit inhaltlich ebenso wie die fehlerhafte ausgefallen wäre. Der Schaden wäre folglich gleichwohl eingetreten. Außerdem ist darauf zu achten, ob der Ermessensfehler in einer sachwidrigen Abweichung von einer ständigen Übung liegt. Denn eine solche willkürliche Abweichung verstößt in der Regel gegen den allgemeinen Gleichheitssatz nach Art. 3 I GG und ist ermessensfehlerhaft.[1181] Ist eine behördliche Übung nicht ermittelbar, nach der die Behörde eine pflichtgemäße Entscheidung getroffen hätte, die in Art und Inhalt der amtspflichtwidrigen entspricht, so kann der Ursachenzusammenhang und folglich ein Schaden nicht verneint werden.[1182]

Liegt die Amtspflichtverletzung in einem Unterlassen, wird ein Amtshaftungsanspruch nur ausgelöst, wenn das amtspflichtgemäße Alternativverhalten den Schadenseintritt mit an Sicherheit grenzender Wahrscheinlichkeit verhindert hätte.[1183]

Des Weiteren findet, wie schon festgestellt, auch das Kriterium des Schutzzwecks der Norm Anwendung auf § 839 BGB. Seine Wirkung besteht vor allem darin, dass durch den Schutzzweck eine Auslese unter den etwaigen Anspruchsberechtigten stattfindet und dementsprechend auch unter den ersatzfähigen Schäden.[1184]

Es gibt noch eine weitere Möglichkeit, mit der sich der Staat gegen Amtshaftungsansprüche zur Wehr setzen kann bzw. Tatsachen, die der Staat einem eventuell bestehenden Amtshaftungsanspruch entgegenhalten kann. Dabei handelt es sich um eine sogenannte „Zwischenursache“, die den Ursachenzusammenhang unterbrechen kann. Eine „Zwischenursache“ liegt vor, wenn durch ein selbständiges und auf freiwilliger Basis beruhendes, nicht auf die Abwehr oder die Minderung des Schadens gerichtetes Verhalten des Verletzten oder eines Dritten die Kausalkette unterbrochen und die Kausalität somit ausgeschlossen

---

1179 *Bender*, Rn. 565.

1180 *Bender*, Rn. 565; BGHZ 36, 144 (146).

1181 *Bender*, Rn. 566; zur ständigen Übung (bzw. Selbstbindung) vgl. ausführlich 2. Teil B. III. 3. a) aa) ff.

1182 *Bender*, Rn. 566; BGH, NJW 1959, 1316 (1317).

1183 *Bender*, Rn. 567; BGHZ 7, 198 (198).

1184 *Bender*, Rn. 568.

wird.[1185] Dies gilt allerdings nur, wenn die Verletzung der Amtspflicht für das Auftreten der „Zwischenursache" unerheblich gewesen ist.[1186] Es geht dabei nicht um eine Unterbrechung der Äquivalenz oder ein Fehlen der Adäquanz, sondern darum, ob dem Beamten bei einer wertenden Betrachtung der Schaden nicht mehr zugerechnet werden kann.[1187]

Zusammenfassend ist festzustellen, dass der Frage der Kausalität bei Amtshaftungsansprüchen, ebenso wie bei anderen Schadensersatzansprüchen, eine entscheidende Rolle zukommt.

Im Amtshaftungsrecht ist aus gegebenem Grund ein besonderes Augenmerk auf den Schutzzweck der verletzten Norm zu richten, da der Schutzzweck der verletzten Amtspflicht drittgerichtet sein muss und von Amtspflicht zu Amtspflicht in verschiedene Spektren aufgesplittert sein kann.

Im Fall eines pflichtwidrigen Verlaufes der Eigenverwaltung bzw. eines pflichtwidrigen Nicht-Bestehens der Eigenverwaltung stellt sich natürlich auch die Frage nach Äquivalenz, Adäquanz und Schutzzweck der Norm. Doch es lässt sich auch an dieser Stelle wiederum keine generalisierte Antwort darauf geben, welche etwaigen speziellen Kausalitätsprobleme sich im konkreten Fall ergeben könnten. Denn dafür ist die Kausalität von zu vielen einzelfallbezogenen Faktoren abhängig, sodass nur die Kausalität und ihre Probleme im Generellen beleuchtet werden können.

f) Verschulden bzgl. der Amtspflichtverletzung

Des Weiteren muss die Pflichtverletzung auch verschuldet sein.[1188]

Der § 839 I BGB setzt für die Beamtenhaftung voraus, dass der Beamte eine Amtspflicht vorsätzlich oder fahrlässig verletzt. Für die Amtshaftung des Staates aus Art. 34 GG gilt dieses Verschuldenserfordernis in gleicher Weise, weil diese die Erfüllung des Tatbestandes des § 839 BGB voraussetzt.[1189] Das Verschulden kann sowohl in der Form des Vorsatzes als auch in der Form der Fahrlässigkeit vorliegen. Und dabei muss das Verschulden nur in Hinblick auf die Amtspflichtverletzung vorliegen, nicht aber auch in Hinblick auf den schädigenden Erfolg.[1190]

1185 *Bender*, Rn. 570.

1186 *Bender*, Rn. 570; BGHZ 12, 206 (211); BGHZ 17, 153 (159).

1187 *Bender*, Rn. 570; vgl. beispielhaft BGHZ 58, 162 (165ff.).

1188 *Rechel*, S. 410; vgl. ausführlich zum Verschulden 2. Teil A. VII.

1189 MüKo-BGB-*Papier*, § 839, Rn. 282; *Bender*, Rn. 572; *Ossenbühl/Cornils*, S. 74f.; *Dagtoglou*, Art. 34 GG, Rn. 173.

1190 MüKo-BGB-*Papier*, § 839, Rn. 284; BGH, MDR 1981, 32 (32).

Die Fahrlässigkeit bzw. der Vorsatz muss beim Insolvenzgericht vorliegen, das heißt bei seinen „Beamten". Es muss der Vorsatz bzw. die Fahrlässigkeit also bei derjenigen Person vorliegen, der die verletzte Amtspflicht obliegt. Dies ist, wie bereits erwähnt, von den verschiedenen Verfahrensarten und Verfahrensabschnitten sowie weiteren Faktoren abhängig. Der Vorsatz oder die Fahrlässigkeit kann also sowohl in der Person des Insolvenzrichters als auch in der des Rechtspflegers verwirklicht werden.

Darüber hinaus ist im Amtshaftungsrecht die Feststellung der konkreten Schuldform im Allgemeinen unerlässlich, weil davon die Anwendbarkeit bzw. Nichtanwendbarkeit der Subsidiaritätsklausel nach § 839 I 2 BGB, des Spruchrichterprivilegs nach § 839 II 1 BGB sowie die Möglichkeit eines etwaigen Regresses[1191] des Staates gegen den Beamten abhängig sein kann.[1192]

g) Stellungnahme

Die in den §§ 270–285 InsO geregelte Eigenverwaltung soll die Eigensanierung des Unternehmens durch die Belassung der Verwaltungs- und Verfügungsbefugnis beim Schuldner unterschützen. Durch das ESUG sollte die Eigenverwaltung noch gestärkt werden und an Attraktivität gewinnen.[1193]

Durch das ESUG wurde der Zugang des Schuldners zur Eigensanierung wesentlich erleichtert. Er hat nun auch wesentlichen Einfluss auf die Auswahl eines (vorläufigen) Sachwalters (§ 270 b II 2 InsO), dessen Kompetenz durch die gesetzlichen Regelungen vor allem auf Überwachungsaufgaben beschränkt ist. Des Weiteren sind die Zugangsvoraussetzungen zur Eigenverwaltung herabgesetzt worden (vgl. § 270 II Nr. 2 InsO).[1194]

Die Eigenverwaltung ist ein verwalterloses Verfahren. Allerdings wird zur Kontrolle und Überwachung des Schuldners ein Sachwalter bestellt (vgl. § 270 c InsO). Eine wesentliche Bedeutung für die Eigenverwaltung hat deshalb die Kompetenzverteilung zwischen Schuldner und Sachwalter, die in den §§ 274 ff. InsO geregelt ist.[1195] Der Schuldner führt die laufenden Geschäfte, dem Sachwalter hingegen ist die Kontrolle der Geschäftsführung übertragen (vgl. §§ 270 I 1, 274 II InsO).[1196]

Grundsätzlich ist aber der Schuldner für die Durchführung des Eigenverwaltungsverfahrens zuständig.[1197]

1191 Vgl. Art. 34 S. 2 GG, § 75 Abs. 1 BBG, § 48 BeamtStG.

1192 MüKo-BGB-*Papier*, § 839, Rn. 287; *Bender*, Rn. 584.

1193 Vgl. 2. Teil B. IV. 2.

1194 Vgl. 2. Teil B. IV. 2.

1195 Braun-*Riggert*, § 270, Rn. 7; vgl. 2. Teil B. IV. 2. a).

1196 Braun-*Riggert*, § 270, Rn. 8.

1197 *Bork*, § 35, Rn. 472.

Die Pflichten des Insolvenzgerichts im Eigenverwaltungsverfahren, deren Verletzungen zu etwaigen Amtshaftungsansprüchen nach § 839 I BGB i. V. m. Art. 34 S. 1 GG führen können, sind vor allem in den §§ 270–273 und 277 InsO enthalten.

Gemäß § 270 InsO hat das Insolvenzgericht die Pflicht die Eigenverwaltung anzuordnen, wenn die Voraussetzungen dafür vorliegen. Die Pflicht des Insolvenzgerichts besteht auch in der Prüfung der Anordnungsvoraussetzungen. Das Hauptaugenmerk liegt dabei auf der Nachteilsprognose nach § 270 II Nr. 2 InsO.[1198] Im Rahmen der Prüfung der Anordnungsvoraussetzungen gilt auch der Amtsermittlungsgrundsatz nach § 5 I InsO, denn die Voraussetzungen müssen zur vollen Überzeugung des Gerichts feststehen.[1199] Auch die Anhörung eines etwaigen bestellten vorläufigen Gläubigerausschusses nach § 270 III InsO stellt eine Pflicht des Insolvenzgerichts dar.[1200]

Verletzen kann das Insolvenzgericht die zuvor genannten Pflichten verschiedentlich; zum Beispiel dadurch, dass es trotz des Vorliegens aller Voraussetzungen die Eigenverwaltung nicht anordnet oder trotz Nichtvorliegens der Voraussetzungen die Eigenverwaltung anordnet. Auch eine Verletzung der Amtsermittlungspflicht im Rahmen der Nachteilsprognose des § 270 II Nr. 2 InsO bzw. eine pflichtwidrige falsche Annahme hinsichtlich der Nachteilsprognose ist eine Verletzung der Pflicht aus § 270 InsO. Ferner kann das Insolvenzgericht eine Pflichtverletzung auch begehen, wenn es der Pflicht zur Anhörung des vorläufigen Gläubigerausschusses nicht nachkommt bzw. wenn es den vorläufigen Gläubigerausschuss anhört und es dadurch doch zu einer nachteiligen Veränderung in der Vermögenslage des Schuldners kommt.[1201]

Gemäß § 270 a I 1 InsO soll das Insolvenzgericht im Eröffnungsverfahren davon absehen, dem Schuldner ein allgemeines Verfügungsverbot aufzuerlegen oder anzuordnen, dass alle Verfügungen des Schuldners nur mit Zustimmung eines vorläufigen Insolvenzverwalters wirksam sind, wenn der Antrag des Schuldners auf Eigenverwaltung nicht offensichtlich aussichtslos ist. Gemäß § 270 a I 2 InsO wird in diesem Fall anstelle des vorläufigen Insolvenzverwalters ein vorläufiger Sachwalter bestellt, auf den die §§ 274 und 275 InsO entsprechend anzuwenden sind.[1202] Das Insolvenzgericht trifft die Pflicht unter den bestimmten Voraussetzungen, von

---

1198 Vgl. 2. Teil B. IV. 2. b) aa).
1199 Vgl. 2. Teil B. IV. 2. b) aa).
1200 Vgl. 2. Teil B. IV. 2. b) aa).
1201 Vgl. 2. Teil B. IV. 2. b) aa).
1202 Vgl. 2. Teil B. IV. 2. b) bb); vgl. a. a. O. auch ausführlich zum Begriff „Offensichtlichkeit“.

einem Verfügungsverbot und Zustimmungserfordernis abzusehen und einen vorläufigen Sachwalter zu bestellen.[1203]

Der § 270 a II InsO räumt dem Schuldner hinsichtlich des Eröffnungsantrags eine Rücknahmemöglichkeit ein, sofern er den Insolvenzantrag und einen Antrag auf Eigenverwaltung wegen drohender Zahlungsunfähigkeit gestellt hat. Sieht das Insolvenzgericht die Voraussetzungen der Eigenverwaltung als nicht gegeben an, so hat es seine Bedenken dem Schuldner mitzuteilen und diesem Gelegenheit zu geben, den Eröffnungsantrag vor der Entscheidung über die Eröffnung zurückzunehmen (vgl. § 270 a II InsO). Auch der § 270 a II InsO normiert eine Pflicht des Insolvenzgerichts; und zwar dem Schuldner unter den gegebenen Voraussetzungen mitzuteilen, dass sein Antrag auf Eigenverwaltung keine Aussicht auf Erfolg hat und er den Eröffnungsantrag zurückziehen kann.[1204]

Das Insolvenzgericht kann die Pflicht aus § 270 a I InsO verletzen, indem es je nachdem, ob es eine positive oder negative Prognoseentscheidung für die Anordnung der Eigenverwaltung fällt, einen vorläufigen Sachverwalter bestellt bzw. ihn nicht bestellt oder einen vorläufigen Insolvenzverwalter bestellt bzw. ihn nicht bestellt. Einhergehend damit verletzt das Insolvenzgericht seine Pflicht aus § 270 a I InsO auch, wenn es abweichend von der Prognoseentscheidung entweder den Schuldner mit einem Verfügungsverbot und einem Zustimmungserfordernis belegt oder es ihm ein Verfügungsverbot und ein Zustimmungserfordernis nicht auferlegt. Die Pflicht aus § 270 a II InsO verletzt das Insolvenzgericht, wenn es dem Schuldner nicht mitteilt, dass sein Antrag auf Anordnung der Eigenverwaltung keine Aussicht auf Erfolg hat, damit er rechtzeitig den Eröffnungsantrag vor der Entscheidung über die Eröffnung des Insolvenzverfahrens zurücknehmen kann.[1205]

Der § 271 InsO regelt die nachträgliche Anordnung der Eigenverwaltung auf Betreiben der Gläubiger. Die Regelung des § 271 InsO ist ein Ausdruck der Gläubigerautonomie. Liegen die Voraussetzungen des § 271 InsO vor und stimmt der Schuldner der Eigenverwaltung zu, so hat das Insolvenzgericht die Pflicht die Eigenverwaltung nachträglich anzuordnen. Dem Insolvenzgericht kommt insofern kein Ermessen zu.[1206]

Das Insolvenzgericht verletzt seine Pflicht aus § 271 InsO immer dann, wenn es die nachträgliche Anordnung der Eigenverwaltung ablehnt, obwohl alle Voraussetzungen gegeben sind bzw. wenn es die nachträgliche Eigenverwaltung

1203 Vgl. 2. Teil B. IV. 2. b) bb).
1204 Vgl. 2. Teil B. IV. 2. b) bb).
1205 Vgl. 2. Teil B. IV. 2. b) bb).
1206 Vgl. 2. Teil B. IV. 2. b) cc).

anordnet, obwohl nicht alle Voraussetzungen gegeben sind.[1207] Einer Verletzung aus § 271 InsO kommt es auch gleich, wenn das Gericht versucht, einen Beschluss der Gläubigerversammlung nach § 78 InsO aufzuheben, da es so indirekt die Pflicht zur Anordnung der nachträglichen Eigenverwaltung verletzt.[1208] Eine Pflichtverletzung im Rahmen des § 271 InsO ist auch immer dann gegeben, wenn das Insolvenzgericht eine Ermessensentscheidung fällt, da dem Insolvenzgericht kein Ermessen im Rahmen des § 271 InsO zusteht.[1209] Zudem verletzt das Insolvenzgericht seine Pflicht aus § 271 InsO auch, wenn es die von der Gläubigerversammlung ausgewählte Person nicht zum Sachwalter bestellt, außer es besteht der Fall der Nichteignung im Sinne der §§ 270 I Nr. 2, 57 S. 2 InsO.[1210]

Der § 272 InsO regelt die Aufhebung der Eigenverwaltung. Die Aufhebung der Eigenverwaltung kann sowohl von der Gläubigerversammlung als auch von einzelnen Gläubigern oder dem Schuldner angestrebt werden.[1211]

Der § 272 InsO erlegt dem Insolvenzgericht die Pflicht auf, beim Vorliegen der Voraussetzungen der verschiedenen Konstellationen des § 272 InsO die Eigenverwaltung wieder aufzuheben.[1212]

Das Insolvenzgericht verletzt seine Pflicht aus § 272 InsO immer dann, wenn es die Aufhebung der Anordnung der Eigenverwaltung ablehnt, obwohl alle Voraussetzungen gegeben sind bzw. wenn es die Aufhebung der Eigenverwaltung anordnet, obwohl nicht alle Voraussetzungen gegeben sind. Einer Verletzung aus § 272 InsO kommt es auch gleich, wenn das Gericht versucht einen Beschluss der Gläubigerversammlung nach § 78 InsO aufzuheben, da es so indirekt die Pflicht zur Aufhebung der Eigenverwaltung verletzt.[1213] Eine Pflichtverletzung im Rahmen des § 272 InsO ist auch immer dann gegeben, wenn das Insolvenzgericht eine Ermessensentscheidung fällt. Denn dem Insolvenzgericht steht kein Ermessen zu im Rahmen des § 272 InsO.[1214] Zudem verletzt das Insolvenzgericht seine Pflicht aus § 272 InsO auch, wenn es die Voraussetzungen des § 270 II Nr. 3 InsO nicht hinreichend geprüft hat und dadurch pflichtwidrig die Eigenverwaltung aufhebt bzw. nicht aufhebt, denn insoweit gilt der Amtsermittlungsgrundsatz des

---

1207 Vgl. 2. Teil B. IV. 2. b) cc).
1208 Vgl. dazu 2. Teil B. IV. 2. b) cc); Braun-*Riggert*, § 271, Rn. 6; BGH, ZIP 2011, 1622 (1622ff.) zu § 272 InsO.
1209 Vgl. 2. Teil B. IV. 2. b) cc).
1210 Vgl. dazu 2. Teil B. IV. 2. b) cc); Braun-*Riggert*, § 271, Rn. 6.
1211 Vgl. 2. Teil B. IV. 2. b) dd).
1212 Vgl. dazu ausführlich 2. Teil B. IV. 2. b) dd).
1213 Vgl. 2. Teil B. IV. 2. b) dd).
1214 Vgl. dazu 2. Teil B. IV. 2. b) dd); BGH, ZIP 2011, 1622 (1623).

§ 5 I InsO; d. h., das Insolvenzgericht muss die glaubhaft gemachten Tatsachen zu seiner Überzeugung feststellen.[1215]

Der § 277 InsO regelt die Anordnung der Zustimmungsbedürftigkeit für Rechtsgeschäfte des Schuldners.[1216]

Aus dem § 277 InsO ergeben sich mehrere Pflichten für das Insolvenzgericht. Dies ist zum einen die Pflicht, ein Zustimmungsbedürfnis für bestimmte Rechtsgeschäfte anzuordnen, wenn die Gläubigerversammlung dies beantragt (vgl. § 277 I InsO). Zum anderen hat das Insolvenzgericht die Pflicht, die Zustimmungsbedürftigkeit zu bestimmten Rechtsgeschäften anzuordnen, wenn ein einzelner Gläubiger dies verlangt und zusätzlich die Voraussetzungen des § 277 II InsO vorliegen. Das Insolvenzgericht hat aber weder die Pflicht noch das Recht von Amts wegen ein Zustimmungserfordernis nach § 277 InsO und/oder § 21 InsO analog anzuordnen.[1217]

Das Insolvenzgericht kann seine Pflicht aus § 277 I InsO verletzen, indem es einem Antrag der Gläubigerversammlung auf Anordnung eines Zustimmungserfordernisses nicht entspricht, da dem Insolvenzgericht aufgrund der Gläubigerautonomie insoweit kein Ermessen eingeräumt wird. Eine Pflichtverletzung liegt selbstverständlich auch vor, wenn das Insolvenzgericht ohne das Vorliegen eines entsprechenden Antrags von sich aus – also von Amts wegen – ein Zustimmungserfordernis erlässt. Ferner verletzt das Insolvenzgericht seine Pflicht aus § 277 II InsO, wenn es einem Antrag eines einzelnen Gläubigers trotz des Vorliegens aller Voraussetzungen ablehnt bzw. wenn es einem Antrag zustimmt, obwohl nicht alle Voraussetzungen des § 277 II InsO gegeben sind. Eine besondere Bedeutung kommt dabei im Rahmen des § 277 II InsO der Anwendung des Amtsermittlungsgrundsatzes nach § 5 I InsO zu. Denn dieser stellt unzweifelhaft eine Amtspflicht im Sinne des § 839 I BGB dar[1218], was noch einmal verdeutlicht, dass das Insolvenzgericht seine Überzeugung über das Vorliegen der Voraussetzungen des § 277 II InsO gewissenhaft erlangen muss.[1219]

Als „Dritte“ im Rahmen der zuvor erörterten Amtspflichten aus den §§ 270, 270a, 271, 272, 277 InsO kommen die Beteiligten des Eigenverwaltungsverfahrens in Betracht. Das Eigenverwaltungsverfahren ist vor allem von der Gläubigerautonomie dominiert. Dementsprechend sind zumindest die Gläubiger bei den erörterten Amtspflichten „Dritte“. Da des Weiteren auch der Schuldner unmittelbar

---

1215 Vgl. dazu 2. Teil B. IV. 2. b) dd); Uhlenbruck-*Uhlenbruck*, § 272, Rn. 7.

1216 Vgl. 2. Teil B. IV. 2. b) ee).

1217 Vgl. 2. Teil B. IV. 2. b) ee).

1218 Kreft-*Kirchhof*, § 5, Rn. 4.

1219 Vgl. 2. Teil B. IV. 2. b) ee).

von allen Entscheidungen und Pflichtverletzungen des Insolvenzgerichts im Eigenverwaltungsverfahren betroffen wird, gilt auch er als „Dritter“ im Rahmen der zuvor erörterten Amtspflichten. Ob auch der Insolvenzverwalter bzw. der Sachwalter zumindest in den §§ 271 und 272 InsO „Dritter“ sein kann, hängt letztendlich von der Art der Pflichtverletzung ab. Sollte der Insolvenzverwalter oder der Sachwalter in Folge einer Pflichtverletzung des Gerichts seine „Arbeit“, also seine Bestellung verlieren, so wäre auch er unmittelbar von der Pflichtverletzung des Gerichts betroffen. Folglich kann auch er „Dritter“ sein.[1220]

Das Problem für die etwaigen Betroffenen der Amtspflichtverletzung besteht aber wiederum zu allererst – unabhängig von Problemen bei anderen Tatbestandsmerkmalen – darin, dass dem Geschädigten die Pflicht obliegt, darzulegen und zu beweisen, dass ihm durch die Amtspflichtverletzung ein Schaden entstanden ist. Dem Geschädigten kommen zwar bei der Schadensbestimmung die Beweiserleichterungen nach § 287 ZPO zugute, doch bleibt es weiterhin fast unmöglich, den Schaden zu beziffern.

Eine Amtspflichtverletzung durch das Insolvenzgericht im Rahmen eines Eigenverwaltungsverfahrens birgt dennoch ein großes Haftungsrisiko und kann durchaus zu Amtshaftungsansprüchen führen. Dies gilt vor allem für komplizierte Großverfahren, in denen es oft schwierig sein kann, den Überblick zu behalten. Doch müssen für die Geltendmachung eines Amtshaftungsanspruchs nach § 839 I BGB i. V. m. Art. 34 S. 1 GG alle Tatbestandsmerkmale gegeben sein und es dürfen keine Haftungseinschränkungen oder –ausschlüsse vorliegen.[1221]

3. *Das Schutzschirmverfahren*

Das „Schutzschirmverfahren“ nach § 270 b InsO ist durch das ESUG in die InsO eingeführt worden.[1222] Mit dem „Schutzschirmverfahren“ steht ein Mittel zur Sanierung eines Schuldners in Form der Kombination von Eigenverwaltung und Insolvenzplan zur Verfügung. Es stellt demnach kein selbständiges Sanierungsverfahren dar. Der Anwendungsbereich des „Schutzschirmverfahrens“ ist auch nur auf den kurzen Zeitraum zwischen Eröffnungsantrag und der Eröffnung des Insolvenzverfahrens begrenzt. Das „Schutzschirmverfahren“ ist eine besondere Form des Eröffnungsverfahrens und zeichnet sich durch eine vorläufige Eigenverwaltung aus, für die gewisse Privilegierungen gelten.[1223]

1220 Vgl. 2. Teil B. IV. 2. c).

1221 Vgl. zu den Haftungseinschränkungen und –ausschlüssen unter 2. Teil B. VI.

1222 BGBl. 2011, Teil 1, S. 2587f.

1223 *Desch*, BB 2011, 841 (841).

Es gibt drei wesentliche Merkmale des „Schutzschirmverfahrens“. Erstens kann der Schuldner während der „Schutzschirm“-Phase, die höchstens drei Monate dauert (vgl. § 270 b I 2 InsO), einen Insolvenzplan ausarbeiten. Zweitens wird der Schuldner während der Ausarbeitung von einem von ihm vorgeschlagenen, aber durch das Gericht eingesetzten, vorläufigen Sachwalter überwacht. Drittens hat das Gericht nur eine eingeschränkte Anordnungskompetenz im Hinblick auf Sicherungsmaßnahmen.[1224]

a) Die Grundzüge und die Voraussetzungen des Schutzschirmverfahrens

Die Voraussetzungen des „Schutzschirmverfahrens“ sind in § 270 b I InsO geregelt.[1225] Das „Schutzschirmverfahren“ setzt allerdings auch das Vorliegen der Tatbestandsvoraussetzungen des § 270 a InsO voraus.[1226] Es müssen folglich parallel zu den Voraussetzungen des § 270 b InsO auch die Voraussetzungen für ein vorläufiges Eigenverwaltungsverfahren gegeben sein. Die Voraussetzungen von § 270 a InsO und § 270 b InsO sind nämlich nicht identisch. Der § 270 a I InsO bezieht die „Aussichtslosigkeit“ auf die Voraussetzungen der Eigenverwaltung, der § 270 b I 1 InsO bezieht die „Aussichtslosigkeit“ hingegen auf die angestrebte Sanierung.[1227] Im Rahmen des § 270 b InsO muss eine inzidente Prüfung des § 270 a I InsO erfolgen.[1228] Dies resultiert daraus, dass gemäß § 270 b II 1 InsO die Bestellung eines vorläufigen Sachwalters nach § 270 a I InsO zwingender Bestandteil des Schutzschirms ist.[1229]

Neben dem Eröffnungsantrag nach § 270 b InsO und dem Antrag auf Eigenverwaltung nach § 270 a InsO setzt das „Schutzschirmverfahren“ noch einen dritten Antrag, und zwar auf Bestimmung einer Frist zur Vorlage eines Insolvenzplans, voraus.[1230] Gemäß § 270 b I 3 InsO hat der Schuldner mit dem Antrag auf Anordnung des „Schutzschirmverfahrens“ auch eine mit Gründen versehene Bescheinigung eines in Insolvenzsachen erfahrenen Steuerberaters, Wirtschaftsprüfers oder Rechtsanwalts oder einer Person mit vergleichbarer Qualifikation[1231]

1224 *Desch*, BB 2011, 841 (841).

1225 Braun-*Riggert*, § 270 b, Rn. 2.

1226 Braun-*Riggert*, § 270 b, Rn. 2; *Desch*, BB 2011, 841 (841); vgl. zu der Frage, ob es sich bei § 270 b II 1 InsO um einen Rechtsfolgen- oder einen Rechtsgrundverweis handelt Braun-*Riggert*, § 270 b, Rn. 8; Nerlich/Römermann-*Riggert*, § 270 b, Rn. 12.

1227 Braun-*Riggert*, § 270 b, Rn. 2.

1228 Braun-*Riggert*, § 270 b, Rn. 2, 8.

1229 Braun-*Riggert*, § 270 b, Rn. 2.

1230 *Desch*, BB 2011, 841 (841).

1231 Vgl. zu den Personen mit vergleichbarer Qualifikation RegE des ESUG, S. 62.

vorzulegen, aus der sich ergibt, dass drohende Zahlungsunfähigkeit oder Überschuldung, aber keine Zahlungsunfähigkeit vorliegt und die angestrebte Sanierung nicht offensichtlich aussichtslos ist.[1232]

Die Bescheinigung muss „mit Gründen" versehen sein. Allerdings hat der Gesetzgeber nicht geregelt, welche Anforderungen an eine solche Begründung zu stellen sind. Die Begründung im RegE des ESUG sieht zumindest davon ab, ein umfassendes Sanierungsgutachten, das bestimmten formalisierten Standards entspricht, zu verlangen, weil damit erhebliche Kosten verbunden wären und infolgedessen gerade kleineren und mittleren Unternehmen der Zugang zu dem Verfahren nach § 270 b InsO erheblich erschwert worden wäre.[1233] Eine ergebnisorientierte kurze Mitteilung wird allerdings auch nicht ausreichen. Die Bescheinigung muss so substantiiert begründet sein, dass sie dem Richter eine Grundlage für eine Plausibilitätskontrolle bietet.[1234]

Wenn die Voraussetzungen des „Schutzschirmverfahrens" vorliegen, bestimmt das Gericht eine maximal drei Monate lange Frist zur Vorlage eines Insolvenzplans und ernennt einen vorläufigen Sachwalter.[1235] Gemäß § 270 b II 2 InsO kann der Schuldner eine Person als Sachwalter vorschlagen. Zusätzlich zur Fristsetzung und Sachwalterbestellung kann das Insolvenzgericht auch die im Schutzschirmverfahren nach § 270 b II 3 InsO möglichen Sicherungsmaßnahmen anordnen[1236].

Die Beendigung des „Schutzschirmverfahrens" ist in § 270 b IV InsO geregelt. Der § 270 b IV InsO regelt drei unterschiedliche Situationen, die das Insolvenzgericht zur Aufhebung des Schutzschirms verpflichten. Dem Insolvenzgericht steht insoweit kein Ermessen beim Vorliegen einer der Voraussetzungen zu; zwischen den einzelnen Varianten besteht ein Alternativverhältnis.[1237]

An dieser Stelle soll aber nicht weiter auf den Ablauf und die Beendigung des „Schutzschirmverfahrens" im Einzelnen eingegangen werden. Eine ausführlichere Betrachtung der Bestimmungen innerhalb des § 270 b InsO geschieht nachfolgend zusammen mit der Feststellung der Amtspflicht(en) des Insolvenzgerichts

1232 Vgl. auch *Desch*, BB 2011, 841 (841); Braun-*Riggert*, § 270 b, Rn. 3; *Kammel/Staps*, NZI 2010, 791 (796), die die drohende Zahlungsunfähigkeit und die Überschuldung nicht alternativ, sondern auch als kumulativ sehen.

1233 RegE des ESUG, S. 62; *Desch*, BB 2011, 841 (841); vgl. zur Bescheinigung nach § 270 b InsO auch den „IDW ES 9", *Richter/Pluta*, BB 2012, 1591 (1591ff.); IDW ES 9, abrufbar unter: www.idw.de/idw/download/ IDW__ES__9.pdf?id=616082&property=Inhalt.

1234 *Desch*, BB 2011, 841 (841).

1235 *Desch*, BB 2011, 841 (841).

1236 *Desch*, BB 2011, 841 (841).

1237 Braun-*Riggert*, § 270 b, Rn. 17.

im Rahmen des § 270 b InsO und einer etwaigen Verletzungsmöglichkeit dieser Amtspflicht(en).

b) *Die Verletzung von Bestimmungen innerhalb des Schutzschirmverfahrens im Sinne einer haftungsrechtlichen Amtspflichtverletzung*

aa) § 270 b I InsO

Gemäß § 270 b I InsO bestimmt das Insolvenzgericht auf Antrag des Schuldners eine Frist zur Vorlage eines Insolvenzplans, wenn der Schuldner den Eröffnungsantrag bei drohender Zahlungsunfähigkeit oder Überschuldung gestellt hat und die Eigenverwaltung beantragt und die angestrebte Sanierung nicht offensichtlich aussichtslos ist. Die Frist für die Vorlage des Insolvenzplans darf höchstens drei Monate betragen. Der Schuldner hat mit dem Antrag auch eine mit Gründen versehene Bescheinigung eines in Insolvenzsachen erfahrenen Steuerberaters, Wirtschaftsprüfers, Rechtsanwalts oder einer Person mit vergleichbarer Qualifikation vorzulegen, aus der sich ergibt, dass drohende Zahlungsunfähigkeit oder Überschuldung, aber keine Zahlungsunfähigkeit vorliegt und die angestrebte Sanierung nicht offensichtlich aussichtslos ist.[1238]

Zudem müssen auch die Voraussetzungen der vorläufigen Eigenverwaltung nach § 270 a InsO vorliegen.[1239]

Hieraus ergeben sich für das Insolvenzgericht schon mehrere Pflichten. Zunächst ist festzuhalten, dass dem Insolvenzgericht in § 270 b I InsO kein Ermessen eingeräumt wird. Beim Vorliegen aller Voraussetzungen des § 270 b I InsO und des § 270 a InsO[1240] muss das Gericht ein „Schutzschirmverfahren" anordnen. Dies beinhaltet auch die Pflicht zur Prüfung, ob die Voraussetzungen wirklich erfüllt sind. In Fall des § 270 b I InsO muss unweigerlich davon ausgegangen werden, dass der Amtsermittlungsgrundsatz nach § 5 I InsO anwendbar ist. Denn die Antragstellung des Schuldners erfolgt in mehrfacher Weise.[1241] Der Schuldner stellt einen Insolvenzantrag, einen Antrag auf Eigenverwaltung und einen Antrag auf Anordnung des „Schutzschirmes", einschließlich der Fristsetzung zur Vorlage eines Insolvenzplans. Zudem dürfen der Antrag des Schuldners auf Eigenverwaltung und die Sanierungsaussichten nicht offensichtlich aussichtslos sein (vgl. §§ 270 a und b InsO). Das Gericht hat also eine ganze Flut an Informationen zu bewältigen. Der Bewältigung dient auch die Aufbereitung der

---

1238 Vgl. zu den Einzelheiten 2. Teil B. IV. 3. a).

1239 Vgl. dazu 2. Teil B. IV. 3. a).

1240 Vgl. zu § 270 a InsO und den Pflichten, die er dem Insolvenzgericht auferlegt 2. Teil B. IV. 2. b) bb).

1241 *Riggert* schreibt von einer dreifachen Weise; Nerlich/Römermann-*Riggert*, § 270 b, Rn. 3.

Informationen im Rahmen der Bescheinigung nach § 270 b I 3 InsO. Doch diese Bescheinigung kann das Insolvenzgericht nicht aus seiner Pflicht der selbständigen Überprüfung nach § 5 I InsO befreien, da das Gericht keine Garantie für die Richtigkeit dieser Bescheinigung hat. Dem Insolvenzverfahren als Eilverfahren, das es ohne Zweifel in jeder seiner Verfahrensarten ist, ist es geschuldet, dass das Insolvenzgericht sich eventuell auf eine oberflächliche Prüfung bzw. eine Plausibilitätsprüfung der Voraussetzungen beschränken muss. Aber eine, wie auch immer geartete, Überprüfung hat von Amts wegen zu erfolgen; allein schon aufgrund der Insolvenzgründe, bei denen der „Schutzschirm" anwendbar ist. Denn das Insolvenzgericht kann und darf das „Schutzschirmverfahren" keinem zahlungsunfähigen Schuldner ermöglichen. Der Sinn des „Schutzschirms" besteht nämlich gerade darin, den Schuldner zur früheren Antragstellung zu ermutigen und ihn mit dem „Schutzschirm" in gewisser Weise zu belohnen.[1242]

Zusammenfassend kann festgestellt werden, dass § 270 b I InsO die Pflicht zur Anordnung des „Schutzschirmverfahrens" sowie die Pflicht zur Prüfung der Voraussetzungen des „Schutzschirmverfahrens" normiert. Verletzen kann das Gericht diese Pflichten, indem es zum Beispiel ein „Schutzschirmverfahren" anordnet, obwohl die Voraussetzungen nicht vorliegen bzw. wenn es ein Verfahren nach § 270 b InsO nicht anordnet, obwohl die notwendigen Voraussetzungen vorliegen. Damit korrespondiert auch die jeweilige Pflichtverletzung der mangelnden Überprüfung der Voraussetzungen.

bb) § 270 b II InsO

Gemäß § 270 b II 1 InsO bestellt das Insolvenzgericht in dem Beschluss nach § 270 b I InsO einen vorläufigen Sachwalter nach § 270 a I InsO, der personenverschieden von dem Aussteller der Bescheinigung nach § 270 b I InsO zu sein hat.

Aus § 270 b II 2 InsO ergibt sich, dass der Schuldner berechtigt ist, den vorläufigen Sachwalter vorzuschlagen. Das Insolvenzgericht darf von diesem Vorschlag nur abweichen, wenn die vorgeschlagene Person für die Übernahme des Amtes offensichtlich nicht geeignet ist. Allerdings muss das Insolvenzgericht seine Ablehnung auch begründen. Die §§ 21 II 1 Nr. 1, 56 a InsO, die ein Vorschlagsrecht des vorläufigen Gläubigerausschusses beinhalten, werden durch die spezielle Regelung des § 270 b II InsO verdrängt.[1243] Dem Schuldner wird folglich ein sehr ausgedehntes Auswahlrecht zugedacht. Er kann einen Sachwalter vorschlagen, der aus seiner Sicht das Sanierungskonzept bzw. den Insolvenzplan am besten

1242 Vgl. RegE des ESUG, S. 61.
1243 Braun-*Riggert*, § 270 b, Rn. 9.

umsetzen kann.[1244] Dennoch muss die vorgeschlagene Person die Voraussetzungen des § 56 I InsO erfüllen.[1245] Hat der vom Schuldner vorgeschlagene Sachwalter die Bescheinigung nach § 270 b I 3 InsO erstellt, muss das Insolvenzgericht einen anderen vorläufigen Sachwalter bestimmen. Das Insolvenzgericht ist dann auch nicht verpflichtet, einen weiteren Vorschlag des Schuldners einzuholen.[1246] Sofern ein vorläufiger Gläubigerausschuss nach § 56 a I InsO gebildet ist, ist dieser vom Insolvenzgericht anzuhören. Die Anhörung ist sinnvoll, da der vorläufige Gläubigerausschuss auch zur Frage der „offensichtlichen Ungeeignetheit" Stellung nehmen kann.[1247] Durch das Merkmal der „offensichtlichen Ungeeignetheit" sollen Abgrenzungsschwierigkeiten bei der Auslegung der unbestimmten Rechtsbegriffe des § 56 I InsO verhindert werden, sodass nicht vom Schuldnervorschlag abgewichen werden kann.[1248]

Ebenso eine Funktion kommt auch der Begründungspflicht nach § 270 b II 2 InsO zu. Die Begründungspflicht erschwert es dem Insolvenzgericht, dem Vorschlag des Schuldners nicht zu entsprechen.[1249]

Zudem kann das Insolvenzgericht nach § 270 b II 3 Hs. 1 InsO vorläufige Maßnahmen nach § 21 I und II Nr. 1a, 3 bis 5 InsO anordnen. Es muss hingegen Maßnahmen nach § 21 II Nr. 3 InsO anzuordnen, wenn der Schuldner dies beantragt (vgl. § 279 b II 3 Hs. 2 InsO).

So kann das Gericht gemäß § 270 b II 3 InsO als vorläufige Maßnahme unter anderem einen vorläufigen Gläubigerausschuss einsetzen, obwohl dazu auch bei Vorliegen der Voraussetzungen des § 22 a InsO keine Verpflichtung besteht. Das Insolvenzgericht kann auch eine vorläufige Postsperre anordnen (vgl. § 21 II Nr. 4 InsO) und beim Vorliegen der Voraussetzungen des § 21 II Nr. 5 InsO die Verfügung über Gegenstände gewähren, die Ab- oder Aussonderungsrechten unterworfen sind.[1250] Ein Vollstreckungsverbot gemäß § 21 II Nr. 3 InsO muss das Gericht anordnen, wenn ein entsprechender Schuldnerantrag vorliegt (vgl. § 270 b II 3, 2. Hs. InsO).

Das Insolvenzgericht darf allerdings kein allgemeines Verfügungsverbot sowie einen Zustimmungsvorbehalt anordnen und es darf auch keinen vorläufigen Insolvenzverwalter bestellen.[1251] Denn alle diese Maßnahmen würden dem Ziel des

1244 Braun-*Riggert*, § 270 b, Rn. 9.
1245 Braun-*Riggert*, § 270 b, Rn. 10.
1246 Braun-*Riggert*, § 270 b, Rn. 10.
1247 Braun-*Riggert*, § 270 b, Rn. 10.
1248 Braun-*Riggert*, § 270 b, Rn. 11.
1249 Braun-*Riggert*, § 270 b, Rn. 12.
1250 Braun-*Riggert*, § 270 b, Rn. 15.
1251 Braun-*Riggert*, § 270 b, Rn. 15.

„Schutzschirmverfahrens“ widersprechen. Dem Schuldner würde so nämlich die Vorbereitung eines Sanierungskonzepts erschwert werden.[1252]

Nach § 21 I 2 InsO steht dem Schuldner ein Beschwerderecht gegen die Anordnung vorläufiger Maßnahmen durch das Insolvenzgericht zu. Die absonderungsberechtigten und die aussonderungsberechtigten Gläubiger im Sinne des § 21 II Nr. 5 InsO sind auch zur Beschwerde berechtigt, sofern das Insolvenzgericht vorläufige Maßnahmen zu ihren Lasten anordnet.[1253]

Zusammenfassend kann also festgestellt werden, dass das Insolvenzgericht aus § 270 b II InsO die Pflicht trifft, (auf Vorschlag des Schuldners) einen Sachwalter zu bestellen, der personenverschieden zu dem Ersteller der Bescheinigung nach § 270 b I 3 InsO ist.

Lehnt das Gericht die vom Schuldner vorgeschlagene Person ab, so hat das Gericht (die Pflicht) diese Entscheidung zu begründen. Ferner hat das Insolvenzgericht die Pflicht, vorläufige Maßnahmen nach § 21 I und II Nr. 1a, 3 bis 5 InsO ermessensfehlerfrei[1254] anzuordnen, denn das Gericht „kann“ solche Maßnahmen anordnen. Darüber hinaus hat das Gericht auch die Pflicht, Maßnahmen nach § 21 II Nr. 3 InsO anzuordnen, wenn der Schuldner dies beantragt.

Das Insolvenzgericht kann diese Pflichten auf verschiedene Weisen verletzen.

So verletzt das Gericht zum Beispiel seine Pflicht zur Sachwalterbestellung, wenn es einen Sachwalter bestellt, der nicht personenverschieden zum Ersteller der Bescheinigung nach § 270 b I 3 InsO ist. Eine solche offensichtliche Pflichtverletzung wird aber wohl kaum stattfinden. Jedoch verletzt das Insolvenzgericht seine Pflicht zur Sachwalterbestellung auch, wenn es vom Vorschlag des Schuldners grundlos und ohne schriftliche Begründung abweicht. Ebenso begeht das Gericht eine Pflichtverletzung, wenn es vorläufige Maßnahmen nach § 21 InsO nicht ermessensfehlerfrei anordnet bzw. wenn es eine Maßnahme nach § 21 II Nr. 3 InsO trotz Antrags des Schuldners nicht anordnet.

cc) § 270 b III InsO

Gemäß § 270 b III InsO hat das Gericht auf Antrag des Schuldners anzuordnen, dass der Schuldner Masseverbindlichkeiten begründet. Der § 55 II InsO gilt entsprechend.

1252 Braun-*Riggert*, § 270 b, Rn. 15.

1253 Braun-*Riggert*, § 270 b, Rn. 15.

1254 Vgl. zu Ermessensfehlern 2. Teil B. III. 3. a) aa) ff.

Durch den Antrag nach § 270 b III InsO erhält der Schuldner eine dem „starken vorläufigen Insolvenzverwalter“ entsprechende Rechtsstellung.[1255] Dies kann für den Schuldner ein zweischneidiges Schwert sein. Auf der einen Seite war die Neuregelung gegenüber Kreditinstituten notwendig, da so Sicherheiten und Kredite insolvenzanfechtungsfest begründet werden können.[1256] Denn spätestens ab Bekanntwerden des Antrags nach § 270 b I 1 InsO ist das Kreditinstitut potenziell bösgläubig im Sinne der Regelungen über die Insolvenzanfechtung.[1257] Außerdem können Schlüssellieferanten so belastungsfähige Sicherheiten geboten werden.[1258] Auf der anderen Seite entstehen für den Schuldner durch die Neuregelung auch Haftungsrisiken.[1259] Die neu begründeten Masseverbindlichkeiten belasten die Masse nach § 55 II InsO und sind vorrangig vor nicht nachrangigen Insolvenzgläubigern zu befriedigen. Infolgedessen kann die Quote der nicht nachrangigen Insolvenzgläubiger durch hohe Masseverbindlichkeiten geschmälert werden.[1260] Diese Problematik besteht vor allem auch dann, wenn der Schuldner seinen Geschäftsbetrieb in gemieteten Räumen ausübt. Denn nach § 55 II 2 InsO gilt die Qualifikation als Masseverbindlichkeit auch für Verbindlichkeiten aus Dauerschuldverhältnissen, soweit der Schuldner für das von ihm verwaltete Vermögen die Gegenleistung in Anspruch genommen hat.[1261] Diesen Problemen kann begegnet werden, indem der Schuldner nur einen Antrag auf Anordnung einer „halbstarken“ Rechtsstellung stellt. Dieser Antrag könnte dann nur auf das Recht gerichtet sein, Kredit- und Sicherungsverträge mit Banken und unverzichtbaren Lieferanten abschließen zu können.[1262] Der Verweis auf § 21 I InsO in § 270 b II 3 InsO gibt dem Insolvenzgericht noch weiteren Handlungsspielraum. So kann das Insolvenzgericht auch Einzelermächtigungen zur Begründung von Masseverbindlichkeiten erteilen.[1263] Die Berechtigung des Schuldners zur Begründung von

1255 Braun-*Riggert*, § 270 b, Rn. 14; Nerlich/Römermann-*Riggert*, § 270 b, Rn. 17; Beschlussempfehlung und Bericht des Rechtsausschusses zum RegE des ESUG, BT-Drucks. 17/7511, S. 37.

1256 Braun-*Riggert*, § 270 b, Rn. 14.

1257 Nerlich/Römermann-*Riggert*, § 270 b, Rn. 19.

1258 Braun-*Riggert*, § 270 b, Rn. 14.

1259 Braun-*Riggert*, § 270 b, Rn. 14.

1260 Nerlich/Römermann-*Riggert*, § 270 b, Rn. 18.

1261 Nerlich/Römermann-*Riggert*, § 270 b, Rn. 18.

1262 Braun-*Riggert*, § 270 b, Rn. 14; Nerlich/Römermann-*Riggert*, § 270 b, Rn. 20; vgl. auch Beschlussempfehlung und Bericht des Rechtsausschusses zum RegE des ESUG, BT-Drucks. 17/7511, S. 37.

1263 Braun-*Riggert*, § 270 b, Rn. 14.

Massenverbindlichkeiten ist aber stets nur auf den „gewöhnlichen Geschäftsbetrieb" begrenzt (vgl. § 275 I InsO).[1264]

Das Insolvenzgericht trifft folglich die Pflicht aus § 270 b III InsO, den Schuldner auf seinen Antrag hin, mit der Befugnis auszustatten, Masseverbindlichkeiten begründen zu können. Das Insolvenzgericht hat im Rahmen des § 270 b III InsO nicht das Recht, materielle Voraussetzungen zu prüfen. Die einzige Anordnungsvoraussetzung ist die Antragstellung des Schuldners gemäß § 270 b III 1 InsO.[1265] Das Insolvenzgericht verletzt seine Pflicht aus § 270 b III InsO also immer dann, wenn es dem Antrag des Schuldners nicht entspricht. Denn da beim Schuldner im „Schutzschirmverfahren" noch keine Zahlungsunfähigkeit vorliegt, erscheint es auch gerechtfertigt, ihm einen weiten rechtlichen Handlungsspielraum zu eröffnen, um eine möglichst optimale Sanierung zu gewährleisten.[1266]

dd) § 270 b IV 1 InsO

Der § 270 b IV 1 InsO regelt die Aufhebung bzw. Beendigung des „Schutzschirmverfahrens".

Gemäß § 270 b IV 1 Nr. 1–3 InsO kann das Insolvenzgericht unter den gegebenen Voraussetzungen den „Schutzschirm" schon vor Ablauf der Frist zur Vorlage eines Insolvenzplans aufheben. Dies kann geschehen, wenn die angestrebte Sanierung aussichtslos geworden ist (Nr. 1), der vorläufige Gläubigerausschuss die Aufhebung beantragt (Nr. 2) oder ein absonderungsberechtigter Gläubiger oder ein Insolvenzgläubiger die Aufhebung beantragt und Umstände bekannt werden, die erwarten lassen, dass die Anordnung zu Nachteilen für die Gläubiger führen wird; der Antrag ist nur zulässig, wenn kein vorläufiger Gläubigerausschuss bestellt ist und die Umstände vom Antragsteller glaubhaft gemacht werden (Nr. 3).

Zwischen den verschiedenen Voraussetzungen (§ 270 b IV 1 Nr. 1–3 InsO) besteht ein Alternativverhältnis. Beim Vorliegen der Voraussetzungen nur einer Variante hat das Insolvenzgericht die Pflicht, den „Schutzschirm" aufzuheben. Ein Ermessen steht dem Insolvenzgericht insoweit nicht zu.[1267]

(1) Nr. 1

Der § 270 b IV 1 Nr. 1 InsO regelt die Anordnung der Aufhebung des „Schutzschirms" bei Aussichtslosigkeit der angestrebten Sanierung. Die angestrebte

---

1264 Braun-*Riggert*, § 270 b, Rn. 14; Nerlich/Römermann-*Riggert*, § 270 b, Rn. 21.

1265 Nerlich/Römermann-*Riggert*, § 270 b, Rn. 20.

1266 Beschlussempfehlung und Bericht des Rechtsausschusses zum RegE des ESUG, BT-Drucks. 17/7511, S. 37.

1267 Braun-*Riggert*, § 270 b, Rn. 17.

Sanierung muss objektiv unmöglich und chancenlos sein. Die entsprechenden Informationen bezüglich der Aussichtslosigkeit der Sanierung erhält das Insolvenzgericht entweder durch den Schuldner selbst, den Sachwalter oder einen eventuell gebildeten vorläufigen Gläubigerausschuss.[1268] Wenn die Voraussetzungen des § 274 III 1 InsO vorliegen, ist der Sachwalter dazu verpflichtet, das Insolvenzgericht zu unterrichten.[1269] Die Aussichtslosigkeit kann aufgrund verschiedener Faktoren eintreten. Als am häufigsten dürfte sich in der Praxis der Fall erweisen, dass das ursprüngliche Sanierungskonzept sich nicht aufrechterhalten lässt. Gründe dafür können der Wegbruch von Kundenbeziehungen sein oder dass sich Sanierungsmaßnahmen als nicht umsetzbar erweisen.[1270] Ferner kann sich nachträglich herausstellen, dass das notwendige Geld für die Umsetzung des Sanierungskonzepts nicht aufgebracht werden kann.[1271] Bevor das Insolvenzgericht allerdings die Aufhebung des „Schutzschirms" anordnet, muss es dem Schuldner rechtliches Gehör gewähren.[1272] Der § 270 b IV 1 Nr. 1 InsO ist auch analog anwendbar, wenn der Schuldner einen für die Sanierung untauglichen Insolvenzplan vorlegt und die verbleibende Frist für eine Neuerstellung nicht ausreichend ist.[1273] Der Eintritt der Zahlungsunfähigkeit führt aber nicht zur Aussichtslosigkeit der Sanierung.[1274]

(2) Nr. 2

Der § 270 b IV 1 Nr. 2 InsO regelt die Aufhebung des Schutzschirmes auf Antrag des vorläufigen Gläubigerausschusses. Die Regelung des § 270 b IV 1 Nr. 2 InsO ist allerdings bedeutungslos, wenn das Gericht keinen vorläufigen Gläubigerausschuss nach § 270 b II 3 InsO bestellt hat. Voraussetzung für die Vorlage eines wirksamen Antrages durch den vorläufigen Gläubigerausschuss ist, dass eine Mehrheit der Mitglieder an der Beschlussfassung nach ordnungsgemäßer Einladung teilgenommen hat und der Beschluss mit der Mehrheit der abgegebenen Stimmen gefasst worden ist (vgl. § 72 InsO). Ein einstimmiger

1268 Nerlich/Römermann-*Riggert*, § 270 b, Rn. 37.

1269 Braun-*Riggert*, § 270 b, Rn. 18; Nerlich/Römermann-*Riggert*, § 270 b, Rn. 38.

1270 Braun-*Riggert*, § 270 b, Rn. 18.

1271 Braun-*Riggert*, § 270 b, Rn. 18.

1272 Braun-*Riggert*, § 270 b, Rn. 18.

1273 Braun-*Riggert*, § 270 b, Rn. 18.

1274 Braun-*Riggert*, § 270 b, Rn. 21; Nerlich/Römermann-*Riggert*, § 270 b, Rn. 37; Beschlussempfehlung und Bericht des Rechtsausschusses zum RegE des ESUG, BT-Drucks. 17/7511, S. 37.

Beschluss des vorläufigen Gläubigerausschusses ist nicht erforderlich.[1275] Das Insolvenzgericht hat nur die Pflicht zu prüfen, ob ein Mehrheitsbeschluss des Gläubigerausschusses vorliegt und der Antrag gestellt ist. Das Gericht hat aber keine inhaltliche Prüfungskompetenz.[1276]

(3) Nr. 3

Der § 270 b IV 1 Nr. 3 InsO regelt die Aufhebung des „Schutzschirms" auf Antrag eines absonderungsberechtigten Gläubigers oder auf Antrag eines Insolvenzgläubigers. Ferner müssen Umstände bekannt werden, die erwarten lassen, dass die Anordnung des „Schutzschirms" zu Nachteilen für die Gläubiger führen wird. Der Antrag nach § 270 b IV 1 Nr. 3 InsO ist auch nur zulässig, wenn kein vorläufiger Gläubigerausschuss bestellt ist und die Umstände vom Antragsteller glaubhaft gemacht werden.[1277]

Aussonderungsberechtigte Gläubiger sind keine Beteiligten des Verfahrens und sind daher auch nicht antragsbefugt; nachrangige Insolvenzgläubiger hingegen schon. Sie werden vom Begriff „Insolvenzgläubiger" umfasst.[1278]

Der antragstellende Gläubiger muss auch glaubhaft machen, dass Umstände bekannt geworden sind, die erwarten lassen, dass die Anordnung des „Schutzschirms" zu Nachteilen für die Gläubiger führen wird. Für die Glaubhaftmachung dieser Umstände ist erforderlich, dass die überwiegende Wahrscheinlichkeit des Vorliegens der Umstände zur Überzeugung des Gerichts dargelegt wird.[1279] Das Insolvenzgericht ist nicht berechtigt, eigene Ermittlungen vorzunehmen. Die Prüfung des Insolvenzgerichts ist auf die vom Gläubiger vorgebrachten Tatsachen und Schlussfolgerungen beschränkt.[1280] Die Nachteile müssen auch nicht für den antragstellenden Gläubiger selbst zu erwarten sein, es genügt eine allgemeine Benachteiligung der Gläubiger insgesamt.[1281] Ein sogenannter Popularantrag ist in diesem Falle ausdrücklich erlaubt.

1275 Braun-*Riggert*, § 270 b, Rn. 19.

1276 Nerlich/Römermann-*Riggert*, § 270 b, Rn. 40.

1277 Nerlich/Römermann-*Riggert*, § 270 b, Rn. 42.

1278 Nerlich/Römermann-*Riggert*, § 270 b, Rn. 41; *Haarmeyer/Wutzke/Förster*, Kap. 1, Rn. 2.

1279 Nerlich/Römermann-*Riggert*, § 270 b, Rn. 42; BVerfGE 38, 35 (39).

1280 Nerlich/Römermann-*Riggert*, § 270 b, Rn. 42; BGH, ZInsO 2007, 491 (492); vgl. auch BT-Drucks. 12/2443, S. 212; zu den glaubhaft zu machenden Umständen siehe auch Braun-*Riggert*, § 270, Rn. 5.

1281 Nerlich/Römermann-*Riggert*, § 270 b, Rn. 42.

(4) Stellungnahme

Der § 270 b IV 1 Nr. 1–3 InsO normiert mehrere Pflichten für das Insolvenzgericht. Zusammengefasst kann man sagen, dass es sich um die Pflicht zur Aufhebung des „Schutzschirms" handelt. Diese Pflicht hat das Gericht nur, wenn die Voraussetzungen der Nr. 1–3 (alternativ) gegeben sind. Unweigerlich besteht für das Gericht, korrespondierend mit der Pflicht zur Aufhebung des „Schutzschirms", auch die Pflicht, sich des Vorliegens der Anordnungsvoraussetzungen zu vergewissern. Dies kann auch eindeutig so vertreten werden, ohne explizit auf eine Anwendung des Amtsermittlungsgrundsatzes nach § 5 I InsO einzugehen, zumal das Gericht im Falle des § 270 b IV 1 Nr. 3 InsO keine eigenen Ermittlungen anstellen darf.[1282] Diese Pflichten verletzt das Insolvenzgericht immer dann, wenn es trotz des Vorliegens der Voraussetzungen eine Aufhebung nicht anordnet bzw. wenn es trotz Nichtvorliegens der Voraussetzungen die Aufhebung des „Schutzschirms" anordnet. Auch wenn das Gericht bei seiner Entscheidung über die Aufhebung ein Ermessen ausübt, begeht es eine Pflichtverletzung, denn Ermessen räumt § 270 b IV 1 InsO dem Gericht nicht ein.

ee) § 270 b IV 3 InsO

Der § 270 b IV 3 InsO regelt die Überleitung vom „Schutzschirmverfahren" ins Insolvenzverfahren. Gemäß § 270 b IV 3 InsO entscheidet das Gericht nach der Aufhebung des „Schutzschirms" oder nach Ablauf der Frist zur Vorlage eines Insolvenzplans über die Eröffnung des Insolvenzverfahrens. Der Gesetzgeber des ESUG hat allerdings nicht geregelt, bis wann das Gericht die Entscheidung über die Eröffnung getroffen haben muss. Diese Tatsache spricht dafür, dass das Gericht den Zeitpunkt seiner Entscheidung nach richterlichem Ermessen bestimmen kann.[1283] Allerdings muss das Insolvenzgericht die Umstände des konkreten Einzelfalles in seine Ermessensentscheidung einbeziehen. Liegt ein Fall der Aufhebung des „Schutzschirms" vor, so ist es von Bedeutung, aus welchen Gründen die Aufhebung erfolgt ist.[1284]

Wie nach dem Ende des „Schutzschirmverfahrens" – ganz gleich, ob es durch Anordnung der Aufhebung oder durch Fristablauf beendet wurde – zu verfahren ist, also ob ein Regelinsolvenzverfahren oder ein Eigenverwaltungsverfahren zu eröffnen ist, hat das Insolvenzgericht allein an den Voraussetzungen des § 270 II InsO zu entscheiden. Dabei ist anzumerken, dass das Scheitern eines

---

1282 Vgl. dazu auch 2. Teil B. IV. 3. b) dd) (3).

1283 Nerlich/Römermann-*Riggert*, § 270 b, Rn. 44.

1284 Nerlich/Römermann-*Riggert*, § 270 b, Rn. 44; Braun-*Riggert*, § 270 b, Rn. 24.

Sanierungskonzeptes im Schutzschirmverfahren für die Anordnung der Eigenverwaltung nicht von negativer Relevanz ist.[1285] Ab Beendigung des „Schutzschirmverfahrens" steht die Bestellung eines vorläufigen Gläubigerausschusses nicht länger im Ermessen des Insolvenzgerichts, sondern die Voraussetzungen des § 22 a InsO sind maßgeblich.[1286]

Das Insolvenzgericht hat also gemäß § 270 b IV 3 InsO die Pflicht, über den Fortgang und die Eröffnung des Insolvenzverfahrens zu entscheiden. Dabei wird dem Gericht Ermessen eingeräumt. Zugleich ergeben sich aus der Beendigung des „Schutzschirms" auch weitere Pflichten, wie zum Beispiel die Bestellung eines etwaigen vorläufigen Gläubigerausschusses. Grundsätzlich verletzt das Gericht seine Pflicht aus § 270 b IV 3 InsO, wenn es eine ermessensfehlerhafte[1287] Entscheidung trifft und/oder weitere korrespondierende Pflichten (z. B. §§ 22 a, 270 II InsO) bei der Entscheidung über die Eröffnung des Verfahrens verletzt.

c) Drittbezogenheit der Amtspflicht

Bei den zuvor erörterten Amtspflichten, die sich aus dem § 270 b I – IV InsO ergeben, stellt sich die Frage, inwieweit die Amtspflichten eine Drittbezogenheit aufweisen, denn die verletzte Amtspflicht müsste auch drittbezogen sein, um eine etwaige Haftung nach § 839 I BGB i. V. m. Art. 34 S. 1 GG zu begründen.[1288]

Um den Haftungstatbestand des § 839 I BGB zu erfüllen, genügt nicht jede Amtspflichtverletzung. Es muss eine Amtspflicht verletzt worden sein, die dem Beamten gegenüber einem Dritten obliegt.[1289] Der Geschädigte kann aber auch nur dann einen Amtshaftungsanspruch geltend machen, wenn die verletzte Amtspflicht gerade bzw. zumindest auch ihm gegenüber besteht.[1290] Es bedarf einer besonderen Beziehung zwischen der verletzten Amtspflicht und dem geschädigten Dritten.[1291]

Wie schon bei der Drittbezogenheit der Vorauswahlpflicht, der Auswahlpflicht im konkreten Verfahren und der Aufsichtspflicht des Insolvenzgerichts erwähnt, können im Insolvenzverfahren sowohl der Schuldner als auch die Gläubiger und der Insolvenzverwalter als „Dritte" in Betracht kommen.[1292]

1285 Nerlich/Römermann-*Riggert*, § 270 b, Rn. 45; Braun-*Riggert*, § 270 b, Rn. 25.

1286 Nerlich/Römermann-*Riggert*, § 270 b, Rn. 45; Braun-*Riggert*, § 270 b, Rn. 24.

1287 Vgl. zu den Ermessensfehlern 2. Teil B. III. 3. a) aa) ff.

1288 Vgl. zur Drittbezogenheit 2. Teil A. IV.

1289 MüKo-BGB-*Papier*, § 839, Rn. 227.

1290 MüKo-BGB-*Papier*, § 839, Rn. 227; BGHZ 1, 388 (394f.).

1291 MüKo-BGB-*Papier*, § 839, Rn. 227; BGHZ 56, 40 (45f.).

1292 MüKo-InsO-*Haarmeyer*, § 21, Rn. 42.

Auch an dieser Stelle ist zunächst darauf hinzuweisen, dass eine Person, die zum Kreis der durch eine Amtspflicht geschützten Dritten gehört, nicht in allen ihren Belangen als „Dritter" anzusehen ist. Die Person ist soweit geschützt, wie die Schutzwirkung der verletzten Amtspflicht reicht. Der Schutzzweck der Amtspflicht entscheidet also darüber, ob eine Person zum Kreis der „Dritten" gehört und wie weit der Schutz bezüglich der Amtspflicht reicht. Das umfasst auch, welche Interessen bzw. Belange dieser Person geschützt werden sollen. Die Amtspflichten können folglich, je nach dem zu schützenden Interesse, ein und derselben Person gegenüber „aufgespalten" sein. Bestimmte Belange können vom Schutzzweck erfasst sein, andere hingegen nicht.[1293]

Es kommt allein auf den Schutzzweck der Amtspflicht an; insofern ist es nicht erforderlich, dass der „Dritte" am Amtsgeschäft beteiligt ist.[1294] Unter den Begriff „Dritte" fallen nicht nur die beim Amtsgeschäft unmittelbar Beteiligten, sondern alle Personen, deren Interesse nach der besonderen Natur des Amtsgeschäfts durch dieses berührt wird und in deren Rechtskreis dadurch eingegriffen werden kann; auch wenn sie durch die Amtsausübung nur mittelbar und unbeabsichtigt betroffen werden.[1295]

Auch an dieser Stelle gilt die von *Holzer*, *Kleine-Cosack* und *Prütting* vertretene Überzeugung, der Schutzzweck der Amtspflicht sei im Einzelnen am Maßstab der Kasuistik der Rechtsprechung des BGH wie auch der InsO zu ermitteln.[1296]

Dabei kann – ohne jede Amtspflicht noch einmal im Einzelnen zu betrachten – festgestellt werden, dass das „Schutzschirmverfahren" vor allem dem Schuldner zugutekommen soll. Er soll zu frühzeitigen Insolvenzantragsstellungen ermutigt werden, zeitgleich soll ihm dafür als „Dank" viel Freiraum für eine anstehende etwaige Sanierung gelassen werden. Deshalb ist er auch „Dritter" im Rahmen der zuvor erörterten Amtspflichten. Denn der Schuldner ist unmittelbar von allen Entscheidungen und Pflichtverletzungen des Insolvenzgerichts im „Schutzschirmverfahren" betroffen. Die Gläubiger sind bei den erörterten Amtspflichten des „Schutzschirmverfahrens" auch „Dritte", da die Entscheidungen über das Verfahren unweigerlich Auswirkungen auf ihre Forderungen bzw. ihr Vermögen haben können. Ob auch der Sachwalter „Dritter" im Rahmen der Amtspflichten sein kann, hängt letztendlich von der Art der Pflichtverletzung ab, und ob es dadurch eventuell, zum Beispiel durch das vorzeitige Ende des Verfahrens oder seine Abwahl bzw. Nicht-Bestellung, zu einem Schaden kommen kann. Sollte der Sachwalter in Folge einer Pflichtverletzung des Gerichts seine „Arbeit", also

1293 MüKo-BGB-*Papier*, § 839, Rn. 235; BGHZ 90, 310 (312).
1294 MüKo-BGB-*Papier*, § 839, Rn. 239.
1295 BGHZ 20, 53 (56); RGZ 138, 309 (313).
1296 *Holzer/Kleine-Cosack/Prütting*, S. 59.

seine Bestellung als Sachwalter verlieren, so wäre auch er unmittelbar von der Pflichtverletzung des Gerichts betroffen und kann somit „Dritter“ sein.

d) Verursachung eines Schadens

Es muss durch die Amtspflichtverletzung zu einem Vermögensschaden bei dem geschützten Dritten kommen.[1297]

Dem Geschädigten obliegt die Pflicht, darzulegen und zu beweisen, dass ihm durch die Amtspflichtverletzung ein Schaden entstanden ist. Dem Geschädigten kommen bei der Schadensbestimmung allerdings die Beweiserleichterungen nach § 287 ZPO zugute.[1298]

Es müsste aber geklärt werden, wie genau es in einem fehlerhaften bzw. amtspflichtwidrig verlaufenden „Schutzschirmverfahren“ zu Vermögensschäden kommen kann.

Ein Vermögensschaden durch ein fehlerhaftes „Schutzschirmverfahren“ ist denkbar. Ein Vermögensschaden kann zum Beispiel durch eine Masseschmälerung infolge einer Verfahrensverzögerung oder durch eine gegen die Ziele des „Schutzschirmverfahrens“ verstoßende Handlung entstehen.

Im Einzelnen lassen sich die verschiedenen möglichen Vermögensschäden aber nicht aufzählen, da sie immer einzelfallabhängig sind und von zu vielen unbekannten Faktoren abhängen. Schwierigkeiten kann es natürlich auch bei der Bezifferung der genauen Schadenshöhe geben, da die Vermögenssituation während des Verfahrens zum jeweiligen Zeitpunkt des Schadenseintritts mitunter nur sehr schwer zu erfassen ist.

e) Haftungsausfüllende Kausalität

Die Amtspflichtverletzung müsste auch für den Eintritt des Vermögensschadens kausal geworden sein.[1299]

Beim Amtshaftungsanspruch gibt es allerdings Unterschiede und Besonderheiten im Vergleich zum „normalen“ Deliktsrecht.

Denn die Norm des § 839 BGB kennt keine beschränkte haftungsbegründende Kausalität. Der § 839 BGB ist nämlich nicht auf die Verletzung bestimmter Rechte und Rechtsgüter beschränkt.

1297 MüKo-BGB-*Papier*, § 839, Rn. 276.

1298 MüKo-BGB-*Papier*, § 839, Rn. 276; BGH, NJW 1995, 2344 (2345).

1299 Prütting/Wegen/Weinreich-*Kramarz*, § 839, Rn. 58; Erman-*T. Mayen*, § 839, Rn. 65; vgl. ausführlich zur Kausalität unter 2. Teil A. VI.

Etwas anderes kann sich aber im Einzelfall aus dem Schutzzweck der verletzten Amtspflicht ergeben.[1300] Der § 839 BGB schützt das Vermögen als Ganzes.[1301] Allerdings schützt § 839 BGB nicht gegen jeden Vermögensschaden. Einschränkungen können sich aus dem Schutzzweck der Amtspflicht ergeben.[1302] Gemäß § 839 I 1 BGB muss sich das Verschulden des Beamten nicht auf die Kausalität zwischen der Amtspflichtverletzung und dem Schadenseintritt beziehen.[1303]

Für die Kausalität zwischen Amtspflichtverletzung und Schadenseintritt gilt auch das Kriterium des adäquaten Kausalzusammenhangs. Der auf der Amtspflichtverletzung beruhende Schaden ist dem Beamten und mittelbar nach Art. 34 GG dem Staat nur zuzurechnen, wenn die Amtspflichtverletzung die Wahrscheinlichkeit des Schadenseintritts wesentlich erhöht hat oder wenn der Beamte den Eintritt des Schadens erwartet oder gewollt hat.[1304] Denkbar sind auch Fälle, in denen der Staat geltend macht, die Schäden wären auch bei ordnungsgemäßer Amtsausübung nicht ausgeblieben. Dabei ist allerdings danach zu fragen, ob die Behörde die zum selben Schaden führende Maßnahme nicht nur hätte fehlerfrei treffen können, sondern auch tatsächlich getroffen hätte. Grund für die Vornahme dieser Handlungen könnte zum Beispiel eine Rechtspflicht sein und nur, wenn die Handlung auch getroffen worden wäre, kann von „echtem" pflichtmäßigen Alternativverhalten gesprochen werden. Nur dann kann der Staat dem Anspruch des Geschädigten etwas entgegenhalten. Aber selbstverständlich nur, wenn der Schaden auch bei pflichtgemäßem Verhalten eingetreten wäre.[1305]

Im Falle einer gerichtlichen Entscheidung ist beim Vorliegen eines bestimmten Alternativverhaltens erheblich, wie das zuständige Gericht die hypothetische alternative Amtshandlung beurteilt hätte. Es kommt nicht darauf an, wie das Gericht tatsächlich entschieden hätte, sondern wie das Gericht richtigerweise hätte entscheiden müssen.[1306]

Liegt eine pflichtwidrige hoheitliche Ermessensentscheidung vor, so ist nach der Rechtsprechung zu ermitteln, wie die vorherige bzw. sonstige Übung der Behörde aussieht und ob sie danach pflichtgemäß entschieden hätte. Die Behörde kann dem Amtshaftungsanspruch des Geschädigten nämlich entgegenhalten, dass derselbe Schaden auch entstanden wäre, wenn die korrekte Entscheidung mit an Sicherheit grenzender Wahrscheinlichkeit inhaltlich ebenso wie die fehlerhafte ausgefallen wäre. Der Schaden wäre folglich gleichwohl eingetreten. Außerdem ist darauf zu achten, ob der Ermessensfehler in einer sachwidrigen Abweichung von einer ständigen Übung liegt. Eine solche willkürliche Abweichung verstößt in der Regel gegen den allgemeinen Gleichheitssatz nach Art. 3 I GG und ist

1300 *Bender*, Rn. 563; anderes kann sich im Einzelfall aus dem Schutzzweck der verletzten Amtspflicht ergeben, vgl. *Bender*, Rn. 563.

1301 *Bender*, Rn. 563.

1302 BGHZ 39, 358 (358f.).

1303 *Bender*, Rn. 563.

1304 *Bender*, Rn. 564; BGH, NJW 1965, 1524 (1525).

1305 *Bender*, Rn. 565.

1306 *Bender*, Rn. 565; BGHZ 36, 144 (146).

ermessensfehlerhaft.[1307] Ist eine behördliche Übung nicht ermittelbar, nach der die Behörde eine pflichtgemäße Entscheidung getroffen hätte, die in Art und Inhalt der amtspflichtwidrigen entspricht, so kann der Ursachenzusammenhang und folglich ein Schaden nicht verneint werden.[1308]

Liegt die Amtspflichtverletzung in einem Unterlassen, wird ein Amtshaftungsanspruch nur ausgelöst, wenn das amtspflichtgemäße Alternativverhalten den Schadenseintritt mit an Sicherheit grenzender Wahrscheinlichkeit verhindert hätte.[1309]

Des Weiteren findet, wie schon festgestellt, auch das Kriterium des Schutzzwecks der Norm Anwendung auf § 839 BGB. Seine Wirkung besteht vor allem darin, dass durch den Schutzzweck eine Auslese unter den etwaigen Anspruchsberechtigten stattfindet und dementsprechend auch unter den ersatzfähigen Schäden.[1310]

Es gibt noch eine weitere Möglichkeit, mit der der Staat sich gegen Amtshaftungsansprüche zur Wehr setzen kann bzw. Tatsachen, die der Staat einem eventuell bestehenden Amtshaftungsanspruch entgegenhalten kann. Dabei handelt es sich um eine sogenannte „Zwischenursache", die den Ursachenzusammenhang unterbrechen kann. Eine „Zwischenursache" liegt vor, wenn durch ein selbständiges und auf freiwilliger Basis beruhendes, nicht auf die Abwehr oder die Minderung des Schadens gerichtetes Verhalten des Verletzten oder eines Dritten die Kausalkette unterbrochen und die Kausalität somit ausgeschlossen wird.[1311] Dies gilt allerdings nur, wenn die Verletzung der Amtspflicht für das Auftreten der „Zwischenursache" unerheblich gewesen ist.[1312] Es geht dabei nicht um eine Unterbrechung der Äquivalenz oder ein Fehlen der Adäquanz, sondern darum, ob dem Beamten bei einer wertenden Betrachtung der Schaden nicht mehr zugerechnet werden kann.[1313]

Zusammenfassend ist festzustellen, dass der Frage der Kausalität bei Amtshaftungsansprüchen ebenso wie bei anderen Schadensersatzansprüchen eine entscheidende Rolle zukommt.

Im Amtshaftungsrecht ist aus gegebenem Grund ein besonderes Augenmerk auf den Schutzzweck der verletzten Norm zu richten, da der Schutzzweck der verletzten Amtspflicht drittgerichtet sein muss und von Amtspflicht zu Amtspflicht in verschiedene Spektren aufgesplittert sein kann.

Im Fall eines pflichtwidrigen Verlaufes des „Schutzschirmverfahrens" bzw. eines pflichtwidrigen Nichtbestehens des „Schutzschirms" stellt sich auch die Frage nach

---

1307 *Bender*, Rn. 566; zur ständigen Übung (bzw. Selbstbindung) vgl. ausführlich 2. Teil B. III. 3. a) aa) ff.

1308 *Bender*, Rn. 566; BGH, NJW 1959, 1316 (1317).

1309 *Bender*, Rn. 567; BGHZ 7, 198 (198).

1310 *Bender*, Rn. 568.

1311 *Bender*, Rn. 570.

1312 *Bender*, Rn. 570; BGHZ 12, 206 (211); BGHZ 17, 153 (159).

1313 *Bender*, Rn. 570; vgl. beispielhaft BGHZ 58, 162 (165ff.).

Äquivalenz, Adäquanz und Schutzzweck der Norm. Doch auch an dieser Stelle kann keine pauschale Antwort darauf gegeben werden, welche etwaigen speziellen Kausalitätsprobleme sich im konkreten Fall ergeben könnten. Dafür ist die Kausalität von zu vielen einzelfallbezogenen Faktoren abhängig, sodass die Kausalität und ihre Probleme lediglich im Generellen beleuchtet werden können.

f) Verschulden bzgl. der Amtspflichtverletzung

Des Weiteren muss die Pflichtverletzung auch verschuldet sein.[1314]

Der § 839 I BGB setzt für die Beamtenhaftung voraus, dass der Beamte eine Amtspflicht vorsätzlich oder fahrlässig verletzt. Für die Amtshaftung des Staates aus Art. 34 GG gilt dieses Verschuldenserfordernis in gleicher Weise, weil diese die Erfüllung des Tatbestandes des § 839 BGB voraussetzt.[1315] Das Verschulden kann sowohl in der Form des Vorsatzes als auch in der Form der Fahrlässigkeit vorliegen. Dabei muss das Verschulden nur in Hinblick auf die Amtspflichtverletzung vorliegen, nicht aber auch in Hinblick auf den schädigenden Erfolg.[1316]

Die Fahrlässigkeit bzw. der Vorsatz muss beim Insolvenzgericht vorliegen, das heißt bei seinen „Beamten". Es muss der Vorsatz bzw. die Fahrlässigkeit also bei derjenigen Person vorliegen, der die verletzte Amtspflicht obliegt. Dies ist, wie bereits erwähnt, von den verschiedenen Verfahrensarten und Verfahrensabschnitten sowie weiteren Faktoren abhängig. Der Vorsatz oder die Fahrlässigkeit kann also sowohl in der Person des Insolvenzrichters als auch in der des Rechtspflegers verwirklicht werden.

Darüber hinaus ist im Amtshaftungsrecht die Feststellung der konkreten Schuldform im Allgemeinen unerlässlich, weil davon die Anwendbarkeit bzw. Nichtanwendbarkeit der Subsidiaritätsklausel nach § 839 I 2 BGB, des Spruchrichterprivilegs nach § 839 II 1 BGB sowie die Möglichkeit eines etwaigen Regresses[1317] des Staates gegen den Beamten abhängig sein kann.[1318]

g) Stellungnahme

Gemäß § 270 b I InsO bestimmt das Insolvenzgericht auf Antrag des Schuldners eine Frist zur Vorlage eines Insolvenzplans, wenn der Schuldner den Eröffnungsantrag bei drohender Zahlungsunfähigkeit oder Überschuldung gestellt hat und

---

1314 *Rechel*, S. 410; vgl. ausführlich zum Verschulden 2. Teil A. VII.

1315 MüKo-BGB-*Papier*, § 839, Rn. 282; *Bender*, Rn. 572; *Ossenbühl/Cornils*, S. 74f.; *Dagtoglou*, Art. 34 GG, Rn. 173.

1316 MüKo-BGB-*Papier*, § 839, Rn. 284; BGH, MDR 1981, 32 (32).

1317 Vgl. Art. 34 S. 2 GG, § 75 Abs. 1 BBG, § 48 BeamtStG.

1318 MüKo-BGB-*Papier*, § 839, Rn. 287; *Bender*, Rn. 584.

die Eigenverwaltung beantragt und die angestrebte Sanierung nicht offensichtlich aussichtslos ist. Zudem müssen auch die Voraussetzungen der vorläufigen Eigenverwaltung nach § 270 a InsO vorliegen.[1319]

Hieraus ergeben sich für das Insolvenzgericht schon mehrere Pflichten. Allerdings wird dem Insolvenzgericht in § 270 b I InsO kein Ermessen eingeräumt. Beim Vorliegen aller Voraussetzungen des § 270 b I InsO und des § 270 a InsO[1320] muss das Gericht also ein „Schutzschirmverfahren" anordnen. Dies beinhaltet auch die Pflicht zur Prüfung, ob die Voraussetzungen wirklich erfüllt sind. Im Fall des § 270 b I InsO ist der Amtsermittlungsgrundsatz nach § 5 I InsO anwendbar ist.[1321]

Verletzen kann das Gericht diese Pflichten, indem es zum Beispiel ein „Schutzschirmverfahren" anordnet, obwohl die Voraussetzungen nicht vorliegen bzw. wenn es ein Verfahren nach § 270 b InsO nicht anordnet, obwohl die notwendigen Voraussetzungen vorliegen. Damit korrespondiert auch die jeweilige Pflichtverletzung der mangelnden Überprüfung der Voraussetzungen.[1322]

Aus § 270 b II InsO trifft das Insolvenzgericht die Pflicht, (auf Vorschlag des Schuldners) einen Sachwalter zu bestellen, der personenverschieden zu dem Ersteller der Bescheinigung nach § 270 b I 3 InsO ist. Lehnt das Gericht die vom Schuldner vorgeschlagene Person ab, so hat das Gericht (die Pflicht) diese Entscheidung zu begründen. Ferner hat das Insolvenzgericht die Pflicht, vorläufige Maßnahmen nach § 21 I und II Nr. 1a, 3 bis 5 InsO ermessensfehlerfrei[1323] anzuordnen, denn das Gericht „kann" solche Maßnahmen anordnen. Darüber hinaus hat das Gericht auch die Pflicht Maßnahmen nach § 21 II Nr. 3 InsO anzuordnen, wenn der Schuldner dies beantragt.

Das Gericht verletzt seine Pflicht zur Sachwalterbestellung, wenn es einen Sachwalter bestellt, der nicht personenverschieden zum Ersteller der Bescheinigung nach § 270 b I 3 InsO ist. Eine solche offensichtliche Pflichtverletzung wird aber wohl kaum stattfinden. Jedoch verletzt das Insolvenzgericht seine Pflicht zur Sachwalterbestellung auch, wenn es vom Vorschlag des Schuldners grundlos und ohne schriftliche Begründung abweicht. Ebenso begeht das Gericht eine Pflichtverletzung, wenn es vorläufige Maßnahmen nach § 21 InsO nicht ermessensfehlerfrei

---

1319 Vgl. dazu 2. Teil B. IV. 3. a).

1320 Vgl. zu § 270 a InsO und den Pflichten, die er dem Insolvenzgericht auferlegt 2. Teil B. IV. 2. b) bb).

1321 Vgl. 2. Teil B. IV. 3. b) aa).

1322 Vgl. 2. Teil B. IV. 3. b) aa).

1323 Vgl. zu Ermessensfehlern 2. Teil B. III. 3. a).

anordnet bzw. wenn es eine Maßnahme nach § 21 II Nr. 3 InsO trotz Antrags des Schuldners nicht anordnet.[1324]

Aus § 270 b III InsO trifft das Insolvenzgericht die Pflicht, den Schuldner auf seinen Antrag hin, mit der Befugnis auszustatten, Masseverbindlichkeiten begründen zu können. Das Insolvenzgericht hat im Rahmen des § 270 b III InsO nicht das Recht, materielle Voraussetzungen zu prüfen. Die einzige Anordnungsvoraussetzung ist die Antragstellung des Schuldners gemäß § 270 b III 1 InsO.[1325] Das Insolvenzgericht verletzt seine Pflicht aus § 270 b III InsO also immer dann, wenn es dem Antrag des Schuldners nicht entspricht.[1326]

Der § 270 b IV 1 Nr. 1–3 InsO normiert mehrere Pflichten für das Insolvenzgericht. Dabei handelt es sich um die Pflicht zur Aufhebung des „Schutzschirms"[1327]. Diese Pflicht trifft das Gericht nur, wenn die Voraussetzungen der Nr. 1–3 (alternativ) gegeben sind. Unweigerlich besteht für das Gericht korrespondierend mit der Pflicht zur Aufhebung des „Schutzschirms" auch die Pflicht, sich vom Vorliegen der Anordnungsvoraussetzungen zu überzeugen. Diese Pflichten verletzt das Insolvenzgericht immer dann, wenn es trotz des Vorliegens der Voraussetzungen eine Aufhebung nicht anordnet bzw. wenn es trotz Nichtvorliegens der Voraussetzungen die Aufhebung des „Schutzschirms" anordnet. Auch wenn das Gericht bei seiner Entscheidung über die Aufhebung ein Ermessen ausübt, begeht es eine Pflichtverletzung, denn Ermessen räumt § 270 b IV 1 InsO dem Gericht nicht ein.[1328]

Aus § 270 b IV 3 InsO ergibt sich für das Insolvenzgericht die Pflicht, über den Fortgang und die Eröffnung des Insolvenzverfahrens zu entscheiden, wenn das „Schutzschirmverfahren" beendet ist. Dabei wird dem Gericht Ermessen eingeräumt. Zeitgleich ergeben sich aus der Beendigung des „Schutzschirms" auch weitere Pflichten, wie zum Beispiel die Bestellung eines etwaigen vorläufigen Gläubigerausschusses. Grundsätzlich verletzt das Gericht seine Pflicht aus § 270 b IV 3 InsO, wenn es eine ermessensfehlerhafte[1329] Entscheidung trifft und/oder weitere korrespondierende Pflichten (z. B. §§ 22 a, 270 II InsO) bei der Entscheidung über die Eröffnung des Verfahrens verletzt.[1330]

1324 Vgl. 2. Teil B. IV. 3. b) bb).

1325 Nerlich/Römermann-*Riggert*, § 270 b, Rn. 20.

1326 Vgl. 2. Teil B. IV. 3. b) cc).

1327 Vgl. dazu ausführlich 2. Teil B. IV. 3. b) dd).

1328 Vgl. 2. Teil B. IV. 3. b) dd) (4).

1329 Vgl. zu den Ermessensfehlern 2. Teil B. III. 3. a) aa) ff.

1330 Vgl. 2. Teil B. IV. 3. b) ee).

Als „Dritte" im Rahmen des § 270 b I–IV InsO kommen die Beteiligten des „Schutzschirmverfahrens" in Betracht. Dies sind die Gläubiger, der Schuldner und der Sachwalter.[1331]

Das Problem für die etwaigen Betroffenen der Amtspflichtverletzung besteht aber wiederum zu allererst – unabhängig von Problemen bei anderen Tatbestandsmerkmalen – darin, dass dem Geschädigten die Pflicht obliegt, darzulegen und zu beweisen, dass ihm durch die Amtspflichtverletzung ein Schaden entstanden ist. Dem Geschädigten kommen zwar bei der Schadensbestimmung die Beweiserleichterungen nach § 287 ZPO zugute, doch bleibt es weiterhin fast unmöglich, den Schaden wirklich zu beziffern.

Eine Amtspflichtverletzung durch das Insolvenzgericht im Rahmen eines „Schutzschirmverfahrens" birgt dennoch ein großes Haftungsrisiko und kann durchaus zu Amtshaftungsansprüchen führen. Dies gilt vor allem für komplizierte Großverfahren, in denen es oft schwierig sein kann, den Überblick zu behalten. Doch müssen für die Geltendmachung eines Amtshaftungsanspruchs nach § 839 I BGB i. V. m. Art. 34 S. 1 GG alle Tatbestandsmerkmale gegeben sein und es dürfen keine Haftungseinschränkungen oder -ausschlüsse vorliegen.[1332]

4. *Stellungnahme*

Zusammenfassend kann festgestellt werden, dass Amtshaftungsansprüchen wegen insolvenzgerichtlicher Pflichtverletzungen in den „Genehmigungsverfahren" (Insolvenzplanverfahren, Eigenverwaltung und „Schutzschirmverfahren") eine große Bedeutung zukommen kann.

Diese Verfahrensarten sind entweder durch das ESUG geändert oder erst durch das ESUG in die InsO eingeführt worden. Ihr Sinn und Zweck soll in der leichteren Sanierung von Unternehmen liegen und sie sollen durch eine Stärkung der Gläubigerautonomie geprägt sein.

Damit kommt den Verfahren eine große Bedeutung zu. Die Unternehmen haben mitunter eine entscheidende Rolle für den Markt, sind in größerem Umfang Arbeitgeber und haben oft eine beträchtliche Anzahl an Gläubigern. Oft verkompliziert aber auch schon die Tatsache, dass es sich beim Schuldner um eine juristische Person handelt, das Verfahren (vgl. „Debt-Equity-Swap").

Es ist somit sehr wichtig, dass das Insolvenzgericht den Überblick behält und gewissenhaft arbeitet, ohne das Verfahren zu verzögern. Ansonsten droht bei

1331 Vgl. 2. Teil B. IV. 3. c).

1332 Vgl. zu den Haftungseinschränkungen und -ausschlüssen unter 2. Teil B. VI.

Pflichtverletzungen des Insolvenzgerichts die Geltendmachung von Amtshaftungsansprüchen.

V. Schlussrechnung und Vergütungsantrag

Nachdem die verschiedensten Verfahrensarten und -abschnitte der Insolvenzordnung mit (fast) allen Pflichten, die sie für das Insolvenzgericht bereit halten, erörtert worden sind, muss als (gedanklicher) Abschluss noch das Ende der Verfahren betrachtet werden. Dieses Ende wird aus amtshaftungsrechtlichen Gesichtspunkten durch die Schlussrechnungslegung und die Vergütung des (Insolvenz-)Verwalters geprägt.

1. (Gesetzliche) Grundlagen des Vergütungsverfahrens

Der Insolvenzverwalter hat einen Anspruch auf eine angemessene Vergütung für seine ausgeübte Tätigkeit und auf Ersatz der ihm entstandenen Auslagen.[1333] Die Grundlagen des Vergütungsverfahrens bilden die §§ 63–66 InsO und die Regelungen der Insolvenzrechtlichen Vergütungsverordnung (InsVV). Dabei regeln die §§ 63–65 InsO die Grundzüge der Vergütung und Auslagenerstattung im Insolvenzverfahren nach der InsO.[1334] Der § 63 InsO beinhaltet die Anspruchsgrundlage sowie allgemeine Bestimmungen zur Festlegung der Vergütungshöhe, der § 64 InsO regelt das gerichtliche Festsetzungsverfahren und der § 65 InsO ermächtigt das Bundesministerium der Justiz, die Vergütung und die Erstattung der Auslagen des Insolvenzverwalters durch eine Rechtsverordnung näher zu regeln.[1335] Die Regelung in § 63 InsO bildet die eigentliche Rechtsgrundlage für die Vergütung und den Auslagenersatz des Insolvenzverwalters. Die InsVV stellt sich lediglich als konkrete Ausgestaltung des durch § 63 InsO vorgegebenen Rahmens dar.[1336]

Die Höhe der Verwaltervergütung bestimmt sich nach dem Umfang der Insolvenzmasse bei Beendigung des Verfahrens, etwaige Schwierigkeiten des jeweiligen Verfahrens sind dabei besonders zu berücksichtigen (vgl. § 63 I 2, 3 InsO). Die Vergütung wird schließlich durch Beschluss des Insolvenzgerichts festgesetzt (vgl. § 64 InsO).[1337]

1333 *Frege/Keller/Riedel*, Rn. 2479; Uhlenbruck-*Mock*, § 63, Rn. 1.

1334 Nerlich/Römermann-*Delhaes*, § 63, Rn. 1; Uhlenbruck-*Mock*, § 63, Rn. 1; Braun-*Blümle*, § 63, Rn. 1.

1335 Nerlich/Römermann-*Delhaes*, § 63, Rn. 2.

1336 Uhlenbruck-*Mock*, § 63, Rn. 1; *Haarmeyer/Wutzke/Förster*, Vorbem. § 1 InsVV, Rn. 5.

1337 *Frege/Keller/Riedel*, Rn. 2479.

Aus dem Anspruch des Verwalters auf eine angemessene Vergütung folgt das Verbot der Festsetzung einer unangemessenen Vergütung.[1338] Die Regelungen der §§ 63–65 InsO sind zwingend.[1339] Daher ist es unzulässig, wenn zwischen einem Insolvenzverwalter und einzelnen Gläubigern eine Vereinbarung über die Vergütung getroffen wird. Die Vergütung des Insolvenzverwalters kann auch nicht durch eine Beschlussfassung der Gläubigerversammlung bestimmt werden.[1340] Der BGH hat in einer seiner Entscheidungen festgestellt, dass Vergütungsvereinbarungen des Insolvenzverwalters mit dem Schuldner oder Verfahrensbeteiligten gemäß § 134 BGB nichtig sind.[1341] Das Insolvenzverfahren soll nämlich in einer Art und Weise abgewickelt werden, die sich allein an den in § 1 InsO genannten Verfahrenszielen orientiert und diese am zweckmäßigsten erreicht. Daher hat der Gesetzgeber bei Normierung der Grundsätze über die Vergütung und Auslagenerstattung versucht, ein Vergütungsverfahren zu schaffen, das vermeidet, dass der Insolvenzverwalter aus sachfremden und eigennützigen Erwägungen in Form einer höheren Vergütung ein bestimmtes Verfahrensziel verfolgt.[1342] Nur im Rahmen eines Insolvenzplanes kann eine Vergütungsvereinbarung zwischen dem Verwalter und den Gläubigern getroffen werden.[1343] Allerdings sind besondere Vergütungen für Tätigkeiten zulässig, die der Insolvenzverwalter für einzelne Beteiligte außerhalb seines Pflichtenkreises als Insolvenzverwalter erbringt.[1344]

Der Anspruch des Verwalters auf eine angemessene Vergütung ist öffentlich-rechtlicher Natur.[1345] Der Vergütungsanspruch des Verwalters ist ein aus Art. 12 I GG i. V. m. Art. 3 I GG folgender verfassungsrechtlich geschützter Anspruch. Er stellt sich als Folge des Eingriffs der Vergütungsregelung in die Berufsfreiheit und des Erfordernisses der Gleichbehandlung gleich gelagerter Fälle dar.[1346] Deshalb

---

1338 Uhlenbruck-*Mock*, § 63, Rn. 1.

1339 *Frege/Keller/Riedel*, Rn. 2479.

1340 *Frege/Keller/Riedel*, Rn. 2479; Nerlich/Römermann-*Delhaes*, § 63, Rn. 8; RGZ 147, 366 (367); BGH, WM 1977, 256 (256); BGH, NJW 1982, 185 (185).

1341 Braun-*Blümle*, § 63, Rn. 4; BGH, NJW 1982, 185 (185).

1342 Nerlich/Römermann-*Delhaes*, § 63, Rn. 3; *Uhlenbruck*, S. 373; *Kübler/Prütting*, S. 234f.; RGZ 147, 366 (367).

1343 *Haarmeyer/Wutzke/Förster*, Vorbem. § 1 InsVV, Rn. 49; Uhlenbruck-*Mock*, § 63, Rn. 7; a. A. *Frege/Keller/Riedel*, Rn. 2479; vgl. nunmehr ausführlich zur Lage nach Inkrafttreten des ESUG *Haarmeyer/Mock*, Vorbem., Rn. 83f.

1344 *Frege/Keller/Riedel*, Rn. 2479; Uhlenbruck-*Mock*, § 63, Rn. 8.

1345 *Frege/Keller/Riedel*, Rn. 2479a; *Haarmeyer/Mock*, Vorbem., Rn. 48; BGH, NJW 1992, 692 (693).

1346 Uhlenbruck-*Mock*, § 63, Rn. 3; *Haarmeyer/Mock*, Vorbem., Rn. 48; *Frege/Keller/Riedel*, Rn. 2479a; BGH, NJW 1992, 692 (693); BVerfG, KTS 1989, 357 (358).

muss die vom Insolvenzgericht festgesetzte Vergütung dahingehend überprüft werden, ob sie dem Umfang und der Schwierigkeit der Geschäftsführung des Verwalters Rechnung trägt (vgl. § 63 I 3 InsO) und ob die festgesetzten Auslagen angemessen sind (vgl. § 63 I 1 InsO). Keine Vergütungsfestsetzung darf unangemessen sein. Dies hat zur Folge, dass bei jeder nach der InsVV festgesetzten Vergütung zuzüglich der Auslagen zu prüfen ist, ob die Höhe auch angemessen ist. Dem Gericht wird die Möglichkeit zugestanden, von dem System der Gebühr abzuweichen und auf die Besonderheiten des Einzelfalles abzustellen.[1347] Die Vergütung des Insolvenzverwalters ist aber kein Erfolgshonorar, sondern eine Tätigkeitsvergütung.[1348] Dies hat zur Folge, dass das Insolvenzgericht keine Abzüge bei der Festsetzung der Vergütung für erfolglose oder mangelhafte Leistungen vornehmen darf.[1349] Ist der Insolvenzverwalter allerdings „erfolgreich", mehrt also die Insolvenzmasse, so erhöht sich damit auch die Berechnungsgrundlage der Vergütung. Folglich ist die Vergütung auch höher. Ein erfolgreicher Insolvenzverwalter erhält so mehr als ein erfolgloser.[1350] Letztlich muss die Vergütung des Insolvenzverwalters angemessen sein. Nach Abzug aller durch das Insolvenzverfahren entstandenen Kosten muss dem Verwalter, ein der Tätigkeit, Qualifikation und Verantwortung entsprechendes persönliches Entgelt verbleiben.[1351]

Ob im Einzelfall die Voraussetzungen für eine Erhöhung oder ein Zurückbleiben hinter dem Vergütungsregelsatz vorliegen, liegt nicht im Ermessen des Gerichts. Es hat nur einen rechtlich überprüfbaren Beurteilungsspielraum.[1352] In § 3 InsVV sind die Voraussetzungen für Zu- und Abschläge weitgehend objektiviert dargestellt. Es handelt sich im Vergleich zum früher geltenden Recht nicht mehr um unbestimmte Rechtsbegriffe, sondern um Tatbestände, deren Bejahung das Insolvenzgericht in die Lage versetzt, jeweils eine angemessene Vergütung festzusetzen.[1353] Es liegt nur ein begrenzter, rechtlich überprüfbarer Ermessensspielraum bei der Bemessung der Höhe des Zuschlags vor.[1354]

1347 Uhlenbruck-*Mock*, § 63, Rn. 3; *Haarmeyer/Mock*, Vorbem., Rn. 48.

1348 Nerlich/Römermann-*Delhaes*, § 63, Rn. 4; *Frege/Keller/Riedel*, Rn. 2479a.

1349 Nerlich/Römermann-*Delhaes*, § 63, Rn. 4; *Frege/Keller/Riedel*, Rn. 2479a; *Haarmeyer/Mock*, Vorbem., Rn. 87; vgl. zum vollständigen Verlust des Vergütungsanspruchs *Frege/Keller/Riedel*, Rn. 2479a.

1350 Nerlich/Römermann-*Delhaes*, § 63, Rn. 4.

1351 Nerlich/Römermann-*Delhaes*, § 63, Rn. 4; BGH, ZInsO 2004, 257 (259).

1352 *Haarmeyer/Mock*, Vorbem., Rn. 65; Uhlenbruck-*Mock*, § 63, Rn. 4; BGH, ZInsO 2005, 804 (805).

1353 Uhlenbruck-*Mock*, § 63, Rn. 4; *Haarmeyer/Wutzke/Förster*, Vorbem. § 1 InsVV, Rn. 35.

1354 Uhlenbruck-*Mock*, § 63, Rn. 4; *Haarmeyer/Mock*, Vorbem., Rn. 75ff.; BGH, ZInsO 2005, 804 (805).

Der Anspruch auf die Verwaltervergütung entsteht mit der tatsächlichen Arbeitsleistung im Insolvenzverfahren.[1355] Der Vergütungsanspruch wird fällig, wenn der Verwalter die Tätigkeit im Insolvenzverfahren insgesamt beendet oder eine gesondert zu vergütende

Tätigkeit erledigt hat,[1356] nicht erst mit Festsetzung der Vergütung.[1357] Als Beendigung der Tätigkeit ist die Erfüllung sämtlicher Aufgaben des Insolvenzverwalters im Rahmen eines Insolvenzverfahrens anzusehen.[1358]

Die §§ 63–65 InsO finden neben dem Insolvenzverwalter auch Anwendung auf den vorläufigen Insolvenzverwalter (§ 21 II Nr. 1 InsO), den Sachwalter bei der Eigenverwaltung (§ 274 I InsO) sowie auf den Treuhänder im Verbraucherinsolvenzverfahren (§ 313 I 3 InsO)[1359]. Über eine Verweisung sind die §§ 63–65 InsO auch auf die Vergütung des Gläubigerausschusses anwendbar (vgl. § 73 II InsO).[1360] Der § 293 I InsO enthält eine dem § 63 InsO vergleichbare Regelung für die Tätigkeit des Treuhänders im Restschuldbefreiungsverfahren.[1361]

2. *Ablauf des Vergütungsverfahrens*

Das Insolvenzgericht setzt die Vergütung des Insolvenzverwalters nicht von Amts wegen fest.[1362] Gemäß § 8 I InsVV hat der Insolvenzverwalter bei der Beendigung seines Amtes einen Antrag auf Festsetzung seiner Vergütung zu stellen. In der Regel wird dieser Antrag mit der Einreichung der Schlussrechnung nach § 66 InsO und dem Schlussbericht zur Verfahrensbeendigung nach § 196 InsO verbunden.[1363]

Der Antrag auf Vergütung muss nach § 8 II InsVV die Berechnung der vergütungsrechtlichen Insolvenzmasse im Sinne des § 1 II InsVV enthalten.[1364] Der Wert der Insolvenzmasse ergibt sich aus der Schlussrechnung. Die Schlussrechnung ist die Zusammenfassung eines aus mehreren Teilen bestehenden Rechnungswerks,

---

1355 *Frege/Keller/Riedel*, Rn. 2479b; Nerlich/Römermann-*Delhaes*, § 63, Rn. 5; MüKo-InsO-*Stephan*, § 63, Rn. 17; BGH, NJW 1992, 692 (692).

1356 MüKo-InsO-*Nowak*, 2. Auflage, § 63, Rn. 7; Nerlich/Römermann-*Delhaes*, § 63, Rn. 5.

1357 So noch Jaeger-*Weber*, 8. Auflage, § 85 KO, Rn. 4.

1358 *Frege/Keller/Riedel*, Rn. 2479b.

1359 Durch das Gesetz zur Verkürzung des Restschuldbefreiungsverfahrens und zur Stärkung der Gläubigerrechte vom 15.07.2013 sind die §§ 312–314 InsO mit Wirkung vom 01.07.2014 weggefallen; vgl. BGBl. 2013, Teil 1, S. 2383.

1360 Braun-*Blümle*, § 63, Rn. 2; *Frege/Keller/Riedel*, Rn. 2480.

1361 *Frege/Keller/Riedel*, Rn. 2480.

1362 *Frege/Keller/Riedel*, Rn. 2504.

1363 *Frege/Keller/Riedel*, Rn. 2504; Braun-*Blümle*, § 64, Rn. 5.

1364 *Frege/Keller/Riedel*, Rn. 2505.

das der Insolvenzverwalter nach §§ 66, 197 InsO bei Beendigung seiner Abwicklungstätigkeit zu erstellen hat, um dem Gericht, den Gläubigern und dem Schuldner ein vollständiges Bild seiner gesamten Geschäftsführung zu geben.[1365] Gemäß § 8 II InsVV ist auch detailliert anzugeben, für welche Tätigkeiten und in welchem Umfang der Insolvenzverwalter Dritte beauftragt hat (vgl. § 4 I 3 InsVV).[1366] Außerdem müssen im Antrag alle vergütungserhöhenden und vergütungsmindernden Tatbestände im Sinne des § 3 InsVV dargelegt und begründet werden.[1367] Der Verwalter muss im Vergütungsantrag vor allem darauf hinweisen, wenn er Personen oder Gesellschaften beauftragt hat, mit denen er verbunden oder an denen er gesellschaftsrechtlich beteiligt ist.[1368] Die Beauftragung Dritter ist spätestens im Vergütungsantrag offenzulegen, damit das Gericht die Rechtmäßigkeit der Beauftragung überprüfen kann.[1369] Im Vergütungsantrag sind die Vergütung und die zu erstattenden Auslagen getrennt voneinander darzustellen (vgl. § 8 I 2 InsVV).[1370] Die Auslagen können konkret geltend gemacht werden (§ 4 InsVV) oder es kann ein Pauschalbetrag geltend gemacht werden (§ 8 III InsVV). Werden die Auslagen konkret geltend gemacht, sind sie im Einzelnen nachzuweisen und ihre Angemessenheit ist im Sinne des § 4 II InsVV darzulegen.[1371]

Gemäß § 64 I InsO wird die Vergütung des Verwalters durch Beschluss des Insolvenzgerichts festgesetzt. Das Gericht muss vor seiner Entscheidung über die Vergütung des Insolvenzverwalters den Gläubigern kein rechtliches Gehör gewähren.[1372] Das Gericht kann aber Beteiligte anhören. In Einzelfällen kann dies auch zweckdienlich sein. Eine Anhörungspflicht sieht das Gesetz aber jedenfalls nicht vor.[1373] Schon aufgrund der besonderen Verfahrensart und der Vielzahl der an diesem Verfahren Beteiligten ist eine vorherige Anhörung kaum

1365 *Haarmeyer/Mock*, Vorbem., Rn. 102 „Schlussrechnung"; Beck/Deprè-*Graeber*, § 51, Rn. 5.

1366 *Frege/Keller/Riedel*, Rn. 2505; BGH, NZI 2005, 103 (103).

1367 *Frege/Keller/Riedel*, Rn. 2505.

1368 *Frege/Keller/Riedel*, Rn. 2505.

1369 *Frege/Keller/Riedel*, Rn. 2505; BGH, NZI 2005, 103 (104); LG Stendal, ZIP 2000, 982 (982); AG Bochum, ZInsO 2001, 900 (900).

1370 *Frege/Keller/Riedel*, Rn. 2505.

1371 *Frege/Keller/Riedel*, Rn. 2505.

1372 Nerlich/Römermann-*Delhaes*, § 64, Rn. 5; *Frege/Keller/Riedel*, Rn. 2508; Uhlenbruck-*Mock*, § 64, Rn. 7; *Haarmeyer/Wutzke/Förster*, § 8 InsVV, Rn. 18; MüKo-InsO-*Riedel*, § 64, Rn. 5; a. A. noch MüKo-InsO-*Nowak*, 2. Auflage, § 64, Rn. 5; LG Düsseldorf, DB 1977, 1260 (1260); vgl. zur Gegenansicht auch *Haarmeyer/Mock*, § 8, Rn. 25.

1373 Nerlich/Römermann-*Delhaes*, § 64, Rn. 5.

möglich. Hinzu kommt noch das Gebot der Verfahrensbeschleunigung.[1374] Der Anspruch auf rechtliches Gehör aus Art. 103 GG steht dieser Handhabung nicht entgegen, da jeder Gläubiger gegen die Vergütungsfestsetzung Rechtsmittel einlegen kann.[1375]

Der Beschluss des Insolvenzgerichts muss die Vergütung, die zu erstattenden Auslagen sowie die hierauf entfallende Umsatzsteuer einzeln darstellen.[1376] Das Gericht muss den Beschluss auch in jedem Fall begründen.[1377] Von dieser Begründungspflicht sind vor allem die Erhöhungen der Regelvergütung gemäß § 3 InsVV umfasst.[1378]

Der Vergütungsbeschluss ist gemäß § 64 II InsO in der Form des § 9 InsO öffentlich bekannt zu machen. Gemäß § 64 II 2 InsO sind die festgesetzten Beträge nicht zu veröffentlichen. Dies dient dem Schutz des Persönlichkeitsrechts des Insolvenzverwalters; so soll er zum Beispiel vor Anfeindungen wegen einer (zu) hohen Vergütung in der Öffentlichkeit verschont bleiben.[1379] Gemäß § 64 II 1 InsO erfolgt eine Zustellung des vollständigen Beschlusses nur an den Insolvenzverwalter, den Schuldner und, sofern ein Gläubigerausschuss bestellt ist, an dessen Mitglieder.[1380] Die Tatsache, dass eine Zustellung an die Gläubiger selbst neben der öffentlichen Bekanntmachung nicht vorgesehen ist, kann verfassungsrechtliche Bedenken hervorrufen, da den Gläubigern so die Ausübung ihres Beschwerderechts (vgl. § 64 III InsO) erschwert wird. Denn so wissen sie im Zweifel nicht um den Umfang bzw. das Ausmaß ihrer Beschwer.[1381] Allerdings ist gemäß § 64 II 2 InsO in der öffentlichen Bekanntmachung darauf hinzuweisen, dass der vollständige Vergütungsbeschluss in der Geschäftsstelle eingesehen werden

1374 Uhlenbruck-*Mock*, § 64, Rn. 7.

1375 *Frege/Keller/Riedel*, Rn. 2508.

1376 *Frege/Keller/Riedel*, Rn. 2509.

1377 *Frege/Keller/Riedel*, Rn. 2509; MüKo-InsO-*Riedel*, § 64, Rn. 6; Braun-*Blümle*, § 64, Rn. 7; ausführlich auch zu der Gegenansicht LSZ-*Smid/Leonhardt*, § 64, Rn. 4.

1378 *Frege/Keller/Riedel*, Rn. 2509; MüKo-InsO-*Riedel*, § 64, Rn. 6; BGH, NZI 2006, 464 (464).

1379 Braun-*Blümle*, § 64, Rn. 8; Nerlich/Römermann-*Delhaes*, § 64, Rn. 8; BT-Drucks. 12/7302, S. 162. Vgl. als Beispiel die Berichterstattung der Zeit vom 29.06.2010 über den Karstadt-Insolvenzverwalter Klaus Hubert Görg, abrufbar unter http://www.zeit.de/wirtschaft/unternehmen/2010-06/karstadt-goerg-honorar; ebenso die Berichterstattung der Süddeutschen Zeitung vom 07.10.2010, abrufbar unter http://www.sueddeutsche.de/wirtschaft/karstadt-insolvenzverwalter-goerg-es-ist-zahltag-in-eigener-sache-1.1009404.

1380 Braun-*Blümle*, § 64, Rn. 10.

1381 Braun-*Blümle*, § 64, Rn. 8.

kann. Dies mildert die Benachteiligung der Gläubiger durch eine Nichtzustellung des Beschlusses zumindest ab. Eine förmliche Zustellung an jeden einzelnen Gläubiger wäre auch bei größeren Verfahren schon nicht mehr praktikabel.[1382]

3. *Die Verletzung von Bestimmungen im Vergütungsverfahren im Sinne einer haftungsrechtlichen Amtspflichtverletzung*

Nachdem die gesetzlichen Grundlagen und der Ablauf des Vergütungsverfahrens hinreichend erörtert worden sind, ist das Augenmerk nun auf etwaige Verletzungen von Pflichten im Vergütungsverfahren zu richten, die Amtshaftungsansprüche des Insolvenzgerichts auslösen können.

Es wurde bereits erörtert, dass das Insolvenzgericht auf Antrag des Verwalters über seine Vergütung zu beschließen hat. Ferner ist das Gericht verpflichtet, eine angemessene Vergütung festzusetzen und seine Entscheidung zu begründen. Außerdem muss das Gericht den Festsetzungsbeschluss öffentlich bekanntmachen und an die entsprechenden Beteiligten zustellen.[1383]

Das Insolvenzgericht hat noch eine sehr bedeutende weitere Pflicht. Es trifft nämlich die Pflicht, gemäß § 66 II InsO die Schlussrechnung[1384] zu prüfen. Diese Pflicht folgt aus der Aufsichtspflicht des Insolvenzgerichts nach § 58 InsO.[1385] Die Bedeutung für das Vergütungsverfahren ist immens, da sich die Höhe der Vergütung an der Insolvenzmasse bemisst; die Insolvenzmasse ergibt sich wiederum aus der Schlussrechnung.

Die Prüfungspflicht des Insolvenzgerichts besteht sowohl in formeller als auch in materieller Hinsicht.[1386] In formeller Hinsicht muss das Gericht die äußere Ordnungsmäßigkeit prüfen. Das heißt, das Gericht prüft, ob die Buchführung ordnungsgemäß ist und ob die Erfassung der Geschäftsvorgänge und ihre Verarbeitung in der Buchführung korrekt sind. Außerdem prüft das Gericht, ob die Angaben rechnerisch richtig sind.[1387] Diesbezüglich hat das Gericht Abstimmungs- und Übertragungsprüfungen sowie Belegprüfungen durchzuführen.[1388]

1382 Braun-*Blümle*, § 64, Rn. 8 Fn. 22; BayOLG, ZInsO 2002, 129 (131).

1383 Vgl. 2. Teil B. V. 1. und 2.

1384 Auf die Schlussrechnung als solche und ihre Anforderungen wird nicht näher eingegangen.

1385 Braun-Blümle, § 66, Rn. 15; Nerlich/Römermann-*Delhaes*, § 66, Rn. 18.

1386 Braun-Blümle, § 66, Rn. 17.

1387 MüKo-InsO-*Nowak*, 2. Auflage, § 66, Rn. 15; Nerlich/Römermann-*Delhaes*, § 66, Rn. 20.

1388 MüKo-InsO-*Nowak*, 2. Auflage, § 66, Rn. 15; Nerlich/Römermann-*Delhaes*, § 66, Rn. 20.

In materieller Hinsicht ist vom Insolvenzgericht zu prüfen, ob die Schlussrechnung inhaltlich ein vollständiges Bild der gesamten Geschäftsführung des Insolvenzverwalters wiedergibt und ob die Verwertung des schuldnerischen Vermögens nachvollzogen werden kann.[1389] Es findet aber nur eine Rechtmäßigkeits- und keine Zweckmäßigkeitsprüfung statt.[1390]

Das Gericht kann zur Überprüfung der Schlussrechnung einen Sachverständigen hinzuziehen, wenn es selbst zur Überprüfung nicht in der Lage ist.[1391] Die Bestellung eines Sachverständigen ist aber nicht schon allein deswegen gerechtfertigt, weil dem Insolvenzgericht die nötige Zeit fehlt.[1392] In der Praxis gehen die Insolvenzgerichte aber immer häufiger dazu über, die Schlussrechnungen von externen Sachverständigen prüfen zu lassen.[1393] Begründet wird dies mit der allgemeinen Arbeitsbelastung und teilweise wird sogar ohne Ansehung des Einzelfalls über die Bestellung eines Sachverständigen entschieden.[1394]

Allerdings ist anzumerken, dass eine grundsätzliche bzw. standardmäßige Bestellung von Sachverständigen zur Schlussrechnungsprüfung gegen § 66 II 1 InsO verstößt, da die Schlussrechnungsprüfung gemäß § 66 II 1 InsO eine originäre Pflicht des Insolvenzgerichts darstellt.[1395] Eine Privatisierung gerichtlicher Aufgaben durch das Gericht selbst kann nicht durch eine mangelhafte personelle und sachliche Ausstattung der Gerichte gerechtfertigt werden.[1396] Folglich kann die Bestellung eines Sachverständigen nur bei fehlender Sachkunde des Gerichts oder aus besonderem Anlass erfolgen.[1397] *Weitzmann* stellt fest, dass aufgrund des Justizgewährungsanspruchs aus Art. 19 IV GG keine Kosten durch die mangelnde

1389 Braun-Blümle, § 66, Rn. 19; MüKo-InsO-*Nowak*, 2. Auflage, § 66, Rn. 16; Nerlich/Römermann-*Delhaes*, § 66, Rn. 21.

1390 Braun-Blümle, § 66, Rn. 19; Uhlenbruck-*Uhlenbruck*, § 66, Rn. 50; MüKo-InsO-*Riedel*, § 66, Rn. 26; MüKo-InsO-*Nowak*, 2. Auflage, § 66, Rn. 17 „inzwischen herrschende Meinung".

1391 Braun-Blümle, § 66, Rn. 20; Uhlenbruck-*Uhlenbruck*, § 66, Rn. 57; MüKo-InsO-*Riedel*, § 66, Rn. 29; MüKo-InsO-*Nowak*, 2. Auflage, § 66, Rn. 19; *Uhlenbruck*, ZIP 1982, 125 (133).

1392 *Heyrath*, ZInsO 2005, 1092 (1095); *Rechel*, S. 227.

1393 *Rechel*, S. 226.

1394 *Rechel*, S. 226.

1395 Uhlenbruck-*Uhlenbruck*, § 66, Rn. 57; *Weitzmann*, ZInsO 2007, 449 (453); vgl. dazu auch *Rechel*, S. 227.

1396 Uhlenbruck-*Uhlenbruck*, § 66, Rn. 57; *Weitzmann*, ZInsO 2007, 449 (453); BAKinso e. V., ZInsO 2007, 489 (489); *Rechel*, S. 227.

1397 Uhlenbruck-*Uhlenbruck*, § 66, Rn. 57; *Weitzmann*, ZInsO 2007, 449 (454); Jaeger-*Gerhardt*, § 5, Rn. 13, 15; vgl. dazu auch *Heyrath*, ZInsO 2005, 1092 (1095).

personelle oder sachliche Ausstattung der Insolvenzgerichte auf die Insolvenzmasse abgewälzt werden dürfen.[1398] Denn die durch die Hinzuziehung eines Sachverständigen entstehenden Kosten sind als Auslagen des Insolvenzgerichts gemäß § 54 Nr. 1 InsO aus der Insolvenzmasse zu zahlen.[1399]

Die Praxis zeigt, dass eine von einem Sachverständigen vorgenommene Schlussrechnungsprüfung durch eine kleinliche und die Prüfungskompetenz des Insolvenzgerichts übersteigende Fehlersuche gekennzeichnet ist.[1400] Doch auch wenn das Insolvenzgericht einen Sachverständigen bestellt, so bleibt es doch der Herr des Verfahrens.[1401] Das Insolvenzgericht muss, auch wenn ein Sachverständiger bestellt ist, sich ein eigenes Bild von der Ordnungsgemäßheit der Schlussrechnung und der Verfahrensabwicklung machen.[1402]

Die Anordnung der Hinzuziehung eines Sachverständigen ist unanfechtbar.[1403]

Ergeben sich bei der Schlussrechnungsprüfung Mängel eben dieser, so ist der Insolvenzverwalter dazu aufzufordern, diese Mängel (schon vor dem Schlusstermin)[1404] zu beheben.[1405] Die Mängelbeseitigung kann das Insolvenzgericht gegebenenfalls auf dem Aufsichtswege nach § 58 InsO durchsetzen.[1406]

Somit sind die Pflichten des Insolvenzgerichts im Vergütungsverfahren ausreichend erörtert worden. Fraglich ist, wie das Insolvenzgericht die ihm obliegenden Pflichten verletzen kann.

Das Insolvenzgericht begeht in Hinblick auf die zuvor erörterten Pflichten immer dann eine Pflichtverletzung, wenn es keine oder eine unangemessene

---

1398 *Weitzmann*, ZInsO 2007, 449 (454); vgl. dazu auch Uhlenbruck-*Uhlenbruck*, § 66, Rn. 57; *Rechel*, S. 227; *Heyrath*, ZInsO 2005, 1092 (1095).

1399 *Rechel*, S. 227.

1400 Anfrage des BMJ vom 1.3.2007 an den VID, Verband Insolvenzverwalter Deutschlands e.V.

1401 *Rechel*, S. 227.

1402 *Rechel*, S. 228; vgl. dazu auch MüKo-InsO-*Nowak*, 2. Auflage, § 66, Rn. 20; MüKo-InsO-*Riedel*, § 66, Rn. 29.

1403 Braun-Blümle, § 66, Rn. 20; MüKo-InsO-*Nowak*, 2. Auflage, § 66, Rn. 19; OLG Hamm, ZIP 1986, 724 (724); vgl. zur Anfechtbarkeit der Sachverständigenbestellung auch *Rechel*, S. 228.

1404 MüKo-InsO-*Nowak*, 2. Auflage, § 66, Rn. 22.

1405 MüKo-InsO-*Nowak*, 2. Auflage, § 66, Rn. 22; MüKo-InsO-*Riedel*, § 66, Rn. 37; Uhlenbruck-*Uhlenbruck*, § 66, Rn. 61; Braun-Blümle, § 66, Rn. 22; Nerlich/Römermann-*Delhaes*, § 66, Rn. 23.

1406 Braun-Blümle, § 66, Rn. 22; Nerlich/Römermann-*Delhaes*, § 66, Rn. 23; MüKo-InsO-*Nowak*, 2. Auflage, § 66, Rn. 22; MüKo-InsO-*Riedel*, § 66, Rn. 37; Uhlenbruck-*Uhlenbruck*, § 66, Rn. 61; *Uhlenbruck*, ZIP 1982, 125 (133f.).

Vergütung festsetzt, den Vergütungsbeschluss nicht begründet und wenn es ihn nicht öffentlich bekannt macht und nicht an die entsprechenden Beteiligten im Sinne des § 64 II 2 InsO zustellt.

Darüber hinaus ist es fraglich, ob schon eine reine „Verzögerung" der Festsetzung eine Pflichtverletzung darstellt.

Seine Prüfungspflicht aus § 66 II 1 InsO verletzt das Insolvenzgericht immer dann, wenn es keine bzw. keine ausreichende Prüfung der Schlussrechnung vornimmt.[1407] Ob aber auch durch eine verzögerte Schlussrechnungsprüfung, die unweigerlich zur verspäteten Vergütungsfestsetzung führt, eine Amtspflichtverletzung begangen wird, ist schwerlich zu beurteilen. Der BGH hat zumindest in einer seiner Entscheidungen festgestellt, dass kein Anspruch auf Verzinsung der Vergütung zwischen Antragstellung und Festsetzung besteht.[1408] Die Ausführungen zur fehlenden Verzinsung sind nachvollziehbar, allerdings äußert sich der BGH nicht dazu, ab welchem Ausmaß der Verzögerung eventuell eine Pflichtverletzung und damit einhergehend ein Schaden gegeben ist. Der BGH stellt nur fest, dass für den Fall der schuldhaften Verzögerung oder Versagung eines beantragten Kostenvorschusses eines vorläufigen Insolvenzverwalters durch das Insolvenzgericht ein Schadensersatzanspruch wegen Amtspflichtverletzung nach § 839 I BGB i. V. m. Art. 34 S. 1 GG bestehen kann.[1409] Manche[1410] leiten daraus ab, dass der Insolvenzverwalter gegen eine vermeintlich oder tatsächlich verspätete Vergütungsfestsetzung keine Ansprüche im Rahmen der Amtshaftung gegen den Staat geltend machen könne. Der BGH lässt dies aber gerade offen. Somit muss grundsätzlich davon ausgegangen werden, dass auch eine Verzögerung der Schlussrechnungsprüfung bzw. der Vergütungsfestsetzung zu einer Pflichtverletzung des Insolvenzgerichts führt. Zumal das Insolvenzgericht dem Gebot der Verfahrensbeschleunigung unterliegt.

4. *Drittbezogenheit der Amtspflicht*

Bei den zuvor erörterten Amtspflichten, die sich aus den §§ 64ff. InsO und der InsVV ergeben, stellt sich die Frage, inwieweit die Amtspflichten eine Drittbezogenheit aufweisen, denn die verletzte Amtspflicht müsste auch drittbezogen

1407 Vgl. *Uhlenbruck*, ZIP 1982, 125 (132); MüKo-InsO-*Nowak*, 2. Auflage, § 66, Rn. 23; MüKo-InsO-*Riedel*, § 66, Rn. 38.

1408 BGH, ZInsO 2004, 268 (268f.).

1409 BGH, ZInsO 2004, 268 (268f.); vgl. dazu auch BGH, Urteil v. 16.10.2014 – IX ZR 190/13, BeckRS 2014, 20843.

1410 Vgl. stellvertretend *Frege/Keller/Riedel*, Rn. 2509 a.

sein, um eine etwaige Haftung nach § 839 I BGB i. V. m. Art. 34 S. 1 GG zu begründen.[1411]

Um den Haftungstatbestand des § 839 I BGB zu erfüllen, genügt nicht jede Amtspflichtverletzung. Es muss eine Amtspflicht verletzt worden sein, die dem Beamten gegenüber einem Dritten obliegt.[1412] Der Geschädigte kann aber auch nur dann einen Amtshaftungsanspruch geltend machen, wenn die verletzte Amtspflicht gerade bzw. zumindest auch ihm gegenüber besteht.[1413] Es bedarf einer besonderen Beziehung zwischen der verletzten Amtspflicht und dem geschädigten Dritten.[1414]

Wie schon bei der Drittbezogenheit der Vorauswahlpflicht, der Auswahlpflicht im konkreten Verfahren und der Aufsichtspflicht des Insolvenzgerichts erwähnt, können im Insolvenzverfahren sowohl der Schuldner als auch die Gläubiger und der Insolvenzverwalter als „Dritte" in Betracht kommen.[1415]

Es ist an dieser Stelle zunächst darauf hinzuweisen, dass eine Person, die zum Kreis der durch eine Amtspflicht geschützten Dritten gehört, nicht in allen ihren Belangen als „Dritter" anzusehen ist. Sie ist nur insoweit geschützt, wie die Schutzwirkung der verletzten Amtspflicht reicht. Der Schutzzweck der Amtspflicht entscheidet also darüber, ob eine Person zum Kreis der „Dritten" gehört und wie weit der Schutz bezüglich der Amtspflicht reicht. Das umfasst auch, welche Interessen bzw. Belange dieser Person geschützt werden sollen. Die Amtspflichten können folglich, je nach dem zu schützenden Interesse, ein und derselben Person gegenüber „aufgespalten" sein. Bestimmte Belange können vom Schutzzweck erfasst sein, andere hingegen nicht.[1416]

Es kommt allein auf den Schutzzweck der Amtspflicht an; insofern ist es nicht erforderlich, dass der „Dritte" am Amtsgeschäft beteiligt ist.[1417] Unter den Begriff „Dritte" fallen nicht nur die am Amtsgeschäft unmittelbar Beteiligten, sondern alle Personen, deren Interesse nach der besonderen Natur des Amtsgeschäfts durch dieses berührt wird und in deren Rechtskreis dadurch eingegriffen werden kann; auch wenn sie durch die Amtsausübung nur mittelbar und unbeabsichtigt betroffen werden.[1418]

Auch hier gilt die von *Holzer*, *Kleine-Cosack* und *Prütting* vertretene Überzeugung, der Schutzzweck der Amtspflicht sei im Einzelnen am Maßstab der Kasuistik

1411 Vgl. zur Drittbezogenheit 2. Teil A. IV.
1412 MüKo-BGB-*Papier*, § 839, Rn. 227.
1413 MüKo-BGB-*Papier*, § 839, Rn. 227; BGHZ 1, 388 (394f.).
1414 MüKo-BGB-*Papier*, § 839, Rn. 227; BGHZ 56, 40 (45f.).
1415 MüKo-InsO-*Haarmeyer*, § 21, Rn. 42.
1416 MüKo-BGB-*Papier*, § 839, Rn. 235; BGHZ 90, 310 (312).
1417 MüKo-BGB-*Papier*, § 839, Rn. 239.
1418 BGHZ 20, 53 (56); RGZ 138, 309 (313).

der Rechtsprechung des BGH wie auch der InsO zu ermitteln.[1419] Dies verdeutlicht sich gerade in dem Pflichtenkreis des Insolvenzgerichts bezüglich der Vergütungsfestsetzung und der Schlussrechnungsprüfung noch einmal, da der BGH eine Entscheidung (bewusst) noch nicht getroffen hat.

Dabei kann – ohne jede Amtspflicht noch einmal im Einzelnen zu betrachten – festgestellt werden, dass das Vergütungsverfahren und die Schlussrechnungsprüfung vor allem dem Insolvenzverwalter zugutekommen. Denn er will infolge der Schlussrechnungsprüfung und des Vergütungsantrags seine Vergütung erhalten. Darüber hinaus kommen die Pflichten aber auch den Gläubigern und dem Schuldner zugute. Die Vergütung wird schließlich direkt aus der Insolvenzmasse gezahlt. Damit greift der Vergütungsbeschluss unmittelbar in das Eigentum der Gläubiger und des Schuldners ein. Sie sind folglich auch „Dritte" im Sinne der Amtspflichten.

5. *Verursachung eines Schadens*

Es muss durch die Amtspflichtverletzung zu einem Vermögensschaden bei dem geschützten Dritten kommen.[1420]

Dem Geschädigten obliegt die Pflicht, darzulegen und zu beweisen, dass ihm durch die Amtspflichtverletzung ein Schaden entstanden ist. Dem Geschädigten kommen bei der Schadensbestimmung allerdings die Beweiserleichterungen nach § 287 ZPO zugute.[1421]

Im Falle einer pflichtwidrigen Vergütungsfestsetzung bzw. einer pflichtwidrigen Schlussrechnungsprüfung gibt es mehrere mögliche Adressaten für einen Vermögensschaden. So erleiden die Gläubiger und der Schuldner einen etwaigen Vermögensschaden, wenn der Verwalter infolge eines fehlerhaften Beschlusses eine zu hohe Vergütung erhält und so die Masse schmälert. Ebenso erleidet der Verwalter einen etwaigen Vermögensschaden, wenn er aufgrund eines fehlerhaften Beschlusses eine zu niedrige Vergütung erhält und dementsprechend die Gläubiger und eventuell der Schuldner zu viel aus der Masse erhalten. In Hinblick auf eine etwaige Verzögerung der Schlussrechungsprüfung und der Vergütungsfestsetzung muss noch einmal festgestellt werden, dass der Verwalter zwar keinen Anspruch auf Zinsen hat, allerdings kann er dennoch durch eine verzögerte Bearbeitung einen Vermögensschaden erleiden. Schließlich muss er seine Vergütung eventuell durch einen Kredit vorfinanzieren. Dieser Kredit mitsamt

---

1419 *Holzer/Kleine-Cosack/Prütting*, S. 59.

1420 MüKo-BGB-*Papier*, § 839, Rn. 276.

1421 MüKo-BGB-*Papier*, § 839, Rn. 276; BGH, NJW 1995, 2344 (2345).

der anfallenden Zinsen könnte dann im Einzelfall als Vermögensschaden des Verwalters anzusehen sein.

Darüber hinaus wird es auch in anderen Fällen der pflichtwidrigen Vergütungsfestsetzung bzw. einer pflichtwidrigen Schlussrechnungsprüfung dem Geschädigten eher möglich sein, seinen Schaden zu beziffern. Es geht bei der Vergütung schließlich um konkrete Zahlen, die aufgrund der Schlussrechnung substantiiert dargelegt werden können.

6. *Haftungsausfüllende Kausalität*

Die Amtspflichtverletzung müsste auch für den Eintritt des Vermögensschadens kausal geworden sein.[1422]

Beim Amtshaftungsanspruch gibt es allerdings Unterschiede und Besonderheiten im Vergleich zum „normalen" Deliktsrecht.

Die Norm des § 839 BGB kennt nämlich keine beschränkte haftungsbegründende Kausalität. Denn der § 839 BGB ist nicht auf die Verletzung bestimmter Rechte und Rechtsgüter beschränkt.

Etwas anderes kann sich aber im Einzelfall aus dem Schutzzweck der verletzten Amtspflicht ergeben.[1423] Der § 839 BGB schützt das Vermögen als Ganzes.[1424] Allerdings schützt § 839 BGB nicht gegen jeden Vermögensschaden. Einschränkungen können sich aus dem Schutzzweck der Amtspflicht ergeben.[1425] Gemäß § 839 I 1 BGB muss sich das Verschulden des Beamten nicht auf die Kausalität zwischen der Amtspflichtverletzung und dem Schadenseintritt beziehen.[1426]

Für die Kausalität zwischen Amtspflichtverletzung und Schadenseintritt gilt auch das Kriterium des adäquaten Kausalzusammenhangs. Der auf der Amtspflichtverletzung beruhende Schaden ist dem Beamten und mittelbar nach Art. 34 GG dem Staat nur zuzurechnen, wenn die Amtspflichtverletzung die Wahrscheinlichkeit des Schadenseintritts wesentlich erhöht hat oder wenn der Beamte den Eintritt des Schadens erwartet oder gewollt hat.[1427] Denkbar sind auch Fälle, in denen der Staat geltend macht, die Schäden wären auch bei ordnungsgemäßer Amtsausübung nicht ausgeblieben. Dabei ist allerdings danach zu fragen, ob die Behörde die zum selben Schaden führende Maßnahme nicht nur

1422 Prütting/Wegen/Weinreich-*Kramarz*, § 839, Rn. 58; Erman-*T. Mayen*, § 839, Rn. 65; vgl. ausführlich zur Kausalität unter 2. Teil A. VI.

1423 *Bender*, Rn. 563; anderes kann sich im Einzelfall aus dem Schutzzweck der verletzten Amtspflicht ergeben, vgl. *Bender*, Rn. 563.

1424 *Bender*, Rn. 563.

1425 BGHZ 39, 358 (358f.).

1426 *Bender*, Rn. 563.

1427 *Bender*, Rn. 564; BGH, NJW 1965, 1524 (1525).

hätte fehlerfrei treffen können, sondern auch tatsächlich getroffen hätte. Grund für die Vornahme dieser Handlungen könnte zum Beispiel eine Rechtspflicht sein und nur, wenn die Handlung auch getroffen worden wäre, kann von „echtem" pflichtmäßigen Alternativverhalten gesprochen werden. Nur dann kann der Staat dem Anspruch des Geschädigten etwas entgegenhalten. Aber selbstverständlich nur, wenn der Schaden auch bei pflichtgemäßem Verhalten eingetreten wäre.[1428]

Im Falle einer gerichtlichen Entscheidung ist beim Vorliegen eines bestimmten Alternativverhaltens erheblich, wie das zuständige Gericht die hypothetische alternative Amtshandlung beurteilt hätte. Es kommt nicht darauf an, wie das Gericht tatsächlich entschieden hätte, sondern wie das Gericht richtigerweise hätte entscheiden müssen.[1429]

Liegt eine pflichtwidrige hoheitliche Ermessensentscheidung vor, so ist nach der Rechtsprechung zu ermitteln, wie die vorherige bzw. sonstige Übung der Behörde aussieht und ob sie danach pflichtgemäß entschieden hätte. Die Behörde kann dem Amtshaftungsanspruch des Geschädigten nämlich entgegenhalten, dass derselbe Schaden auch entstanden wäre, wenn die korrekte Entscheidung mit an Sicherheit grenzender Wahrscheinlichkeit inhaltlich ebenso wie die fehlerhafte ausgefallen wäre. Der Schaden wäre folglich gleichwohl eingetreten. Außerdem ist darauf zu achten, ob der Ermessensfehler in einer sachwidrigen Abweichung von einer ständigen Übung liegt. Eine solche willkürliche Abweichung verstößt in der Regel gegen den allgemeinen Gleichheitssatz nach Art. 3 I GG und ist ermessensfehlerhaft.[1430] Ist eine behördliche Übung nicht ermittelbar, nach der die Behörde eine pflichtgemäße Entscheidung getroffen hätte, die in Art und Inhalt der amtspflichtwidrigen entspricht, so kann der Ursachenzusammenhang und folglich ein Schaden nicht verneint werden.[1431]

Liegt die Amtspflichtverletzung in einem Unterlassen, wird ein Amtshaftungsanspruch nur ausgelöst, wenn das amtspflichtgemäße Alternativverhalten den Schadenseintritt mit an Sicherheit grenzender Wahrscheinlichkeit verhindert hätte.[1432]

Des Weiteren findet, wie schon festgestellt, auch das Kriterium des Schutzzwecks der Norm Anwendung auf § 839 BGB. Seine Wirkung besteht vor allem darin, dass durch den Schutzzweck eine Auslese unter den etwaigen Anspruchsberechtigten stattfindet und dementsprechend auch unter den ersatzfähigen Schäden.[1433]

Es gibt aber noch eine weitere Möglichkeit, mit der der Staat sich gegen Amtshaftungsansprüche zur Wehr setzen kann bzw. Tatsachen, die der Staat einem eventuell bestehenden Amtshaftungsanspruch entgegenhalten kann. Dabei handelt es sich um eine sogenannte „Zwischenursache", die den Ursachenzusammenhang unterbrechen kann.

1428 *Bender*, Rn. 565.

1429 *Bender*, Rn. 565; BGHZ 36, 144 (146).

1430 *Bender*, Rn. 566; zur ständigen Übung (bzw. Selbstbindung) vgl. ausführlich 2. Teil B. III. 3. a) aa) ff.

1431 *Bender*, Rn. 566; BGH, NJW 1959, 1316 (1317).

1432 *Bender*, Rn. 567; BGHZ 7, 198 (198).

1433 *Bender*, Rn. 568.

Eine „Zwischenursache“ liegt vor, wenn durch ein selbständiges und auf freiwilliger Basis beruhendes, nicht auf die Abwehr oder die Minderung des Schadens gerichtetes Verhalten des Verletzten oder eines Dritten die Kausalkette unterbrochen und die Kausalität somit ausgeschlossen wird.[1434] Dies gilt allerdings nur, wenn die Verletzung der Amtspflicht für das Auftreten der „Zwischenursache“ unerheblich gewesen ist.[1435] Es geht dabei nicht um eine Unterbrechung der Äquivalenz oder ein Fehlen der Adäquanz, sondern darum, ob dem Beamten bei einer wertenden Betrachtung der Schaden nicht mehr zugerechnet werden kann.[1436]

Zusammenfassend ist festzustellen, dass der Frage der Kausalität bei Amtshaftungsansprüchen, ebenso wie bei anderen Schadensersatzansprüchen, eine entscheidende Rolle zukommt.

Im Amtshaftungsrecht ist aus gegebenem Grund ein besonderes Augenmerk auf den Schutzzweck der verletzten Norm zu richten, da der Schutzzweck der verletzten Amtspflicht drittgerichtet sein muss und von Amtspflicht zu Amtspflicht in verschiedene Spektren aufgesplittert sein kann.

Im Fall eines pflichtwidrigen Verlaufes des Vergütungsverfahrens bzw. einer pflichtwidrigen Prüfung der Schlussrechnung stellt sich auch die Frage nach Äquivalenz, Adäquanz und Schutzzweck der Norm. Doch es lässt sich an dieser Stelle – wie schon zuvor bei den anderen Amtspflichten – keine generalisierte Antwort darauf geben, welche etwaigen speziellen Kausalitätsprobleme sich im konkreten Fall ergeben könnten. Dafür ist die Kausalität von zu vielen einzelfallbezogenen Faktoren abhängig, sodass die Kausalität und ihre Probleme lediglich im Generellen beleuchtet werden können.

7. *Verschulden bzgl. der Amtspflichtverletzung*

Des Weiteren muss die Pflichtverletzung auch verschuldet sein.[1437]

Der § 839 I BGB setzt für die Beamtenhaftung voraus, dass der Beamte eine Amtspflicht vorsätzlich oder fahrlässig verletzt. Für die Amtshaftung des Staates aus Art. 34 GG gilt dieses Verschuldenserfordernis in gleicher Weise, weil diese die Erfüllung des Tatbestandes des § 839 BGB voraussetzt.[1438] Das Verschulden kann sowohl in der Form des Vorsatzes als auch in der Form der Fahrlässigkeit

1434 *Bender*, Rn. 570.

1435 *Bender*, Rn. 570; BGHZ 12, 206 (211); BGHZ 17, 153 (159).

1436 *Bender*, Rn. 570; vgl. beispielhaft BGHZ 58, 162 (165ff.).

1437 *Rechel*, S. 410; vgl. ausführlich zum Verschulden 2. Teil A. VII.

1438 MüKo-BGB-*Papier*, § 839, Rn. 282; *Bender*, Rn. 572; *Ossenbühl/Cornils*, S. 74f.; *Dagtoglou*, Art. 34 GG, Rn. 173.

vorliegen. Dabei muss das Verschulden nur in Hinblick auf die Amtspflichtverletzung vorliegen, nicht aber auch in Hinblick auf den schädigenden Erfolg.[1439]

Die Fahrlässigkeit bzw. der Vorsatz muss beim Insolvenzgericht vorliegen, das heißt bei seinen „Beamten". Es muss der Vorsatz bzw. die Fahrlässigkeit also bei derjenigen Person vorliegen, der die verletzte Amtspflicht obliegt. Dies ist, wie bereits erwähnt, von den verschiedenen Verfahrensarten und Verfahrensabschnitten sowie weiteren Faktoren abhängig. Der Vorsatz oder die Fahrlässigkeit kann also sowohl in der Person des Insolvenzrichters als auch in der des Rechtspflegers verwirklicht werden.

Darüber hinaus ist im Amtshaftungsrecht die Feststellung der konkreten Schuldform im Allgemeinen unerlässlich, weil davon die Anwendbarkeit bzw. Nichtanwendbarkeit der Subsidiaritätsklausel nach § 839 I 2 BGB, des Spruchrichterprivilegs nach § 839 II 1 BGB sowie die Möglichkeit eines etwaigen Regresses[1440] des Staates gegen den Beamten abhängig sein kann.[1441]

8. *Stellungnahme*

Die Grundlagen des Vergütungsverfahrens sind die §§ 63–65 InsO und die Regelungen der InsVV.[1442] Eine weitere entscheidende Rolle kommt der Schlussrechnungsprüfung nach § 66 II InsO zu.[1443]

Zusammenfassend ist festzustellen, dass das Insolvenzgericht die Pflicht hat, auf Antrag des Verwalters über seine Vergütung zu beschließen. Das Gericht muss eine angemessene Vergütung festsetzen und muss seine Entscheidung begründen. Außerdem muss das Gericht den Festsetzungsbeschluss öffentlich bekanntmachen und an die entsprechenden Beteiligten zustellen.[1444]

Nach § 66 II InsO trifft das Insolvenzgericht die Pflicht, die Schlussrechnung zu prüfen, die als Berechnungsgrundlage für die Vergütung dient, da aus ihr die Insolvenzmasse ersichtlich wird.[1445]

Das Insolvenzgericht verletzt seine Pflichten im Vergütungsverfahren immer dann, wenn es keine oder eine unangemessene Vergütung festsetzt, den Vergütungsbeschluss nicht begründet und wenn es ihn nicht öffentlich bekannt macht

---

1439 MüKo-BGB-*Papier*, § 839, Rn. 284; BGH, MDR 1981, 32 (32).

1440 Vgl. Art. 34 S. 2 GG, § 75 Abs. 1 BBG, § 48 BeamtStG.

1441 MüKo-BGB-*Papier*, § 839, Rn. 287; *Bender*, Rn. 584.

1442 Vgl. 2. Teil B. V. 1.

1443 Vgl. 2. Teil B. V. 3.

1444 Vgl. ausführlich zum Vergütungsverfahren unter 2. Teil B. V. 1. und 2.

1445 Vgl. 2. Teil B. V. 3.

und nicht an die entsprechenden Beteiligten im Sinne des § 64 II 2 InsO zustellt.[1446] Seine Prüfungspflicht aus § 66 II 1 InsO verletzt das Insolvenzgericht immer dann, wenn es keine bzw. keine ausreichende Prüfung der Schlussrechnung vornimmt.[1447]

Grundsätzlich muss auch davon ausgegangen werden, dass schon eine Verzögerung der Schlussrechnungsprüfung bzw. der Vergütungsfestsetzung zu einer Pflichtverletzung des Insolvenzgerichts führt. Zumal das Insolvenzgericht dem Gebot der Verfahrensbeschleunigung unterliegt.[1448]

Als „Dritte" im Rahmen der Pflichten des Vergütungsverfahrens kommen sowohl der Insolvenzverwalter als auch die Gläubiger und der Schuldner in Betracht.[1449]

Das Problem für die etwaigen Betroffenen der Amtspflichtverletzung besteht aber wiederum zu allererst – unabhängig von Fragen anderer Tatbestandsmerkmale – darin, dass dem Geschädigten die Pflicht obliegt, darzulegen und zu beweisen, dass ihm durch die Amtspflichtverletzung ein Schaden entstanden ist. Dem Geschädigten kommen zwar bei der Schadensbestimmung die Beweiserleichterungen nach § 287 ZPO zugute, doch es ist weiterhin schwierig, den Schaden zu beziffern. Beim Vergütungsverfahren sollte dem Verwalter der Beweis allerdings leichter fallen, wenn er zum Beispiel seine Auslagen durch einen Kredit vorfinanziert hat. So kann er nämlich eine konkrete Schadenshöhe beziffern. Auch kann die Schlussrechnung der weiteren Substantiierung dienen.

VI. Haftungseinschränkungen oder Haftungsausschlüsse

Sind alle Tatbestandsmerkmale eines Amtshaftungsanspruches gemäß § 839 I BGB gegeben, kann es dennoch dazu kommen, dass der Geschädigte diesen Anspruch nicht durchsetzen kann. Denn es gibt Einschränkungen, die einen Anspruch auf Amtshaftung in Gänze ausschließen.

Diese Einschränkungen und Ausschlüsse der Amtshaftung sind zum Beispiel die Subsidiaritätsklausel bzw. das sog. Verweisungsprivileg gemäß § 839 I 2 BGB, das Spruchrichterprivileg gemäß § 839 II BGB oder die Versäumung von Rechtsmitteln gemäß § 839 III BGB.[1450] Hinzu können noch sondergesetzliche

1446 Vgl. 2. Teil B. V. 3.

1447 Vgl. *Uhlenbruck*, ZIP 1982, 125 (132); MüKo-InsO-*Nowak*, 2. Auflage, § 66, Rn. 23; MüKo-InsO-*Riedel*, § 66, Rn. 38; 2. Teil B. V. 3.

1448 Vgl. 2. Teil B. V. 3.; vgl. dazu auch BGH, ZInsO 2004, 268 (268f.).

1449 Vgl. 2. Teil B. V. 4.

1450 *Ipsen*, Allg. VerwR, Rn. 1281ff.

Haftungseinschränkungen bzw. –ausschlüsse[1451] und die Verjährung von Amtshaftungsansprüchen[1452] kommen. Außerdem kann es aufgrund der „Kollegialgerichts-Richtlinie" zu Haftungseinschränkungen bzw. –ausschlüssen kommen.[1453]

1. *Subsidiaritätsklausel gemäß § 839 I 2 BGB*

a) Schutzzweck

Fällt dem Beamten ein Verschulden in Form von Fahrlässigkeit zur Last, so kann er gemäß § 839 I 2 BGB nur in Anspruch genommen werden, wenn der Geschädigte nicht auf andere Weise Ersatz erlangen kann. Die Subsidiaritätsklausel nach § 839 I 2 BGB gilt aber nicht nur für die Eigenhaftung des Beamten, sondern nach der Rechtsprechung auch für die Amtshaftung nach Art. 34 GG.[1454] Der § 839 I 2 BGB ist unmittelbar der Norm über die Eigenhaftung des Beamten zugeordnet und soll dort den Schutz des handelnden Amtsträgers bezwecken. Aufgrund der Haftungsübernahme durch den Staat entfällt jedoch dieser Schutzzweck an sich.[1455]

Stimmen in der Literatur[1456] haben deswegen die generelle Nichtanwendung der Subsidiaritätsklausel bei der den Staat treffenden Amtshaftung gefordert.[1457] Die Judikatur hat sich aus Gründen der Gesetzesbindung zu diesem Schritt nicht in der Lage gesehen. Der BGH hat allerdings bereits im Jahre 1953 anerkannt, dass der gesetzgeberische Zweck des § 839 I 2 BGB im Falle der die Eigenhaftung des Beamten ablösenden Staatshaftung seine Bedeutung verloren hat. Dem Verweisungsprivileg ist aber gleichzeitig ein anderer oder erweiterter Schutzzweck beigemessen worden.[1458] Der § 839 I 2 BGB ist nicht allein eine Schutznorm zugunsten des Amtsträgers, sondern auch zugunsten des Staates.[1459] Der Staat soll über das Verweisungsprivileg nach § 839 I 2 BGB finanziell entlastet werden, da er nach Art. 34 GG nur für fremdes Unrecht und nur für fremde Schuld haftet.[1460]

1451 MüKo-BGB-*Papier*, § 839, Rn. 336ff.

1452 MüKo-BGB-*Papier*, § 839, Rn. 351ff.

1453 Staudinger-*Wöstmann*, § 839, Rn. 211ff.

1454 BGHZ 42, 176 (181); BGHZ 61, 101 (109ff.).

1455 MüKo-BGB-*Papier*, § 839, Rn. 300.

1456 *Bettermann*, DÖV 1954, 299 (304); *Scheuner*, DÖV 1955, 545 (548).

1457 MüKo-BGB-*Papier*, § 839, Rn. 300.

1458 MüKo-BGB-*Papier*, § 839, Rn. 300.

1459 BGHZ 13, 88 (103ff.).

1460 MüKo-BGB-*Papier*, § 839, Rn. 300.

Der BGH hat die Subsidiaritätsklausel in einer seiner Entscheidungen selbst als „antiquiert" bezeichnet[1461] und hat zu einem späteren Zeitpunkt begonnen, den Anwendungsbereich der Subsidiaritätsklausel im Wege der Differenzierung von Fallgruppen zu begrenzen[1462].[1463]

In neuerer Rechtsprechung hat der BGH im Rahmen einer teleologischen Reduktion der Subsidiaritätsklausel darauf abgestellt, welche Zweckbestimmung anderweitigen Ersatzansprüchen innewohnt und zu welchem Ziel sie von der Rechtsordnung gewährt werden. Erfüllen anderweitige Ersatzansprüche die Aufgabe, endgültig Schäden aufzufangen, die ihren Grund in der unerlaubten Handlung eines Dritten haben, so kann auf sie verwiesen werden.[1464]

So hat der BGH entschieden, dass die Ansprüche aus der Sozialversicherung nicht als anderweitige Ersatzmöglichkeiten im Sinne des § 839 I 2 BGB anzusehen sind. Die sozialversicherungsrechtlichen Regelungen in Bezug auf den gesetzlichen Forderungsübergang verfolgen gerade den Zweck, den Schaden nicht endgültig dem Sozialversicherungsträger unter entsprechender Entlastung des Schädigers aufzuerlegen.[1465] Dies wird ebenso für die privatversicherungsrechtlichen Ansprüche angenommen. Denn auch sie werden nur als eine Art „Zwischenfinanzierung" betrachtet. Der Versicherer soll nur endgültig leisten, wenn sich das von ihm zu tragende Risiko der Undurchsetzbarkeit des Schadensersatzanspruches realisiert hat.[1466] Deswegen schreibt *Papier*, eine Aufgabe des Haftungsprivilegs „Stück für Stück" sei inzwischen unter rechtsstaatlichen Aspekten der Rechtssicherheit und -voraussehbarkeit untragbar geworden.[1467]

Papier hält die Anwendung der Subsidiaritätsklausel gemäß § 839 I 2 BGB für nicht sachgemäß. Das Argument einer notwendigen Entlastung der öffentlichen Hand bei übernommener Haftung knüpfe allein an die formale Struktur der Amtshaftung als Schuldübernahme an. Es sei aber nicht sachgemäß, da die Amtshaftung gerade die Ausübung öffentlicher Gewalt betreffe und hier ein besonderes Schutzbedürfnis des Bürgers bestehe. Ein entsprechender Entlastungsgedanke habe noch nicht einmal bei der privatrechtlichen Haftung des Staates gesetzliche Anerkennung gefunden (vgl. §§ 31, 89 BGB). Daher passe der Entlastungsgedanke bei dem Subordinationsverhältnis von Staat und Bürger im Rahmen der Amtshaftung noch

1461 BGHZ 42, 176 (181).
1462 Vgl. dazu *Stangl*, JA 1995, 572 (572ff.).
1463 MüKo-BGB-*Papier*, § 839, Rn. 301.
1464 BGHZ 91, 48 (54); Bamberger/Roth-*Reinert*, § 839, Rn. 88.
1465 BGHZ 79, 26 (33f.).
1466 MüKo-BGB-*Papier*, § 839, Rn. 301.
1467 MüKo-BGB-*Papier*, § 839, Rn. 301.

weniger.[1468] Der Grund und der Sinn der Subsidiaritätsklausel des § 839 I 2 BGB bestehen im Schutz eines leistungsschwachen Beamten. Im Falle der Staatshaftung entfalle dieser Grund aber ganz eindeutig. Eine Heranziehung der Subsidiaritätsklausel nach § 839 I 2 BGB auch bei der Staatshaftung müsse als sinnwidrig und damit generell als obsolet angesehen werden.[1469]

Es sei auch darauf hingewiesen, dass das gescheiterte Staatshaftungsgesetz (StHG) bei gleichzeitiger Einführung einer unmittelbaren Staatsunrechtshaftung auf jede Form staatlicher Haftungsprivilegien durch Verweisungsmöglichkeiten verzichtet hatte.[1470]

b) Anderweitige Ersatzmöglichkeit

Gemäß § 839 I 2 BGB greift das Verweisungsprivileg nur ein, wenn für den Geschädigten eine anderweitige Ersatzmöglichkeit besteht. Dies ist in der Regel dann zutreffend, wenn ein Dritter unmittelbar für die Schädigung und die daraus resultierenden Folgen einzustehen hat.[1471] Diese Einstandspflicht kann entweder darauf beruhen, dass der Dritte den eingetretenen Schaden mitverursacht hat, dass er die Ersatzpflicht vertraglich übernommen hat oder dass er kraft Gesetzes einzustehen hat.[1472] Das Verweisungsprivileg unterliegt aber keiner Beschränkung auf gesetzliche oder vertragliche Ersatzansprüche im technischen Sinne.[1473] Eine anderweitige Ersatzmöglichkeit im Sinne des § 839 I 2 BGB kann auch darin bestehen, dass der Geschädigte seinen Schaden durch Ausübung privatrechtlicher Gestaltungsrechte gegenüber Dritten, etwa durch eine Anfechtungserklärung nach §§ 119ff. BGB oder durch die Geltendmachung der Sachmängelhaftung ausgleichen kann.[1474] Das Verweisungsprivileg greift sogar ein, wenn eine anderweitige Ersatzmöglichkeit zwar nicht mehr besteht, früher eine Ersatzmöglichkeit für den Geschädigten bestanden hatte, er diese aber schuldhaft versäumt hat.[1475] Der Hauptanwendungsfall diesbezüglich ist die Verjährung des in Frage kommenden Ersatzanspruches gegen einen Dritten.[1476] Der Geschädigte muss aber positive

---

1468 MüKo-BGB-*Papier*, § 839, Rn. 302.

1469 MüKo-BGB-*Papier*, § 839, Rn. 303.

1470 MüKo-BGB-*Papier*, § 839, Rn. 303.

1471 MüKo-BGB-*Papier*, § 839, Rn. 304.

1472 MüKo-BGB-*Papier*, § 839, Rn. 304.

1473 MüKo-BGB-*Papier*, § 839, Rn. 304; vgl. auch *Ossenbühl/Cornils*, S. 82ff.

1474 BGH, VersR 1960, 663 (665); MüKo-BGB-*Papier*, § 839, Rn. 304; a. A. *Ossenbühl/Cornils*, S. 87, die schadensverhindernde oder -mindernde Gestaltungsrechte über § 254 BGB berücksichtigen wollen.

1475 BGH, NVwZ 1993, 1228 (1229).

1476 BGH, BB 1992, 950 (951).

Kenntnis von der Entstehung des Schadens haben. Eine schuldhafte Unkenntnis ist der positiven Kenntnis nicht gleichzusetzen.[1477] Der Kläger kann auch nicht mit der Begründung auf § 839 I 2 BGB verwiesen werden, sein Anwalt habe es im Ausgangsverfahren versäumt, die Behörde von sich aus auf eine geänderte Rechtsprechung hinzuweisen.[1478]

Wird die Subsidiaritätsklausel des § 839 I 2 BGB angewendet, erhalten nach der Rechtsprechung und h. L. in Anspruch genommene Mitschädiger keinen Ausgleichsanspruch nach §§ 840 I, 426 BGB gegen den Hoheitsträger.[1479] Der schädigende Amtsträger bzw. der an seine Stelle tretende Staat scheiden aufgrund von § 839 I 2 BGB von vornherein aus dem Gesamtschuldverhältnis aus.[1480]

c) Durchsetzbarkeit des anderweitigen Ersatzanspruchs

Die Subsidiaritätsklausel stellt nicht darauf ab, ob der Verletzte anderweitig Ersatz erlangt hat, sondern ob er anderweitigen Ersatz erlangen kann.[1481] Der § 839 I 2 BGB begründet ein negatives Tatbestandsmerkmal des Amtshaftungsanspruchs.[1482] Die Unmöglichkeit, anderweitigen Ersatz zu erlangen, ist ein Teil des Tatbestandes, aus dem der Amtshaftungsanspruch hergeleitet wird.[1483] Solange noch ein Dritter haftet, ist der fahrlässig handelnde Beamte überhaupt nicht schadensersatzpflichtig.[1484] Die Darlegungs- und Beweislast trifft diesbezüglich den Kläger.[1485] Ein Grundurteil nach § 304 ZPO über den Amtshaftungsanspruch ist bereits zulässig, sobald feststeht, dass eine andere Ersatzmöglichkeit den Schaden nicht in vollem Umfang abdeckt.[1486] Allerdings ist eine Amtshaftungsklage unschlüssig, wenn eine anderweitige Ersatzmöglichkeit ernsthaft in Betracht kommt.[1487]

1477 BGH, NVwZ 1984, 748 (749); MüKo-BGB-*Papier*, § 839, Rn. 304.

1478 BGH, NVwZ 2006, 117 (118); MüKo-BGB-*Papier*, § 839, Rn. 304.

1479 MüKo-BGB-*Papier*, § 839, Rn. 305; BGHZ 28, 297 (301); BGHZ 31, 148 (151); BGHZ 37, 375 (380); BGHZ 61, 351 (356f.); BGH, VersR 1984, 759 (760); vgl. auch *Ossenbühl/Cornils*, S. 80f.

1480 MüKo-BGB-*Papier*, § 839, Rn. 305; vgl. ausführlich zum nicht bestehenden Gesamtschuldverhältnis MüKo-BGB-*Papier*, § 839, Rn. 305f.

1481 MüKo-BGB-*Papier*, § 839, Rn. 317.

1482 BGHZ 37, 375 (377); Erman-*T. Mayen*, § 839, Rn. 73.

1483 MüKo-BGB-*Papier*, § 839, Rn. 317; BGHZ 31, 148 (151).

1484 RGZ 138, 209 (212).

1485 BGHZ 120, 124 (125); BGHZ 121, 65 (71); BGHZ 113, 164 (167); vgl. auch *Bender*, Rn. 597; RGRK/*Kreft*, § 839, Rn. 506; Bamberger/Roth-*Reinert*, § 839, Rn. 88.

1486 BGHZ 78, 274 (279); MüKo-BGB-*Papier*, § 839, Rn. 317.

1487 BGHZ 121, 65 (71); Bamberger/Roth-*Reinert*, § 839, Rn. 88.

Die Subsidiaritätsklausel setzt nicht nur das Bestehen eines anderweitigen Schadensersatzanspruchs des Geschädigten voraus, sondern auch dessen Durchsetzbarkeit und die Zumutbarkeit der Rechtsverfolgung.[1488] An der Durchsetzbarkeit fehlt es, wenn der Dritte nachweisbar vermögenslos ist und daher selbst im Falle eines obsiegenden Urteils eine Realisierung des Ersatzanspruchs mit hoher Wahrscheinlichkeit nicht möglich sein wird.[1489] Ebenso verhält es sich, wenn eine Rechtsverfolgung oder Zwangsvollstreckung im Ausland erforderlich ist, deren Erfolgschancen als ziemlich unsicher einzuordnen sind.[1490] Das Verweisungsprivileg wird auch nicht durch zweifelhafte Ersatzansprüche gegen Dritte begründet.[1491] Der Geschädigte muss sich nicht auf Schadensersatzansprüche verweisen lassen, die er nicht bzw. nicht in absehbarer und angemessener Zeit durchsetzen kann. Er muss nicht auf unsicheren oder im Ergebnis zweifelhaften Wegen gegen Dritte vorgehen. Die Verfolgung der anderweitigen Schadensersatzmöglichkeit muss dem Geschädigten zumutbar sein.[1492]

Der Geschädigte kann auch schuldhaft versäumen, einen Schadensersatzanspruch gegen einen Dritten geltend zu machen. So liegt zum Beispiel eine schuldhafte Säumnis vor, wenn der Geschädigte von einer nach den Umständen des Falles zumutbaren Möglichkeit, seinen Schaden an anderer Stelle zu decken, keinen Gebrauch gemacht hat, z. B. den Ersatzanspruch gegen einen Dritten hat verjähren lassen[1493] oder von der Möglichkeit einer Anfechtung nicht Gebrauch gemacht hat[1494].[1495] Auch der Abschluss eines Vergleiches unter gleichzeitigem Verzicht auf alle etwaigen weitergehenden Ansprüche kann als schuldhafte Versäumung einer anderweitigen Schadensersatzmöglichkeit angesehen werden.[1496]

Eine Amtshaftungsklage wird nur als „zur Zeit unbegründet" abgewiesen, wenn der Kläger einen zumutbaren Versuch, anderweitig Ersatz zu erlangen, unterlassen hat.[1497] Dieses Urteil stellt keine entgegenstehende Rechtskraft für

1488 *Bender*, Rn. 596; *Dagtoglou*, Art. 34 GG, Rn. 285, 287; MüKo-BGB-*Papier*, § 839, Rn. 318.

1489 MüKo-BGB-*Papier*, § 839, Rn. 318; Bamberger/Roth-*Reinert*, § 839, Rn. 94.

1490 MüKo-BGB-*Papier*, § 839, Rn. 318; BGH, DÖV 1977, 685, Nr. 111.

1491 MüKo-BGB-*Papier*, § 839, Rn. 318; vgl. dazu BGH, NJW 1971, 2220 (2222); BGH NJW 1979, 1600 (1601).

1492 Bamberger/Roth-*Reinert*, § 839, Rn. 94; BGH, NJW-RR 1995, 248 (251).

1493 BGH, NVwZ 1992, 911 (912f.).

1494 BGH, NJW-RR 1995, 248 (250f.).

1495 Bamberger/Roth-*Reinert*, § 839, Rn. 94; vgl. auch 2. Teil B. VI. 1. b).

1496 Bamberger/Roth-*Reinert*, § 839, Rn. 94.

1497 BGHZ 37, 375 (380); RGRK/*Kreft*, § 839, Rn. 511; MüKo-BGB-*Papier*, § 839, Rn. 320.

eine neue Amtshaftungsklage dar, wenn die Nachholung des Versuchs erfolglos geblieben ist.[1498] Es ist dabei vollkommen unerheblich, ob die Klage des Geschädigten gegen den Dritten zu Unrecht abgewiesen worden ist – in diesem Fall ist ein an sich gegebener Ersatzanspruch undurchsetzbar geworden – oder ob die Klage gegen den Dritten zu Recht abgewiesen worden ist. In beiden Fällen ist das negative Tatbestandsmerkmal des § 839 I 2 BGB erfüllt.[1499]

d) Die Subsidiaritätsklausel aus dem Blickwinkel des Insolvenzrechts

Zusammenfassend ist festzustellen, dass, wenn eine Amtspflichtverletzung nur fahrlässig verursacht wird, das sogenannte Verweisungsprivileg gemäß § 839 I 2 BGB darin besteht, dass ein Anspruch auf Amtshaftung nur gegeben ist, wenn der Geschädigte nicht auf andere Weise Ersatz erlangen kann.

Das Verweisungsprivileg nach § 839 I 2 BGB hat also nur Bedeutung, wenn eine Haftung aus einer Amtspflichtverletzung mit der Haftung eines anderen Schuldners konkurriert. Im Insolvenzverfahren wird das in der Regel die Haftung des Insolvenzverwalters sein.[1500]

In Frage kommen aber auch konkurrierende Ansprüche mit Haftpflichtversicherungen, Kautionsversicherungen (vgl. § 78 II KO), dem Gläubigerausschuss bzw. einzelner Mitglieder (§§ 69, 71 InsO), dem eigenen Rechtsanwalt (§ 51 BRAO), Banken[1501], Gutachtern oder sonstiger Drittschädigern.

Für den wohl häufigsten Fall aus der Praxis, also die konkurrierende Haftung aus einer Amtspflichtverletzung mit der Haftung des Insolvenzverwalters, ist das Verweisungsprivileg allerdings abzulehnen. Dies folgt aus der durch die Rechtsprechung des BGH stattgefundenen teleologischen Reduktion der Subsidiaritätsklausel nach § 839 I 2 BGB.[1502] Die Reduktion knüpft dabei daran an, dass die Subsidiaritätsklausel nicht eingreift, wenn mehrere Hoheitsträger bei der Haftung konkurrieren.[1503] Der Insolvenzverwalter ist zwar kein Träger hoheitlicher Gewalt, allerdings ist die Amtsbestellung des Insolvenzverwalters mit denen sich hieraus ergebenden Kompetenzen öffentlich-rechtlicher Natur. Die Amtsausführung hingegen vollzieht sich privatrechtlich. Durch seine Bestellung als Verwalter wird eine besondere Nähe zum Amtsträger „Insolvenzgericht" hergestellt.[1504]

1498 BGHZ 37, 375 (377); MüKo-BGB-*Papier*, § 839, Rn. 320.

1499 MüKo-BGB-*Papier*, § 839, Rn. 320.

1500 Gottwald-*Klopp/Kluth/Pechartscheck*, § 23, Rn. 41.

1501 Dazu *Smid*, ZIP 2006, 1973 (1973 ff.).

1502 Gottwald-*Klopp/Kluth/Pechartscheck*, § 23, Rn. 41; vgl. *Ossenbühl/Cornils*, S. 88ff.

1503 BGHZ 49, 267 (275).

1504 Gottwald-*Klopp/Kluth/Pechartscheck*, § 23, Rn. 41.

Eine Gleichbehandlung von Notar- und Verwalterhaftung scheint sachgerecht. Somit ist das Verweisungsprivileg zugunsten der Amtshaftung unanwendbar.[1505]

Es erscheint dennoch fraglich, ob das Verweisungsprivileg zugunsten der Amtshaftung erhalten bleibt, wenn und soweit der Insolvenzverwalter haftpflichtversichert ist.[1506] Würde das Verweisungsprivileg in diesem Falle erhalten bleiben, wären unbillige Ergebnisse die Folge. Schließlich müsste die Gemeinschaft der Versicherten die finanziellen Lasten staatlichen Fehlverhaltens tragen. Dies ist kaum hinnehmbar, da der Versicherungsanspruch des Geschädigten durch eigene Leistung erworben wird und die Inanspruchnahme von Versicherungsleistungen für den geschädigten Versicherungsnehmer mit Nachteilen verbunden sein kann, wie z. B. Prämienverlust oder Rückstufungen. Dem hat der BGH Rechnung getragen und eine Anwendung der Subsidiaritätsklausel auf Versicherungsansprüche schrittweise abgebaut.[1507]

2. *Richterprivileg bzw. Spruchrichterprivileg gemäß § 839 II 1 BGB*[1508]

Bei Richterunrecht sind Schadensersatzansprüche durch § 839 II 1 BGB weitgehend ausgeschlossen.[1509] Gemäß § 839 II 1 BGB ist ein Beamter, der bei einem Urteil in einer Rechtssache seine Amtspflicht verletzt, für den daraus entstehenden Schaden nur dann verantwortlich, wenn die Pflichtverletzung in einer Straftat besteht.[1510] Bei den in Frage kommenden Straftaten handelt es sich insbesondere um die §§ 334 und 339 StGB – Richterbestechung und Rechtsbeugung.[1511] Die Tatsache, dass folglich – von seltensten Ausnahmefällen abgesehen – die Tätigkeit des „Spruchrichters" „bei dem Urteil in einer Rechtssache" einer Überprüfung in einem Amtshaftungsprozess entzogen ist, wird als sogenanntes „Richterprivileg" bezeichnet.[1512]

Das Spruchrichterprivileg erfasst aber nicht alle Fälle des Richterunrechts. So unterliegen die Pflichtverletzungen des Richters durch Verweigerung oder

---

1505 BGHZ 31, 5 (13); Gottwald-*Klopp/Kluth/Pechartscheck*, § 23, Rn. 42.

1506 Gottwald-*Klopp/Kluth/Pechartscheck*, § 23, Rn. 42.

1507 *Ossenbühl/Cornils*, S. 84f.; vgl. 2. Teil B. VI. 1. a).

1508 Vgl. ausführlich zum Richterprivileg bzw. Spruchrichterprivileg mit samt seiner geschichtlichen Entstehung und Entwicklungsstufen Staudinger-*Wöstmann*, § 839, Rn. 312ff.

1509 MüKo-BGB-*Papier*, § 839, Rn. 321.

1510 *Smid*, Jura 1990, 225 (225); *Bender*, Rn. 629; Staudinger-*Wöstmann*, § 839, Rn. 313.

1511 *Bender*, Rn. 629; Bamberger/Roth-*Reinert*, § 839, Rn. 95; MüKo-BGB-*Papier*, § 839, Rn. 321.

1512 Staudinger-*Wöstmann*, § 839, Rn. 313.

Verzögerung der Amtsausübung gemäß § 839 II 2 BGB dem ganz normalen Amtshaftungsanspruch nach § 839 I 1 BGB.[1513] Das Haftungsprivileg des § 839 II 1 BGB bezieht sich nur auf die spruchrichterliche Tätigkeit des Richters.[1514] Bei der Bestimmung von Inhalt und Grenzen des Spruchrichterprivilegs bestehen im Einzelnen aber weiterhin Schwierigkeiten. Dabei ist allerdings unstreitig, dass dieser der Beamtenhaftung anhängende Haftungsausschluss auch durch die Überleitungsnorm des Art. 34 S. 1 GG die Staatshaftung betrifft.[1515]

a) Sinn und Zweck des Haftungsausschlusses

Eine flüchtige Betrachtung des § 839 II 1 BGB könnte den Eindruck erwecken, dass dem Richter nur aufgrund seiner Tätigkeit eine Sonderstellung in Form einer Vergünstigung gegenüber anderen Amtsträgern eingeräumt wird.[1516]

Man ist geneigt, den Sinn des Richterprivilegs im Schutz der verfassungsrechtlich garantierten, richterlichen Unabhängigkeit zu erblicken.[1517] Denn die richterliche Unabhängigkeit wird vielfach als Argument für den Haftungsausschluss angeführt.[1518]

Leipold führt dazu Folgendes aus: „Man kann dem nicht entgegenhalten, weder die persönliche Unabhängigkeit (Unabsetzbarkeit) noch die sachliche Unabhängigkeit (Weisungsfreiheit) werde beeinträchtigt, wenn der Richter mit Schadensersatzansprüchen aus Amtspflichtverletzung rechnen müsse. Die drohende Haftung beeinträchtigt zwar nicht die Unabhängigkeit im technischen Sinne, wohl aber die Unbeteiligtheit, die Unbefangenheit des Richters. Auch die gehört zur wünschenswerten Unabhängigkeit im weiteren Sinne."[1519]

Eine solche Zweckbestimmung des Richterprivilegs würde aber die gesetzliche Begrenzung des Haftungsprivilegs auf die spruchrichterliche Tätigkeit des Richters ignorieren.[1520] Schon das Reichsgericht hat festgestellt, dass der Gesetzgeber lediglich den „Spruchrichter" privilegiert hat.[1521] Die verfassungsrechtliche Garantie der persönlichen und sachlichen Unabhängigkeit des Richters gilt ohnehin für alle Tätigkeiten des Richters, also auch für die nicht-spruchrichterliche

---

1513 MüKo-BGB-*Papier*, § 839, Rn. 321.

1514 Bamberger/Roth-*Reinert*, § 839, Rn. 95; MüKo-BGB-*Papier*, § 839, Rn. 321; Palandt-*Sprau*, § 839, Rn. 64.

1515 MüKo-BGB-*Papier*, § 839, Rn. 321.

1516 Staudinger-*Wöstmann*, § 839, Rn. 313.

1517 MüKo-BGB-*Papier*, § 839, Rn. 322; *Leipold*, JZ 1967, 737 (739).

1518 Staudinger-*Wöstmann*, § 839, Rn. 313.

1519 *Leipold*, JZ 1967, 737 (739).

1520 MüKo-BGB-*Papier*, § 839, Rn. 322; *Smid*, Jura 1990, 225 (228); *Bender*, Rn. 630.

1521 RGZ 116, 90 (91).

Tätigkeit des Richters, zum Beispiel im Bereich der freiwilligen Gerichtsbarkeit.[1522] Darüber hinaus schließt die Garantie der richterlichen Unabhängigkeit nicht aus, dass über die Gesetzmäßigkeit eines Richterspruchs auch noch ein anderes Gericht entscheidet.[1523] Die Kontrolle richterlicher Entscheidungen ist im gerichtlichen Instanzenzug von Grund auf vorgesehen. In ihr liegt mit Sicherheit keine Verletzung der Unabhängigkeit des in dieser Weise kontrollierten und ggf. korrigierten Richters. Infolgedessen ist nicht nachzuvollziehen, weshalb etwas anderes gelten soll, wenn ein Richterspruch im Amtshaftungsprozess von den dazu berufenen Gerichten auf etwaige Fehler überprüft würde.[1524]

Die Begrenzung des Haftungsprivilegs auf die Tätigkeit „bei dem Urteil in einer Rechtssache" bedeutet für einen Großteil der Literatur daher, dass durch das „Spruchrichterprivileg" der Schutz der Rechtskraft bezweckt ist.[1525] Der § 839 II 1 BGB soll verhindern, dass ein rechtskräftig entschiedener Gegenstand erneut einer richterlichen Überprüfung zugänglich gemacht werden kann, und zwar mit der Begründung, der erkennende Richter habe rechtswidrig und daher amtspflichtwidrig gehandelt.[1526] Im Ergebnis besteht das Haftungsprivileg des § 839 II 1 BGB nicht für den persönlichen Schutz des Richters und der Privilegierung seines Standes, sondern es dient der Wahrung der Rechtskraft und damit dem Rechtsfrieden und der Rechtssicherheit.[1527] Der Schutz der richterlichen Unabhängigkeit stellt infolgedessen nur eine Nebenwirkung dar.[1528] Es ist, der Zweckrichtung nach, treffender und besser nicht von einem „Spruchrichterprivileg", sondern von einen „Richterspruchprivileg" zu sprechen.[1529] Nach *Papier* erhält die Begrenzung des § 839 II 1 BGB nur mit dieser Zweckrichtung einen Sinn und die Herausnahme des richterlichen Unterlassens durch § 839 II 2 BGB ist nur daher gerechtfertigt.[1530]

1522 MüKo-BGB-*Papier*, § 839, Rn. 322.

1523 MüKo-BGB-*Papier*, § 839, Rn. 322; *Bettermann*, GR III/ 2, S. 578.

1524 MüKo-BGB-*Papier*, § 839, Rn. 322.

1525 *Bender*, Rn. 631; *Dagtoglou*, Art. 34 GG, Rn. 444; Staudinger-*Wöstmann*, § 839, Rn. 314; MüKo-BGB-*Papier*, § 839, Rn. 323; a. A. *Smid*, Jura 1990, 225 (226ff.).

1526 MüKo-BGB-*Papier*, § 839, Rn. 323; vgl. dazu ausführlicher Staudinger-*Wöstmann*, § 839, Rn. 314.

1527 MüKo-BGB-*Papier*, § 839, Rn. 323.

1528 Staudinger-*Wöstmann*, § 839, Rn. 314.

1529 Staudinger-*Wöstmann*, § 839, Rn. 314; MüKo-BGB-*Papier*, § 839, Rn. 323.

1530 MüKo-BGB-*Papier*, § 839, Rn. 323.

b) Richterprivileg und „Urteil in einer Rechtssache"

Das Haftungsprivileg des § 839 II 1 BGB bezieht sich nicht nur auf die Berufsrichter. Auch die ehrenamtlichen Richter der verschiedenen Gerichtsbarkeiten, wie zum Beispiel Schöffen, Handelsrichter und ehrenamtliche Verwaltungsrichter fallen unter das Haftungsprivileg.[1531] Die zuvor Genannten üben nämlich auf gleiche Weise wie die Berufsrichter in dem Spruchkörper, dem sie angehören, rechtsprechende Gewalt aus.[1532] Der Schiedsrichter ist indessen kein Richter im Sinne des § 839 BGB. Er ist kein Träger eines öffentlichen Amtes und fällt so weder unter den engen statusrechtlichen Beamtenbegriff des § 839 BGB noch unter den weiteren haftungsrechtlichen Amtsträgerbegriff des Art. 34 GG.[1533]

Der Begriff „Urteil in einer Rechtssache" ist nicht im rein wörtlichen Sinn zu verstehen.[1534] Das Haftungsprivileg des § 839 II 1 BGB erstreckt sich nämlich auf alle richterlichen Entscheidungen, die ihrem Wesen nach Urteile sind und diesen in allen wesentlichen Voraussetzungen gleichzusetzen, also „urteilsvertretende" Erkenntnisse, sind.[1535] Darüber hinaus müssen sie mit Rechtskraftwirkung ausgestattet sein.[1536] Die Entscheidung des Gerichts muss ein Prozessrechtsverhältnis für die Instanz entweder ganz oder zumindest teilweise mit bindender Wirkung beenden.[1537] Das Richterspruchprivileg greift allerdings auch bei Urteilen und „urteilsvertretenden" Erkenntnissen ein, die im Instanzenzug aufgehoben worden sind und folglich nie Rechtskraft erlangt haben.[1538] Im Ergebnis genügt also eine grundsätzlich der Rechtskraft fähige Entscheidung – ein tatsächliches Eintreten der Rechtskraft ist nicht erforderlich.

Es handelt sich aber nicht um „urteilsvertretende" Erkenntnisse bei allen vorläufigen Sicherungsmaßnahmen des Gerichts, wie zum Beispiel bei Beschlüssen im Arrest- und einstweiligen Verfügungsverfahren[1539], ferner bei Haftbefehlen[1540],

---

1531 MüKo-BGB-*Papier*, § 839, Rn. 324; RG, JW 1924, 192 (192); Erman-*T. Mayen*, § 839, Rn. 81; Staudinger-*Wöstmann*, § 839, Rn. 321; *Bender*, Rn. 628.

1532 MüKo-BGB-*Papier*, § 839, Rn. 324; Staudinger-*Wöstmann*, § 839, Rn. 321.

1533 MüKo-BGB-*Papier*, § 839, Rn. 324; *Bender*, Rn. 628.

1534 Bamberger/Roth-*Reinert*, § 839, Rn. 97; MüKo-BGB-*Papier*, § 839, Rn. 325; BGHZ 10, 55 (57ff.); BGHZ 13, 142 (143f.); BGHZ 36, 379 (382).

1535 MüKo-BGB-*Papier*, § 839, Rn. 325; Bamberger/Roth-*Reinert*, § 839, Rn. 97; BGHZ 51, 326 (328); Staudinger-*Wöstmann*, § 839, Rn. 324.

1536 Bamberger/Roth-*Reinert*, § 839, Rn. 97.

1537 MüKo-BGB-*Papier*, § 839, Rn. 325; Bender, Rn. 634, 636; Erman-*T. Mayen*, § 839, Rn. 82.

1538 MüKo-BGB-*Papier*, § 839, Rn. 325.

1539 BGHZ 10, 55 (60); abweichend davon BGHZ 161, 298 (298f.).

1540 Vgl. dazu BGHZ 27, 338 (346ff.).

bei den Beschlagnahme- und Durchsuchungsanordnungen, bei den Beschlüssen in der freiwilligen Gerichtsbarkeit[1541], soweit sie nicht ausnahmsweise streitentscheidender Natur sind und bei den Beschlüssen im Vollstreckungs- und Insolvenzverfahren[1542].[1543]

Folglich handelt es sich bei den Entscheidungen des Insolvenzgerichts (grundsätzlich) nicht um „Urteile" bzw. „urteilsvertretende" Erkenntnisse. Das Haftungsprivileg des § 839 II 1 BGB findet daher (grundsätzlich) keine Anwendung in Amtshaftungsprozessen wegen insolvenzgerichtlicher Pflichtverletzungen.

Durch die Nichtanwendung des Spruchrichterprivilegs kommt es aber nicht dazu, dass richterliche Entscheidungen uneingeschränkt auf ihre sachliche Richtigkeit überprüft werden können.[1544] Bei richterlichen Amtspflichtverletzungen, die außerhalb des Anwendungsbereichs des Haftungsprivilegs nach § 839 II 1 BGB begangen werden, ist der verfassungsmäßige Grundsatz der richterlichen Unabhängigkeit zu beachten.[1545] Kommt es dann zu einem Amtshaftungsprozess, in dem zu klären ist, ob ein Richter bei der Rechtsanwendung und/oder Gesetzesauslegung schuldhaft, also vorsätzlich oder fahrlässig, amtspflichtwidrig gehandelt hat, kann dem Richter in diesem Bereich nur bei besonders groben Verstößen ein Schuldvorwurf gemacht werden.[1546] Dies bedeutet konkret, dass sich eine Haftung auf Vorsatz oder grobe Fahrlässigkeit beschränkt.[1547] Der BGH hat in einem seiner Urteile festgestellt, dass die Entscheidung des Richters im Amtshaftungsprozess nur auf ihre Vertretbarkeit hin zu überprüfen ist.[1548]

Zieht sich die Dauer des Verfahrens ungewöhnlich lange hin, trifft das Gericht die Pflicht, sich nachhaltig um eine Förderung und Beendigung des Verfahrens zu bemühen.[1549] Allerdings ist der Zeitfaktor auch bei einer langen Verfahrensdauer nicht der allein entscheidende Maßstab.[1550]

Obwohl das Haftungsprivileg des § 839 II 1 BGB (grundsätzlich) keine Anwendung im Insolvenzverfahren bei Entscheidungen des Insolvenzgerichts findet, gebietet es der Anspruch auf Vollständigkeit, an dieser Stelle zu erörtern, ob die von der Rechtsprechung entwickelte

1541 BGH, NJW 1956, 1716 (1716).

1542 BGH, NJW 1959, 1085 (1085).

1543 MüKo-BGB-*Papier*, § 839, Rn. 326.

1544 Bamberger/Roth-*Reinert*, § 839, Rn. 98.

1545 Bamberger/Roth-*Reinert*, § 839, Rn. 98; BGHZ 155, 306 (306).

1546 Bamberger/Roth-*Reinert*, § 839, Rn. 98; BGHZ 155, 306 (306).

1547 Bamberger/Roth-*Reinert*, § 839, Rn. 98; BGHZ 155, 306 (306); vgl. auch OLG München, Beschluss v. 12.03.2012 – 1 W 410/12, BeckRS 2012, 06082.

1548 BGH, MDR 2011, 32 (32).

1549 Bamberger/Roth-*Reinert*, § 839, Rn. 98; BGH, MDR 2011, 32 (32); OLG Schleswig, Urteil v. 02.02.2012 – 11 U 144/10, BeckRS 2012, 19670.

1550 Bamberger/Roth-*Reinert*, § 839, Rn. 98; BGH, MDR 2011, 32 (32).

Haftungsprivilegierung für Amtspflichtverletzungen außerhalb des Spruchrichterprivilegs auch für den Rechtspfleger gilt, soweit er richterliche Tätigkeiten nach § 9 RPflG ausführt.

Dies ist in der Rechtsprechung umstritten.[1551]

Der BGH stellt in einer seiner Entscheidungen fest, dass bei Entscheidungen des Rechtspflegers mit Rücksicht auf § 9 RPflG, wonach der Rechtspfleger sachlich unabhängig und nur an Recht und Gesetz gebunden ist, ein Schuldvorwurf wegen einer der Amtsausübung zugrunde liegenden Rechtsanwendung und Gesetzesauslegung nur erhoben werden kann, wenn die Rechtsauffassung objektiv nicht mehr vertretbar erscheint.[1552] Für das OLG Frankfurt ist die Haftung des Rechtspflegers, wie bei Entscheidungen des Richters, auf eine Haftung nur für grobe Fahrlässigkeit und Vorsatz beschränkt.[1553]

c) Das Spruchrichterprivileg aus dem Blickwinkel des Insolvenzrechts – Wie ist § 178 III InsO zu verstehen?

Gemäß § 839 II 1 BGB besteht das sogenannte Spruchrichterprivileg darin, dass bei einem Urteil eine Amtshaftung nur ausnahmsweise eintritt, wenn die Pflichtverletzung in einer Straftat besteht.[1554] Für den Begriff „Urteil in einer Rechtssache" ist es nicht von Bedeutung, ob es sich formal um ein Urteil im Sinne einer Prozessordnung handelt, sondern es ist entscheidend, dass es sich um eine Entscheidung handelt, durch die ein Rechtsstreit rechtskräftig beendet wird.[1555]

Das Insolvenzgericht erfüllt bei seiner Tätigkeit diese Voraussetzungen allerdings nicht.[1556] Das Insolvenzverfahren zielt nicht auf eine „Rechtsstreitentscheidung" ab.[1557] Daher scheint das Spruchrichterprivileg bei Entscheidungen des Insolvenzgerichts grundsätzlich nicht zum Tragen zu kommen.

Die einzige Ausnahme könnte die Eintragung einer Forderung durch das Insolvenzgericht in die Insolvenztabelle sein.[1558] Denn gemäß § 178 III InsO wirkt die Eintragung in die Tabelle für die festgestellten Forderungen ihrem Betrag und ihrem Rang nach wie ein rechtskräftiges Urteil gegenüber dem Insolvenzverwalter und allen Insolvenzgläubigern. Allerdings fehlt es hier an den vom BGH geforderten Voraussetzungen einer Privilegierung des Rechtsprechungsaktes.[1559] Die Rechtsprechung hat bei der Haftungsprivilegierung des § 839 II 1 BGB nur

---

1551 Bamberger/Roth-*Reinert*, § 839, Rn. 99.

1552 Bamberger/Roth-*Reinert*, § 839, Rn. 99; BGH, VersR 2007, 356 (358).

1553 Bamberger/Roth-*Reinert*, § 839, Rn. 99; OLG Frankfurt, MDR 2005, 1051 (1051).

1554 *Smid*, Jura 1990, 225 (225).

1555 *Ossenbühl/Cornils*, S. 103.

1556 BGH NJW 1959, 1085 (1085); Palandt-*Sprau*, § 839, Rn. 65.

1557 Gottwald-*Klopp/Kluth/Pechartscheck*, § 23, Rn. 40.

1558 MüKo-BGB-*Papier*, § 839, Rn. 326; kritisch dazu *Bender*, Rn. 635.

1559 *Bender*, Rn. 635.

das eigentliche „Erkenntnisverfahren" im Sinn, dessen Ziel im Wesentlichen die Anwendung materieller Rechtsnormen auf einen konkreten Fall ist.[1560] Das Insolvenzverfahren (*Bender* und der BGH schreiben noch vom Vergleichs- und Konkursverfahren) scheidet daraus allerdings aus, da sich dieses Verfahren nur mit der Art und Weise der Durchsetzung von Rechten befasst, über deren Bestehen nach den Grundsätzen des materiellen Rechts nicht mehr zu entscheiden ist.[1561]

Dennoch ist es vorliegend fraglich, wie die Aussage des § 178 III InsO zu verstehen ist.

Gemäß § 178 III InsO – wie auch schon gemäß § 145 II KO – wirkt die Eintragung in die Tabelle für die festgestellten Forderungen ihrem Betrag und ihrem Rang nach wie ein rechtskräftiges Urteil gegenüber dem Insolvenzverwalter und allen Insolvenzgläubigern. Diese Aussage kann vorliegend nur auf die Rechtskraft der Eintragung abzielen und eben dieser dienen. Der § 178 III InsO spricht nämlich davon, dass die Eintragung „wie" ein rechtskräftiges Urteil wirkt. Die Eintragung in die Tabelle soll also Rechtskraft entfalten. Denn, wie zuvor erörtert, dient das Insolvenzverfahren nicht der Feststellung und Prüfung von Ansprüchen nach dem materiellen Recht; das Insolvenzrecht dient vielmehr der Art und Weise der Durchsetzung dieser Ansprüche.

Smid führt dazu wie folgt aus: „Das Insolvenzverfahren hat eine nichtstreitige Struktur; es streiten nicht 2 Parteien über das zwischen ihnen ungewisse Recht, sondern es geht um die quotale, gleichmäßige Gläubigerbefriedigung (vgl. § 2 Rn. 2). § 178 behandelt die Voraus., unter denen diese quotale Gläubigerbefriedigung stattfindet: Die angemeldete Forderung wird zur Tabelle aufgenommen und gilt mit der Wirkung als festgestellt, dass der Tabelleneintrag für das Insolvenzverfahren einem Titel gleichsteht. Widerspricht der Verwalter oder ein Insolvenzgläubiger, kann der auftretende Streit nicht im Insolvenzverfahren ausgetragen werden. Der Inhaber der bestrittenen Forderung muss sie nach den §§ 180ff. im allg. Zivilprozess ausprozessieren. Abs. 1 S. 2, nach dem ein Widerspruch des Schuldners der Feststellung nicht entgegensteht[1562], ist zur Klarstellung hinzugefügt[1563]."[1564]

Und auch schon *Lent* führte zu § 145 II KO aus, dass die Eintragung eine rein beurkundende Tätigkeit sei, nicht eine Entscheidung über Grund, Betrag und

1560 *Bender*, Rn. 635; BGHZ 36, 379 (382).

1561 BGHZ 36, 379 (382f.).

1562 Amtl. Begr. zu § 205 RegEInsO, BT-Drucks. 12/2443, S. 185.

1563 Amtl. Begr. zu § 205 RegEInsO, BT-Drucks. 12/2443, S. 185; vgl. Beschl.-Empf. des Rechtsausschusses zu § 205 RegEInsO, BT-Drucks. 12/7302, S. 179.

1564 LSZ-*Smid*, § 178, Rn. 1.

Vorrecht der Forderung. Dem Konkursgericht als solchem fehlt seiner Stellung nach die Macht, über bestrittene Forderungen zu erkennen.[1565]

Die Rechtskraft der Eintragung kann – in engen Grenzen – durchbrochen werden und es kann eine etwaige Fehlerkorrektur in der Tabelle stattfinden.[1566]

Aufgrund der Erörterung der Funktion des § 178 III InsO muss man zu dem Schluss kommen, dass das Spruchrichterprivileg im Falle des § 178 III InsO keine Anwendung findet. Es kann somit zu Amtshaftungsansprüchen kommen, wobei die gerichtliche Entscheidung nur an den Haftungsmaßstäben von Vorsatz und grober Fahrlässigkeit zu beurteilen ist[1567].

3. *Versäumung von Rechtsmitteln gemäß § 839 III BGB*

Der § 839 III BGB enthält ein weiteres Haftungsprivileg. Gemäß § 839 III BGB tritt die Ersatzpflicht nicht ein, wenn der Geschädigte es schuldhaft, also vorsätzlich oder fahrlässig, unterlassen hat, den Schaden durch den Gebrauch eines Rechtsmittels abzuwenden.[1568]

Der § 839 III BGB ist eine Erscheinungsform des Mitverschuldensprinzips, das in seiner allgemeinen Form in § 254 BGB normiert ist und für das gesamte private und öffentliche Haftungsrecht gilt.[1569] Doch bei § 839 III BGB führt die schuldhafte Rechtsmittelversäumung, anders als bei § 254 BGB, unabhängig vom Grad des Mitverschuldens stets zum vollständigen Anspruchsverlust.[1570] So führt zum Beispiel selbst eine leicht fahrlässige Mitverursachung des Schadens durch den Verletzten auch dann zum Haftungsausschluss, wenn der Amtspflichtverstoß des Beamten grob fahrlässig oder sogar vorsätzlich begangen worden ist.[1571]

Die Haftungsprivilegierung des § 839 III BGB gilt für die Eigenhaftung des Beamten genauso wie für die Amtshaftung des Staates gemäß Art. 34 GG.[1572] Allerdings ist der in Anspruch genommene Hoheitsträger für die Tatsache beweispflichtig, dass die Schadensabwendung durch den Gebrauch eines Rechtsmittels nicht nur möglich, sondern auch erfolgreich gewesen wäre.[1573]

1565 Jaeger-*Lent*, 8. Auflage, § 145 KO, Rn. 3; vgl. zum Prozessgericht für bestrittene Forderungen § 146 II KO.

1566 Vgl. dazu LSZ-*Smid*, § 178, Rn. 20f.

1567 Vgl. 2. Teil B. VI. 2. b).

1568 *Ossenbühl/Cornils*, S. 93.

1569 MüKo-BGB-*Papier*, § 839, Rn. 329 m. w. N.

1570 BGH NJW 1997, 2327 (2327); *Bender*, Rn. 669.

1571 *Bender*, Rn. 669; MüKo-BGB-*Papier*, § 839, Rn. 329.

1572 MüKo-BGB-*Papier*, § 839, Rn. 329.

1573 *Bender*, Rn. 669.

Der Begriff des „Rechtsmittels" ist dabei untechnisch zu verstehen. Somit hat der Geschädigte auch „Rechtsmittel" im Sinne allgemeiner Rechtsbehelfe einzulegen, selbst wenn die InsO bei haftungsrelevanten Entscheidungen des Insolvenzgerichts keine förmlichen Rechtsmittel vorsieht (§ 6 InsO).[1574] Der Geschädigte hat also im eigenen Interesse formlose Gegenvorstellungen, formlose Beschwerden oder Dienstaufsichtsbeschwerden zu erheben, wenn er seinen Amtshaftungsanspruch erhalten will.[1575]

a) Funktion der Haftungsprivilegierung nach § 839 III BGB

Die Haftungsbeschränkung des § 839 III BGB gründet sich, ebenso wie die Subsidiaritätsklausel des § 839 I 2 BGB, auf der Leistungsschwäche des Beamten.[1576] Betrachtet man den § 839 III BGB unter diesem Gesichtspunkt, so ist das Haftungsprivileg bei einer den Staat treffenden Amtshaftung sinnlos und rechtspolitisch untragbar geworden.[1577] Allerdings wird dem Haftungsprivileg des § 839 III BGB zunehmend eine objektive, über den Schutz des leistungsschwachen Beamten hinausgehende Bedeutung zugemessen.[1578] Der Haftungsausschluss des § 839 III BGB soll vor allem die Funktion haben, eine Subsidiarität der Schadensersatzpflicht im Verhältnis zu den „primären" Rechtsschutzmitteln zu begründen und den Schadensersatzanspruch bei rechtswidrigem Handeln des Staates der gerichtlichen Klage nachzuordnen.[1579] Dem Geschädigten soll so die nicht hinnehmbare Wahlmöglichkeit genommen werden, entweder den rechtswidrigen Hoheitseingriff mit den ordentlichen Rechtsschutzmitteln abzuwehren oder aber diesen zu dulden und dafür zu liquidieren.[1580]

b) Begriff des Rechtsmittels

Dem Begriff des „Rechtsmittels" wird eine weit gefasste Auslegung zuteil.[1581] Er ist dabei auch nicht im technischen Sinne zu verstehen.[1582] Nach der h. M. sind

---

1574 Gottwald-*Klopp/Kluth/Pechartscheck*, § 23, Rn. 43.

1575 BGH NJW 1993, 3061 (3063); Palandt-*Sprau*, § 839, Rn. 69.

1576 RGZ 96, 143 (148); RGZ 168, 143 (158); BGHZ 3, 94 (104); *Bettermann*, GR III/ 2, S. 838, 831; *Bettermann*, DÖV 1954, 299 (304); *Bettermann*, JZ 1961, 482 (483).

1577 MüKo-BGB-*Papier*, § 839, Rn. 330; *Bettermann*, GR III/ 2, S. 838; *Bettermann*, DÖV 1954, 299 (304f.); *Bettermann*, JZ 1961, 482 (483).

1578 *Papier*, S. 121; MüKo-BGB-*Papier*, § 839, Rn. 330; *Bender*, Rn. 671; BGHZ 113, 17 (22).

1579 MüKo-BGB-*Papier*, § 839, Rn. 330; *Bender*, Rn. 671; BGHZ 113, 17 (22f.).

1580 MüKo-BGB-*Papier*, § 839, Rn. 330; *Bender*, Rn. 671; vgl. BGHZ 98, 85 (91f.).

1581 MüKo-BGB-*Papier*, § 839, Rn. 331.

1582 Bamberger/Roth-*Reinert*, § 839, Rn. 101.

Rechtsmittel im Sinne des § 839 III BGB alle „Rechtsbehelfe, die sich gegen die eine Amtspflichtverletzung darstellende Handlung oder Unterlassung richten und sowohl deren Beseitigung oder Berichtigung als auch die Abwendung des Schadens zum Ziel haben und herbeizuführen geeignet sind".[1583] Zu diesen Rechtsmitteln zählen nicht nur die gesetzlich vorgesehenen ordentlichen Verfahrensmittel, wie zum Beispiel das Widerspruchsverfahren und die verwaltungsgerichtliche Klage[1584], sondern auch formlose Gegenvorstellungen, Erinnerungen an die Erledigung eines Antrages, Dienstaufsichtsbeschwerden und Fachaufsichtsbeschwerden[1585].[1586] Die Verfassungsbeschwerde gehört nicht zu den Rechtsmitteln im Sinne des § 839 III BGB.[1587] Darüber hinaus muss es sich um ein Rechtsmittel handeln, welches gegen das den Amtspflichtverstoß darstellende Tun oder Unterlassen des Amtsträgers gerichtet ist.[1588] Betreibt der Verletzte selbständige Rechtsbehelfsverfahren, wie zum Beispiel Klagen und einstweilige Rechtsschutzverfahren, gegen Dritte, die dem aus der Amtspflichtverletzung drohenden Schaden begegnen oder gar einen bereits eingetretenen Schaden wiedergutmachen sollen, so fallen diese nicht unter den Anwendungsbereich des § 839 III BGB.[1589] Allerdings kann in einem so gelagerten Fall ein Amtshaftungsanspruch jedoch aus Gründen der Subsidiaritätsklausel ausgeschlossen sein.[1590]

Bezüglich des Insolvenzverfahrens ist das Verfahren gemäß §§ 23 ff. EGGVG hervorzuheben. Denn gerade in Fällen einer vermeintlich fehlerhaften Auswahlentscheidung bzw. Bestellung muss das Verfahren gemäß §§ 23 ff. EGGVG beachtet werden, um Nachteile bei der Geltendmachung von Amtshaftungsansprüchen in Form des § 839 III BGB zu vermeiden.[1591]

1583 BGHZ 28, 104 (106); RGZ 163, 121 (125); BGH, VersR 1984, 947 (947); BGHZ 123, 1 (7f.); MüKo-BGB-*Papier*, § 839, Rn. 331; Bamberger/Roth-*Reinert*, § 839, Rn. 101.

1584 *Ossenbühl/Cornils*, S. 95; MüKo-BGB-*Papier*, § 839, Rn. 331.

1585 OLG Karlsruhe, VersR 2005, 364 (365); *Schlick/Rinne*, NVwZ 1997, 1171(1175).

1586 Vgl. dazu mit weiteren Nachweisen MüKo-BGB-*Papier*, § 839, Rn. 331, Fn. 1128.

1587 BGHZ 30, 19 (28); MüKo-BGB-*Papier*, § 839, Rn. 331.

1588 Bamberger/Roth-*Reinert*, § 839, Rn. 102; MüKo-BGB-*Papier*, § 839, Rn. 332; BGH, NJW 1960, 1718 (1719); BGH, VersR 1965, 1196 (1196); BGH, NJW 1978, 1522 (1523); RGZ 157, 197 (206); BGH, BayVBl. 2002, 124 (124f.); *Bender*, Rn. 673.

1589 Bamberger/Roth-*Reinert*, § 839, Rn. 102; MüKo-BGB-*Papier*, § 839, Rn. 332; RGZ 163, 121 (125); BGH, NJW 1990, 176 (179).

1590 Bamberger/Roth-*Reinert*, § 839, Rn. 102; MüKo-BGB-*Papier*, § 839, Rn. 332; *Bender*, Rn. 675.

1591 *Stein/Itzel/Schwall*, Rn. 648.

c) Kausalität und Verschulden

Des Weiteren muss zwischen der Nichteinlegung eines Rechtsmittels (im Sinne eines Rechtsbehelfs)[1592] und dem Eintritt des Schadens ein Kausalzusammenhang bestehen.[1593] Außerdem muss die Nichteinlegung des Rechtsmittels durch den Verletzten schuldhaft gewesen sein.[1594] Sowohl die Nichteinlegung des Rechtsmittels als auch das Verschulden des Geschädigten hat der Anspruchsgegner des Amtshaftungsanspruchs zu beweisen.[1595]

Zunächst ist eine Feststellung über den hypothetischen Geschehensablauf zu treffen und danach zu fragen, wie sich der Sachverhalt bei Einlegung bzw. bei Nichteinlegung des Rechtsmittels entwickelt hätte.[1596] Die Kausalität zwischen Nichteinlegung des Rechtsmittels und dem Schadenseintritt ist im Regelfall dann zu bejahen, wenn über den „Rechtsbehelf" richtigerweise zugunsten des Geschädigten hätte entschieden werden müssen.[1597]

Es ist dabei ausreichend, dass das Rechtsmittel zwar nicht zur Abwendung des gesamten Schadens, wohl aber zur Schadensminderung geeignet gewesen wäre.[1598] In Hinsicht auf den abwendbaren Teil des Schadens entfällt dann der Ersatzanspruch aufgrund des § 839 III BGB.[1599] Betrachtet man – wie die Judikatur – auch formlose Rechtsbehelfe wie die Dienst- und Fachaufsichtsbeschwerden als „Rechtsmittel", dann kann es für die Kausalität nicht darauf ankommen, wie die Aufsichtsbehörde, nach der Auffassung des Richters, hätte entscheiden müssen, sondern allein darauf, ob der Rechtsbehelf tatsächlich Aussicht auf Erfolg gehabt hätte.[1600]

Ein Verschulden des Geschädigten ist nicht bloß zu verneinen, weil ihm die erforderlichen Rechtskenntnisse fehlen.[1601] Fehlen dem Geschädigten entsprechende Kenntnisse, muss er notfalls rechtskundigen Rat einholen.[1602] Allerdings

---

1592 Vgl. *Bender*, Rn. 673.

1593 MüKo-BGB-*Papier*, § 839, Rn. 333; Bamberger/Roth-*Reinert*, § 839, Rn. 103.

1594 MüKo-BGB-*Papier*, § 839, Rn. 333; vgl. ausführlich zum „Verschulden" *Bender*, Rn. 677.

1595 RGZ 168, 143 (172); RG, JW 1927, 2457 (2457).

1596 Bamberger/Roth-*Reinert*, § 839, Rn. 103.

1597 BGHZ 123, 1 (12).

1598 BGH, NJW 2004, 1241 (1241); BGH, NJW 1986, 1924 (1924f.); MüKo-BGB-*Papier*, § 839, Rn. 333.

1599 MüKo-BGB-*Papier*, § 839, Rn. 333.

1600 MüKo-BGB-*Papier*, § 839, Rn. 333; BGH, NJW 1986, 1924 (1925); *Engelhardt*, VersR 1989, 1221 (1223).

1601 MüKo-BGB-*Papier*, § 839, Rn. 334.

1602 MüKo-BGB-*Papier*, § 839, Rn. 334; *Bender*, Rn. 678; *Ossenbühl/Cornils*, S. 97; RGZ 166, 249 (256).

ist abhängig vom Einzelfall auf den Bildungsgrad und die geschäftlichen Erfahrungen der am konkreten Verfahren Beteiligten Rücksicht zu nehmen.[1603] Dann ist unter Berücksichtigung der Umstände des Einzelfalles auf die Verhältnisse des Verkehrskreises abzustellen, dem der Verletzte angehört und zu fragen, welches Maß an Umsicht und Sorgfalt von Angehörigen dieses Kreises verlangt werden kann.[1604] Für den Geschädigten muss die Annahme einer Amtspflichtverletzung „dringlich nahe" gelegen haben, nur dann kann ihm ein Nichtstun vorgeworfen werden.[1605] Außerdem kann dem Geschädigten die Nichteinlegung eines Rechtsmittels nicht zum Vorwurf gemacht werden, wenn er zwar aufgrund einer sich entwickelnden Rechtsprechung bei nachträglicher Betrachtungsweise möglicherweise Erfolg gehabt hätte, die Rechtsprechung aber zum maßgeblichen (früheren) Zeitpunkt noch nicht ausgeformt und gefestigt war.[1606]

Darüber hinaus muss sich der Geschädigte auch ein Verschulden seines gesetzlichen Vertreters oder einer Hilfsperson, etwa seines Anwaltes, zurechnen lassen.[1607] Die §§ 254 II 2 und 278 BGB finden entsprechende Anwendung.[1608] Dabei ist auch noch auf § 85 II ZPO hinzuweisen. Denn gemäß § 85 II ZPO steht das Verschulden des Bevollmächtigten dem Verschulden der Partei gleich.

4. *Sondergesetzliche Haftungsbeschränkungen bzw. –ausschlüsse*

Es stellt sich an diesem Punkt der Betrachtung die Frage, ob es neben den Haftungsausschlüssen bzw. –beschränkungen, die dem § 839 BGB selbst innewohnen, noch weitere eventuelle sondergesetzliche Haftungsbeschränkungen bzw. –ausschlüsse gibt bzw. geben kann.

a) *Verfassungsrechtliche Zulässigkeit*

Zunächst einmal ist die Frage nach der Zulässigkeit einer „sondergesetzlichen" Haftungsbeschränkung zu klären.

Sowohl nach der Rechtsprechung als auch nach der h. L. kann die in Art. 34 S. 1 GG verankerte Staatshaftung durch einfaches Gesetz ausgeschlossen oder

1603 MüKo-BGB-*Papier*, § 839, Rn. 334.
1604 BGH, NVwZ 1991, 915 (915).
1605 BGH, NJW 1977, 1287 (1288); MüKo-BGB-*Papier*, § 839, Rn. 334; Bamberger/Roth-*Reinert*, § 839, Rn. 104.
1606 BGHZ 92, 34 (54); MüKo-BGB-*Papier*, § 839, Rn. 334.
1607 RGZ 138, 114 (117); RGZ 163, 121 (126); *Bender*, Rn. 679; MüKo-BGB-*Papier*, § 839, Rn. 335.
1608 MüKo-BGB-*Papier*, § 839, Rn. 335.

beschränkt werden.[1609] Die Begründung für eine Zulässigkeit von gesetzlichen Regelungen, die die Amtshaftung ausschließen können, wird in dem Umstand gesehen, dass nach dem Wortlaut des Art. 34 GG der Staat für amtspflichtwidriges Verhalten seiner Amtsträger „grundsätzlich" verantwortlich ist.[1610] Ein Teil der Literatur spricht dieser Formulierung des Art. 34 GG allerdings eine so weitreichende Bedeutung ab.[1611] Das Wort „grundsätzlich" in Art. 34 GG sei ein überflüssig gewordenes Relikt aus Art. 131 WRV, wo es deshalb noch einen Sinn hatte, weil ihm der wesentliche Zusatz folgte: „Die nähere Regelung liegt der zuständigen Gesetzgebung ob".[1612] Der Art. 34 GG enthält keinen entsprechenden Regelungsvorbehalt mehr.[1613] Nach dieser Auffassung kann dem Begriff „grundsätzlich" nur eine normative Bedeutung in Hinsicht auf die Frage des Haftungsträgers beigemessen werden: „grundsätzlich", d. h. regelmäßig haftet der Dienstherr, ausnahmsweise könne aber auch aufgrund abweichender sondergesetzlicher Regelung eine andere juristische Person des öffentlichen Rechts verantwortlich sein.[1614]

Schließt man sich aber der Rechtsprechung und h. L. an, kommt man an dieser Stelle nicht umhin, darauf hinweisen zu müssen, dass die zuvor geschilderte Interpretation des Art. 34 GG durch einen Teil der Literatur eine deutliche und erhebliche Abweichung vom Rechtszustand unter der Geltung des Art. 131 WRV bedeuten würde, der durch eine Reihe einfachgesetzlicher Haftungsausschlüsse und -begrenzungen[1615] gekennzeichnet war.[1616] Es ist aber nicht ersichtlich, dass der Grundgesetzgeber derart einschneidende Abweichungen im Bereich der Staatshaftung vornehmen wollte.[1617] Zumal der Art. 34 GG im Übrigen ganz

1609 BGHZ 9, 289 (290); BGHZ 12, 89 (90f.); BGHZ 12, 96 (98); BGHZ 13, 241 (242); BGHZ 25, 231 (237); BGHZ 61, 7 (14); BGHZ 76, 375 (381); BVerfGE 61, 149 (199f.); *Ossenbühl/Cornils*, S. 97; *Bender*, Rn. 682; vgl. ausführlich dazu *Dagtoglou*, Art. 34 GG, Rn. 314–343.

1610 BGHZ 9, 289 (290); BGHZ 12, 89 (91); BGHZ 25, 231 (237); *Dagtoglou*, Art. 34 GG, Rn. 34; Staudinger- *Wöstmann*, § 839, Rn. 353.

1611 *Bettermann*, GR III/ 2, S. 846f.; *Zimniok*, DÖV 1953, 296 (299); *Maurer*, Allg. VerwR, § 26, Rn. 38.

1612 *Bettermann*, GR III/ 2, S. 847; *v. Mangoldt/Klein*, 2. Auflage, Art. 34 Anm. II 8.

1613 MüKo-BGB-*Papier*, § 839, Rn. 336.

1614 *Bettermann*, GR III/ 2, S. 847.; *Zimniok*, DÖV 1953, 296 (299).

1615 Vgl. die Nachweise bei *v. Mangoldt/Klein*, 2. Auflage, Art. 34 Anm. II 8.

1616 MüKo-BGB-*Papier*, § 839, Rn. 337.

1617 MüKo-BGB-*Papier*, § 839, Rn. 337.

eindeutig den bisherigen, nicht zuletzt durch die reichsgerichtliche Judikatur[1618] geprägten Rechtszustand festigen sollte.[1619] Die Abweichung in einer so bedeutenden Frage möglicher Haftungsausschlüsse und -beschränkungen innerhalb des Staatshaftungsrechts hätte daher vom Verfassungsgesetzgeber deutlicher zum Ausdruck gebracht werden müssen.[1620] Die grundsätzliche Zulässigkeit von Ausnahmeregelungen innerhalb der Staatshaftung resultiert aus dem Charakter des Art. 34 GG als einer institutionellen Garantie der Staatshaftung. Einer solchen Garantie ist auch die Befugnis des Gesetzgebers immanent, nähere Ausgestaltungen und Einschränkungen vornehmen zu können.[1621]

Die Staatshaftung darf nur nicht allgemein oder in wesentlichen Tätigkeitsbereichen des Staates abgeschafft werden.[1622] Der Wesensgehalt der institutionellen Garantie „Staatshaftung" muss durch den Gesetzgeber gewahrt werden.[1623] Normative Haftungsausschlüsse und -begrenzungen sind als Ausnahmen vom Verfassungsgrundsatz eng auszulegen und nur zulässig, wenn sachliche Gründe des öffentlichen Wohls eine Abweichung von der regelmäßig einsetzenden Haftungsüberleitung auf den Staat rechtfertigen.[1624] Das heißt konkret, dass die Ausnahmen nicht willkürlich sein dürfen, sie müssen auf sachgerechten Erwägungen beruhen und sie müssen sich an der Grundentscheidung der Verfassung ausrichten.[1625] Ausnahmen zu Art. 34 GG in Form von Haftungsausschlüssen und -begrenzungen müssen durch förmliches Gesetz bestimmt werden, Beschränkungen durch einfaches Recht, wie z. B. Satzungen sind nicht zulässig.[1626] Allerdings muss es sich bei den förmlichen Gesetzen nicht zwingend um Bundesgesetze handeln, auch landesgesetzliche Regelungen sind zulässig.[1627] Ferner ist anzumerken, dass ein Ausschluss der Staatshaftung nach Art. 34 GG grundsätzlich die Eigenhaftung

---

1618 Vgl. dazu z. B. RGZ 102, 166 (172); RGZ 107, 41 (42f.); RGZ 128, 238 (239f.); RGZ 149, 83 (83f.).

1619 MüKo-BGB-*Papier*, § 839, Rn. 337; vgl. dazu BGHZ 9, 289 (290f.); BGHZ 12, 89 (91); BGHZ 12, 96 (98); BGHZ 36, 193 (194).

1620 *Dagtoglou*, Art. 34 GG, Rn. 34; BGHZ 9, 289 (290f.).

1621 MüKo-BGB-*Papier*, § 839, Rn. 337; vgl. BVerfGE 61, 149 (195).

1622 *Dagtoglou*, Art. 34 GG, Rn. 34; MüKo-BGB-*Papier*, § 839, Rn. 338; BGHZ 61, 7 (14).

1623 MüKo-BGB-*Papier*, § 839, Rn. 338.

1624 MüKo-BGB-*Papier*, § 839, Rn. 338; Staudinger-*Wöstmann*, § 839, Rn. 353.

1625 Staudinger-*Wöstmann*, § 839, Rn. 353; *Dagtoglou*, Art. 34 GG, Rn. 35; BGHZ 99, 62 (64); BGHZ 25, 231 (237); BGHZ 62, 372 (377f.); RGRK/*Kreft*, § 839, Rn. 25.

1626 Staudinger-*Wöstmann*, § 839, Rn. 353; MüKo-BGB-*Papier*, § 839, Rn. 339; BGHZ 61, 7 (14); *Dagtoglou*, Art. 34 GG, Rn. 35a und 343; *Ossenbühl/Cornils*, S. 97; *Schwarze*, JuS 1974, 640 (640ff.); *Brehm*, JuS 1975, 90 (90f.).

1627 Vgl. dazu MüKo-BGB-*Papier*, § 839, Rn. 340.

des Beamten gemäß § 839 I BGB wieder aufleben lässt.[1628] Der eine Amtspflicht verletzende Beamte haftet dann seinem Dienstherrn gegenüber nicht mehr nur im Regresswege bei Vorsatz und grober Fahrlässigkeit, sondern dem geschädigten Dritten gegenüber für jedes Verschulden.[1629]

b) Behandlung und Stellung von Ausländern

Fraglich ist auch, wie etwaige Amtshaftungsansprüche zu beurteilen sind, wenn es sich bei dem Geschädigten um einen Ausländer handelt.

Denn das „Gesetz über die Haftung des Reichs für seine Beamten" (RBHaftG) enthielt noch einen Haftungsausschluss gegenüber Ausländern.

In der bis zum 30.6.1992 anzuwendenden Fassung des § 7 RBHaftG stand Angehörigen eines ausländischen Staates ein Amtshaftungsanspruch gegen die Bundesrepublik für vor dem 1.7.1992 begangene Amtspflichtverletzungen von Bundesbeamten nur insoweit zu, als nach einer im Bundesgesetzblatt enthaltenden Bekanntmachung des Reichskanzlers durch die Gesetzgebung des ausländischen Staates oder durch Staatsvertrag die Gegenseitigkeit verbürgt ist. Jetzt (seit Inkrafttreten des Grundgesetzes) ist der nach der Geschäftsverteilung der Bundesregierung zuständige Minister mit der Bekanntmachung im Bundesgesetzblatt betraut (vgl. Art. 129 Abs. 1 GG).[1630] Durch die Regelung in § 7 RBHaftG (a. F.) sollte aber nur die Haftungsüberleitung durch Art. 34 GG ausgeschlossen werden, nicht jedoch die Eigenhaftung des Beamten nach § 839 BGB, da der Geschädigte Ausländer sonst gänzlich rechtlos gestellt wäre.[1631]

In der seit dem 1.7.1992 geltenden Fassung des § 7 I 1 RBHaftG kann die Bundesregierung „zur Herstellung der Gegenseitigkeit durch Rechtsverordnung bestimmen, daß einem ausländischen Staat und seinen Angehörigen, die im Geltungsbereich dieses Gesetzes keinen Wohnsitz oder ständigen Aufenthalt haben, Ansprüche aus diesem Gesetz nicht zustehen, wenn der Bundesrepublik Deutschland oder Deutschen nach dem ausländischen Recht bei vergleichbaren Schädigungen kein gleichwertiger Schadensausgleich von dem ausländischen Staat geleistet wird." Dies hatte eine Umkehrung des bisherigen Regel-Ausnahmeverhältnisses zur Folge, da jetzt grundsätzlich jeder ausländische Staat und seine Angehörigen bei Amtspflichtverletzungen durch Bundesbeamte einen nach Art. 34

1628 MüKo-BGB-*Papier*, § 839, Rn. 339; Staudinger-*Wöstmann*, § 839, Rn. 353; BGHZ 61, 7 (14).

1629 MüKo-BGB-*Papier*, § 839, Rn. 339.

1630 MüKo-BGB-*Papier*, 5. Auflage, § 839, Rn. 344; vgl. auch *Frowein*, JZ 1964, 358 (358).

1631 RGZ 128, 238 (240); MüKo-BGB-*Papier*, 5. Auflage, § 839, Rn. 344.

S. 1 GG übergeleiteten Anspruch gegen die Bundesrepublik haben.[1632] Gemäß § 7 I 1 RBHaftG greift die Haftungsüberleitung auf den Staat nur dann nicht ein, wenn die Bundesregierung zur Herstellung der Gegenseitigkeit durch eine Verordnung die Amtshaftung gegenüber dem entsprechenden Staat und dessen Angehörigen ausgeschlossen hat. Verordnungen sind aufgrund dieser Bestimmung bisher aber nicht erlassen worden.[1633] Amtshaftungsansprüche für diejenigen Ausländer, die in der Bundesrepublik Deutschland ihren Wohnsitz oder ständigen Aufenthalt haben, bleiben davon allerdings unberührt. Diese sind seit dem 1.7.1992 amtshaftungsrechtlich Inländern gleichberechtigt.[1634]

An dieser Stelle sei auch erwähnt, dass der § 7 I RBHaftG wörtlich dem § 35 I des gescheiterten Staatshaftungsgesetzes von 1981 entspricht.[1635] Schon damals war sich der Gesetzgeber bewusst, dass in Anbetracht der immer engeren internationalen Verflechtung der Lebensbeziehungen und der Vielzahl der in der Bundesrepublik Deutschland lebenden und berufstätigen ausländischen Arbeitnehmer die Ungleichbehandlung von Deutschen und Ausländern bei schädigendem hoheitlichem Handeln nicht mehr gerechtfertigt erscheint.[1636]

Außerdem wurde in § 7 II RBHaftG eine Regelung für eine Retorsionsmöglichkeit für die Mitgliedstaaten der Europäischen Union und deren Angehörige (vgl. Art. 20 AEUV) generell ausgeschlossen, womit europarechtlichen Bedenken im Hinblick auf das Diskriminierungsverbot des Art. 18 I AEUV Rechnung getragen wurde.[1637]

In zahlreichen Landesgesetzen gab es Regelungen, die dem § 7 RBHaftG in seiner Fassung bis zum 30.6.1992 entsprachen. Grundlagen für diese landesrechtlichen Regelungen sind Art. 1 II, 77 EGBGB.[1638] Diese Beschränkungen gegenüber Ausländern wurden bis dato aber weitestgehend abgebaut.[1639] In den alten Bundesländern gab es zuletzt nur noch in Schleswig-Holstein[1640] landesrechtliche Haftungsbeschränkungen gegenüber Ausländern. Dort wurden diese

1632 MüKo-BGB-*Papier*, § 839, Rn. 344.
1633 MüKo-BGB-*Papier*, § 839, Rn. 344; Staudinger-*Wöstmann*, § 839, Rn. 359.
1634 MüKo-BGB-*Papier*, § 839, Rn. 344.
1635 MüKo-BGB-*Papier*, § 839, Rn. 344; *Bender*, 3. Auflage, Rn. 716f.
1636 MüKo-BGB-*Papier*, § 839, Rn. 344; *Bender*, 3. Auflage, Rn. 717.
1637 MüKo-BGB-*Papier*, § 839, Rn. 344.
1638 MüKo-BGB-*Papier*, 5. Auflage, § 839, Rn. 345.
1639 MüKo-BGB-*Papier*, § 839, Rn. 345.
1640 Vgl. § 7 PrStHG vom 1.8.1909; § 7 des Gesetzes über die Haftung des Staates und anderer Verbände für Amtspflichtverletzungen von Beamten bei Ausübung der öffentlichen Gewalt, GS Schl.-H. II, 2030-1.

durch das „Gesetz zur Bereinigung des vorkonstitutionellen Landes-Staatshaftungsrechts vom 23. April 2013" aufgehoben.[1641]

Die Verfassungsmäßigkeit von Haftungsausschlüssen gegenüber Ausländern in der vor dem 1.7.1992 geltenden Fassung wurde in der Literatur wiederholt angezweifelt, von der Rechtsprechung des BGH und des BVerfG aber bestätigt.[1642] Die Rechtsprechung hat in dieser Regelung gegenüber Ausländern insbesondere keinen Verstoß gegen das Willkürverbot aus Art. 3 I GG gesehen, weil es nicht willkürlich sei, die Gleichbehandlung Deutscher im Ausland zur Voraussetzung der Gewährung von Rechten an Ausländer im Inland zu machen.[1643] Der sachliche Grund für den Haftungsausschluss bei fehlender Gegenseitigkeit lag also im Schutz der Deutschen im Ausland.[1644]

Dennoch bestanden Zweifel an der Vereinbarkeit mit Art. 3 I GG, und zwar in Hinsicht auf die Ungleichbehandlung der die Amtspflichtverstöße begehenden Beamten.[1645] Nach der Rechtsprechung führt bzw. führte ein Haftungsausschluss sowohl nach § 7 RBHaftG a. F. als auch nach § 7 RBHaftG n. F. zur Eigenhaftung des Beamten aus § 839 I 1 BGB.[1646] Liegt eine gegenseitige Verbürgung vor, so kann bzw. konnte der Beamte nur im Regresswege von seinem Dienstherrn und nur bei vorsätzlichem oder grob fahrlässigem Verhalten in Anspruch genommen werden. Beim Fehlen einer solchen Gegenseitigkeitsverbürgung trifft bzw. traf den Beamten die Außenhaftung aus § 839 BGB für jedes Verschulden.[1647] Diese Ungleichbehandlung der Beamten kann aber nicht mehr nur mit dem Schutzzweck zugunsten der Deutschen im Ausland gerechtfertigt werden. Es erscheint deshalb verfassungsrechtlich kaum noch gerechtfertigt, Haftungsausschlüsse gegenüber Ausländern aufrechtzuerhalten.[1648] Ebenso die Retorsionsmöglichkeit des § 7 RBHaftG n. F., durch die mithilfe einer Rechtsverordnung die Haftungsüberleitung auf den deutschen Staat bezüglich bestimmter ausländischer Staaten

1641 MüKo-BGB-*Papier*, § 839, Rn. 345; vgl. Schl.-H. GVOBl. 2013, S. 167.

1642 MüKo-BGB-*Papier*, 5. Auflage, § 839, Rn. 346; *Hartstang*, NJW 1955, 99 (99); *Bettermann*, GR III/ 2, S. 847, Fn. 380; *Frowein*, JZ 1964, 409 (409); *Maurer*, Allg. VerwR, 10. Auflage, § 25, Rn. 38; BVerfG, NVwZ 1983, 89 (89); BVerfG, NVwZ 1991, 661 (661); BGHZ 13, 241 (241); BGHZ 76, 375 (380); BGHZ 76, 387 (389); BGHZ 99, 62 (64f.).

1643 BVerfG, NVwZ 1991, 661 (662); BGHZ 76, 375 (381); MüKo-BGB-*Papier*, 5. Auflage, § 839, Rn. 346.

1644 MüKo-BGB-*Papier*, 5. Auflage, § 839, Rn. 346.

1645 MüKo-BGB-*Papier*, 5. Auflage, § 839, Rn. 347.

1646 MüKo-BGB-*Papier*, 5. Auflage, § 839, Rn. 347; vgl. RGZ 128, 238 (240).

1647 MüKo-BGB-*Papier*, 5. Auflage, § 839, Rn. 347.

1648 MüKo-BGB-*Papier*, 5. Auflage, § 839, Rn. 347; *Frowein*, JZ 1964, 409 (410).

auszuschließen ist, erscheint aus denselben Gründen bedenklich.[1649] Doch die verfassungsrechtlichen Bedenken, die bezüglich der Ungleichbehandlung von Beamten bestehen, können – wie schon früher für § 7 RBHaftG a. F. – auch für das geltende Recht ausgeräumt werden, indem unter Rückgriff auf Art. 3 I GG dem Dienstherrn die Verpflichtung auferlegt wird, den betroffenen Beamten im Verhältnis zu den anderen Beamten gleichzustellen, z. B. durch Anerkennung eines Freistellungsanspruchs des Beamten.[1650] Dies würde im Ergebnis aber zu einer „mittelbaren" Haftung des Staates führen, was unweigerlich die Frage aufwirft, warum nicht vollständig auf die Beschränkungsmöglichkeit verzichtet wurde.[1651]

Eine Diskriminierung von EU-Bürgern ist nach der geltenden Fassung von § 7 RBHaftG kaum denkbar. Dafür wurde der § 7 II RBHaftG eingeführt, wonach der § 7 I RBHaftG nicht für Mitgliedstaaten der Europäischen Gemeinschaften und ihre Angehörigen und für die sonstigen Fälle, in denen kraft des Rechts der Europäischen Gemeinschaften eine Gleichbehandlung mit Deutschen erfolgen muss, gilt.

Der Art. 18 AEUV verbietet jede Art von Diskriminierung, die an die Staatsangehörigkeit anknüpft. Daraus lässt sich folgern, dass in allen Fällen, in denen eines der Ziele bzw. eine der Grundfreiheiten des AEUV betroffen ist, Art. 18 AEUV einer staatshaftungsrechtlichen Differenzierung nach der Staatsangehörigkeit entgegensteht.[1652] Des Weiteren sind Konfliktfälle schon aufgrund des Anwendungsvorrangs des Gemeinschaftsrechts eher schwerlich denkbar.

c) Sondergesetzliche Regelungen im Insolvenzrecht

Zunächst ist festzustellen, dass spezielle Regelungen in der Insolvenzordnung, die etwaige Amtshaftungsansprüche gegen das Insolvenzgericht ausschließen oder beschränken bzw. die allgemeinen Regelungen zur Amtshaftung in irgendeiner Weise modifizieren, fehlen. Da Haftungsausschlüsse und/oder –beschränkungen verfassungsrechtlich grundsätzlich für alle Beamten möglich wären, gilt dies auch für Insolvenzrichter und Rechtspfleger. Die Möglichkeit für sondergesetzliche Regelungen im Insolvenzrecht besteht folglich.

1649 MüKo-BGB-*Papier*, 5. Auflage, § 839, Rn. 347.

1650 MüKo-BGB-*Papier*, 5. Auflage, § 839, Rn. 347; BGHZ 76, 375 (381f.); vgl. dazu auch *Frowein*, JZ 1964, 409 (410); vgl. auch *Maurer*, Allg. VerwR, § 26, Rn. 38.

1651 MüKo-BGB-*Papier*, 5. Auflage, § 839, Rn. 347.

1652 MüKo-BGB-*Papier*, 5. Auflage, § 839, Rn. 348; MüKo-BGB-*Papier*, § 839, Rn. 344.

d) Stellungnahme

Zusammenfassend ist festzustellen, dass in der Insolvenzordnung keine sondergesetzlichen Regelungen bezüglich etwaiger Amtshaftungsansprüche vorhanden sind. Allerdings wären solche Regelungen verfassungsrechtlich durchaus möglich. Die einzigen Sonderregelungen bestehen bzw. bestanden gegenüber Ausländern.

Es stellt sich vorliegend aber die Frage, ob solche Sonderregelungen im Anwendungsbereich der Insolvenzordnung nötig oder von Vorteil wären. Es ist nicht auf den ersten Blick ersichtlich, wie eine solche Sonderregelung genau ausgestaltet werden kann bzw. sollte. Doch diese Thematik lässt sich besser verstehen und beurteilen, wenn sie anhand einer bestehenden Sonderregelung im Bereich des Insolvenzrechts aufgearbeitet wird. Deshalb wird zu dieser Thematik ausführlicher Stellung genommen, wenn auf die entsprechenden Regelungen des schweizerischen Schuldbetreibungs- und Konkursgesetzes in rechtsvergleichender Weise eingegangen worden ist.[1653]

5. Die Verjährung von Amtshaftungsansprüchen

Die Haftung des Staates für Amtspflichtverletzungen kann auch ausgeschlossen sein, wenn der Amtshaftungsanspruch verjährt ist. Ist der Anspruch des Geschädigten auf Amtshaftung verjährt, dann steht dem Anspruchsgegner – also der Körperschaft, der der Beamte angehört[1654] – die Einrede der Verjährung zu. Das heißt, der Staat bzw. die Körperschaft kann die Leistung von Schadensersatz dauernd verweigern.[1655] Die Einrede der Verjährung muss allerdings geltend gemacht werden. Im Prozess darf das entscheidende Gericht die Einrede nur beachten, wenn die Tatbestandsvoraussetzungen der Einrede erfüllt sind und der Berechtigte sich auf die Einrede beruft.[1656] Das Erheben der Verjährungseinrede führt nicht zum Untergang des Amtshaftungsanspruchs, sondern nur zu seiner Hemmung. Er kann also nicht mehr durchgesetzt werden.[1657] Deshalb ist eine Einordnung der „Verjährung von Amtshaftungsansprüchen" unter dem Punkt „Haftungseinschränkungen oder Haftungsausschlüsse" auch gerechtfertigt.

1653 Ausführlich dazu unter 5. Teil.
1654 Vgl. dazu ausführlicher MüKo-BGB-*Papier*, § 839, Rn. 360ff.
1655 *Brox/Walker*, Rn. 667.
1656 *Brox/Walker*, Rn. 662.
1657 *Brox/Walker*, Rn. 663.

a) Die Verjährung von Amtshaftungsansprüchen seit dem 1.1.2002

Durch Art. 1 des Schuldrechtsmodernisierungsgesetzes (kurz: SMG), der am 1.1.2002 in Kraft getreten ist, haben sich die Bestimmungen über die Verjährung im BGB grundsätzlich geändert.[1658] Dabei finden die neuen Regelungen gemäß Art. 229 § 6 EGBGB nur Anwendung auf die am 1.1.2002 bestehenden und noch nicht verjährten Ansprüche.[1659] Die Amtshaftungsansprüche fallen nun unter die regelmäßige Verjährungsfrist von drei Jahren nach § 195 BGB.[1660] Die Verjährungsfrist beginnt gemäß § 199 I BGB mit dem Schluss des Jahres, in dem der Anspruch entstanden ist und – kumulativ – der Gläubiger von den den Anspruch begründenden Umständen und der Person des Schuldners Kenntnis erlangt hat oder ohne grobe Fahrlässigkeit hätte erlangen müssen.[1661] Amtshaftungsansprüche, die auf der Verletzung des Lebens, des Körpers, der Gesundheit oder der Freiheit beruhen, verjähren gemäß § 199 II BGB ohne Rücksicht auf ihre Entstehung oder die Kenntnis oder grob fahrlässige Unkenntnis in 30 Jahren von der Verletzung der Amtspflicht an.[1662] Gemäß § 199 III BGB verjähren sonstige Amtshaftungsansprüche, also solche, die nicht auf der Verletzung der zuvor genannten Rechtsgüter beruhen, ohne Rücksicht auf die Kenntnis oder grob fahrlässige Unkenntnis des Gläubigers in zehn Jahren von ihrer Entstehung an und ohne Rücksicht auf ihre Entstehung und die Kenntnis oder grob fahrlässige Unkenntnis in 30 Jahren von der Verletzung der Amtspflicht an.[1663] Diese Regelung betrifft vor allem Amtshaftungsansprüche, die zu reinen Vermögensschäden geführt haben.[1664]

Zusammenfassend kann festgestellt werden, dass für den Beginn der Verjährung die Entstehung des Anspruchs und die Kenntnis bzw. grob fahrlässige Unkenntnis des Gläubigers von den den Anspruch begründenden Umständen und der Person des Schuldners entscheidend sind.[1665]

1658 Bis zum 1.1.2002 war die Verjährung von deliktischen Ansprüchen in § 852 BGB (a. F.) geregelt.

1659 MüKo-BGB-*Papier*, § 839, Rn. 353; Bamberger/Roth-*Reinert*, § 839, Rn. 105.

1660 Staudinger-*Wöstmann*, § 839, Rn. 372; MüKo-BGB-*Papier*, § 839, Rn. 353; Bamberger/Roth-*Reinert*, § 839, Rn. 106.

1661 Staudinger-*Wöstmann*, § 839, Rn. 372; MüKo-BGB-*Papier*, § 839, Rn. 353; Bamberger/Roth-*Reinert*, § 839, Rn. 106.

1662 Staudinger-*Wöstmann*, § 839, Rn. 372; MüKo-BGB-*Papier*, § 839, Rn. 353; Bamberger/Roth-*Reinert*, § 839, Rn. 106.

1663 Staudinger-*Wöstmann*, § 839, Rn. 372; Bamberger/Roth-*Reinert*, § 839, Rn. 106.

1664 Staudinger-*Wöstmann*, § 839, Rn. 372.

1665 Vgl. MüKo-BGB-*Papier*, § 839, Rn. 353.

Ein Amtshaftungsanspruch entsteht erst, wenn alle Tatbestandsmerkmale des § 839 BGB erfüllt sind. Das heißt, dass insbesondere auch ein Schaden eingetreten sein muss.[1666] Dabei findet der „Grundsatz der Schadenseinheit" bei der Bestimmung des Verjährungsbeginns Anwendung.[1667] Dieser Grundsatz ist von der Rechtsprechung anerkannt.[1668] Der „Grundsatz der Schadenseinheit" besagt, dass ein Schadensersatzanspruch einheitlich auch hinsichtlich noch nicht entstandener Schadensposten mit der Entstehung der ersten Schadensposition entstanden ist, wenn die späteren Schadenselemente vorhersehbar waren.[1669]

Als subjektive Voraussetzung für den Beginn der Verjährung genügt nach § 199 I BGB neben der Kenntnis schon die grob fahrlässige Unkenntnis des Gläubigers von den den Anspruch begründenden Umständen und der Person des Schuldners.[1670] Grob fahrlässige Unkenntnis liegt zumindest in den Fällen vor, in denen sich der Gläubiger der Kenntnis verschließt. Dies hat die Rechtsprechung nämlich schon vor dem SMG der positiven Kenntnis gleichgesetzt, um ein missbräuchliches Hinausschieben des Verjährungsbeginns zu verhindern.[1671] Außerdem wird grob fahrlässige Unkenntnis auch dann anzunehmen sein, wenn der Gläubiger sich die erforderliche Kenntnis ohne weiteres hätte beschaffen können.[1672]

Die Kenntnis oder grob fahrlässige Unkenntnis des Gläubigers muss sich dabei auf alle den Amtshaftungsanspruch begründenden Umstände beziehen.[1673] Der Beginn der Verjährung nach § 199 I BGB setzt auch die Kenntnis oder die grob fahrlässige Unkenntnis des Geschädigten voraus, dass andere Ersatzmöglichkeiten im Sinne des § 839 I 2 BGB fehlen, da das Fehlen einer anderweitigen Ersatzmöglichkeit zum Tatbestand des Amtshaftungsanspruchs gehört.[1674]

Ansonsten beginnt die Verjährung in dem Zeitpunkt, in dem sich der Geschädigte im Wege eines Prozesses oder auf sonstige Weise ausreichend Klarheit darüber verschaffen konnte, ob und in welcher Höhe ihm ein anderweitiger Ersatzanspruch zustand.[1675] Sofern es um

---

1666 MüKo-BGB-*Papier*, § 839, Rn. 354.
1667 MüKo-BGB-*Papier*, § 839, Rn. 354; *Mansel*, NJW 2002, 89 (91).
1668 *Mansel*, NJW 2002, 89 (91); BGHZ 50, 21 (23f.); BGHZ 119, 69 (70f.).
1669 MüKo-BGB-*Papier*, § 839, Rn. 354; *Mansel*, NJW 2002, 89 (91).
1670 MüKo-BGB-*Papier*, § 839, Rn. 355.
1671 MüKo-BGB-*Papier*, § 839, Rn. 355.
1672 *Mansel*, NJW 2002, 89 (91); MüKo-BGB-*Papier*, § 839, Rn. 355.
1673 MüKo-BGB-*Papier*, § 839, Rn. 356.
1674 MüKo-BGB-*Papier*, § 839, Rn. 356; vgl. BGHZ 121, 65 (71) zur Rechtsprechung vor Inkrafttreten des SMG.
1675 BGHZ 121, 65 (71); MüKo-BGB-*Papier*, § 839, Rn. 356.

das Vorliegen einer vorsätzlichen Amtspflichtverletzung geht, gilt dies selbstverständlich nicht.[1676] Ergibt sich aufgrund einer neueren Rechtsprechung des BGH die Unanwendbarkeit der Subsidiaritätsklausel nach § 839 I 2 BGB, so ist es dem Verletzten vorher nicht zumutbar, eine auf die Feststellung der Schadensersatzverpflichtung zielende Klage zu erheben.[1677]

Für die Tatsachenkenntnis reicht es aus, wenn der Geschädigte die tatsächlichen Umstände, aus denen sich eine schuldhafte Amtspflichtverletzung ergibt, dergestalt kennt, dass es ihm zugemutet werden kann, einen Amtshaftungsanspruch oder zumindest ein Feststellungsbegehren gerichtlich geltend zu machen. Die Klageerhebung ist zumutbar, wenn die Klage hinreichende Aussicht auf Erfolg hat, auch wenn sie nicht risikolos ist.[1678]

Aufgrund des „Grundsatzes der Schadenseinheit" ist von der Kenntnis eines bereits entstandenen Schadens auch die Kenntnis weiterer nachteiliger Folgen umfasst, die in dem Zeitpunkt, in dem die Kenntnis erlangt worden ist, noch nicht eingetreten sind, allerdings bei verständiger Würdigung voraussehbar gewesen wären.[1679]

An dieser Stelle bleibt nur noch zu erörtern, wie die Kenntnis oder grob fahrlässige Unkenntnis Dritter behandelt wird. Sie wird dem geschäftsfähigen Anspruchsinhaber analog § 166 I BGB nur zugerechnet, wenn der sogenannte Wissensvertreter mit der selbständigen Erledigung eines Aufgabenkreises in eigener Verantwortung betraut ist, der auch die Sachverhaltserfassung bei der Verfolgung von Ansprüchen und deren rechtzeitige Geltendmachung umfasst.[1680]

b) Stellungnahme

In Bezug auf die Verjährung von Amtshaftungsansprüchen bei insolvenzgerichtlichen Pflichtverletzungen ist festzustellen, dass auf Besonderheiten des Insolvenzrechts gar nicht genauer einzugehen ist, da die InsO keine eigenen Verjährungsregeln kennt und auch die allgemeinen Verjährungsregeln nicht modifiziert. Auch Amtshaftungsansprüche, die auf einer insolvenzgerichtlichen Amtspflichtverletzung beruhen, verjähren nach den allgemeinen Regeln.[1681]

1676 MüKo-BGB-*Papier*, § 839, Rn. 356; BGH VersR 1983, 784 (784f.).

1677 MüKo-BGB-*Papier*, § 839, Rn. 356; vgl. BGH, NJW 1979, 1602 (1603).

1678 MüKo-BGB-*Papier*, § 839, Rn. 357; BGHZ 133, 192 (198); BGH NJW 2001, 1721 (1722); *Mansel*, NJW 2002, 89 (92).

1679 BGH, NVwZ 2007, 362 (366); MüKo-BGB-*Papier*, § 839, Rn. 357.

1680 MüKo-BGB-*Papier*, § 839, Rn. 358; BGH, NJW 1989, 2323 (2323).

1681 Vgl. aber zum SchKG unter 5. Teil C.

6. *Entscheidungen von Kollegialgerichten*

a) *Grundsätzliches über die „Kollegialgerichts-Richtlinie" und ihre Anwendung*

Auch kollegialgerichtliche Entscheidungen können zu einem Ausschluss der Amtshaftung führen.

Schon nach ständiger Rechtsprechung des Reichsgerichts, die vom BGH fortgeführt wird, trifft einen Beamten in der Regel kein Verschulden, wenn ein mit mehreren Rechtskundigen – Berufsrichtern – besetztes Kollegialgericht die Amtstätigkeit als objektiv rechtmäßig angesehen hat.[1682] Das BVerwG teilt die gleiche Auffassung, wenn in einem Verwaltungsprozess über das Verschulden eines Beamten zu entscheiden ist.[1683] Diese sogenannte „Kollegialgerichts-Richtlinie" trägt dem Gedanken Rechnung, dass von einem Beamten, der allein und unter Druck der täglichen Geschäfte handeln muss, keine bessere Rechtseinsicht erwartet werden kann als von einem Gremium mit mehreren Rechtskundigen, das in voller Ruhe und nach reiflicher Überlegung entscheidet, nachdem der Prozessstoff in Gänze vor ihm erörtert worden ist.[1684]

Diese „Kollegialgerichts-Richtlinie" ist grundsätzlich nur für Amtspflichtverletzungen entwickelt worden und kann auch nur bei solchen in Grenzen und unter bestimmten Voraussetzungen angewendet werden.[1685]

Zunächst setzt die Anwendung der „Kollegialgerichts-Richtlinie" voraus, dass das konkrete Verhalten des Beamten, der die im Haftungsprozess zu beurteilende Amtspflichtverletzung begangen hat, zuvor Gegenstand vor einem Kollegialgericht gewesen ist und von diesem gebilligt worden ist.[1686] Sie findet nicht schon deshalb Anwendung, weil sich der Beamte allgemein auf Gerichtsentscheidungen berufen kann, die seine Rechtsauffassung stützen.[1687]

Der grundsätzliche Geltungsanspruch des Rechts macht es unentbehrlich, „daß der Verpflichtete das Risiko seines Irrtums über die Rechtslage selbst trägt; auch ein Richterkollegium kann ihn hiervon auf Kosten des Berechtigten nur unter besonderen Umständen entlasten."[1688]

1682 Staudinger-*Wöstmann*, § 839, Rn. 211; RGZ 106, 406 (410); RGZ 141, 328 (334); BGHZ 97, 97 (107).

1683 Staudinger-*Wöstmann*, § 839, Rn. 211; BVerwG, NVwZ 2004, 104 (105); BVerwG, NVwZ 2006, 212 (213).

1684 Staudinger-*Wöstmann*, § 839, Rn. 211; BVerwG, NVwZ 2006, 212 (213).

1685 Staudinger-*Wöstmann*, § 839, Rn. 212.

1686 Staudinger-*Wöstmann*, § 839, Rn. 212.

1687 Staudinger-*Wöstmann*, § 839, Rn. 212; BGH, NVwZ-RR 2003, 166 (166).

1688 Staudinger-*Wöstmann*, § 839, Rn. 212; BGH, MDR 1982, 396 (397).

Im Allgemeinen ist es nur dann gerechtfertigt, das Verschulden eines amtspflichtwidrig handelnden Beamten abzulehnen, wenn ein Kollegialgericht die Rechtmäßigkeit der Amtstätigkeit nach sorgfältiger Prüfung bejaht hat.[1689]

So hat der BGH die „Kollegialgerichts-Richtlinie" auch auf einen Konkursrichter angewandt, dessen Rechtsanwendung von einem mit mehreren rechtskundigen besetzten Berufungsgericht als objektiv rechtmäßig bestätigt worden ist.[1690]

Das OLG Brandenburg hat aufgrund der „Kollegialgerichts-Richtlinie" sogar Überlegungen angestellt, ob der Anfechtung einer Entscheidung eines Kollegialgerichts im Wege der Amtshaftung nicht bereits ihre Natur als kollegialgerichtliche Entscheidung entgegenstehe, vor allem wenn es sich um eine Entscheidung von Richtern eines Rechtsmittelgerichts handele.[1691] In der angeblich unrichtigen Rechtsanwendung selbst liegt zugleich die Billigung dieser Rechtsanwendung durch ein Kollegialgericht.[1692]

Breuer steht einer Allgemeingültigkeit der „Kollegialgerichts-Richtlinie" ablehnend gegenüber.[1693] Die Rechtsprechung zur kollegialgerichtlichen Billigung bilde nur eine „Richtlinie", und dies schon seit den Entscheidungen des Reichsgerichts.[1694] Ferner hält *Breuer* es nicht für vertretbar, dass Entscheidungen eines Kollegialgerichts allein aufgrund ihrer Eigenschaft als kollegialgerichtliche Entscheidung automatisch der Amtshaftung entzogen werden. Die Vermutung der Amtspflichtgemäßheit, die nur auf der Billigung der kollegialgerichtlichen Entscheidung beruhe, müsse im Einzelfall auch einer Widerlegung zugänglich sein.[1695]

Ausnahmen lässt der BGH von dieser allgemeingültigen Richtlinie nur zu, wenn das Kollegialgericht der Annahme ist, die Amtshandlung sei rechtmäßig gewesen und dies auf einer unzureichenden tatsächlichen oder rechtlichen Beurteilungsgrundlage beruhte, sei es, weil das Gericht sich bereits im Ausgangspunkt von einer sachlich verfehlten Betrachtungsweise nicht hat freimachen können, oder sei es, weil das Gericht infolge unzureichender Tatsachenfeststellung von einem anderen Sachverhalt als dem, den der Beamte zu bewältigen hatte, ausgegangen ist oder den festgestellten Sachverhalt nicht ausreichend und erschöpfend gewürdigt hat.[1696]

1689 Staudinger-*Wöstmann*, § 839, Rn. 213.

1690 *Breuer*, S. 261; BGH, NJW-RR 1992, 919 (919f.).

1691 *Breuer*, S. 261; OLG Brandenburg, OLG-NL 2002, 246 (247).

1692 OLG Brandenburg, OLG-NL 2002, 246 (247).

1693 *Breuer*, S. 261.

1694 *Breuer*, S. 261; RGZ 164, 32 (41).

1695 *Breuer*, S. 261; vgl. BGH, NJW 2011, 1072 (1076).

1696 Staudinger-*Wöstmann*, § 839, Rn. 213; BGHR BGB, § 839 I 1 Verschulden, Nr. 7, 9, 11, 13, 14, 21, 24; BVerwG, NVwZ 2006, 212 (213); vgl. für Beispiele der Nicht-Anwendung

Auch wenn ein Kollegialgericht die Tätigkeit eines Beamten nur anhand eines reduzierten Prüfungsmaßstabes billigt, obgleich dem Beamten selbst ein höherer Prüfungsmaßstab obliegt, muss darin nicht automatisch die Wertung liegen, dass das Verhalten des Beamten rechtmäßig ist. Allerdings trifft in solchen Fällen[1697] den Beamten selbst die Pflicht, sein Verhalten uneingeschränkt am Maßstab der Rechtmäßigkeit auszurichten. Das Gericht im Amtshaftungsprozess entscheidet hingegen anhand des reduzierten Maßstabes der Vertretbarkeit darüber, ob der Beamte amtspflichtgemäß gehandelt hat. In solchen Fällen liegt ebenfalls eine Ausnahme zur „Kollegialgerichts-Richtlinie" vor.[1698]

Die „Kollegialgerichts-Richtlinie" ist selbstverständlich auch nicht anwendbar, wenn das Kollegialgericht die Handlung des Beamten nicht als rechtsmäßig, sondern als rechtswidrig beurteilt und nur ein Verschulden des Beamten verneint.[1699]

Es gibt auch weitere Gründe, aus denen eine Anwendung der „Kollegialgerichts-Richtlinie" nicht geboten sein kann. Ein solcher ist zunächst einmal, wenn der Beamte dem Kollegialgericht in seiner Beurteilungsmöglichkeit nicht unterlegen ist bzw. über die gleichen Möglichkeiten verfügt wie das Gericht.[1700] Außerdem ist die „Kollegialgerichts-Richtlinie" nicht anwendbar, wenn der handelnde Beamte sich in einer günstigeren Lage befand als das Gericht, z. B durch einen Wissensvorsprung oder weil er sich einfach häufiger mit dieser Art Entscheidungen auseinanderzusetzen hat.[1701]

Darüber hinaus ist die „Kollegialgerichts-Richtlinie" unanwendbar, wenn es sich bei der ergangenen gerichtlichen Entscheidung um eine im Verfahren des einstweiligen Rechtsschutzes aufgrund einer nur summarischen Prüfung handelt.[1702]

---

der „Kollegialgerichts-Richtlinie" mit weiteren Nachweisen Staudinger-*Wöstmann*, § 839, Rn. 213.

1697 *Wöstmann* nennt als Beispiel den Fall, in dem die einem Haftbefehlsantrag der Staatsanwaltschaft zugrunde liegende Annahme dringenden Tatverdachts unvertretbar ist und die Maßnahme daher amtspflichtwidrig ist, ein Kollegialgericht, das mit mehreren Rechtskundigen besetzt ist, bejaht aber die Vertretbarkeit; Staudinger-*Wöstmann*, § 839, Rn. 214.

1698 Staudinger-*Wöstmann*, § 839, Rn. 214; BGHR BGB, § 839 I 1 Verschulden, Nr. 31.

1699 Staudinger-*Wöstmann*, § 839, Rn. 214; BGHZ 97, 97 (107).

1700 Staudinger-*Wöstmann*, § 839, Rn. 215; vgl. dazu BGHZ 150, 172 (184); BGH, JZ 1962, 318 (318).

1701 Staudinger-*Wöstmann*, § 839, Rn. 215; vgl. dazu BGHZ 73, 161 (165); BGH, NJW 1962, 2100 (2100).

1702 Staudinger-*Wöstmann*, § 839, Rn. 216; BGHZ 117, 240 (250).

Eine Rückausnahme stellt nach Ansicht des BVerwG die Entscheidung über die Gewährung vorläufigen Rechtsschutzes in beamtenrechtlichen Konkurrentenstreitigkeiten dar. Nach Ansicht des BVerwG sind solche Entscheidungen grundsätzlich für eine Anwendung der „Kollegialgerichts-Richtlinie" geeignet, da in solchen Fällen das Gebot des effektiven Rechtsschutzes gemäß Art. 19 IV GG vom Gericht eine eingehende tatsächliche und rechtliche Prüfung fordert. Dem unterlegenen Bewerber steht in der Regel nur dieses Verfahren zur Verfügung.[1703]

Als „Kollegialgericht" im Sinne der zuvor erörterten Richtlinie, wird nur ein Gericht angesehen, das mit mehreren Berufsrichtern besetzt ist; hingegen kein Gericht, das mit einem Berufsrichter und im Übrigen mit ehrenamtlichen Beisitzern besetzt ist.[1704] Die Entscheidung eines Nicht-Kollegialgerichts darüber, ob eine Amtshandlung rechtmäßig gewesen ist, kann aber zumindest als ein Indiz gegen ein Verschulden gewertet werden.[1705]

Für die Anwendung der „Kollegialgerichts-Richtlinie" ist es nicht unbedingt erforderlich, dass das Gericht durch Urteil nach einer mündlichen Verhandlung entscheidet. Eine ohne mündliche Verhandlung gewonnene urteilsvertretende Erkenntnis muss dann allerdings im Amtshaftungsprozess die gleiche Wirkung entfalten wie ein aufgrund mündlicher Verhandlung ergangenes Urteil.[1706] Ob eine solche Entscheidung auch ohne mündliche Verhandlung ergehen kann, ist von der jeweilig einschlägigen Verfahrensordnung abhängig.[1707]

Im Schrifttum wird der „Kollegialgerichts-Richtlinie" und ihrer Anwendung zwiegespalten gegenüber getreten.[1708]

b) Insolvenzrechtliche Bezüge zur „Kollegialgerichts-Richtlinie"

An dieser Stelle muss sich auf den Ausgangspunkt der Betrachtung zurückbesonnen werden.

Es ist daher vorliegend fraglich, ob und wenn ja, welche Auswirkungen die „Kollegialgerichts-Richtlinie" bei Amtshaftungsansprüchen gegen das Insolvenzgericht haben kann.

Die „Kollegialgerichts-Richtlinie" besagt, dass einen Beamten in der Regel kein Verschulden trifft, wenn ein mit mehreren Rechtskundigen besetztes

---

1703 Staudinger-*Wöstmann*, § 839, Rn. 216; BVerwG, NVwZ 2006, 212 (213).

1704 Staudinger-*Wöstmann*, § 839, Rn. 217; BGH, NJW 1996, 2422 (2424); BGH, VersR 1968, 371 (373).

1705 Staudinger-*Wöstmann*, § 839, Rn. 217; BGH, NJW 1996, 2422 (2424).

1706 Staudinger-*Wöstmann*, § 839, Rn. 217; BGHR BGB, § 839 I 1 Verschulden, Nr. 14; BGH, NVwZ 1998, 1329 (1330).

1707 Staudinger-*Wöstmann*, § 839, Rn. 217.

1708 Staudinger-*Wöstmann*, § 839, Rn. 219 m. w. N.

Kollegialgericht die Amtstätigkeit als objektiv rechtmäßig angesehen hat.[1709] Für eine Anwendbarkeit dieser Richtlinie müsste also zunächst (zumindest auch) die Rechtmäßigkeit einer Amtstätigkeit des Insolvenzgerichts Gegenstand eines Verfahrens sein. Wenn über diese Rechtmäßigkeit ein Kollegialgericht entscheidet und es die Amtstätigkeit für rechtmäßig erachtet, scheidet ein Verschulden des Insolvenzgerichts (Insolvenzrichter oder Rechtspfleger) im Allgemeinen aus.

aa) Das Enumerationsprinzip der Insolvenzordnung

Die Entscheidungen des Insolvenzgerichts sind grundsätzlich nicht anfechtbar.[1710] Aufgrund des Enumerationsprinzips in der InsO unterliegen die Entscheidungen des Insolvenzgerichts nur dann einem Rechtsmittel, wenn „dieses Gesetz die sofortige Beschwerde vorsieht".[1711] Dass es im Insolvenzverfahren eine allgemeine Einschränkung der Rechtsschutzmöglichkeiten gibt, ist verfassungsrechtlich unbedenklich.[1712] Der Betroffene muss allerdings aufgrund des Gebots des effektiven Rechtsschutzes aus Art. 19 IV 1 GG die Möglichkeit haben, die hoheitlichen Maßnahmen gerichtlich überprüfen zu lassen. Dieser Grundsatz gilt nicht für spruchrichterliche Entscheidungen. Einen von der Verfassung verbürgten Anspruch gegen judizielle Rechtshandlungen des Richters gibt es nicht.[1713] Die Verfassung gewährt darüber hinaus auch nicht mehrere Instanzenzüge.[1714]

Anders gelagert sind die Fälle, in denen der Richter funktional Eingriffe der vollziehenden Gewalt vornimmt.[1715] Dies ist bei einem erstinstanzlichen Insolvenzrichter nicht selten.[1716] Etwaige Eingriffe in das Recht auf Freiheit nach Art. 104 GG und in das Recht auf Unverletzlichkeit der Wohnung nach Art. 13 GG hat das Grundgesetz dem Richter vorbehalten. Aufgrund der mit ihnen einhergehenden besonders starken Beeinträchtigungen für den Betroffenen müssen diese Eingriffe durch ein Rechtsmittel überprüft werden können (Art. 19 IV GG).[1717] Es muss vor allem möglich sein, Rechtsschutz gegen richterliche Maßnahmen zu erlangen, die in die Grundrechte des Betroffenen eingreifen und die von vornherein außerhalb

---

1709 BGH, NVwZ 1998, 1329 (1330).

1710 MüKo-InsO-*Ganter/Lohmann*, § 6, Rn. 6; LSZ-*Smid/Leonhardt*, § 6, Rn. 1.

1711 MüKo-InsO-*Ganter/Lohmann*, § 6, Rn. 6; vgl. für eine abschließende Aufzählung MüKo-InsO-*Ganter/Lohmann*, § 6, Rn. 6; Kreft-*Kirchhof*, § 6, Rn. 3.

1712 MüKo-InsO-*Ganter/Lohmann*, § 6, Rn. 9; *Hoffmann*, NZI 1999, 425 (426).

1713 MüKo-InsO-*Ganter/Lohmann*, § 6, Rn. 9; *Prütting*, NZI 2000, 145 (146).

1714 MüKo-InsO-*Ganter/Lohmann*, § 6, Rn. 9; BVerfGE 54, 277 (291).

1715 MüKo-InsO-*Ganter/Lohmann*, § 6, Rn. 9a; BGHZ 158, 212 (214).

1716 MüKo-InsO-*Ganter/Lohmann*, § 6, Rn. 9a.

1717 MüKo-InsO-*Ganter/Lohmann*, § 6, Rn. 9a; BGHZ 158, 212 (215).

der Befugnisse liegen, die dem Insolvenzgericht vom Gesetzgeber verliehen worden sind.[1718] Dem steht auch das Enumerationsprinzip nicht entgegen.[1719]

Es stellt auch keinen Widerspruch dar, dass für Beschwerden gegen richterliche Entscheidungen im Insolvenzverfahren das Enumerationsprinzip gilt, hingegen bei Tätigkeiten und Entscheidungen des Rechtspflegers stets eine Überprüfung möglich ist. Die Erinnerungen gegen Entscheidungen des Rechtspflegers gewährleisten lediglich eine richterliche Kontrolle. Wird allerdings von vornherein der Richter tätig, bedarf es nicht regelmäßig, sondern nur ausnahmsweise einer Kontrolle.[1720]

Dem Insolvenzverwalter steht auch nicht die Befugnis zu, sich wegen jeder insolvenzgerichtlichen Maßnahme zu beschweren. Ihm steht kein kraft seiner Amtsstellung aus sich selbst ergebendes Recht auf eine sofortige Beschwerde zu.[1721] Dies wäre mit § 6 I InsO nicht vereinbar.[1722] Dies verdeutlicht sich dadurch, dass die InsO weder dem vom Gericht bestellten Insolvenzverwalter gegen seine Abwahl durch die Gläubigerversammlung noch dem von den Gläubigern gewählten Verwalter gegen die Versagung seiner Ernennung durch das Insolvenzgericht ein eigenes Beschwerderecht zuspricht.[1723] Allerdings ist die Entscheidung über die Bestellung eines Insolvenzverwalters differenziert zu betrachten: Die Vorauswahlentscheidung über die Bewerber, die generell als Insolvenzverwalter in Betracht kommen, ist nach Ansicht des BVerfG nach §§ 23 ff. EGGVG überprüfbar.[1724] Ob die Auswahl im konkreten Einzelfall von den Mitbewerbern, die nicht zum Zuge gekommen sind, nur mit den in der InsO vorgesehenen Rechtsbehelfen – die es nicht gibt – angegriffen werden kann[1725] oder, ob auch diese Auswahl als Justizverwaltungsakt im Sinne von § 23 EGGVG angesehen werden muss,[1726] war umstritten.[1727] Hier hat das BVerfG letztlich eine Entscheidung getroffen.[1728]

1718 MüKo-InsO-*Ganter/Lohmann*, § 6, Rn. 9a; BGHZ 158, 212 (215).

1719 MüKo-InsO-*Ganter/Lohmann*, § 6, Rn. 9a; BGHZ 158, 212 (215).

1720 MüKo-InsO-*Ganter/Lohmann*, § 6, Rn. 10; Nerlich/Römermann-*Becker*, § 6, Rn. 29.

1721 So aber *Smid*, vgl. LSZ-*Smid/Leonhardt*, § 6 Rn. 13.

1722 MüKo-InsO-*Ganter*, 2. Auflage, § 6, Rn. 11.

1723 MüKo-InsO-*Ganter*, 2. Auflage, § 6, Rn. 11; vgl. OLG Zweibrücken, NZI 2001, 204 (204); Kreft-*Kirchhof*, § 6, Rn. 24.

1724 BVerfG, ZInsO 2004, 913 (913ff.).

1725 OLG Hamm, NJW 2005, 834 (834f.).

1726 OLG Koblenz, NZI 2005, 453 (453ff.).

1727 MüKo-InsO-*Ganter/Lohmann*, § 6, Rn. 11; vgl. auch MüKo-InsO-*Ganter*, 2. Auflage, § 6, Rn. 11a; zur Zeit *Ganters* Stellungnahme war der Streit vom BVerfG noch nicht entschieden worden.

1728 MüKo-InsO-*Ganter/Lohmann*, § 6, Rn. 11; vgl. zur Entscheidung des BVerfG 2. Teil B. I. 1. d).

bb) Allgemeines über die sofortige Beschwerde im Insolvenzverfahren

Im Insolvenzrecht besteht hinsichtlich der Rechtsbehelfe bis heute eine „Zweispurigkeit".

Die sofortige Beschwerde ist in den Fällen gegeben, in denen die InsO sie gegen eine Entscheidung des Insolvenzgerichts vorsieht. Dann ist der Weg gemäß § 567 I Nr. 1 ZPO i. V. m. § 6 InsO gegeben.[1729] Sofern die sofortige Beschwerde in einem anderen Gesetz als der InsO auch vorgesehen ist, gilt § 567 I Nr. 1 ZPO in Verbindung mit der Bestimmung des anderen Gesetzes.[1730] Der Weg gemäß § 567 I Nr. 2 ZPO steht zur Verfügung, wenn es sich um eine solche, eine mündliche Verhandlung nicht erfordernde Entscheidung handelt, durch die ein das Verfahren betreffendes Gesuch zurückgewiesen worden ist.[1731] Entscheidungen, die ihre Rechtsgrundlage außerhalb der InsO haben, sind im Instanzenzug der jeweiligen Rechtsordnung – und nicht dem der InsO – anzufechten.[1732] Gegen Entscheidungen des Rechtspflegers, gegen die in der InsO keine sofortige Beschwerde eröffnet ist, besteht auch die Möglichkeit der befristeten Erinnerung gemäß § 11 II RPflG.[1733]

Seit der Neuregelung der §§ 567 ff. ZPO gibt es auch im Anwendungsbereich dieser Vorschriften nur noch sofortige Beschwerden.[1734] Bis zum 26.10.2011 fand gemäß § 7 InsO gegen die Entscheidung über die sofortige Beschwerde die Rechtsbeschwerde statt. Der § 7 InsO ist allerdings durch das Gesetz zur Änderung des § 522 der Zivilprozessordnung vom 21.10.2011 mit Wirkung vom 27.10.2011 aufgehoben worden.[1735] Deshalb ist *Ganters* Aussage, gegen jede Beschwerdeentscheidung sei, unabhängig davon, ob es sich um eine insolvenzrechtliche oder eine zivilverfahrensrechtliche handele, die Rechtsbeschwerde statthaft, so nicht mehr ganz richtig.[1736] Es ist vielmehr so, wie *Ganter* und *Lohmann* nun feststellen, dass die Rechtsbeschwerde statthaft ist, wenn das Beschwerdegericht sie in dem Beschluss zugelassen hat.[1737]

Seit der Streichung des § 7 InsO, der die Zulässigkeit der Rechtsbeschwerde über die Entscheidung der sofortigen Beschwerde anordnete, richtet sich die

1729 MüKo-InsO-*Ganter/Lohmann*, § 6, Rn. 4b.
1730 MüKo-InsO-*Ganter/Lohmann*, § 6, Rn. 4b; vgl. dazu *I. Pape*, NZI 2001, 516 (519).
1731 MüKo-InsO-*Ganter/Lohmann*, § 6, Rn. 4b.
1732 MüKo-InsO-*Ganter/Lohmann*, § 6, Rn. 4b; vgl. dazu auch *Lüke*, KTS 2001, 395 (408).
1733 MüKo-InsO-*Ganter/Lohmann*, § 6, Rn. 4b; Kreft-*Kirchhof*, § 6, Rn. 15.
1734 MüKo-InsO-*Ganter/Lohmann*, § 6, Rn. 4c.
1735 BGBl. 2011, Teil 1, S. 2082.
1736 MüKo-InsO-*Ganter*, 2. Auflage, § 6, Rn. 4c.
1737 MüKo-InsO-*Ganter/Lohmann*, § 6, Rn. 4c.

Zulässigkeit einer Rechtsbeschwerde in Insolvenzsachen nach § 4 InsO i. V. m. § 574 ZPO. Die Rechtsbeschwerde nach § 574 ZPO ist nur dann zulässig, wenn dies im Gesetz ausdrücklich bestimmt ist – was seit dem 27.10.2011 für die InsO nicht mehr der Fall ist – oder wenn die Rechtsbeschwerde vom Beschwerdegericht zugelassen worden ist. Auf jeden Fall muss der Rechtssache entweder nach § 574 II oder III ZPO grundsätzliche Bedeutung beigemessen werden oder sie muss der Fortbildung des Rechts oder der Sicherung einer einheitlichen Rechtsprechung dienen.

Die sofortige Beschwerde war aufgrund von § 4 InsO i. V. m. § 569 I 1 ZPO bis zum 1.3.2001 entweder bei dem Insolvenzgericht als iudex a quo, dessen Entscheidung angefochten wird, oder bei dem Beschwerdegericht – dem iudex ad quem – einzulegen. Doch schon wegen der Abhilfemöglichkeit des Insolvenzgerichts, die sich aus § 4 InsO i. V. m. § 572 I 1 Hs. 1 ZPO ergab, empfahl sich die Einlegung beim Insolvenzgericht.[1738] Durch das ESUG wurde § 6 I InsO dahingehend ergänzt, dass die sofortige Beschwerde beim iudex a quo, also dem Insolvenzgericht, einzulegen ist.[1739]

Das Beschwerdegericht ist bis auf Weiteres das Landgericht. In § 6 InsO wird dieses nicht ausdrücklich als solches genannt; seinen Ursprung hat dies in § 119 GVG. Denn wegen der Experimentierklausel in § 119 GVG kommt längerfristig statt des Landgerichts auch das Oberlandesgericht als Beschwerdegericht in Betracht. Dessen alleinige Zuständigkeit für Erstbeschwerden gegen Entscheidungen sowohl des AG als auch des LG war ein wesentliches Reformanliegen.[1740] Allerdings ist dies für das Insolvenzrecht nicht verwirklicht worden (vgl. § 119 I GVG in seiner aktuellen Fassung).[1741]

Grundsätzlich wird also gemäß § 568 S. 1 ZPO der originäre Einzelrichter am Landgericht für die Entscheidung über die sofortigen Beschwerden in Insolvenzsachen zuständig sein. In § 568 S. 2 ZPO ist zwar vorgesehen, dass der Einzelrichter das Verfahren dem Kollegium überträgt, wenn die Sache besondere Schwierigkeiten tatsächlicher oder rechtlicher Art aufweist (Nr. 1) oder die Rechtssache grundsätzliche Bedeutung hat (Nr. 2).[1742] Diese Bestimmung verliert allerdings ihren Sinn, wenn der Einzelrichter die grundsätzliche Bedeutung verkennt und die Sache deshalb auch nicht für besonders schwierig hält. Darüber hinaus wird erfahrungsgemäß selbst dann, wenn die Schwierigkeiten oder die grundsätzliche

1738 MüKo-InsO-*Ganter*, 2. Auflage, § 6, Rn. 40.
1739 BT-Drucks. 17/7511, S. 6; BGBl. 2011, Teil 1, S. 2582.
1740 MüKo-InsO-*Ganter/Lohmann*, § 6, Rn. 4f; BT-Drucks. 14/4722, S. 72.
1741 MüKo-InsO-*Ganter/Lohmann*, § 6, Rn. 4f.
1742 MüKo-InsO-*Ganter/Lohmann*, § 6, Rn. 4f.

Bedeutung erkannt werden, von der Übertragungsmöglichkeit selten Gebrauch gemacht, vor allem, da gemäß § 568 S. 3 ZPO auf das Unterlassen der Übertragung ein Rechtsmittel nicht gestützt werden kann. Infolgedessen führt(e) der Rechtsmittelzug vielfach vom Einzelrichter des LG direkt zum BGH.[1743]

cc) Stellungnahme

Wie man der vorangegangenen Darstellung entnehmen kann, sind kollegialgerichtliche Entscheidungen über Fragen, die die Amtspflichtwidrigkeit von Handlungen des Insolvenzgerichts zum Gegenstand haben, nicht nur durchaus denkbar, sondern auch plausibel und können daher häufiger vorkommen.

Genaue Zahlen lassen sich an dieser Stelle bedauerlicherweise nicht nennen. Das Insolvenzstatistikgesetz (InsStatG), das durch das ESUG eingeführt wurde, nennt in § 2 InsStatG leider die eingelegten Rechtsmittel und ihre Häufigkeit nicht als Erhebungsmerkmal.[1744] Auch der § 39 EGGVG, der die Erhebung der Insolvenzstatistik vor Inkrafttreten des ESUG regelte, nannte leider die eingelegten Rechtsmittel und ihre Häufigkeit auch nicht als Erhebungsmerkmal.

Um aber auf kollegialgerichtliche Entscheidungen im Insolvenzrecht zurückzukommen, muss hervorgehoben werden, dass eine kollegialgerichtliche Entscheidung nicht stattfindet, wenn der Insolvenzrichter der Beschwerde als iudex a quo selbst abhilft oder wenn über die Beschwerde am Landgericht durch den originären Einzelrichter entschieden wird. Eine kollegialgerichtliche Entscheidung über die Amtspflichtwidrigkeit von Handlungen des Insolvenzgerichts findet nur statt, wenn der Einzelrichter die Sache dem Kollegium nach § 568 S. 2 ZPO aus den dort genannten Gründen überträgt oder wenn der BGH über die Beschwerde entscheidet, da er immer als Kollegialgericht entscheidet[1745]. Somit steht einer grundsätzlichen Anwendung der „Kollegialgerichts-Richtlinie" auch in Amtshaftungsprozessen, die auf einem Insolvenzverfahren fußen, nichts im Wege. Der BGH hat die „Kollegialgerichts-Richtlinie" schließlich auch auf einen Konkursrichter angewandt, dessen Rechtsanwendung von einem, mit mehreren Rechtskundigen besetzten, Berufungsgericht als objektiv rechtmäßig bestätigt worden ist.[1746]

1743 MüKo-InsO-*Ganter*, 2. Auflage, § 6, Rn. 4f.

1744 BGBl. 2011, Teil 1, S. 2589f.

1745 Vgl. § 139 I GVG, wonach die Senate des BGH in der Besetzung von fünf Mitgliedern einschließlich des Vorsitzenden entscheiden.

1746 Vgl. dazu ausführlich BGH, NJW-RR 1992, 919 (919f.).

7. *Stellungnahme*

Den Haftungseinschränkungen und -ausschlüssen kommt im Amtshaftungsrecht eine große Bedeutung zu. Denn trotz des Vorliegens aller Tatbestandsmerkmale des § 839 I 1 BGB können die Haftungsausschlüsse und -beschränkungen den Anspruch gegen den Staat vereiteln. Den Besonderheiten des Insolvenzverfahrens als nichtstreitiges Verfahren sowie den grundsätzlich nicht in Rechtskraft erwachsenden Entscheidungen des Gerichts und den Besonderheiten bei der Anwendung der „Kollegialgerichts-Richtlinie" muss Rechnung getragen werden.

Allerdings ist festzustellen, dass der Staat trotz vieler Haftungserleichterungen nicht gänzlich aus der Haftung entlassen werden soll. Das Ziel der Staatshaftung ist es schließlich, dem Geschädigten einen solventen Schuldner zu präsentieren. In diesem Kontext ist zum Beispiel auch die eingeschränkte Anwendbarkeit der Subsidiaritätsklausel nach § 839 I 2 BGB zu verstehen.

VII. Verfahrensfragen

Nachdem nun eingehend die Haftungsbeschränkungen und -ausschlüsse dargestellt worden sind, muss noch auf zwei wichtige Verfahrensfragen eingegangen werden. Das sind die Beweislasten im Amtshaftungsprozess sowie die Frage nach dem Rechtsweg und der gerichtlichen Zuständigkeit für den Amtshaftungsprozess.

1. *Beweislast*

Im Rahmen der Beweislast muss unterschieden werden zwischen der Beweislast, die den Geschädigten trifft, und der Beweislast, die den Ersatzpflichtigen trifft.

a) Beweislast des Geschädigten

Der Geschädigte hat im Rahmen des § 839 I 1 BGB zu beweisen, dass eine schuldhafte Amtspflichtverletzung vorliegt, dass ein Schaden eingetreten ist[1747] und dass ein Kausalzusammenhang im Ablauf des Geschehens besteht, das den konkreten Haftungsgrund bildet, während über die Frage des Kausalzusammenhangs zwischen der Schadensursache und dem eingetretenen Schaden das Gericht gemäß § 287 ZPO unabhängig von der Beweislast nach seiner freien Überzeugung entscheiden kann[1748].[1749]

1747 RGZ 137, 153 (155); BGHZ 37, 336 (337).

1748 BGHZ 4, 192 (192).

1749 Staudinger-*Wöstmann*, § 839, Rn. 399.

Welche Tatsachen und Umstände der Geschädigte im Einzelnen für das Vorliegen einer Amtspflichtverletzung darlegen und beweisen muss, bestimmt sich nach den für die Beurteilung der Amtspflichtverletzung anzuwendenden Rechtsnormen.[1750] So ist zum Beispiel ein Insolvenzantrag einer Gemeindefinanzbehörde amtspflichtwidrig, wenn ein Insolvenzgrund nicht gegeben ist. In einem Amtshaftungsprozess trägt der säumige Steuerschuldner die Beweislast für das Nichtvorliegen des Insolvenzgrundes.[1751]

Im Allgemeinen genügt für den Beweis einer schuldhaften Amtspflichtverletzung die Darlegung und unter Umständen der Beweis eines Sachverhalts, der nach einem normalen Geschehensablauf die Folgerung zulässt, dass der Beamte seine Amtspflicht verletzt hat.[1752]

Dem Geschädigten kann dabei gegebenenfalls auch der Anscheinsbeweis zugutekommen.[1753]

Für die Entstehung und die Höhe des Schadens, für die die Beweiserleichterung des § 287 ZPO gilt[1754], bekommt die Frage der Beweislast erst eine entscheidende Bedeutung, wenn es an greifbaren Anhaltspunkten zur Bildung einer richterlichen Überzeugung fehlt.[1755]

Im Allgemeinen spricht eine Vermutung für einen Ursachenzusammenhang von Amtspflichtverletzung und Schadenseintritt, wenn sowohl die Amtspflichtverletzung als auch ein zeitlich nachfolgender Schaden feststehen und dieser möglicherweise durch die Amtspflichtverletzung verursacht worden ist. Es ist dabei die Aufgabe des Beamten, eine solche Vermutung auszuräumen.[1756] Allerdings muss nach der Lebenserfahrung eine tatsächliche Vermutung oder tatsächliche Wahrscheinlichkeit für den Ursachenzusammenhang von Amtspflichtverletzung und Schadenseintritt sprechen, ansonsten ist nämlich der Geschädigte beweispflichtig.[1757]

1750 Staudinger-*Wöstmann*, § 839, Rn. 399; BGHZ 37, 336 (337).

1751 BGHZ 110, 253 (253).

1752 Staudinger-*Wöstmann*, § 839, Rn. 400; Soergel-*Vinke*, § 839, Rn. 271; OLG Düsseldorf, NJW 1969, 1350 (1352); RG, DR 1941, 58 (58); BGH, VersR 1963, 856 (857).

1753 Soergel-*Vinke*, § 839, Rn. 269; Staudinger-*Wöstmann*, § 839, Rn. 400; RG, DR 1941, 58 (58); OLG Düsseldorf, NJW 1969, 1350 (1352); BGH, VersR 1960, 905 (906).

1754 Vgl. 2. Teil A. V.

1755 Staudinger-*Wöstmann*, § 839, Rn. 400; BGH, VersR 1960, 369 (369).

1756 RG, HRR 1934, Nr. 255; BGH, NJW 1983, 2241 (2242).

1757 BGH, NJW 1983, 2241 (2242).

Ein Ursachenzusammenhang zwischen der Amtspflichtverletzung und dem eingetretenen Schaden kann vor allem dann vermutet werden, wenn die Amtspflichtverletzung in der Vernachlässigung der Beaufsichtigung bzw. Überwachung der zur Betreuung eines Dritten oder zur Verwaltung einer Vermögensmasse amtlich bestellten Person besteht und wenn diese Person den Betreuten oder die Masse schädigt.[1758] Gerade bei einem Insolvenzverwalter handelt es sich um eine Person in diesem Sinne, die zur Betreuung von fremden Vermögen bestellt wird.[1759]

Handelt es sich bei der Amtspflichtverletzung um eine Unterlassung, besteht ein Ursachenzusammenhang zwischen ihr und dem Schaden nur, wenn der Schaden bei pflichtgemäßem Verhalten mit an Sicherheit grenzender Wahrscheinlichkeit vermieden worden wäre. Es genügt nicht nur die bloße Möglichkeit oder Wahrscheinlichkeit einer Schadensverhinderung.[1760]

Die Last des Geschädigten eine schuldhafte Amtspflichtverletzung darzulegen, umfasst auch das rechtswidrige Verhalten des Beamten.[1761] Denn es gilt grundsätzlich für alle Staatsakte die allgemeine Vermutung der Rechtmäßigkeit, die der Geschädigte widerlegen muss.[1762] Davon besteht eine Ausnahme, wenn der Eingriff seiner Art nach in die Rechtssphäre des Geschädigten, in seine körperliche Unversehrtheit, seine Freiheit, sein Eigentum oder ein anderes Recht(-sgut) eindringt und die Rechtswidrigkeit dadurch indiziert. Dann ist es die Aufgabe des Beamten, die Voraussetzungen darzulegen, die den Eingriff als gerechtfertigt erscheinen lassen können.[1763]

Handelt es sich um eine fahrlässige Amtspflichtverletzung, muss der Geschädigte aufgrund von § 839 I 2 BGB auch die Unmöglichkeit, anderweitig Ersatz erlangen zu können, nachweisen. Unter Umständen muss der Geschädigte auch beweisen, dass er eine vorhanden gewesene Ersatzmöglichkeit nicht schuldhaft versäumt hat.[1764]

1758 Staudinger-*Wöstmann*, § 839, Rn. 400.

1759 Vgl. 2. Teil B. III.

1760 BGHZ 34, 206 (215); BGHZ 64, 46 (51).

1761 Staudinger-*Wöstmann*, § 839, Rn. 402.

1762 Staudinger-*Wöstmann*, § 839, Rn. 402.

1763 Staudinger-*Wöstmann*, § 839, Rn. 402; RGZ 159, 235 (240); RG, JW 1930, 3400 (3400); RG, HRR 1936, Nr. 665.

1764 Staudinger-*Wöstmann*, § 839, Rn. 404.

Im Rahmen des § 839 II 1 BGB muss der Geschädigte auch die objektiven und subjektiven Tatbestandsmerkmale der vom Spruchrichter vermeintlich begangenen Straftat beweisen.[1765] Dies ist allerdings obsolet, denn das Spruchrichterprivileg findet keine Anwendung auf Entscheidungen des Insolvenzgerichts.[1766]

Handelt es sich bei der Amtspflichtverletzung um eine Kollegialentscheidung, muss der Geschädigte, der eine bestimmte Person in Anspruch nehmen will, beweisen, dass diese der Entscheidung zugestimmt hat. Gegebenenfalls muss eine Vernehmung der anderen Mitglieder des Kollegialorgans über die Abstimmung erfolgen. Es findet auch keine Vermutung für die Einstimmigkeit des Kollegiums Anwendung.[1767]

b) Beweislast des Ersatzpflichtigen

Der Ersatzpflichtige hat dazulegen und zu beweisen, dass die grundsätzlich anzunehmende Widerrechtlichkeit des schädigenden Verhaltens im konkreten Fall aus besonderen Gründen ausgeschlossen ist, dass ein Rechtsirrtum vorliegt, der das Vorliegen eines Vorsatzes oder auch das Verschulden insgesamt ausschließt[1768], dass der Verletzte es schuldhaft unterlassen hat, den Schaden durch Gebrauch eines Rechtsmittels abzuwenden (vgl. § 839 III BGB), und dass den Geschädigten ein Mitverschulden trifft (vgl. § 254 BGB).[1769]

c) Stellungnahme

Es ist zusammenfassend festzustellen, dass die Darlegungs- und Beweislast im Amtshaftungsprozess den normalen Regeln des Zivilprozesses folgt. Es muss grundsätzlich derjenige eine Tatsache darlegen und beweisen, für den diese positiv ist.

2. Rechtsweg und gerichtliche Zuständigkeit

Die ordentlichen Gerichte – erstinstanzlich die Landgerichte (vgl. § 71 II Nr. 2 GVG) – entscheiden über die Amtshaftungsklagen.[1770] Wird der Beamte persönlich aufgrund von § 839 BGB in Anspruch genommen, dann ergibt sich die Zuständigkeit der ordentlichen Gerichte aus § 13 GVG. Richtet sich der Anspruch

1765 Staudinger-*Wöstmann*, § 839, Rn. 404.
1766 Vgl. 2. Teil B. VI. 2. b).
1767 Palandt-*Sprau*, § 839, Rn. 84; RGZ 89, 13 (15f.).
1768 BGHZ 69, 128 (143f.) auch mit weiteren Nachweisen.
1769 Staudinger-*Wöstmann*, § 839, Rn. 405.
1770 *Maurer*, Allg. VerwR, § 26, Rn. 47.

gegen die haftende Körperschaft, dann ergibt sich die Zuständigkeit der ordentlichen Gerichte direkt aus Art. 34 S. 3 GG.[1771] Gemäß Art. 34 S. 3 GG darf für den Anspruch auf Schadensersatz der ordentliche Rechtsweg nicht ausgeschlossen sein.[1772] Die sachliche Zuständigkeit ist ausschließlich auf die Landgerichte konzentriert. Dabei ist das Landgericht im Rahmen von Amtshaftungsklagen ohne Rücksicht auf den Wert des Streitgegenstandes immer zuständig (vgl. § 71 II Nr. 2 GVG).[1773] Entgegen ihres genauen Wortlauts gilt die Regelung des § 71 II Nr. 2 GVG auch für Klagen gegen die nach Art. 34 GG haftende Körperschaft.[1774] Die örtliche Zuständigkeit des Landgerichts bestimmt sich nach dem allgemeinen Gerichtsstand, der bei der öffentlichen Hand durch den Sitz der Behörde bestimmt wird, die dazu berufen ist, die Körperschaft in dem Rechtsstreit zu vertreten (vgl. dazu § 18 ZPO).[1775] Klagt der Geschädigte aber auch aus einer unerlaubten Handlung, dann kann er gemäß § 35 ZPO wählen, ob er den Gerichtsstand der unerlaubten Handlung nach § 32 ZPO geltend machen möchte.[1776] Gemäß § 32 ZPO ist nämlich das Gericht örtlich zuständig, in dessen Bezirk die unerlaubte Handlung begangen worden ist.

Wenn für den Hauptanspruch der Rechtsweg für die ordentliche Gerichtsbarkeit eröffnet ist, dann folgen dem auch die Neben- und Hilfsansprüche des Hauptanspruchs. Das folgt daraus, dass Annexansprüche grundsätzlich in der Frage des Rechtsweges denselben Regeln wie der Hauptanspruch unterfallen.[1777]

Das Gericht des zulässigen Rechtsweges entscheidet gemäß § 17 II 1 GVG einen Rechtsstreit unter allen in Betracht kommenden rechtlichen Gesichtspunkten. Allerdings bleiben nach § 17 II 2 GVG die Art. 14 III 4 GG und Art. 34 S. 3 GG davon unberührt. Für Amtshaftungsprozesse hat dies zur Folge, dass die Prüfung der ordentlichen Gerichte um die den Verwaltungs- und sonstigen Fachgerichten vorbehaltenen Ansprüche erweitert wird.[1778]

Die Zuständigkeit der ordentlichen Gerichte wird aber nicht schon dadurch eröffnet, dass ein Kläger sich zur Begründung seines Klagebegehrens auf § 839 BGB i. V. m. Art. 34 S. 1 GG beruft.[1779] Vielmehr ist eine Klage unzulässig und der

---

1771 Staudinger-*Wöstmann*, § 839, Rn. 406.
1772 *Ossenbühl/Cornils*, S. 122.
1773 Staudinger-*Wöstmann*, § 839, Rn. 406.
1774 Staudinger-*Wöstmann*, § 839, Rn. 406.
1775 Staudinger-*Wöstmann*, § 839, Rn. 406.
1776 Staudinger-*Wöstmann*, § 839, Rn. 406.
1777 BGHZ 78, 274 (274); BGHZ 81, 21 (24).
1778 Staudinger-*Wöstmann*, § 839, Rn. 409.
1779 Staudinger-*Wöstmann*, § 839, Rn. 410.

ordentliche Rechtsweg für sie nicht eröffnet, wenn mit der Klage in Wirklichkeit kein Amtshaftungsanspruch verfolgt werden soll, sondern eine solche Klage nur als Deckmantel dafür dient, in Wahrheit einen Verwaltungsakt aufzuheben oder die Vornahme oder Unterlassung von Amtshandlungen verlangt wird.[1780] Solche Streitigkeiten gehören vor andere Gerichte; seien es Verfassungsgerichte, allgemeine oder besondere Verwaltungsgerichte oder seien sie nach §§ 23 ff. EGGVG zu verfolgen.[1781]

Im Zusammenhang mit den Bestimmungen der §§ 23 ff. EGGVG ist an den unberücksichtigt gebliebenen Prätendenten für das Amt des Insolvenzverwalters zu denken. Das BVerfG verweist ihn für die Feststellung der Rechtswidrigkeit der Insolvenzverwalterbestellung wegen fehlerhafter Ausübung des Auswahlermessens auf die §§ 23 ff. EGGVG zur Vorbereitung und Geltendmachung von Amtshaftungsansprüchen gemäß § 839 I BGB i. V. m. Art. 34 S. 1 GG.[1782] Dabei muss gleichwohl gesagt werden, dass gemäß § 23 I EGGVG die ordentlichen Gerichte für eine solche Feststellung zuständig sind.

VIII. Stellungnahme

Nach der Erörterung der unterschiedlichen Verfahrensabschnitte und Verfahrensarten mitsamt ihrer Amtspflichten sowie aller Tatbestandsmerkmale eines Amtshaftungsanspruches nach § 839 I BGB i. V. m. Art. 34 S. 1 GG sowie der Haftungseinschränkungen und –ausschlüsse ist es an der Zeit, die Ergebnisse abschließend zusammenzufassen.

Es hat sich gezeigt, dass das Insolvenzgericht eine Vielzahl an Amtspflichten trifft, von denen mehrere sogar erst durch das ESUG entstanden sind.

Bei der Erörterung der Pflichten ist aufgefallen, dass ein Teil der Amtspflichten sich als Aufsichtspflichten darstellt bzw. sich im Rahmen der Aufsichtspflicht nach § 58 InsO bewegt. Des Weiteren spielt der allgemeine Amtsermittlungsgrundsatz nach § 5 I InsO eine bedeutende Rolle für die Amtspflichten. Er ist zwar – abhängig davon, welcher Meinung man in der Literatur folgt – nicht im Rahmen jeder Amtspflicht anwendbar. Dennoch ist der allgemeine Amtsermittlungsgrundsatz nach § 5 I InsO im allgemeinen Teil der InsO normiert und gilt so grundsätzlich auch für das gesamte Insolvenzverfahren bzw. alle Verfahrensarten nach der InsO. Bei ihm handelt es sich zweifelsohne um eine Amtspflicht

1780 Staudinger-*Wöstmann*, § 839, Rn. 410.

1781 Staudinger-*Wöstmann*, § 839, Rn. 410.

1782 BVerfG, Beschluss v. 23.5.2006 – 1 BvR 2530/04, NZI 2006, 453 (457) (Tz. 57); *Rechel*, S. 245; vgl. auch 2. Teil B. I. 1. d).

des Insolvenzgerichts. Seine Anwendbarkeit macht die Einordnung von Aufgaben des Insolvenzgerichts als Amtspflichten deutlich einfacher.

Als „Dritte“ werden vom Schutzzweck der jeweiligen Amtspflichten meist die drei Hauptbeteiligten des Insolvenzverfahrens erfasst. Das sind der Schuldner, die Gläubiger und der Insolvenzverwalter.

Die etwaigen Geschädigten haben eine schwerwiegende Gemeinsamkeit in Hinsicht auf die verletzten Amtspflichten und die Geltendmachung der Amtshaftungsansprüche. Unabhängig vom Vorliegen aller Tatbestandsmerkmale des § 839 I 1 BGB müssen die Geschädigten nämlich ihren Vermögensschaden darlegen und beweisen. Dies stellt fast alle – trotz der Anwendbarkeit des § 287 ZPO – vor ein kaum zu lösendes Problem. Die Zunahme und Erweiterung der insolvenzgerichtlichen Pflichten durch das ESUG macht es für den Geschädigten zudem schwieriger, die Amtspflichtverletzung darzulegen. Hinzu kommen noch die Vielzahl von Haftungseinschränkungen und -ausschlüssen. Sie können die etwaigen Amtshaftungsansprüche in weiteren Fällen vereiteln.

Zusammenfassend ist festzustellen, dass das Insolvenzgericht eine Fülle von Pflichten trifft, die ein hohes Haftungspotenzial in sich bergen. Die Möglichkeit einer solchen Amtspflichtverletzung ist auch durchaus realistisch. Nach der jetzigen Rechtslage wird eine Geltendmachung von Amtshaftungsansprüchen aber kaum Aussicht auf Erfolg haben.

3. Teil: Exkurs: Das Kreditinstitute-Reorganisationsgesetz

Das Kreditinstitute-Reorganisationsgesetz (KredReorgG) ist am 1.1.2011 in Kraft getreten. Das KredReorgG sieht für alle Kreditinstitute ein neues Sanierungsverfahren vor, das vorinsolvenzlich in zwei möglichen Stufen erfolgen kann. Diese zwei Stufen sind das Sanierungs- und das Reorganisationsverfahren.[1783]

Frind nennt das KredReorgG in einem Atemzug mit dem „Gesetz zur Umsetzung der Dienstleistungsrichtlinie in der Justiz und zur Änderung weiterer Vorschriften" und dem ESUG.[1784] Allen drei Gesetzen ist gemein, dass sie Auswirkungen auf die Verwalterauswahl und Bestellung haben können.

Frind formuliert das wie folgt: „Die vorgeschlagenen Regelungen haben als roten Faden gemeinsam, dass sie einer neuen Leitlinie zu allen Sachfragen der Verwalterbestellung folgen: Der Gläubigereinfluss der Großgläubiger wird massiv gestärkt (teilweise auf Kosten schneller und sanierungsfördernder Verfahrensentscheidungen), das Berufsbild des Verwalters verändert und die gerichtliche Entscheidungsebene zurückgedrängt."[1785]

Für das ESUG und für das „Gesetz zur Umsetzung der Dienstleistungsrichtlinie in der Justiz und zur Änderung weiterer Vorschriften" wurde bereits darauf eingegangen, welche Auswirkungen diese Gesetze auf etwaige Amtshaftungsansprüche bei insolvenzgerichtlichen Pflichtverletzungen haben können. Das KredReorgG regelt zwar ein vorinsolvenzliches Verfahren, dennoch erscheint ein Exkurs vollständigkeitshalber sinnvoll zu sein.

Auch in den Verfahren nach dem KredReorgG ist die zentrale Figur beider Verfahrensstufen ein jeweils gerichtlich einzusetzender Berater, entweder der Sanierungs- oder der Reorganisationsberater. Der Sanierungs- oder der Reorganisationsberater ist an die Figur des Sonderbeauftragten nach dem KWG und des vorläufigen Insolvenzverwalters angelehnt.[1786]

Gemäß § 2 III KredReorgG ist nicht das Insolvenzgericht, sondern das Oberlandesgericht, das für Klagen gegen die Bundesanstalt für Finanzdienstleistungsaufsicht (BaFin) zuständig ist, berechtigt die Berater einzusetzen (vgl. § 2 III i. V. m.

1783 *Frind*, NZI 2010, 705 (706).

1784 *Frind*, NZI 2010, 705 (705); *Frind* behandelt zu der Zeit aber noch den Diskussionsentwurf bzw. die Referentenentwürfe.

1785 *Frind*, NZI 2010, 705 (706).

1786 *Frind*, NZI 2010, 705 (706).

§ 7 IV KredReorgG). Gemäß § 1 III FinDAG ist das zuständige Oberlandesgericht in Frankfurt am Main örtlich zuständig. Die Einsetzung des Beraters muss allerdings durch einen Senat erfolgen, eine Übertragung auf einen Einzelrichter ist ausgeschlossen.[1787]

Gemäß § 2 II KredReorgG gibt das betroffene Kreditinstitut die Person des Sanierungsberaters selbst vor. Gemäß § 3 III KredReorgG kann der ausgewählte Berater Angehöriger des Organs des Kreditinstituts oder ein sonstiger Angehöriger des Kreditinstituts sein.

Allerdings kann die BaFin gemäß § 3 III KredReorgG auch einen Antrag auf Bestellung eines anderen Beraters stellen. Das Oberlandesgericht hat dann keinen Ermessenspielraum. Es muss auch kein wichtiger Grund für die Entscheidung der BaFin vorliegen.

Gemäß § 3 I KredReorgG bestellt das Oberlandesgericht den vorgeschlagenen Berater, wenn er nicht „offensichtlich ungeeignet" ist. Dabei ist die Mitwirkung an der Erstellung des Sanierungsplans kein Kriterium für eine mangelnde Eignung.[1788] Bei offensichtlich fehlender Eignung ernennt das Oberlandesgericht nach Anhörung des betroffenen Kreditinstituts und der BaFin einen anderen Sanierungsberater. Dies verdeutlicht, dass der Ermessensspielraum des Gerichts damit deutlich unter dem der BaFin liegt, was vom Gesetzgeber auch gewollt ist, denn es ist davon auszugehen, dass bei der BaFin die höchste Sachkunde angesiedelt ist.[1789]

Ist das vorinsolvenzliche Sanierungsverfahren nicht erfolgreich, muss das Kreditinstitut Insolvenzantrag stellen. Das folgende Insolvenzverfahren findet dann allerdings vor dem gemäß § 3 InsO zuständigen Insolvenzgericht statt.[1790] Für solche Fälle und zusätzlich für die dem KWG unterfallenden Insolvenzfälle der Finanzdienstleistungsinstitute ist der § 46 b I KWG von Bedeutung. Gemäß § 46 b I 6 KWG ist die BaFin auch in diesen Fällen vor der Bestellung des Insolvenzverwalters durch das Insolvenzgericht zu dessen Eignung zu hören.

Durch eine geplant gewesene Änderung des § 46 b I 6 KWG sollte der BaFin das Recht eingeräumt werden, den Verwalter zu bestimmen.[1791] Zu dieser Änderung kam es allerdings nicht. In der derzeit geltenden Fassung des § 46 b I 6 KWG ist die BaFin nur vor der Bestellung des Insolvenzverwalters zu hören.

1787 *Frind*, NZI 2010, 705 (706).

1788 Vgl. dazu auch § 56 I.

1789 Vgl. RegE des Restrukturierungsgesetzes, S. 46, BT-Drucks. 17/3024.

1790 *Frind*, NZI 2010, 705 (706).

1791 Vgl. dazu noch den RefE des Restrukturierungsgesetzes, S. 26, abrufbar unter http://gesetzgebung.beck.de/sites/gesetzgebung.beck.de/files/RefE-Restrukturierungsgesetz.pdf.

Der Wortlaut sollte wie folgt geändert werden: „Das Insolvenzgericht bestellt den von der Bundesanstalt vorgeschlagenen Insolvenzverwalter, sofern dieser nicht offenkundig ungeeignet ist; im Falle des § 57 der Insolvenzordnung ist die Bundesanstalt zu hören, ob der gewählte Insolvenzverwalter für die Übernahme des Amtes ungeeignet ist."

Dies verdeutlicht wie viel Einfluss und Kompetenz der BaFin zugestanden und zugetraut wird. Dies erklärt aber noch nicht, warum ein Exkurs zum KredReorgG auch in haftungsrechtlicher Hinsicht interessant ist. Zunächst muss dafür auf den schon in der Einleitung erwähnten Niedergang des Bankhauses „I. D. Herstatt" zurückgekommen werden.[1792] Aufgrund der Insolvenz und den damit einhergehenden enormen Verlusten vieler Kunden kam es zu einer Klage gegen die Bundesrepublik Deutschland. Die „Interessengemeinschaft der Herstatt-Sparer" warf dem Bundesamt für Kreditwesen (BAK), welches heute die BaFin ist[1793], vor, es habe seine Amtspflicht verletzt, indem es Maßnahmen zur Kontrolle des risikobehafteten Devisentermingeschäfts des Bankhauses „I. D. Herstatt" unterlassen habe. Es habe versäumt, rechtzeitig wirksame Maßnahmen zum Schutz der Herstatt-Gläubiger zu ergreifen.[1794] Das Verfahren ging bis vor den BGH. Sowohl das LG Bonn als auch das OLG Köln wiesen die Klage ab. Der BGH hob das Berufungsurteil allerdings auf und verwies die Sache zurück an das OLG Köln.[1795] Das OLG Köln als Berufungsgericht hatte nämlich das Bestehen von Amtspflichten des BAK gegenüber den Herstatt-Gläubigern mit der Begründung abgelehnt, die Bankenaufsicht diene grundsätzlich nur dem Interesse der Gesamtwirtschaft an einem funktionsfähigen Kreditgewerbe. Der einzelne Bankkunde sei lediglich als – auswechselbares – Glied der Allgemeinheit geschützt und daher nicht „Dritter" im Sinne von § 839 BGB.[1796] Diese Ansicht teilte der BGH aber nicht.[1797] Infolgedessen wurde das KWG, das bis zur Gründung der BaFin die Aufgaben des BAK regelte, dahingehend geändert, dass § 6 III KWG eingeführt wurde. Gemäß § 6 III KWG nimmt das Bundesaufsichtsamt die ihm nach dem KWG und nach anderen Gesetzen zugewiesenen Aufgaben nur im öffentlichen Interesse wahr. Diesem Rechtsgedanken wird heute in § 4 IV FinDAG Rechnung getragen.

1792 Vgl. ausführlich zum Fall „Herstatt" *Dubischar*, S. 49ff.

1793 Vgl. § 1 I FinDAG.

1794 *Dubischar*, S. 68.

1795 BGHZ 75, 120 (122).

1796 BGHZ 75, 120 (122); vgl. auch *Bähre/Schneider*, § 6, S. 118f. mit weiteren Nachweisen dafür, dass nicht der einzelne Bankkunde, sondern die Allgemeinheit geschützt wird.

1797 BGHZ 75, 120 (122).

Damit fällt heute der einzelne Bankkunde nicht in den Schutzzweck der Aufsichtsmaßnahmen der BaFin. Ihm ist so auch eine Geltendmachung von Amtshaftungsansprüchen gegen die BaFin und die Bundesrepublik Deutschland aus etwaigen ähnlich gelagerten Fällen wie der Herstatt-Insolvenz nicht möglich.

In § 1 IV KredReorgG wird dies noch einmal mehr deutlich. Nach dieser Regelung ist eine Haftung der BaFin für Handlungen nach dem KredReorgG ausgeschlossen, wenn die gesetzlichen Voraussetzungen für die Zulässigkeit der Handlung nicht vorliegen, die BaFin aber bei verständiger Würdigung der für sie zum Zeitpunkt der Handlung erkennbaren Umstände annehmen darf, dass die Voraussetzungen vorliegen. Hat das betroffene Kreditinstitut diese Umstände nicht zu verantworten, steht ihm ein Anspruch auf Entschädigung zu. Der § 4 IV FinDAG bleibt aber unberührt.

Erschwerend hinzukommt, dass die Verfahren nach dem KredReorgG vor dem OLG Frankfurt geführt werden und dort von einem Senat und nicht vom Einzelrichter bearbeitet werden. Dies ruft auch in diesen Verfahren die Frage nach der Anwendbarkeit der Kollegialgerichts-Richtlinie auf den Plan. Ferner ergehen nach § 1 III 1 KredReorgG die in den Verfahren getroffenen gerichtlichen Entscheidungen durch Beschluss und sind unanfechtbar.

Alle diese Tatsachen – die Aufgabenwahrnehmung der BaFin nur im öffentlichen Interesse, die Entscheidungen des OLG als Kollegialgericht und die Unanfechtbarkeit seiner Beschlüsse – führen dazu, dass die Durchsetzung von Amtshaftungsansprüchen aus Pflichtverletzungen im Verfahren nach dem KredReorgG über die Maße erschwert wird, wenn nicht sogar gänzlich unmöglich gemacht wird.

4. Teil: Maßnahmen der Abhilfe

Nachdem ausführlich auf die etwaigen Haftungsrisiken des Insolvenzgerichts eingegangen wurde, muss darauf eingegangen werden, welche Maßnahmen ergriffen werden können, um diese Risiken zu minimieren. Dabei ist von vornherein klarzustellen, dass die Verantwortung für Veränderungen vor allem dem Gesetzgeber auferlegt ist.

Dennoch ist es bis zu einer Entscheidung des Gesetzgebers und einer damit verbundenen Veränderung auch Aufgabe der Insolvenzgerichte, Maßnahmen zu ergreifen, um drohenden Amtshaftungsansprüchen entgegenzuwirken. Es müssen Maßnahmen zur Verbesserung der insolvenzgerichtlichen Arbeit ergriffen werden, denn eine transparente Verfahrensführung ist für alle Beteiligten notwendige Voraussetzung für eine verbesserte Kommunikation und sie ist zur Erleichterung der Aufsicht im gerichtlichen Verfahren unentbehrlich.

So könnte man Maßnahmen zur Qualitätssicherung[1798] bei der Auswahl des Insolvenzverwalters ergreifen.

Die Einführung einer Zertifizierung für Verwalter, die dem Insolvenzgericht seine Eignung nachweist, könnte erwogen werden. So hat in der andauernden Qualitätsdiskussion der Verband der Insolvenzverwalter Deutschlands (VID) erklärt, dass für alle Mitglieder die Zertifizierung nach ISO 9001-Norm verpflichtend sein sollte. Allerdings prüft diese ISO-Norm nur sehr wenige Qualitätskriterien.[1799]

Ferner gibt es das Rating-Modell des Deutschen Instituts für angewandtes Insolvenzrecht (DIAI). Dieses wurde unter der Leitung von Prof. Dr. Hans Haarmeyer entwickelt und liefert durchaus qualitative Aussagen. Das Modell basiert auf der Auswertung von Kennzahlen von Insolvenzfällen, die für jede Kanzlei berechnet werden können. Die Benotung erfolgt nach Punktzahlen. Außerdem werden Daten gesammelt und Durchschnittswerte für alle Kennzahlen über alle geprüften Fälle in den deutschen Kanzleien gebildet. Daraus ergibt sich die Benchmark, an der sich jede Kanzlei messen kann. Dieses „Benchmark-Stem“ gibt jedem Insolvenzverwalter die Möglichkeit, sein eigenes Verbesserungspotenzial zu erkennen und sich im Wettbewerb mit den Besten zu messen.[1800]

1798 Vgl. zu den Qualitätsanforderungen an den Verwalter auch *Heyrath*, ZInsO 2005, 1092 (1096).

1799 *Pluta*, Insolvenzverwalter auf dem Prüfstand.

1800 *Pluta*, Insolvenzverwalter auf dem Prüfstand.

Des Weiteren könnte man auch eine auf der Schlussrechnung basierende Erfolgsstatistik über Insolvenzverwalter führen. Dafür wäre allerdings die von der „Uhlenbruck-Kommission“ empfohlene Standardisierung und Strukturierung der Verzeichnisse, Tabellen, Berichte und Schlussrechnungen sowie der Insolvenzgutachten nötig.[1801]

Und schließlich könnte man noch erwägen, den (vorläufigen) Gläubigerausschuss (noch) mehr in die Verwalterauswahl einzubeziehen. Die ersten Bemühungen diesbezüglich sind durch das ESUG bereits verwirklicht worden.

Auch bei den zu ergreifenden Maßnahmen zur Sicherung der Verwalterkontrolle gibt es mehrere Möglichkeiten.

Zur Kontrolle der Insolvenzverwalter könnte man Spontankontrollen bzw. (dauernde) Kassenprüfungen stattfinden lassen.

Die Hinterlegung von Kautionen (vgl. § 78 II KO) oder der Nachweis einer Versicherung würde das Insolvenzgericht in finanzieller Hinsicht entlasten. Der § 78 II KO wurde allerdings nicht in die InsO übernommen, da der Gesetzgeber seine praktische Bedeutung als zu gering ansah.[1802] Allerdings gehört es auch schon zur Pflicht des Verwalters, einen ordnungsgemäßen und hinreichenden Versicherungsschutz zu gewährleisten. Dies ist vom Insolvenzgericht auch ausdrücklich zu verlangen.[1803]

Ferner könnte auch bei der Kontrolle des Verwalters eine stärkere Einbeziehung des Gläubigerausschusses stattfinden.

Darüber hinaus ist der Einsatz von Sonderverwaltern oder „compliance“ in Betracht zu ziehen.

Ein Sonderverwalter ist für den Einzelfall und nur mit einem begrenzten Aufgabenbereich zu bestellen. Dabei ist er aber nicht als Vertreter des Verwalters anzusehen. Ein Sonderverwalter ist zu bestellen, wenn die Gefahr einer Interessenkollision droht.[1804] Ihm obliegen die Überprüfung des Handelns des Insolvenzverwalters und die Geltendmachung etwaiger Ansprüche gegen den Insolvenzverwalter.[1805]

In Hinblick auf eine „compliance“- oder „risk-management“-Lösung hält die „Uhlenbruck-Kommission“ ein Qualitätssicherungssystem für Verwalter, das sich auf die Bereiche Qualifikation, Infrastruktur, Organisation und Transparenz eines

1801 „Uhlenbruck-Kommission“, ZIP 2007, 1432 (1435); „Uhlenbruck-Kommission“, ZInsO 2007, 760 (763).

1802 *Rechel*, S. 444f.

1803 LSZ-*Smid/Leonhardt*, § 60, Rn. 34.

1804 Hess-*Hess*, KO, § 78, Rn. 5ff.; Hess/Weis/Wienberg-*Hess*, § 56, Rn. 27ff.

1805 BGH, BB 2004, 1524 (1524f.).

Verwalters bzw. seiner Kanzlei beschränkt, für sinnvoll. Dies solle vergleichbar mit dem „peer-review“[1806] der Wirtschaftsprüfer sein.[1807] Vorbild für die Einrichtung eines solchen Überwachungssystems könnten die §§ 91 II AktG[1808], 25a ff. KWG oder 130 OWiG sein.[1809]

Wie dargestellt gibt es eine Vielzahl an Maßnahmen, die ergriffen werden können, um die Qualität bei Auswahl und Kontrolle der Insolvenzverwalter zu verbessern und somit im Endeffekt die Qualität der Verwaltung.

Die „Uhlenbruck-Kommission“ hat sich auch dafür ausgesprochen, Qualitätskriterien für Insolvenzgerichte festzulegen.[1810]

Um den Anforderungen im Bereich der Justiz gerecht werden zu können, bedarf es einer besonderen insolvenzrechtlichen Schwerpunktbildung in den Bereichen der Richter- und Rechtspflegerausbildung, der berufsbegleitenden Fortbildung, des tatsächlichen Einsatzes der entsprechenden Fachkräfte in der Praxis und einer hinreichenden Sachmittelausstattung der Gerichte.[1811] Ferner müssen die Insolvenzverfahren in der gerichtlichen Zuständigkeit so konzentriert werden, dass sich die Insolvenzrichter und Rechtspfleger diesen Aufgaben umfassend widmen können.[1812]

Diese Forderung der „Uhlenbruck-Kommission“ wurde teilweise bereits erhört. So wurden durch das ESUG die §§ 22 VI GVG und 18 IV RPflG entsprechend geändert.[1813] Dort heißt es, Richter bzw. Rechtspfleger in Insolvenzsachen sollen über belegbare Kenntnisse auf den Gebieten des Insolvenzrechts, des Handels- und Gesellschaftsrechts sowie über Grundkenntnisse der für das Insolvenzverfahren notwendigen Teile des Arbeits-, Sozial- und Steuerrechts und des Rechnungswesens verfügen. Einem Richter, dessen Kenntnisse auf diesen Gebieten nicht belegt sind, dürfen die Aufgaben eines Insolvenzrichters nur zugewiesen werden, wenn der Erwerb der Kenntnisse alsbald zu erwarten ist.

1806 Für Wirtschaftsprüfer ist der „peer-review“ gemäß § 57a WPO in regelmäßigen Abständen verpflichtend.

1807 „Uhlenbruck-Kommission“, ZIP 2007, 1432 (1435); „Uhlenbruck-Kommission“, ZInsO 2007, 760 (763).

1808 Vgl. „Uhlenbruck-Kommission“, ZInsO 2007, 760 (763).

1809 *Rechel* hat sich ausführlich mit einem Risikomanagement der insolvenzgerichtlichen Aufsicht beschäftigt; vgl. dazu *Rechel*, S. 461–485.

1810 *Uhlenbruck*, ZInsO 2008, 396 (402); vgl. zu den Qualitätsanforderungen an das Insolvenzgericht auch *Heyrath*, ZInsO 2005, 1092 (1096f.).

1811 „Uhlenbruck-Kommission“, ZIP 2007, 1432 (1436); „Uhlenbruck-Kommission“, ZInsO 2007, 760 (764).

1812 Uhlenbruck ZInsO 2008, 396 (402).

1813 BGBl. 2011, Teil 1, S. 2589.

Auch eine Konzentration der Insolvenzgerichte zur Qualitätssteigerung war im RegE des ESUG noch vorgesehen, wurde aber nicht umgesetzt.[1814]

Auch das vom Bundesrat initiierte „Gesetz zur Verbesserung und Vereinfachung der Aufsicht in Insolvenzverfahren" (GAVI) sollte die Transparenz des Insolvenzverfahrens verbessern.[1815] Die Aufsicht des Gerichts über den Verwalter sollte verbessert werden. Dies hätte auch einen positiven Effekt auf die Amtshaftungsproblematik haben können. Das Problem am GAVI aber ist, dass es nie verabschiedet wurde. Ein Grund für den Aktionismus des Gesetzgebers in Hinblick auf das GAVI waren die damaligen negativen Schlagzeilen des „Mühl-Falles".[1816]

Reinhard Mühl stopfte über viele Jahre hinweg finanzielle Löcher in seinem eigenen Unternehmen mit Kapital aus Insolvenzmassen. Kein Richter oder Rechtspfleger wurde über die Jahre misstrauisch, obwohl sich im Jahre 2002 sogar mehrere Gläubiger darüber beschwerten, dass sie endlos lange auf ihr Geld warteten. Jeder Verwalter habe einmal Arbeitsrückstände, hieß es daraufhin nur lapidar.[1817] Seine Machenschaften kamen erst zu Tage, als sich Reinhard Mühl aufgrund seiner ausweglosen finanziellen Situation selbst anzeigte. Im Jahre 2007 verurteilte das LG Hildesheim den geständigen Angeklagten wegen Veruntreuung von 45 Millionen Euro in 106 besonders schweren Fällen zu acht Jahren Freiheitsstrafe.[1818] Ein Richter entschuldigte sich mit der Aussage, die Möglichkeiten, einen Insolvenzverwalter zu kontrollieren, seien begrenzt.[1819] Und erschwerend kommt hinzu, dass auch manche Richter vom rechten Weg abweichen und sich zu sehr von Verwaltern beeinflussen lassen. So zum Beispiel im dem Fall eines Mannheimer Richters. Dieser Richter bekam als Dank für die Mandate, die er einem Verwalter zuschob, Autos, feinste Weine und edlen Champagner aus der Konkursmasse. Als auch dieser Sachverhalt aufflog, wurde der Richter zu zwei Jahren Freiheitsstrafe auf Bewährung verurteilt.[1820]

Auch im „Mühl-Fall" ist das eigentliche Problem, dass dienstaufsichtsrechtliche Konsequenzen für die Insolvenzrichter und Rechtspfleger, die die Aufsicht über Mühl hatten, ausgeblieben sind.[1821]

Zusammenfassend kann gesagt werden, dass das GAVI also nur ein Versuch war, etwas zu ändern; passiert ist bis zur Einführung des ESUG eigentlich nichts.[1822]

1814 Vgl. RegE des ESUG, S. 4; BT-Drucks. 17/7511, S. 6; BGBl. 2011, Teil 1, S. 2582.

1815 BR-Drucks. 566/07, S. 2, vgl. auch BT-Drucks. 16/7251; *Rechel*, S. 419ff.

1816 *Rechel*, S. 419.

1817 *Schwarzer*, 1. Teil: „Mehr Henker als Helfer".

1818 *Schwarzer*, 1. Teil: „Mehr Henker als Helfer".

1819 *Schwarzer*, 5. Teil: „Möglichkeiten der Kontrolle sind begrenzt".

1820 *Schwarzer*, 5. Teil: „Möglichkeiten der Kontrolle sind begrenzt".

1821 *Rechel*, S. 419.

1822 Vgl. ausführlich zum GAVI und seinen geplanten Änderungen *Rechel*, S. 419ff.

Erschwerend hinzu kommt, dass das ESUG die Aufsicht des Insolvenzgerichts nicht verstärkt hat, sondern neue Amtspflichten und in vielen Bereichen durch den Ausbau der Gläubigerautonomie nur neue Haftungspotenziale geschaffen hat. Der gesetzgeberische Wille zur Verbesserung der insolvenzgerichtlichen Aufsicht und zur Vermeidung eines Organisationsverschuldens (vgl. §§ 22 VI GVG, 18 IV RPflG) ist aber klar erkennbar und wird sicherlich weiterverfolgt.

Abschließend kann an dieser Stelle aber nur einmal eindringlich darauf hingewiesen werden, dass eine Qualitätssicherung der Insolvenzverfahren durch Gütesiegel und dergleichen kein Ersatz für eine ordnungsgemäße Aufsicht durch das Insolvenzgericht darstellt. Die Gütesiegel helfen vor allem den Personen, die sie verleihen. Denn diese lassen sich dafür zunächst einmal bezahlen. Dem Insolvenzgericht wird seine Aufsichtstätigkeit dadurch aber keinesfalls abgenommen, sie kann dadurch höchstens erleichtert werden.

5. Teil: Rechtsvergleich zum Schuldbetreibungs- und Konkursgesetz der Schweiz

Das schweizerische Bundesgesetz über Schuldbetreibung und Konkurs (SchKG) vom 11. April 1889 ist am 1. Januar 1892 in Kraft getreten. Damit ist es nur etwa 13 Jahre jünger als die deutsche Konkursordnung (KO), die am 1. Oktober 1879 in Kraft getreten ist.

Die KO wurde auch als „Perle unter den Reichsjustizgesetzen" bezeichnet.[1823] *Jaeger* führt weiter zu der KO aus: „Unsere KO. entstammt einer großen Zeit. Von Meisterhand entworfen, die Errungenschaft einer langen Rechtsentwicklung des In- und Auslandes nutzend und den Verkehrsbedürfnissen mit sicherem Empfinden Rechnung tragend, hat sie sich bald den Ruhm erworben, die Perle unter den Reichsjustizgesetzen zu sein."[1824]

In Deutschland wurden die KO sowie die Vergleichsordnung (VglO) und die aus der DDR stammende Gesamtvollstreckungsordnung (GesO) am 1. Januar 1999 durch die Insolvenzordnung ersetzt, was zu einer Rechtsvereinheitlichung führte und zu einer Erneuerung des Konkurs- bzw. Insolvenzrechts. Das schweizerische SchKG gilt heute auch nicht mehr in seiner ursprünglichen Form, sondern wurde durch verschiedene Gesetzesänderungen verändert und erneuert.

Es gibt allerdings Unterschiede zwischen dem deutschen Insolvenzrecht und dem schweizerischen Schuldbetreibungs- und Konkursrecht. An dieser Stelle seien nur die haftungsrechtlichen Unterschiede von Amtshaftungsansprüchen bei insolvenzgerichtlichen Pflichtverletzungen hervorgehoben.

Dabei ist zunächst festzustellen, dass das SchKG im Gegensatz zur InsO spezialgesetzliche Regelungen bezüglich der Haftung enthält, auf die nachfolgend eingegangen werden muss.

Diese spezialgesetzlichen Regelungen sind am 1. Januar 1997 in Kraft getreten.[1825] Die Einführung dieser Regelungen und die Änderung des SchKG haben ihren Ursprung in der „Botschaft über die Aenderung des Bundesgesetzes über Schuldbetreibung und Konkurs (SchKG)" vom 8. Mai 1991.[1826] Umgesetzt wurden diese Regelungen durch eine Änderung des SchKG vom 16. Dezember 1994.[1827]

1823 *Jaeger*, DJZ 1930, 33 (34).
1824 *Jaeger*, DJZ 1930, 33 (34).
1825 AS 1995, 1227 (1307).
1826 Vgl. dazu BBl. 1991 III, 1 (25ff.).
1827 AS 1995, 1227 (1227); AS 1995, 1227 (1228f.).

Mit der Änderung des SchKG wurden auch Randtitel für die einzelnen Artikel des SchKG eingeführt.[1828]

So hat der Art. 5 SchKG den Randtitel „D. Haftung 1. Grundsatz“ bekommen, der Art. 6 SchKG trägt den Randtitel „2. Verjährung“ und der Art. 7 SchKG trägt den Randtitel „3. Zuständigkeit des Bundesgerichts“.

A. Grundsätzliches zum SchKG

Seit seinem Inkrafttreten am 1. Januar 1892 ist das SchKG vom 11. April 1889 durch die „Botschaft über die Aenderung des Bundesgesetzes über Schuldbetreibung und Konkurs (SchKG)“ vom 8. Mai 1991 erstmals einer ganzheitlichen und eingehenden Überprüfung unterzogen worden. Bei dieser Überprüfung zeigte sich, dass trotz des beachtlichen Alters des SchKG und trotz des gesellschaftlichen und wirtschaftlichen Wandels kein Bedürfnis bestand, das bewährte und klare System des Gesetzes zu ändern.[1829] Daher kam es nur zu einer teilweisen Änderung des SchKG.[1830]

Das SchKG ist, obwohl es sich auf Art. 64 I der Bundesverfassung (BV)[1831] der Schweiz stützt, nach Ordnungskriterien hauptsächlich öffentliches Recht.[1832] Das SchKG regelt das Verfahren der Eintreibung von Geldforderungen unabhängig davon, ob sie öffentlich- oder privatrechtlicher Natur sind. Es handelt sich also im Wesentlichen um Vollstreckungsrecht.[1833] Dem SchKG kommt aber auch zivilprozessrechtliche Bedeutung zu. Es beinhaltet zahlreiche Klagearten, verteilt Parteirollen, regelt die Rechtskraftwirkung von Urteilen, den Gerichtsstand, legt Fristen fest, beantwortet Fragen der Fristwahrung und –wiederherstellung und schreibt teilweise sogar das Verfahren und das Rechtsmittel vor.[1834] Große Bedeutung kommt dem SchKG auch in organisationsrechtlicher Hinsicht zu. So ist das SchKG zum Beispiel für die Art und Zusammensetzung der Zwangsvollstreckungsorgane, deren Amtspflichten, Haftung und Aufsicht relevant.[1835] Das SchKG ist auch eng verwandt mit dem Verwaltungsrecht. Vor allem dort, wo die

1828 AS 1995, 1227 (1227).
1829 BBl. 1991 III 1 (3).
1830 BBl. 1991 III 1 (7f.).
1831 Art. 64 I BV entspricht heute Art. 122 I BV und lautet: „Die Gesetzgebung auf dem Gebiet des Zivilrechts und des Zivilprozessrechts ist Sache des Bundes.“
1832 BBl. 1991 III 1 (5).
1833 BBl. 1991 III 1 (5).
1834 BBl. 1991 III 1 (5).
1835 BBl. 1991 III 1 (5).

Vollstreckungsorgane Verfügungen erlassen, die dann mit besonderer Beschwerde anfechtbar sind.[1836]

Besonders hervorzuheben ist allerdings noch, dass das SchKG ausschließlich die Vollstreckung von Geldforderungen und Sicherheitsleistungen in Geld regelt. Für die Vollstreckung aller übrigen Ansprüche ist das jeweilige kantonale Vollstreckungsrecht anzuwenden.[1837]

Der Hauptunterschied des SchKG im Vergleich zu ausländischen oder früheren kantonalen Vollstreckungsordnungen besteht vor allem darin, dass der Gläubiger keinen förmlichen Vollstreckungstitel braucht, um eine Betreibung und damit das Vollstreckungsverfahren einzuleiten. Es reicht die Behauptung seiner Gläubigerstellung. Erst das bestandene Einleitungsverfahren verschafft ihm durch den rechtskräftigen Zahlungsbefehl einen Vollstreckungstitel. Allerdings kann der angebliche Schuldner das Verfahren noch leichter als der Gläubiger es in Gang setzt, nämlich durch einfachste Parteierklärung (Rechtsvorschlag), wieder stoppen. So wird der Gläubiger zu einer Geltendmachung im Prozessrechtswege gezwungen, in dem es zu einer richterlichen Entscheidung kommt.[1838]

B. Art. 5 SchKG – 1. Grundsatz

Der Art. 5 SchKG regelt das Grundsätzliche bezüglich der Haftung.

Er lautet wie folgt: „(Abs. 1) Der Kanton haftet für den Schaden, den die Beamten und Angestellten, ihre Hilfspersonen, die ausseramtlichen Konkursverwaltungen, die Sachwalter, die Liquidatoren, die Aufsichts- und Gerichtsbehörden sowie die Polizei bei der Erfüllung der Aufgaben, die ihnen dieses Gesetz zuweist, widerrechtlich verursachen. (Abs. 2) Der Geschädigte hat gegenüber dem Fehlbaren keinen Anspruch. (Abs. 3) Für den Rückgriff des Kantons auf die Personen, die den Schaden verursacht haben, ist das kantonale Recht massgebend. (Abs. 4) Wo die Schwere der Verletzung es rechtfertigt, besteht zudem Anspruch auf Genugtuung."

Die Einführung des Art. 5 I SchKG stellt eine grundlegende Änderung des SchKG dar.

Bis zur Einführung des Art. 5 I SchKG war die Staatshaftung nur subsidiär hinter der Verschuldenshaftung des Funktionsträgers (also des Beamten oder einer anderen in Art. 5 I SchKG genannten Person). Dies hat dem Geschädigten aber keinen befriedigenden Schutz geboten.[1839]

1836 BBl. 1991 III 1 (5).
1837 BBl. 1991 III 1 (5).
1838 BBl. 1991 III 1 (6).
1839 Vgl. BBl. 1991 III 1 (25).

Die im Jahr 1994 in das SchKG eingeführte Staatshaftung ist eine primäre und kausale Staatshaftung. Sie hatte zwei Dinge zur Folge: Erstens wird der Geschädigte beweisrechtlich entlastet, der Verschuldensnachweis entfällt, und zweitens wird ihm ein zweiter Prozess erspart, um gegebenenfalls zum vollen Schadenausgleich zu kommen.[1840] Der Leitgedanke der Einführung des Haftungsrechts in das SchKG war die Verstärkung des Schutzes des Geschädigten.[1841]

Die Aufzählung in Art. 5 I SchKG ist abschließend. Dies hat zur Folge, dass der Staat nicht für Handlungen der Gläubigerversammlung oder des Gläubigerausschusses haftet, obwohl an sich beide ebenfalls Amtshandlungen verrichten.[1842] Allerdings hat der Staat kraft Bundesrechts seit der Einführung der Staatshaftung ins SchKG auch für rechtswidrige Handlungen seiner Gerichts- und Aufsichtsbehörden in Zwangsvollstreckungssachen direkt einzustehen.[1843] Der Art. 5 I SchKG nennt auch explizit die „Hilfspersonen", die auch in die Staatshaftung einbezogen werden. Dies soll verhindern, dass es zu Unklarheiten kommt, wenn eine Person nicht dem Beamtenrecht untersteht. Außerdem haftet der Staat auch direkt für Schäden, die durch rechtswidrige Handlungen der Polizei entstehen, wenn das SchKG ihr diese Aufgaben zugewiesen hat.[1844]

Der Art. 5 II SchKG bringt die Exklusivität der primären und kausalen Staatshaftung zur Geltung. Die Regelung, dass der Geschädigte ausschließlich gegen den Staat selbst, nicht aber gegen den schädigenden Funktionsträger vorgehen kann, entspricht Art. 3 III des Bundesgesetzes vom 14. März 1958 über die Verantwortlichkeit des Bundes sowie seiner Behördemitglieder und Beamten (Verantwortlichkeitsgesetz, VG).[1845]

Der Art. 5 III SchKG regelt, dass für den Rückgriff des Kantons auf die Personen, die den Schaden verursacht haben, das kantonale Recht maßgebend ist.

Diese Regelung sieht anders aus als die noch in der „Botschaft über die Aenderung des Bundesgesetzes über Schuldbetreibung und Konkurs (SchKG)" vom 8. Mai 1991 vorgesehene Regelung. Diese „Botschaft" sah vor, dass in Art. 6 SchKG die Möglichkeit eines Rückgriffs des Staates auf seinen Funktionsträger geregelt werden sollte. Der Wortlaut sollte lauten: „(Abs. 1) Hat der Kanton Ersatz geleistet, so kann er Rückgriff auf die Personen nehmen, die den Schaden vorsätzlich oder grobfahrlässig verursacht haben. (Abs. 2)

1840 BBl. 1991 III 1 (25).
1841 BBl. 1991 III 1 (25).
1842 BBl. 1991 III 1 (25).
1843 BBl. 1991 III 1 (25f.).
1844 BBl. 1991 III 1 (26).
1845 BBl. 1991 III 1 (26); der Wortlaut des Art. 3 III VG lautet: „Gegenüber dem Fehlbaren steht dem Geschädigten kein Anspruch zu."

Die Kantone können von den ausseramtlichen Konkursverwaltungen, Sachwaltern und Liquidatoren Sicherheitsleistungen verlangen."[1846] Der Art. 6 I SchKG sollte das Rückgriffsrecht des Staates nach dem Vorbild des Art. 7 VG regeln, wonach Rückgriff nur bei Personen genommen werden kann, die den Schaden vorsätzlich oder grobfahrlässig verursacht haben.[1847]

Da der Kanton durch die Einführung des Art. 5 I SchKG auch für Handlungen außeramtlicher Konkursverwalter, Sachwalter und Liquidatoren direkt haftet, obwohl die Möglichkeit der Einflussnahme auf ihre Ernennung beschränkt ist, sollte Art. 6 II SchKG für die Kantone einen Ausgleich schaffen. Art. 6 II SchKG sollte die Kantone ermächtigen, von diesen Personen Sicherheitsleistungen zu verlangen[1848]. Dieser geplanten Regelung ist viel Kritik entgegengebracht worden. So ist darauf hingewiesen worden, „dass es an sich schon schwierig sei, ausserhalb der Verwaltung Personen zu finden, die bereit seien, zwangsvollstreckungsrechtliche Aufgaben zu übernehmen. Mit der Einführung der Sicherheitsleistung für diese Personen könne sich dies noch verstärken."[1849] Dem wurde aber entgegengehalten, dass Art. 6 II SchKG die Kantone ja nicht verpflichte, sondern nur berechtige, eine Sicherheitsleistung zu verlangen.[1850] Auf die Möglichkeit einer Sicherheitsleistungspflicht von Beamten und Angestellten der Betreibungs- und Konkursämter, wie es das SchKG vor dem 16. Dezember 1994 vorsah, sollte entsprechend modernen Staatshaftungsgesetzen verzichtet werden und wurde auch verzichtet. Das rührt daher, dass die in Rede stehenden Personengruppen über einen Lohn verfügen, der im Regressfall dem Ausgleich dienen kann.[1851]

Die in der „Botschaft über die Aenderung des Bundesgesetzes über Schuldbetreibung und Konkurs (SchKG)" vom 8. Mai 1991 vorgesehenen Regelungen des Art. 6 SchKG wurden aber nicht umgesetzt.[1852]

Der heutige Art. 5 III SchKG regelt die Regressmöglichkeiten des Staates in der Hinsicht, dass er bestimmt, dass sich ein möglicher Regress nach dem kantonalen Recht zu richten hat.

C. Art. 6 SchKG – 2. Verjährung

Der Art. 6 SchKG regelt die Verjährung von Amtshaftungsansprüchen.

Er lautet wie folgt: „(Abs. 1) Der Anspruch auf Schadenersatz verjährt in einem Jahr von dem Tage hinweg, an welchem der Geschädigte von der Schädigung

1846 Vgl. BBl. 1991 III 1 (204f.).
1847 BBl. 1991 III 1 (26).
1848 BBl. 1991 III 1 (26).
1849 BBl. 1991 III 1 (26f.).
1850 BBl. 1991 III 1 (27).
1851 BBl. 1991 III 1 (27).
1852 Vgl. AS 1995, 1227 (1228).

Kenntnis erlangt hat, jedenfalls aber mit dem Ablauf von zehn Jahren von dem Tage der Schädigung an gerechnet. (Abs. 2) Wird jedoch der Schadenersatzanspruch aus einer strafbaren Handlung hergeleitet, für die das Strafrecht eine längere Verjährung vorschreibt, so gilt diese auch für ihn."

Die „Botschaft über die Aenderung des Bundesgesetzes über Schuldbetreibung und Konkurs (SchKG)" vom 8. Mai 1991 sah auch vor, die Verjährung neu zu regeln, und zwar in den Art. 7 II und 7 a SchKG. Der Art. 7 I SchKG sollte unverändert bleiben.[1853]

Der Art. 7 II SchKG sollte folgenden Wortlaut haben: „Der Anspruch des Kantons auf Rückgriff verjährt ein Jahr nach der Anerkennung oder der gerichtlichen Feststellung der Schadenersatzpflicht des Kantons, jedenfalls aber zehn Jahre nach dem Tag der schädigenden Handlung."[1854] Der Art. 7 II SchKG sollte dem Art. 21 VG[1855] entsprechen. Mit der Einführung der erweiterten Staatshaftung und der damit verbundenen Änderung des Rückgriffrechts sollte auch die Verjährung von Rückgriffsforderungen geregelt werden.[1856]

Zu dieser Änderung kam es allerdings nicht. Die Regelung über die Verjährung blieb unverändert – sie wird jetzt lediglich in Art. 6 SchKG und nicht mehr in Art. 7 SchKG geregelt.[1857]

Der Art. 7 a SchKG sollte folgendermaßen lauten: „Im übrigen gelten die Bestimmungen des Obligationenrechts über die unerlaubten Handlungen."[1858] Der neue Art. 7 a SchKG sollte den alten Art. 7 II SchKG überflüssig machen. Der Art. 7 a SchKG wurde allerdings auch nicht in das SchKG eingeführt, wodurch an der Regelung des Art. 7 II SchKG festgehalten worden ist, die heute allerdings in Art. 6 II SchKG zu finden ist.[1859]

D. Art. 7 SchKG – 3. Zuständigkeit des Bundesgerichts

Der Art. 7 SchKG regelt die Zuständigkeit des Bundesgerichts.

Sein Wortlaut lautet wie folgt: „Wird eine Schadenersatzklage mit widerrechtlichem Verhalten der oberen kantonalen Aufsichtsbehörden oder des oberen kantonalen Nachlassgerichts begründet, so ist das Bundesgericht als einzige Instanz zuständig."

1853 BBl. 1991 III 1 (27).

1854 BBl. 1991 III 1 (205).

1855 Der Wortlaut des Art. 21 VG lautet in der jetzigen Fassung: „Der Rückgriffsanspruch des Bundes gegen einen Beamten verjährt innert eines Jahres seit der Anerkennung oder der rechtskräftigen Feststellung der Schadenersatzpflicht des Bundes, auf alle Fälle nach zehn Jahren seit dem Tage der schädigenden Handlung des Beamten.

1856 BBl. 1991 III 1 (27).

1857 Vgl. AS 1995, 1227 (1228); *C. Jaeger*, S. 11.

1858 BBl. 1991 III 1 (205).

1859 AS 1995, 1227 (1228); BBl. 1991 III 1 (27).

Der jetzige Art. 7 SchKG sollte nach der „Botschaft über die Aenderung des Bundesgesetzes über Schuldbetreibung und Konkurs (SchKG)“ vom 8. Mai 1991 eigentlich als Art. 5 III SchKG in das SchKG eingeführt werden.[1860]

Der Art. 7 SchKG soll dafür sorgen, dass dem Geschädigten auch dann ein unabhängiges Gericht gewährleistet wird, wenn die Staatshaftung bezüglich oberer kantonaler Gerichts- und Aufsichtsbehörden geltend gemacht wird.[1861]

E. Zusammenfassung und Vergleich

I. Zusammenfassung des schweizerischen Schuldbetreibungs- und Konkursrechts

Die Regelungen des SchKG über die Staatshaftung in Konkursangelegenheiten, die durch die Änderung des SchKG vom 16. Dezember 1994 eingeführt worden sind, bilden einen guten Ausgangspunkt zur Behandlung der Staatshaftung in Konkursangelegenheiten.

Durch die Änderung des SchKG ist die Schweiz von der subsidiären Staatshaftung und der unmittelbaren verschuldensabhängigen Beamtenhaftung abgerückt.[1862] Diese hat dem Geschädigten angeblich keinen befriedigenden Schutz geboten.[1863]

Die jetzige primäre und kausale Staatshaftung entlastet den Geschädigten beweisrechtlich und erspart ihm mitunter einen zweiten Prozess, um zu vollem Schadensausgleich zu kommen.[1864]

Das SchKG regelt auch die Verjährung der Staatshaftungsansprüche (Art. 6 SchKG), die etwaige Zuständigkeit des schweizerischen Bundesgerichts (Art. 7 SchKG) und die generelle Möglichkeit des Staates einen Funktionsträger (Beamten) in Regress zu nehmen (Art. 5 III SchKG).

Es fällt zudem auf, dass bei der Gesetzgebung hinsichtlich der Änderung des SchKG bereits auf vorhandene Regelungen in anderen Gesetzen Bezug genommen wurde bzw. Bezug genommen werden sollte und dass sich bestimmte Regelungen entsprechen (sollten). So wurde zum Beispiel auf das VG und auf das Obligationenrecht (OR) verwiesen.

1860 BBl. 1991 III 1 (204).
1861 BBl. 1991 III 1 (26).
1862 *C. Jaeger*, S. 5ff.
1863 BBl. 1991 III 1 (25).
1864 BBl. 1991 III 1 (25).

II. Vergleich zwischen dem schweizerischen und dem deutschen Staatshaftungsrecht (allgemein)

Grundsätzlich richtet sich die Haftung für hoheitliches Handeln der Kantone und Gemeinden in der Schweiz nach kantonalem Recht.[1865] Die Schweiz kennt anders als Deutschland kein einheitliches Staatshaftungsrecht.[1866] Abhängig davon, ob der Schaden von Behörden des Bundes oder eines Kantons verursacht wird, richtet sich die Durchsetzung des Staatshaftungsanspruchs nach Bundes- oder Kantonsrecht.[1867] Die entscheidenden Regelungen sind in besonderen öffentlichrechtlichen Verantwortlichkeits- bzw. Haftungsgesetzen und in Beamtengesetzen des Bundes oder der Kantone enthalten.[1868] Nur falls und auch nur soweit in diesen „spezielleren" Gesetzen keine Regelung getroffen ist, sind die Art. 41 ff. OR subsidiär anzuwenden.[1869] Das schweizerische Bundesgericht geht sogar soweit, dass es ablehnt, eine Haftung unmittelbar aus den Verfassungsprinzipien der Eigentumsgarantie und der Rechtsgleichheit abzuleiten, falls einschlägige gesetzliche Regelungen, die eine Haftung begründen, fehlen.[1870] Allerdings garantiert Art. 146 BV in seiner jetzigen Fassung, dass der Bund für Schäden haftet, die seine Organe in Ausübung amtlicher Tätigkeiten widerrechtlich verursachen.

Das kantonale Staatshaftungsrecht ist in der Praxis aber wichtiger als das Staatshaftungsrecht des Bundes, denn der Vollzug des Bundesverwaltungsrechts ist weitgehend den Kantonen übertragen. Deshalb ist bei den Kantonen die Gefahr von haftungsbegründendem Handeln, das entweder auf Bundesrecht oder Kantonrecht gestützt wird, deutlich größer als beim Bund.[1871]

Die Haftungssysteme des Bundes und der Kantone sind zum Teil sehr unterschiedlich.

Die Staatshaftung auf Bundesebene ist nach dem VG grundsätzlich eine kausale, also vom Verschulden des handelnden Funktionärs unabhängige, ausschließliche Haftung des Staates.[1872]

Ähnlich wird die Staatshaftung auch in folgenden Kantonen geregelt: Zürich, Schwyz, Obwalden, Nidwalden, Solothurn, Basel-Stadt und Appenzell A. Rh.

1865 *Fetzer*, S. 204; *Kaufmann*, S. 51.
1866 *Kopp*, S. 63.
1867 *Kopp*, S. 63.
1868 *Kopp*, S. 63; vgl. auch *Kaufmann*, S. 51.
1869 *Kopp*, S. 63.
1870 *Kopp*, S. 63.
1871 *Kaufmann*, S. 52; vgl. Art. 3 I VG.
1872 *Kopp*, S. 64.

(Außerrhoden).[1873] Weder auf Bundesebene noch in den genannten Kantonen ist eine direkte Klage gegen den handelnden Beamten vorgesehen; sie ist vielmehr ausdrücklich ausgeschlossen.[1874]

In den übrigen Kantonen setzt die Staats- bzw. Beamtenhaftung das Verschulden des handelnden Beamten voraus.[1875] Dennoch ist auch bei einem Verschulden des Beamten eine unmittelbare Klage des Geschädigten gegen den Beamten in den Kantonen Luzern, Schaffhausen, St. Gallen, Graubünden, Aargau und Waadt ausgeschlossen.[1876] In den Kantonen Bern, Glarus, Basel-Land, Neuenburg und Genf haften der Staat und der Beamte, wenn ihn ein Verschulden trifft, gesamtschuldnerisch.[1877] In den Kantonen Freiburg, Thurgau, Uri, Zug und Wallis haftet der schuldhaft handelnde Beamte primär, der Staat haftet aber subsidiär.[1878] In den Kantonen Freiburg und Thurgau kann der Geschädigte den Anspruch gegen den schuldhaft handelnden Beamten nur durchsetzen, wenn die zuständige Behörde ihre Zustimmung dazu gibt. Verweigert die Behörde ihre Zustimmung, dann kann die Klage unmittelbar gegen den Staat gerichtet werden.[1879]

In den Kantonen Appenzell I. Rh. (Innerrhoden) und Tessin haftet nur der Beamte, nicht auch der Staat; in Appenzell I. Rh. (Innerrhoden) allerdings nur bei Vorsatz und grober Fahrlässigkeit, im Tessin hingegen für jedes Verschulden.[1880]

Dabei ist aber zu beachten, dass dieser Blick auf die kantonale Gesetzgebung und ihre Besonderheiten von *Kopp* bereits aus dem Jahr 1982 stammt.

In Deutschland gibt es keine unmittelbare Staatshaftung. In Deutschland gibt es eine Amtshaftung, das heißt, die persönliche Haftung eines Beamten bleibt bestehen, wird aber auf den Staat übertragen. Folge dieser Haftungsübernahme ist, dass der Staat anstelle des Beamten den Schaden zu ersetzen hat. Im Gegensatz zur Staatshaftung handelt es sich nicht um eine unmittelbare bzw. originäre Haftung des Staates, sondern um eine mittelbare bzw. derivative.[1881] Durch den § 839 I BGB als haftungsbegründende Norm und den Art. 34 S. 1 GG als haftungsverlagernde

1873 *Kopp*, S. 64.
1874 *Kopp*, S. 64.
1875 *Kopp*, S. 64.
1876 *Kopp*, S. 64.
1877 *Kopp*, S. 64.
1878 *Kopp*, S. 64.
1879 *Kopp*, S. 64.
1880 *Kopp*, S. 64.
1881 *Ossenbühl/Cornils*, S. 8; *Maurer*, Allg. VerwR, § 26, Rn. 1.

Norm entsteht eine einheitliche Anspruchsgrundlage der Amtshaftung nach § 839 I BGB i. V. m. Art. 34 S. 1 GG.[1882]

Diese Einheit im deutschen Staatshaftungsrecht bzw. Amtshaftungsrecht ist der Hauptunterschied zum schweizerischen Staatshaftungsrecht.[1883]

III. Vergleich des schweizerischen mit dem deutschen Haftungssystem in Bezug auf insolvenzgerichtliche Pflichtverletzungen

Vergleicht man nun das schweizerische Haftungssystem mit dem deutschen Haftungssystem in Bezug auf insolvenzgerichtliche Pflichtverletzungen, so stellt man sofort fest, dass die Schweiz mit den Art. 5–7 SchKG die Haftung für Amtspflichtverletzungen im Insolvenzverfahren innerhalb ihrer Insolvenzordnung (dem SchKG) zum Teil geregelt hat; ein etwaiger Rückgriff auf den Beamten richtet sich nach Kantonrecht (vgl. Art. 5 III).

Deutschland hingegen verzichtet auf eine explizite Regelung der Amtshaftung für insolvenzgerichtliche Pflichtverletzungen innerhalb der InsO, da für Amtspflichtverletzungen jeglicher Art die Anspruchsgrundlage des § 839 I BGB i. V. m. Art. 34 S. 1 GG gilt.

Die Schweiz geht aber noch weiter. Sie übernimmt die Staatshaftung nicht nur für das Konkursgericht und ihre Beamten, sondern noch für die Beamten und Angestellten, ihre Hilfspersonen, die außeramtlichen Konkursverwaltungen, die Sachwalter, die Liquidatoren, die Aufsichts- und Gerichtsbehörden sowie die Polizei, wenn sie bei der Erfüllung der Aufgaben, die ihnen das SchKG zuweist, einen Schaden widerrechtlich verursachen.

In Deutschland hingegen erstreckt sich die Amtshaftung bei insolvenzgerichtlichen Pflichtverletzungen des Insolvenzgerichts nur auf die Insolvenzrichter und Insolvenzrechtspfleger.

Ferner kennt der Art. 6 I SchKG regelmäßig nur eine einjährige Verjährungsfrist. Die Höchstfrist beträgt zehn Jahre. Eine längere Verjährungsfrist kann sich nur daraus ergeben, dass der Schadenersatzanspruch aus einer strafbaren Handlung herrührt und das Strafrecht eine längere Verjährung vorschreibt (vgl. Art. 6 II SchKG).

1882 *Maurer*, Allg. VerwR, § 26, Rn. 7ff.; MüKo-BGB-*Papier*, § 839, Rn. 13, 119; *Ossenbühl/Cornils*, S. 11.

1883 Vgl. ausführlich zum deutschen Amtshaftungsrecht unter 1. Teil B.

In Deutschland richtet sich die Verjährung nach den allgemeinen Verjährungsregeln.[1884]

Die regelmäßige Verjährungsfrist beträgt gemäß § 195 BGB drei Jahre.[1885] Die Verjährungsfrist beginnt gemäß § 199 I BGB mit dem Schluss des Jahres, in dem der Anspruch entstanden ist und – kumulativ – der Gläubiger von den den Anspruch begründenden Umständen und der Person des Schuldners Kenntnis erlangt hat oder ohne grobe Fahrlässigkeit hätte erlangen müssen.[1886] Amtshaftungsansprüche, die auf der Verletzung des Lebens, des Körpers, der Gesundheit oder der Freiheit beruhen, verjähren gemäß § 199 II BGB, ohne Rücksicht auf ihre Entstehung oder die Kenntnis oder grob fahrlässige Unkenntnis, in 30 Jahren von der Verletzung der Amtspflicht an.[1887] Gemäß § 199 III BGB verjähren sonstige Amtshaftungsansprüche, also solche, die nicht auf der Verletzung der zuvor genannten Rechtsgüter beruhen, ohne Rücksicht auf die Kenntnis oder grob fahrlässige Unkenntnis des Gläubigers in zehn Jahren von ihrer Entstehung an und ohne Rücksicht auf ihre Entstehung und die Kenntnis oder grob fahrlässige Unkenntnis in 30 Jahren von der Verletzung der Amtspflicht an.[1888]

Eine derart kurze Verjährungsfrist wie für die Staatshaftungsansprüche in der Schweiz kennt man in Deutschland grundsätzlich nur bei der Verjährung von Ersatzansprüchen und des Wegnahmerechts im Mietrecht (vgl. § 548 BGB). Dort beträgt die Verjährungsfrist sogar nur sechs Monate.

In Deutschland werden die Amtshaftungsansprüche auch einheitlich vor dem Landgericht geltend gemacht (vgl. § 71 II Nr. 2 GVG).[1889] In der Schweiz richtet sich das zuständige Gericht gemäß Art. 7 SchKG danach, ob eine Schadenersatzklage mit widerrechtlichem Verhalten der oberen kantonalen Aufsichtsbehörden oder des oberen kantonalen Nachlassgerichts begründet wird. Dann ist das Bundesgericht als einzige Instanz zuständig. Aus einem Umkehrschluss lässt sich ableiten, dass die anderen Verfahren vor den kantonalen Gerichten geführt werden müssen. Grundlage dafür ist die schweizerische ZPO (vgl. Art. 46 ZPO).

1884 Vgl. 2. Teil B. VI. 5.

1885 Staudinger-*Wöstmann*, § 839, Rn. 372; MüKo-BGB-*Papier*, § 839, Rn. 353; Bamberger/Roth-*Reinert*, § 839, Rn. 106.

1886 Staudinger-*Wöstmann*, § 839, Rn. 372; MüKo-BGB-*Papier*, § 839, Rn. 353; Bamberger/Roth-*Reinert*, § 839, Rn. 106.

1887 Staudinger-*Wöstmann*, § 839, Rn. 372; MüKo-BGB-*Papier*, § 839, Rn. 353; Bamberger/Roth-*Reinert*, § 839, Rn. 106.

1888 Staudinger-*Wöstmann*, § 839, Rn. 372; Bamberger/Roth-*Reinert*, § 839, Rn. 106.

1889 Vgl. ausführlich zur gerichtlichen Zuständigkeit 2. Teil B. VII. 2.

IV. Stellungnahme

Zusammenfassend kann festgestellt werden, dass sich das schweizerische und das deutsche Haftungssystem bei insolvenzgerichtlichen Pflichtverletzungen von Grund auf unterscheiden.

Diese Erkenntnis berechtigt aber nicht dazu, das eine Haftungssystem dem anderen vorzuziehen. Betrachtet man nämlich die beiden Insolvenzgesetze – also das SchKG und die InsO – und ihre geschichtliche Entstehung und setzt man auch die Entstehung und die Geschichte des jeweiligen Staatshaftungsrechts damit in Kontext, muss man zu dem Schluss kommen, dass die Unterschiede in den Haftungssystemen bei insolvenzgerichtlichen Pflichtverletzungen dem jeweiligen Rechtssystem geschuldet sind.

6. Teil: Schluss

A. Ausblick und Schlussbetrachtung

Fraglich ist, ob für den deutschen Gesetzgeber noch ein weitergehender Gesetzgebungsbedarf besteht.

In Hinsicht auf die insolvenzgerichtliche Aufsicht ist auch *Rechel* dieser Frage schon nachgegangen.[1890] Er befasst sich mit dem Gesetzgebungsbedarf bezüglich der Maßnahmen, die der Verbesserung der insolvenzgerichtlichen Aufsicht dienen können und zuvor bereits in Teilen erörtert worden sind. So würde auch eine gesetzliche Festlegung des Berufsbildes des Insolvenzverwalters für mehr Klarheit bei den Gerichten sorgen. Dies könnte zusammen mit einer verbesserten Aufsicht das Risiko von Amtshaftungsansprüchen verringern.

Allerdings stellt sich die Frage, ob nicht vielmehr ein Gesetzgebungsbedarf in amtshaftungsrechtlichem Hinblick geboten ist.

Außer Frage steht, dass durch eine Verbesserung der insolvenzgerichtlichen Aufsicht[1891] das Haftungsrisiko des Staates sinken würde; andererseits ist aber auch hervorzuheben, dass aufgrund einer insolvenzgerichtlichen Pflichtverletzung bis zum heutigen Tag noch keine Geltendmachung eines Amtshaftungsanspruches erfolgreich stattgefunden hat.[1892] Gesetzgebungsbedarf kann also in mehreren Richtungen bestehen. Zum einen muss der Gesetzgeber bestrebt sein, Amtshaftungsansprüche gegen seine Beamten weitestgehend auszuschließen, andererseits muss der Gesetzgeber auch dafür Sorge tragen, dass es dem Bürger nicht unmöglich gemacht wird, einen Anspruch gegen den Staat bei einer schuldhaften Pflichtverletzung eines seiner Beamten geltend zu machen und durchzusetzen. Das Amtshaftungsrecht gewährt dem Staat eine Fülle von Haftungsausschlüssen und – einschränkungen. Erschwerend kommt bei Pflichtverletzungen des Insolvenzgerichts hinzu, dass die Verwalter (seien es Insolvenzverwalter oder Sonderverwalter) und Rechtsanwälte sich in der Praxis scheuen, Amtshaftungsansprüche gegen das Insolvenzgericht durchzusetzen, da sie als Verwalter immer vom Wohlwollen des Gerichts abhängig sind und auch in Zukunft weiter bestellt werden wollen. Darüber hinaus stellt sich auch immer

1890 Vgl. *Rechel*, S. 440ff.

1891 Damit ist an dieser Stelle aber nicht nur die Aufsicht nach § 58 InsO gemeint, sondern auch die Aufsicht in den verschiedenen Verfahren(-sarten) und die Aufsicht bei der Erfüllung und Einhaltung der insolvenzgerichtlichen Pflichten im Allgemeinen.

1892 Gegenteiliges entzieht sich der Kenntnis des Verfassers.

die Frage nach der Finanzierung des Prozesses. Prozessfinanzierer werden sich ebenfalls scheuen, Amtshaftungsklagen zu finanzieren. Aufgrund der nur geringen Erfolgsaussichten ist dies auch nachvollziehbar. Hinsichtlich einer Beantragung von Prozesskostenhilfe stellt sich immer die Frage, ob nicht den Gläubigern zugemutet werden kann, die Kosten des Rechtsstreits aufzubringen (vgl. § 116 Nr. 1 ZPO).

Ein Gesetzgebungsbedarf besteht also in jedem Fall. Zumindest muss für den Fall von Amtshaftungsansprüchen bei insolvenzgerichtlichen Pflichtverletzungen etwas geschehen. Wie der Gesetzgeber den Spagat zwischen Verbesserung der Aufsicht und der Abwehr von Amtshaftungsansprüchen einerseits und der Möglichkeit der Geltendmachung von Amtshaftungsansprüchen andererseits schafft, bleibt abzuwarten. Allerdings gibt es bereits Beispiele, wie man die Amtshaftung in Insolvenzsachen regeln kann (vgl. SchKG).

Ebenso abzuwarten bleibt, wie sich die Änderungen des ESUG auf etwaige Amtspflichtverletzungen des Insolvenzgerichts auswirken und ob es in Folge des ESUG zu mehr Amtshaftungsfällen und deren Geltendmachung kommt.

Die vorangegangene Darstellung des gesamten Spektrums an möglichen Amtshaftungsansprüchen wegen insolvenzgerichtlicher Pflichtverletzungen zeigt, dass für das deutsche Insolvenz- und Amtshaftungsrecht ein großer Handlungsbedarf besteht.

Der Katalog an Amtspflichten ist lang, die Arbeitsbelastung der Gerichte hoch und deren fachliche Qualifikation nicht immer ausreichend, um die mitunter große Zahl an Verfahren qualitativ gut abzuwickeln. Dies sind alles Faktoren, die Amtshaftungsansprüche möglich und wahrscheinlich machen.

Die Durchsetzung solcher Ansprüche ist aber nur schwer zu erreichen. Nicht nur die Beweislast bei einem etwaigen Vermögensschaden, sondern auch die Haftungsausschlüsse und –einschränkungen machen es den Geschädigten schwer. Hinzu kommt das Problem Anwälte zu finden, die sich in der Materie des Insolvenzrechts auskennen und nicht davor zurückschrecken, etwaige Amtshaftungsansprüche geltend zu machen. Die Angst der Rechtsanwälte, die auch als Verwalter tätig sind, nicht mehr von einem Insolvenzgericht wegen der Geltendmachung von Amtshaftungsansprüchen gegen dieses bestellt zu werden, ist durchaus nachvollziehbar. Allerdings könnten sich hier gleich Amtshaftungsansprüche wegen einer Pflichtverletzung bei der Verwalterbestellung anschließen.

Die ganze Materie des Amtshaftungsrechts stellt sich alleine schon als kompliziert genug dar; durch die Besonderheiten des Insolvenzrechts verkompliziert sie sich noch. So wirft zum Beispiel die uneinheitliche Behandlung der Insolvenzen von Banken und Unternehmen mehr Probleme auf, als dass sie zu Vereinfachungen im Insolvenzrecht und im Amtshaftungsrecht führt. Die mögliche neuerliche Änderung des Insolvenzrechts durch die geplante Einführung eines „Konzerninsolvenzrechts“[1893] wird ihr Übriges zur Unübersichtlichkeit des Insolvenzrechts beitragen. Die Pflichten des Insolvenzgerichts sollen erneut geändert und erweitert werden. Das Haftungsrisiko wird sich deshalb ebenfalls vergrößern. Die Auswirkungen im Einzelnen bleiben abzuwarten.

Bei der Betrachtung des Amtshaftungsrechts aus Sicht der Insolvenzordnung zeigt sich, dass die Insolvenzordnung ein Normengeflecht darstellt, dass sich vor allem an den Veränderungen des wirtschaftlichen Lebens messen lassen muss. Dies wurde in den Finanz- und Bankenkrise sehr deutlich. So wurde die Insolvenzordnung durch das Haushaltsbegleitgesetz 2011 geändert; und auch das ESUG und das KredReorgG sind den Krisen der vergangenen Jahre geschuldet. So wie schon in den 1970er Jahren die Insolvenz der „Herstatt-Bank“ Gesetzesänderungen nach sich zog.

Die Amtshaftung hingegen ist allgemein geregelt und fast statisch – Veränderungen finden höchstens im Rahmen der Rechtsprechung statt. Diese muss daher immer den entsprechenden Änderungen angepasst bzw. auf diese angewendet werden. Eine Normierung der Amtshaftung innerhalb der InsO gibt es in Deutschland im Gegensatz zur Schweiz nicht.

Auch die letzten geplanten bzw. auch umgesetzten Gesetzesinitiativen, wie zum Beispiel das GAVI und das ESUG, haben oder sollten nur Veränderungen für das Insolvenzrecht mit sich bringen. Eine Veränderung oder Neuregelung der Amtshaftung stand nicht zur Diskussion. Dies ist der Tatsache geschuldet, dass die Amtshaftung auch eher ein Schattendasein in den Insolvenzverfahren führt. Häufiger kommt es zu Schadensersatzansprüchen gegen den Verwalter nach § 60 InsO.

Der Amtshaftungsanspruch gegen das Insolvenzgericht wegen insolvenzgerichtlicher Pflichtverletzungen ist ein stumpfes Schwert. Es kommt schlichtweg nicht zum Einsatz. Eine Veränderung kann nur dadurch geschehen, dass solche Ansprüche regelmäßig geltend gemacht werden. Dies kann zu einem Umdenken der haftungsauslösenden Beamten bzw. der Gerichte führen. Auch nur dadurch kann es eventuell zu einer grundsätzlichen Rechtsprechung der Gerichte kommen. An dem Prinzip, dass die Amtshaftung für alle Beamten dem Grundsatz nach gleich geregelt ist, wird sich in absehbarer Zeit nichts ändern.

Dem Amtshaftungsanspruch bei insolvenzgerichtlichen Pflichtverletzungen kommt daher zurzeit nur eine sehr theoretische Bedeutung zu. Dies kann sich aber schon durch einen einzigen Fall, in dem gegen ein Insolvenzgericht wegen

---

1893 RegE eines Gesetzes zur Erleichterung der Bewältigung von Konzerninsolvenzen vom 30.01.2014, BT-Drucks. 18/407.

einer insolvenzgerichtlichen Pflichtverletzung ein Amtshaftungsanspruch erfolgreich geltend gemacht wird, ändern.

In den letzten Jahren war die Zahl der Unternehmensinsolvenzen zwar rückläufig, doch durch die wirtschaftlichen Krisen der letzten Jahre wird es auch in Zukunft zu großen und spektakulären Insolvenzverfahren kommen. Sie haben oft eine überragende Bedeutung. Fehler bei den Verfahren können schnell starke Auswirkungen haben und gravierende Schäden verursachen. Es scheint also nur eine Frage der Zeit zu sein, bis zum ersten Mal ein Amtshaftungsanspruch gegen ein Insolvenzgericht mit Erfolg geltend gemacht werden kann.

B. Zusammenfassung in Leitsätzen

Die Ergebnisse dieser Arbeit lassen sich in mehreren Leitsätzen kurz zusammenfassen.

Das Thema dieser Arbeit ist bisher eher akademischer Natur. Denn bislang erging keine positive Entscheidung zu Gunsten eines Klägers im Amtshaftungsprozess bei insolvenzgerichtlichen Pflichtverletzungen.

Allerdings wurde die Amtshaftung bei insolvenzgerichtlichen Pflichtverletzungen bereits in mehreren Entscheidungen thematisiert.

Schon das Reichsgericht stellte in seiner Entscheidung vom 20.12.1904 fest, dass grundsätzlich ein Amtshaftungsanspruch bei einer Aufsichtspflichtverletzung des Konkursgerichts und eine Schadensersatzpflicht gegenüber den Gläubigern bestehen können.[1894] Mehr als 100 Jahre später – am 23.5.2006 – entschied das BVerfG, dass der unberücksichtigt gebliebene Prätendent bei der Verwalterauswahl für die Feststellung der Rechtswidrigkeit dieser Entscheidung auf das Verfahren nach den §§ 23 ff. EGGVG zur Vorbereitung eines Amtshaftungsprozesses verwiesen ist.[1895] Dieser Entscheidung nachfolgend ergingen mehrere OLG-Entscheidungen diesbezüglich. Im Ergebnis stellten auch sie fest, dass Amtshaftungsansprüche durchaus in Betracht kommen können.[1896]

Als potenzielle Kläger in einem Amtshaftungsprozess kommen die Verwalter, Schuldner und Gläubiger in Betracht. Dies ist abhängig von der jeweiligen verletzten Amtspflicht. Denn der Kläger muss vom jeweiligen Schutzzweck der Norm erfasst sein, da Art. 34 S. 1 GG die Drittbezogenheit der Amtspflicht voraussetzt. Bei fast jeder der untersuchten Amtspflichten des Insolvenzgerichts sind die drei zuvor Genannten vom Schutzzweck erfasst.

1894 RG, Urteil v. 20.12.1904, Nachschlagewerk des Reichsgerichts, Nr. 30.

1895 BVerfG, Beschluss v. 23.5.2006 – 1 BvR 2530/04, NZI 2006, 453 (457) (Tz. 57).

1896 *Stein/Itzel/Schwall*, Rn. 648; OLG Stuttgart, NZI 2008, 102 (102).

Fünf gewichtige Argumente sprechen gegen eine Zunahme der Praxisrelevanz des vorliegenden Themas und gegen die erfolgreiche Geltendmachung von Amtshaftungsansprüchen bei insolvenzgerichtlichen Pflichtverletzungen in der Zukunft.

Erstens enthält die InsO keinen abschließenden Pflichtenkanon. Auch nach Inkrafttreten des ESUG ist er nicht abschließend. Die wichtigsten Pflichten sind weiterhin der Amtsermittlungsgrundsatz gemäß § 5 I InsO, der im allgemeinen Teil der InsO kodifiziert ist und somit grundsätzlich für die gesamte InsO gilt, und die Aufsichtspflicht gemäß § 58 InsO. Das ESUG, das der Stärkung der Gläubigerautonomie dienen soll, hat die Pflichten geändert und erweitert. Sie sind komplexer und diffiziler geworden. Die Auswahl und Bestellung des Verwalters hat sich durch die Änderung des Kriteriums der Unabhängigkeit in § 56 InsO geändert. Darüber hinaus ist der vorläufige Gläubigerausschuss, dem ein Mitbestimmungsrecht bei der Verwalterauswahl und -bestellung eingeräumt wird, und seine Bestellung in den §§ 21 II 1 Nr. 1a, 22a und 56 a InsO eingeführt worden. Es kam zu Änderungen im Plan- und Eigenverwaltungsverfahren und zur Neueinführung des sog. „Schutzschirmverfahrens". Dabei wurde auch dem Eilcharakter des gesamten Insolvenzverfahrens Rechnung getragen. So soll von der Einberufung und Anhörung des vorläufigen Gläubigerausschusses abgesehen werden, wenn dadurch Vermögensnachteile beim Schuldner zu erwarten sind. Die Frage der Amtspflichtverletzung ist für den Geschädigten also noch unübersichtlicher geworden, trotz einer Vergrößerung des Haftungsrisikos durch eine Vergrößerung des Pflichtenkanons.

Zweitens ist der Kläger Beweisschwierigkeiten ausgesetzt. Denn der Kläger ist sowohl für die schuldhafte Amtspflichtverletzung als auch für den eingetretenen Vermögensschaden und die Kausalität darlegungs- und beweispflichtig. Hinsichtlich des Vermögensschadens kommt ihm zwar § 287 ZPO zugute, doch auch für das Gericht ist nur schwer zu beziffern, wie hoch der jeweilige Vermögensschaden im Zeitpunkt der Pflichtverletzung ist.

Drittens unterliegt der Amtshaftungsanspruch mehreren Haftungsausschlüssen und –einschränkungen. Das Spruchrichterprivileg gemäß § 839 II 1 BGB ist zwar nicht anwendbar, jedoch das Verweisungsprivileg gemäß § 839 I 2 BGB und die Versäumung von Rechtsmitteln gemäß § 839 III BGB. Das Verweisungsprivileg wird in der Praxis häufig bei der konkurrierenden Haftung des Staates mit der des Verwalters oder seiner Berufshaftpflichtversicherung problematisiert werden. Doch ist es in diesen Fällen aufgrund der teleologischen Reduktion des BGH gerade nicht anwendbar. Es kommt nur bei der konkurrierenden Haftung mit einem anderen Dritten in Betracht. Bei der Versäumung von Rechtsmitteln ist insbesondere auf die sofortige Beschwerde, die Rechtsbeschwerde, die Rechtspflegererinnerung sowie das Verfahren nach §§ 23 ff. EGGVG hinzuweisen. Diesen kommt auch eine wesentliche Rolle bei der Anwendbarkeit der Kollegialgerichts-Richtlinie zu.

Viertens wird es zukünftig aufgrund der Verbesserung der insolvenzgerichtlichen Aufsicht nicht zur Durchsetzung von Amtshaftungsansprüchen wegen insolvenzgerichtlicher Pflichtverletzungen kommen. Durch das ESUG ist zum Beispiel das Planverfahren auf den Richter übertragen worden. Außerdem werden neuerdings höhere Ansprüche an die individuellen Fähigkeiten der Richter und Rechtspfleger gestellt. Dies hat sich in der Änderung der §§ 22 VI GVG und 18 IV RPflG gezeigt. Danach sind belegbare Kenntnisse im Insolvenz-, Handels- und Gesellschaftsrecht sowie Grundkenntnisse im Arbeits-, Sozial- und Steuerrecht und des Rechnungswesens notwendig. Zwar ist nicht ersichtlich, wie diese Kenntnisse nachgewiesen und/ oder belegt werden sollen und wie diese Kenntniserlangung eventuell auch durchgesetzt werden kann, sodass de facto bisher keine Verbesserung ersichtlich ist. Doch es zeigt, dass der Gesetzgeber einen Versuch unternommen hat, einem Organisationsverschulden vorzubeugen. Daran wird er mit Sicherheit auch in Zukunft festhalten.

Als fünftes und gewichtigstes Argument spricht die spezielle Verwalterstellung dagegen. Er befindet sich in einem Spagat zwischen den Zielen der InsO und der Abhängigkeit vom bestellenden Gericht. Zuallererst ist er der gemeinschaftlichen Gläubigerbefriedigung, deren erwünschter Nebenzweck oft der Erhalt des Schuldners und der davon abhängigen Arbeitsplätze ist, verpflichtet, andererseits ist er vom subjektiven Wohlwollen des bestellenden Gerichts abhängig. Denn heute werden – vor allem in schwierigen, großen und massereichen Verfahren – spezialisierte Berufsverwalter, hauptsächlich Rechtsanwälte, deren eigentliche Rechtsanwaltstätigkeit nur noch eine untergeordnete Rolle spielt, bestellt. Für sie sind die zukünftigen Bestellungen essenziell. Aber da nach der Rechtsprechung des BVerfG[1897] kein subjektives Recht auf Bestellung zum Insolvenzverwalter besteht, ist in der Praxis kaum mit der Geltendmachung von Amtshaftansprüchen durch die Verwalter gegen den Staat zu rechnen. Etwaige Finanzierungsprobleme solcher Prozesse würden noch hinzu kommen.[1898]

1897 BVerfG, Beschluss v. 12.7.2006 – 1 BvR 1469/05, BeckRS 2006, 27311.

1898 Vgl. zur Finanzierung möglicher Prozesse 6. Teil A.

7. Teil: Anhang

A. Anlage 1

Ein Auszug aus den Empfehlungen der „Uhlenbruck-Kommission“ für Auswahlkriterien für eine Aufnahme in die Vorauswahllisten:

„1. Ausbildung:
Erforderlich ist der Abschluss einer rechtswissenschaftlichen, wirtschaftswissenschaftlichen oder anderen Hochschulausbildung mit wirtschaftswissenschaftlicher Ausrichtung. Haben sich bereits Bewerber bei dem Insolvenzgericht, welches die Liste aufstellt, im Rahmen früherer Tätigkeiten als Insolvenzverwalter bewährt, kann dieses Gericht von vorstehenden Anforderungen im Einzelfall absehen.

2. Nachweis besonderer theoretischer Kenntnisse:
Der Bewerber muss besondere insolvenzrechtliche und betriebswirtschaftliche Kenntnisse, zumindest in folgenden Bereichen nachweisen:

a. Materielles Insolvenzrecht
Insolvenzgründe und Wirkungen des Insolvenzantrags
Wirkungen der Verfahrenseröffnung
das Amt des vorläufigen Insolvenzverwalters und des Insolvenzverwalters
Sicherung und Verwaltung der Masse
Aussonderung, Absonderung und Aufrechnung im Insolvenzverfahren
Abwicklung der Vertragsverhältnisse
Insolvenzgläubiger
Insolvenzanfechtung
Arbeits- und Sozialrecht
Steuerrecht
Gesellschaftsrecht
Insolvenzstrafrecht
Grundzüge des internationalen Insolvenzrechts

b. Insolvenzverfahrensrecht
Insolvenzeröffnungsverfahren
Regelverfahren
Planverfahren
Verbraucherinsolvenz
Restschuldbefreiungsverfahren
Sonderinsolvenzen

c. Betriebswirtschaftliche Grundlagen
Buchführung, Bilanzierung und Bilanzanalyse
Rechnungslegung in der Insolvenz

Betriebswirtschaftliche Fragen des Insolvenzplans (Sanierung), der übertragenden Sanierung, der Liquidation

Die Berechtigung zur Bezeichnung „Fachanwalt für Insolvenzrecht" ersetzt grundsätzlich nicht die Nachweispflicht.

3. Nachweis einer praktischen Tätigkeit:
Erforderlich ist der Nachweis einer mindestens dreijährigen praktischen umfassenden verwalterspezifischen Tätigkeit in einem Insolvenzverwalterbüro oder eine mindestens dreijährige Tätigkeit als Verwalter. Die Berechtigung zur Bezeichnung „Fachanwalt für Insolvenzrecht" entbindet nicht von der Nachweispflicht.

4. Zuverlässigkeit und geordnete wirtschaftliche Verhältnisse:
Bereits bei Aufnahme in die Vorauswahlliste müssen geordnete wirtschaftliche Verhältnisse nachgewiesen werden.

5. Unternehmerische Fähigkeiten:
Für Unternehmensinsolvenzen sollte der Bewerber darlegen, dass er über Erfahrungen in der Unternehmensfortführung (unternehmerische Fähigkeiten) verfügt.

6. Büroausstattung:
Erforderlich sind eine dem Stand der Technik entsprechende insolvenzspezifische Büroausstattung einschließlich aktueller Software und eine hierauf abgestimmte Büroorganisation.

7. Spezialisierter Mitarbeiterstab:
Erforderlich ist eine angemessene Zahl qualifizierter eigener Mitarbeiter, die regelmäßig aus- und fortgebildet werden.

8. Ortsnähe/Erreichbarkeit:
Grundsätzlich ist Ortsnähe zu verlangen, d. h. die jederzeitige Erreichbarkeit für alle

Verfahrensbeteiligten und Präsenz des Insolvenzverwalters im jeweiligen Gerichtsbezirk.

Von diesem Erfordernis kann in Ausnahmefällen überregionalen und internationalen Bezugs abgewichen werden. Auch in den Fällen des Abweichens von dem Erfordernis der Ortsnähe muss gewährleistet sein, dass der Insolvenzverwalter sowie die für einzelne Verfahrensbereiche zuständigen Mitarbeiter erreichbar sind.

9. Unabhängigkeit:
Der Bewerber für die Vorauswahlliste muss nicht nur speziell für das konkrete Verfahren, sondern generell unabhängig sein.

10. Vermögensschaden-Haftpflichtversicherung:
Der Insolvenzverwalter hat dem Insolvenzgericht unverzüglich nach seiner erstmaligen Bestellung und danach einmal jährlich den Abschluss einer Vermögensschadenhaftpflichtversicherung nachzuweisen. Eine Grunddeckungssumme von 2 Mio. Euro erscheint jedoch zu hoch. Für Großverfahren muss jeweils mit Zustimmung des Gerichts und eines etwaigen Gläubigerausschusses eine besondere Haftpflichtversicherung zu Lasten der Masse abgeschlossen werden. Eine Verpflichtung zum Abschluss einer Vertrauensschadenshaftpflichtversicherung sollte nicht eingeführt werden."[1899]

1899 Uhlenbruck-*Uhlenbruck*, § 56, Rn. 29.

B. Anlage 2

Ein Auszug aus der „Botschaft über die Aenderung des Bundesgesetzes über Schuldbetreibung und Konkurs (SchKG)" vom 8. Mai 1991:

„201.13 Haftung
Artikel 5
Die vorgeschlagene Neuregelung der Staatshaftung ist grundlegend. Die subsidiäre Staatshaftung des geltenden Rechts – subsidiär hinter der Verschuldenshaftung des Funktionärs – hat dem Geschädigten keinen befriedigenden Schutz geboten. Im Vorentwurf wurde sie deshalb durch eine primäre und kausale Staatshaftung ersetzt. Damit wird zweierlei erreicht: erstens wird der Geschädigte beweisrechtlich entlastet (der Verschuldensnachweis entfällt) und zweitens wird ihm ein zweiter Prozess erspart, um gegebenenfalls zum vollen Schadenausgleich zu kommen. Die neukonzipierte Staatshaftung wird sodann auf sämtliche Organe und Behörden ausgedehnt, die mit Vollstreckungsaufgaben betraut sind. Der Staat soll also grundsätzlich auch für atypische Organe haften, nämlich für die ausseramtlichen Konkursverwaltungen, die Sachwalter und Liquidatoren. Leitgedanke der Revision des Haftungsrechts ist demnach die Verstärkung des Schutzes des Geschädigten.

Dieser Neuregelung ist im Vernehmlassungsverfahren nur vereinzelt Widerstand erwachsen. Namentlich die direkte Haftung des Staates für die genannten atypischen Organe, auf deren Auswahl er ja keinen Einfluss hat, ist teilweise kritisiert worden. Trotzdem hält der Bundesrat am Konzept des Vorentwurfs fest. Mit der primären und kausalen Staatshaftung folgt er dem Modell einer modernen Haftungsordnung, wie sie sich schon in zahlreichen Kantonen eingespielt hat. Und das Einstehen des Staates auch für atypische Organe ist nur folgerichtig: wo das Gemeinwesen staatliche Aufgaben an Dritte delegiert, kann es sich weder der Aufsicht noch der Verantwortung entschlagen. Seine fiskalischen Interessen wahrt der Staat auf dem Wege des Regresses und mittels Sicherheitsleistungen (vgl. Art. 6).

Absatz 1 führt die primäre und kausale Staatshaftung im Schuldbetreibungs- und Konkursrecht ein. Die Aufzählung ist abschliessend. Demnach haftet der Staat nicht für Handlungen der Gläubigerversammlung oder des Gläubigerausschusses, obwohl an sich beide ebenfalls Amtshandlungen verrichten. Dagegen hat neu der Staat kraft Bundesrechts auch für widerrechtliche Handlungen seiner Gerichts- und Aufsichtsbehörden in Zwangsvollstreckungssachen direkt einzustehen.

In die primäre Staatshaftung einbezogen werden auch die Hilfspersonen. Andernfalls könnten sich insbesondere dann Unklarheiten ergeben, wenn diese

Personen nicht dem Beamtenrecht unterstehen. Dies trifft beispielsweise auf Experten zu, die mit der Schätzung von Kunstgegenständen oder mit deren Verwertung betraut werden. Schliesslich haftet der Staat direkt auch für Handlungen der Polizei.

Absatz 2 macht die primäre, kausale Staatshaftung zur exklusiven. Der Geschädigte kann ausschliesslich gegen den Staat selbst, nicht aber gegen den schädigenden Funktionär vorgehen. Die Regel entspricht derjenigen des Bundesgesetzes vom 14. März 1958 über die Verantwortlichkeit des Bundes sowie seiner Behördemitglieder und Beamten (VG; Art. 3 Abs. 3; SR 170.32).

Im Gegensatz zum Vorentwurf wird in Absatz 3 nur eine einzige Zuständigkeitsvorschrift vorgesehen. Sie bezweckt, dem Geschädigten auch dann ein unabhängiges Gericht zu gewährleisten, wenn die Staatshaftung bezüglich oberer kantonaler Gerichts- und Aufsichtsbehörden angerufen wird. Das Verfahren richtet sich nach dem Bundesgesetz über den Bundeszivilprozess (BZP; SR 273).

Artikel 6

Absatz l regelt das Rückgriffsrecht des Staates gleich wie Artikel 7 des Verantwortlichkeitsgesetzes des Bundes (SR 170.32). Rückgriff kann also nur auf Personen genommen werden, die den Schaden vorsätzlich oder grobfahrlässig verursacht haben. Verzichtet wird auf das im geltenden Recht enthaltene Rückgriffsrecht des Kantons auf den Wahlkreis (vgl. Art. 6 Abs. 2 SchKG).

Der Kanton haftet neu auch für Handlungen ausseramtlicher Konkursverwalter, Sachwalter und Liquidatoren direkt, obwohl die Möglichkeit der Einflussnahme auf ihre Ernennung beschränkt ist. Als Ausgleich ermächtigt Absatz 2 die Kantone, von diesen Personen Sicherheitsleistungen zu verlangen. Im Vernehmlassungsverfahren ist die Neuerung allerdings verschiedentlich kritisiert worden. Insbesondere ist darauf hingewiesen worden, dass es an sich schon schwierig sei, ausserhalb der Verwaltung Personen zu finden, die bereit seien, zwangsvollstreckungsrechtliche Aufgaben zu übernehmen. Mit der Einführung der Sicherheitsleistung für diese Personen könne sich dies noch verstärken. Dem ist entgegenzuhalten, dass die Kantone ja nicht verpflichtet, sondern nur berechtigt sind, eine Sicherheitsleistung zu verlangen.

Auf die Möglichkeit einer Sicherheitsleistungspflicht von Beamten und Angestellten der Betreibungs- und Konkursämter, wie sie das geltende Recht vorsieht, wird entsprechend modernen Staatshaftungsgesetzen verzichtet. Diese Personen verfügen über einen Lohn, der nötigenfalls bei einem Rückgriff als Haftungssubstrat dienen kann.

Artikel 7

Die Regelung der Verjährung bleibt materiell unverändert.

Absatz 2. der mit Artikel 21 des Verantwortlichkeitsgesetzes des Bundes (SR 170.32) übereinstimmt, ist neu. Mit der Einführung der erweiterten Staatshaftung und der damit verbundenen Aenderung des Rückgriffrechts soll auch die Verjährung von Rückgriffsforderungen geregelt werden. Angesichts des neuen Artikels 7a kann der geltende Absatz 2 gestrichen werden.

Artikel 7a
Diese Bestimmung ist neu. Der Vorentwurf der Expertenkommission sah in Artikel 5 Absatz 3 vor, dass, soweit das SchKG keine besonderen Vorschriften über die Haftung enthält, das Verantwortlichkeitsgesetz des Bundes anwendbar ist. Diese Regelung ist im Vernehmlassungsverfahren kritisiert worden. Gefordert worden ist insbesondere, dass subsidiär nicht die Verfahrensvorschriften des eidgenössischen Haftungsrechts, sondern jene des kantonalen Rechts herangezogen werden. Diesem Anliegen trägt die vorliegende Neuformulierung Rechnung: sie begnügt sich mit einem materiellrechtlichen Verweis, schweigt sich aber über das Verfahren aus. Dieses bleibt Sache des kantonalen Rechts. In Schuldbetreibungs- und Konkurssachen wird somit lediglich das materielle Staatshaftungsrecht bundesrechtlich geregelt. Wo das SchKG keine materiellrechtliche Antwort gibt, ist kraft der neuen Verweisungsnorm das Obligationenrecht (SR 220) heranzuziehen. In bezug auf das Verfahren gibt lediglich Artikel 5 Absatz 3 des vorliegenden Entwurfs eine Vorgabe."[1900]

„Art. 5
Der Kanton haftet für den Schaden, den die Beamten und Angestellten, ihre Hilfspersonen, die ausseramtlichen Konkursverwaltungen, die Sachwalter, die Liquidatoren, die Aufsichts- und Gerichtsbehörden sowie die Polizei bei der Erfüllung der Aufgaben, die ihnen dieses Gesetz zuweist, widerrechtlich verursachen.

Der Geschädigte hat gegenüber dem Fehlbaren keinen Anspruch.

Wird eine Schadenersatzklage mit widerrechtlichem Verhalten der oberen kantonalen Aufsichtsbehörde oder des oberen kantonalen Nachlassgerichts begründet, so ist das Bundesgericht als einzige Instanz zuständig.

Art. 6
Hat der Kanton Ersatz geleistet, so kann er Rückgriff auf die Personen nehmen, die den Schaden vorsätzlich oder grobfahrlässig verursacht haben.

Die Kantone können von den ausseramtlichen Konkursverwaltungen, Sachwaltern und Liquidatoren Sicherheitsleistungen verlangen.

1900 BBl. 1991 III, 1 (25ff.).

Art. 7 Randtitel und Abs. 2
Der Anspruch des Kantons auf Rückgriff verjährt ein Jahr nach der Anerkennung oder der gerichtlichen Feststellung der Schadenersatzpflicht des Kantons, jedenfalls aber zehn Jahre nach dem Tag der schädigenden Handlung.

Art. 7a (neu)
Im übrigen gelten die Bestimmungen des Obligationenrechts über die unerlaubten Handlungen."[1901]

1901 BBl. 1991 III, 1 (204f.).

Sachregister

W

Z

Schriftenreihe des Centrum für Deutsches und Europäisches Insolvenzrecht Kiel

Herausgegebenvon Stefan Smid, Silke Wehdeking und Mark Zeuner

Band 1 Stefan Smid (Hrsg.): Fragen des Deutschen und Europäischen Insolvenzrechts 10. Kieler Insolvenzsymposium. 2015.

Band 2 Sebastian Wilhelm Deichgräber: Gesellschaftsrechtliche Sitzverlegungen und haftungsrechtliche Begründungen internationaler insolvenzrechtlicher Zuständigkeiten. Zugleich ein Beitrag zur Verwendung in der Judikatur. 2012.

Band 3 Malte Engeler: Die zweigliedrige Personengesellschaft in der Insolvenz. 2012.

Band 4 Sebastian Müller: Verhandlungsgesteuerte Sanierung durch den prepackaged plan. Das Planinitiativrecht des Schuldners aus § 218 Abs. 1 S. 2 InsO als Ausgangspunkt steuer- und planbarer Gestaltungsprozesse. 2013.

Band 5 Christoph Pabst: Materielle Insolvenz – Die retrograde Ermittlung der Zahlungsunfähigkeit. 2013.

Band 6 Torsten Martini: Die Anfechtbarkeit der Zahlung der Vergütung des vorläufigen Insolvenzverwalters im Zweitverfahren. 2014.

Band 7 Stefan Smid: Zivilgerichtliche Verfahren. Grundlagen des Zivilprozesses und der Freiwilligen Gerichtsbarkeit. Ein Studienbuch. 2014.

Band 8 Philipp Schlenkhoff: Insolvenzgründe, Prognose und Antragspflicht. 2014.

Band 9 Alexander Bluhm: Die Anwendbarkeit und Auswirkungen der EU-Dienstleistungsrichtlinie auf Auswahl und Bestellung des Insolvenzverwalters. 2015.

Band 10 Karsten Andresen: Die objektiven Kriterien der Zahlungsunfähigkeit nach der Rechtsprechung des BGH und dem IDW. 2014.

Band 11 Rebecca Wolff: Stimmrechte im Insolvenzverfahren. 2014.

Band 12 Johannes Knop: Amtshaftungsansprüche bei insolvenzgerichtlichen Pflichtverletzungen. 2015.

www.peterlang.com